동북아 공존공영(共存共榮)의
新GTI구상

동북아 공존공영(共存共榮)의 新GTI구상

초판 1쇄 인쇄 2022년 11월 1일
초판 1쇄 발행 2022년 11월 10일

기 획 중국 연변대학조선한국연구중심
저 자 전홍진

발행인 윤관백
발행처 도서출판 선인

등 록 제5-77호(1998. 11. 4)
주 소 서울특별시 양천구 남부순환로48길 1, 1층
전 화 02-718-6252
팩 스 02-718-6253
E-mail sunin72@chol.com

정 가 32,000원

ISBN 979-11-6068-753-8 93340

동북아 공존공영(共存共榮)의 新GTI구상

중국 연변대학조선한국연구중심 기획
전홍진 저

선인

　　1991년 7월 유엔개발계획(UNDP)의 동북아 지역협력 프로그램으로 출범한 광역두만강협력(GTI)이 30년이 지났습니다. 금년 2월은 한국 서울에서 UNDP 주도로 중국, 조선, 한국, 몽골, 러시아, 일본을 비롯한 동북아 각국과 관련 국제기구들이 두만강 지역을 평화와 번영의 지대로 가꾸기 위한 두만강지역개발계획(TRADP) 계획관리위원회(PMC) 회의를 개최한 뜻깊은 해 입니다.

　　UNDP와 동북아 관련국들은 한국 서울에서 첫 PMC 회의를 개최한 이래 동북아 국가 간 정치체제의 차이, 과거사, 한반도 분단 등의 어려움을 극복하고 1995년 12월 동북아 지역 최초의 다자협력체인 TRADP를 출범시켰으며, 2006년부터 GTI체제로 전환하여 오늘에 이르고 있습니다.

　　그간 GTI 회원국들은 유엔헌장과 공동협력 정신을 바탕으로 국별 GTI 참여전략을 추진해 오고 있습니만 GTI 회원국 간 공동협력이 필요한 지역의 특성상 기대한 만큼 성과를 얻지 못하고 있는 것이 현실입니다.

　　그렇지만 GTI 회원국들은 인접국과 경제협력을 중심으로 하는 지역경제통합을 활발히 추진하고 있습니다. 중국·몽골·러시아는 북방경제공동체 건설을 위한 '중몽러경제회랑'을, 중국은 아세안공동체 조력을 위해 인도차이나반도 5개국과 함께 '란창강–메콩강협력'을 창설하여 큰 성과를 얻고 있습니다. 특히 '중몽러경제회랑'의 주요 사업 대상지역에 GTI 지역이 포함됨으로써 GTI 발전의 동력이 될 전망입니다.

21세기 세계경제는 상호의존성을 넘어 초연계성 사회로 진입하고 있을 뿐만 아니라 지역경제통합 추진도 시대적 흐름이 되고 있습니다.

최근 미국에 의하여 촉발된 중미 간 전략적 경쟁심화, 가치를 중심으로 한 미국의 편 가르기와 국익 앞에서의 이중적인 태도 등은 세계경제 질서의 흐름에 역행한다고 생각합니다. 특히 두만강 지역의 평화와 안정은 동북아 지역 뿐만 아니라 세계평화를 위해서도 매우 중요합니다.

지금은 그 어느 시기보다 유엔헌장과 공동협력을 바탕으로 하는 GTI 정신이 필요한 시기입니다.

이러한 시기에 중국 '교육부 인문사회과학 중점연구기지 – 연변대학조선한국연구중심'에서 GTI 정신을 재조명하고, GTI의 동북아경제통합 플랫폼 역할 가능성을 연구한 '동북아 공존공영(共存共榮)의 新GTI구상'을 발간하게 된 것을 매우 뜻깊게 생각합니다.

아무쪼록 이 책자가 동북아 지역협력 증진에 귀중한 자료로 활용되기를 기대합니다.

감사합니다.

2022년 11월
연변대학조선한국연구중심 주임
박찬규

최근 세계는 상호의존성을 넘어 초연계성 사회로 진입하고 있다. 이러한 시대에 중미 간 전략적 경쟁 심화, 미국의 편 가르기와 국익에 따른 이중적인 태도, 중국과 러시아를 중심으로 한 상하이협력기구의 결집 등으로 신냉전의 우려가 증가하는 시기에 동북아 국가 간 유일한 다자협력체인 GTI(광역두만강협력)가 새롭게 조명을 받고 있다.

GTI는 동북아 공존공영의 연결고리

GTI는 중국과 러시아의 대외개방, 한국의 북방정책, 남북한 유엔 동시 가입 등으로 체제가 다른 동북아 국가 간 경제협력의 분위기가 무르익는 시기에 유엔개발계획(UNDP)이 1991년 7월 두만강지역개발을 동북아 지역협력 프로그램으로 확정함에 따라 동북아 각국의 지대한 관심을 받게 되었다. UNDP는 동북아 각국이 프로그램 참여에 동의함에 따라 유엔창립 46주년 기념일인 1991년 10월 24일 뉴욕 유엔본부에서 냉전의 유산이 서려 있는 '두만강 지역에 300억 달러를 투자하여 동북아 교통·물류의 중심, 공동경제특구 개발, 50만 명 규모의 국제 신도시로 개발하겠다'는 내용을 담은 '두만강지역개발구상'을 국제사회에 발표하였다.

이에 따라 UNDP와 관련 당사국들은 4년여의 연구와 협의를 거쳐 1995년 12월 중국·남북한·몽골·러시아 5개국과 일본이 옵서버로 참여하는 두만강지역개발계획(TRADP)을 출범시켰다. 이것은 냉전 종식 후 정치체제가 다른 국가들이 유엔의 깃발아래 공동협력 정신을 바탕으로 동북아 지역 간 경제협력을 추진하는 계기를 마련하였다.

UNDP가 두만강지역개발을 주도함에 따라 두만강 접경 3국과 몽골은 두만강지역개발계획을 활용해 유엔개발계획 등 국제기구, 한국·일본·미국 등 경제발달 국가와 경제협력을 통한 지역개발을 추진하였으며, 한국은 남북경제협력과 북방시장 개척을 위해 북방지역과 교류협력을 강화해 나가는 등 경제협력 의지가 충만해 있었다. 그러나 TRADP는 회원국 간 경제협력 시스템을 제대로 갖추지 못한 상황에서 UNDP가 사업추진의 장기화에 따른 성과 미흡, 회원국들의 소극적인 참여를 이유로 사업 철수를 추진함에 따라 2006년 회원국 주도의 GTI 체제로 전환하였다. GTI는 회원국의 Ownership을 강조하고 6개 위원회와 4개 협력 파트너를 창설하였으나, 차관회의체로서의 한계와 GTI틀 안에서 경제협력 시스템을 마련하지 못함에 따라 실질적인 경제협력체로 발전하지 못하고 정책네트워킹 단계에 머물러 있다.

그간 회원국들은 비록 GTI와 연계한 지역개발사업을 추진하지 않고 있었지만 두만강지역개발 참여목적 실현을 위해 지역개발계획을 수립하여 사업을 추진한 결과 일정한 성과를 거두고 있다. 국별 추진현황을 살펴보면 중국은 창지투개발계획과 동북진흥계획을 바탕으로 베이징~훈춘 간 고속철도 개통, 경제특구 활성화를 통하여 두만강 지역 간 경제협력사업을 주도하고 있다. 북한은 나선경제특구를 중심으로 북한 및 러시아와 경제협력을 통하여 일정한 성과를 거두고 있다. 러시아는 신동방정책을 중심으로 블라디보스토크 자유항 지정 등 지역개발전략을 단계적으로 추진하고 있다. 몽골은 초이발산~아얼산 철도 건설을 중몽러경제회랑 프로젝트에 포함하였으며, 한국은 북방시장 개척을 위해 북방정책과 남북경협을 추진하고 있으나 대통령 단임제 등의 한계로 큰 성과를 얻지 못하고 있다.

이러한 회원국들의 GTI 지역에 대한 관심도는 박근혜 대통령이 '유라시아 이니셔티브'와 GTI 간 연계협력을 추진하면서 한러·한중 정상회담에서 "GTI 국제기구 발전" 등에 합의했으나 구체적인 협력방향을 제시하지 못함에 따라 정상 간 선언으로 끝났다. 최근에는 중국과 러시아가 급성장한 경제력을 바탕으로 GTI 지역이 포함된 '중몽러경제회랑'을 추진하면서, 2019년부터 GTI틀 안에서 동북아 경제협력을 추진하기로 합의하였으나 코로나19 등으로 후속 조치는 이루어지지 않고 있다.

이처럼 역내 회원국 정상은 물론 회원국 대표들이 GTI 활용에 관심을 두는 것은 북방경제공동체 건설이라는 공동의 목표를 실현하기 위해서이다.

GTI는 정치체제가 다른 동북아 국가 간 최초, 유일의 다자협력체로서 두만강 지역의 외국자본 유치, 지역개발 의욕고취, 동북아 지방정부 간 교류협력 촉진 등 동북아 지역경제 발전에 중요한 역할을 하고 있을 뿐만 아니라 유엔헌장을 바탕으로 하는 GTI의 공동협력 정신은 신냉전의 파고를 넘는 동북아 공존공영의 연결고리로서 평화와 번영의 동북아 시대를 구현하는 중요한 자산이다.

북방에 부는 지역주의는 GTI 활성화의 동력

동북아 지역은 다른 경제권에 비하여 지역주의가 늦어지고 있다. 인접 국가 간 다자협력을 바탕으로 하는 지역주의는 경제통합, 지역통합, 지역경제일체화(区域经济一体化) 등으로 부르고 있다. 아세안에서 촉발된 지역주의로 인하여 동북아 각국은 아세안과 연계한 국제기구 참여를 시작으로, 중층적으로 국제기구 및 다자협력체에 참여하거나, 동북아 각국이 주도적으로 국제기구나 다자협력체를 설립하고 있다. 동북아 중심국가인 한중일 3국은 2008년 '정상회의'를 출범시키고 한중일 FTA협상 개시, 사무국 설치 등의 성과를 거두고 있으나 한일 과거사 문제 등으로 순항하지 못하고 있다.

이렇게 '한중일 정상회의'가 과거사 문제 등으로 발목이 잡혀있는 동안 중국과 러시아는 중국·북한·유라시아 지역 17억 인구의 거대한 북방경제공동체 건설을 주도하고 있다. 러시아는 2015년 1월 독립국가연합 5개국이 참여하는 유라시아경제연합(EAEU)을 창설하고 중국과 단일시장 형성을 위한 협정을 체결하였으며, 중몽러 3국은 2016년 6월 각국의 대외전략인 실크로드 경제벨트, 초원의 길, 유라시아경제연합과 연계한 중몽러경제회랑을 출범시킴으로써 북방경제공동체 건설을 위한 기반을 완성하였다. 중몽러경제회랑의 핵심지역은 중국 동북 3성 및 네이멍구, 러시아 극동, 몽골 동부지역으로 GTI 지역을 포함하고 있다. 이것이 중국과 러시아가 GTI틀 안에서 동북아 경제협력 추진에 합의한 배경이라 할 수 있다.

특히 중국과 러시아는 2019년 10월 발효한 중국·EAEU경제무역협력협정의 실질적 협력을 촉진하기 위하여 상하이협력기구 등 국제기구와 연계협력을 강화해 나가고 있다. 그뿐만 아니라 중국은 메콩강을 중심으로 하는 인도차이나반도 5개국과 아세안공동체 조력(助力)을 목적으로 2015년 11월 란창강-메콩강협력을 창설했다. 인도차이나반도 5개국은 아세안 인구의 41%를 차지하는 등 아세안에서 중추적인 역할을 하고 있다. 북방경제공동체와 란창강-메콩강협력은 지역주의를 목적으로 하고 있다. 이것은 신(新)GTI의 나갈 방향을 분명히 제시하고 있다.

글로벌 시대의 동반자, 지방정부

그간 지방정부는 지역발전을 위해 동북아 지방정부와 자매결연 또는 우호교류협정을 체결하고 양자 간 경제교류를 추진하는 한편 다자회의체 참여 등 다양한 노력을 기울여 왔지만 중앙정부의 통제, 지방정부의 권한 미약 등으로 인하여 국제협력에 한계가 있었다.

그러나 21세기 들어 중앙정부의 지방정부에 대한 국제교류 인식 변화에 따라 지방정부는 국제교류에 필요한 조직, 예산, 국제협력 지원에 관한 법적·제도적 시스템을 완비하였다. 지방정부는 이를 바탕으로 글로벌 시장에서 통상, 투자, 관광, 국제행사 등의 주체로서 역할을 하고 있을 뿐만 아니라 때로는 국가 간 경제교류를 보완하고 때로는 국가와 함께 글로벌 시장개척의 동반자로서 중요한 역할을 하고 있다. 이것은 중미 간 전략적 경쟁 심화로 GTI 국가 간 경제협력의 어려움을 지방정부 간 협력을 통하여 충분히 극복할 수 있음을 보여주는 것이다.

동북아 공존공영(共存共榮)의 신(新)GTI

동북아 지역은 그 어느 시기보다 GTI의 공동협력 정신이 필요하다. 중미 간 전략적 경쟁으로 촉발된 가치를 중심으로 하는 편 가르기는 시대를 역행하는 것이다. 이미 세계는 상호의존성을 넘어 초연계성 사회로 진입했다. 이것은 세계가 공존공영이 더욱 필요함을 의미한다.

이러한 세계질서의 대혼돈 시대에 동북아 지역의 평화가 그 무엇보다 중요하게 되었다. 동북아 지역이 지난 30여 년간 갈등과 대립을 극복하고 세계 3대 경제권으로 부상하였듯이 앞으로 30년은 세계평화와 번영의 중심으로 가꾸어나가야 하는 것이 동북아 각국의 시대적 사명이라 할 수 있다. 이를 위해서는 동북아 각국이 참여하고 있는 GTI를 동북아 지역이 공존공영하는 신(新) GTI 체제로 전환하고 GTI 틀 안에서 동북아 지역 간 교통 및 경제회랑 구축, 사회인문 협력 확대 등을 통해 '함께하는 동북아', '하나 되는 동북아'로 건설해 나가야 한다.

[이 책의 특징]

이 책은 중미 간 전략적 경쟁 심화에 따라, 일부 강대국의 가치를 중심으로 하는 편 가르기로 신냉전의 우려가 증가하는 가운데 유엔헌장을 바탕으로 하는 GTI의 공동협력 정신을 재조명하고 GTI틀 안에서 동북아 국가 간 경제교류협력의 방향을 제시하는 데 있다.

이 책은 인접 국가 간 다자협력을 중심으로 하는 지역주의 사례분석을 통해 동북아 국가 간 경제협력 확대 필요성에 대한 논거를 제시한다. 또한 지방정부가 참여하는 다자회의체 사례분석을 통하여 동북아 국가 간 경제교류협력의 어려움을 극복하기 위한 방안으로 지방정부와 기업의 주체적 역할을 제안한다.

이 책은 두만강지역개발계획 발원지에 있는 연변대학을 비롯한 각급 연구기관의 축적된 자료, GTI 지역 간 경제협력을 추진하고 있는 정부 고위관계자 및 실무자들의 의견을 수렴하여 실행 가능한 신(新)GTI 구상을 제시한다.

[이 책의 구성]

이 책은 서문과 본문 3장으로 구성되었다.

제1장은 GTI 추진현황 및 특징이다. GTI 추진현황, 국별 추진전략, 국가적 관심도를 통해 GTI 정신을 재조명하고 GTI 역내 국가 간 경제협력 의지를 통해 GTI가 동북아경제통합 플랫폼 역할이 가능함을 제시한다.

제2장은 지역주의와 지방의 글로벌화 조류이다. 최근 지역주의 흐름을 분석하고 북방경제공동체 건설 플랫폼인 유라시아경제연합(EAEU) 과 중몽러경제회랑, 아세안공동체를 조력하는 란창강-메콩강협력 사례분석을 통해 GTI에 주는 시사점을 도출한다. 아울러 지방정부 간 다자회의체 분석을 통해 지방정부가 GTI의 주체적인 역할이 가능한 논거를 제시한다.

제3장은 동북아 공존공영(共存共榮)의 신(新)GTI 구상이다. 신(新)GTI 구상은 제1장과 제2장의 분석내용을 중심으로 동북아 경제협력과 GTI의 필요성, GTI에 특화된 전략실행계획, 유엔 두만강국제평화공원 조성 및 두만강 초국경 자유무역지대 건설을 담은 10대 중점과제를 제시한다.

| 차례 |

제1장

GTI 추진현황 및 특징

1. 추진현황 및 특징

가. 추진배경

1) 우수한 지리적 여건

두만강은 창바이산 천지에서 발원하여 전체 주류길이는 525km이며 중국, 북한, 러시아 3국의 국경지대를 흐른다. 중국과 북한 국경선은 510km, 북한과 러시아 국경선은 15km이다. 두만강 하구에서 직선거리로 15km를 거슬러 올라가면 중국 훈춘이다.

배후지역으로는 중국 동북 3성, 몽골, 러시아 극동·시베리아가 있다. 두만강은 중국 연변조선족자치주의 허룽(和龍), 룽징(龍井), 투먼(圖們), 훈춘(琿春) 등 4개 지역과 북한 양강도, 청진시, 나선특별시, 회령군, 온성군, 새별군, 무산군, 러시아 하산구를 경유하여 동해로 흘러 들어간다.[1]

두만강 지역의 독특한 지리적 우월성은 다음과 같다.

첫째, 동북아의 중심지역에 있으며, 동해의 해상운송, 육상운송, 항공운송의 거점지역이라고 할 수 있다. 두만강 하구에서 동해의 주요 항까지 거리는 북한 나진항 40km, 청진항 80km이며, 러시아 자루비노항 60km, 블라디보스토크항 160km이고, 일본 니가타항 800km, 한국 속초항 585km, 부산항 750km이다. 이외에 두만강 입구에서 동해와 일본 쓰가루해협을 경유하여 태평양 항로를 이용할 수 있으며 항로는 8,400km이다. 이뿐만 아니라 두만강 지역은 새로운 유라시아 랜드브

---

1   중국 바이두(百度), 图们江(검색일: 2022. 2. 20.)

리지 동쪽의 새로운 시발점이 될 수 있다[2]

둘째, 교통 · 물류의 중심이다. 북한 나진 · 선봉 · 청진, 러시아 하산구 자루비노항이 동해에 인접하고 있으며 현대적 항만으로 개발되고 있다. 특히 TKR(한반도종단철도)과 TSR(시베리아횡단철도), TMR(만주횡단철도), TMGR(몽골횡단철도), TCR(중국횡단철도) 연결 시 육해복합운송을 통한 유럽과 아시아 · 태평양을 연결하는 최적지로 주목을 받고 있다.

2) 동북아 국가 간 경제협력 분위기 조성

두만강 지역이 국제사회에 주목을 받기 시작한 것은 20세기 말 국제화, 세계화, 개방화, 지역주의(regionalism) 바람과 함께 중국 개혁개방 정책의 내륙지역 확대, 한국과 일본의 북방진출 전략이 영향을 미쳤다고 볼 수 있다.

중국이 1978년 12월 제창한 개혁개방은 연해지역에서 점진적으로 내륙지역으로 확대해 나가는 전략이다. 1979년에 경제시범특구로 지정한 선전(深圳), 주하이(珠海), 샤먼(厦门), 산터우(汕头)가 큰 성과를 거둠에 따라 1990년대 초부터 내륙지역의 오지라 불리 우는 국경지역의 외국자본 유치를 위해 주요 국경지역을 개방도시로 지정하고 경제특구 설립 등 대외개방 정책을 강력하게 추진하기 시작했다. 북한, 러시아(옛 소련)도 중국의 영향을 받아 경쟁적으로 국경지역을 중심으로 경제특구를 설립하였다.(표1)

---

2   미국 샌프란시스코항까지 8,430km이고 중국의 上海나 天津에서 출발하는 것보다 1,000~2,000km 가깝다. 영국 런던항까지는 1만 3,560km이며 廣州에서 출발하는 것보다 5,000km 가깝다. 심의섭 · 이광훈(2001), 두만강 개발 10년의 평가와 전망 (KIEP). p.15~17. 및 바이두 참고.

표 1 중북러 경제특구개발계획

중국	북한	러시아
· 훈춘경제개발구 비준(1988. 12.) · 훈춘변경경제합작구 비준(1992. 9.)	· 나선자유경제무역지대지정 (1991. 12.) · 자유경제무역지대법제정(1993. 1.)	· 나홋카자유경제무역지대 지정 (1990. 7.) · 나홋카자유경제무역지대법 제정 (1990. 11.)
· 국제내륙항 · 지린성 중심 공업도시 · 동북아 중심 공업도시	· 국제화물중계기지 · 가공수출기지 · 국제관광기지	· 국제화물중계기지

자료: 전홍진, 2021, 신동북아 경제협력 플랫폼 GTI(광역두만강협력). p.59. http://www.jl.gov. cn/szfzt/ tzcj/kfq_143411/gjjkfq_143414/201905/t20190514_5866828.html(国家开发区)

이처럼 중국, 북한, 러시아가 외국자본 유치를 위해 경제특구 지정 등 대외개방 확대를 추진하는 시기에 한국 노태우 정부의 사회주의 국가와 수교를 통한 북방정 책 추진은 동북아 국가 간 경제교류협력의 새로운 지평을 열었다고 할 수 있다.

한국 노태우 정부는 1989년 2월 헝가리를 시발로 1990년 3월 몽골, 9월 러시 아(옛 소련)와 수교를 맺었다. 같은 해 10월 중국무역대표부 설치에 합의하였으며, 1991년 9월 남북한 유엔 동시가입, 1992년 8월 중국과 수교를 맺음으로써 동북 아 국가 간 경제협력의 기반을 마련하였다. 일본 역시 환동해(일본해)경제권[3] 전략 을 바탕으로 동북아 지역 진출전략을 본격적으로 추진하기 시작했다.

3) UNDP, TRADP 주도

1965년 11월 유엔총회 결의로 설립된 UNDP는 유엔헌장(전쟁방지 및 평화유지) 정신에 입각한 개발도상국의 경제적 · 정치적 자립과 경제 · 사회발전 달성을 목표 로 개발도상국의 개발목표에 일치하는 원조를 체계적이고 지속적으로 제공함으로 써 개발도상국의 경제 · 사회개발을 촉진 · 지원하는 것을 목적으로 한다.

---

3   일본학자는 환일본해경제권 혹은 동북아경제권이라 한다. 한국에서는 환동해경제권이라 부른다. 1968년 일본에서 처음 제기하였으며, 일본은 1986년 일본경제연구회, 1993년에는 ERINA를 설립했다. 이 지역은 협의로는 한국의 동해안, 북한의 함경북도, 중국의 지린성 및 헤이룽장성, 일본 14개 연안도부현, 러시아 연 해주, 광의로는 한국·북한·일본·중국 동북 3성, 몽골 및 러시아 극동지역으로 전체 동북아 지역을 가리킨다. 高宇轩·刘亚政: 环日本海经济圈与中国东北振兴, 2019年8月总第305期第8期.

UNDP는 당시 세계에서 대표적 낙후국가로 꼽히는 동북아 각국에 대표부를 설치하고 각종 원조개발 사업을 추진하여 일정한 성과를 거두고 있었다. 특히, 한국은 1970년대와 1980년대에 UNDP로부터 자금지원을 받은 대표적인 수혜국가 중의 하나였다.

UNDP는 1979년 북한에 대표부를 개설하고 1986년부터 1991년까지 나진·선봉지역에 1천7백만 달러를 투입하는 등 개발 원조 사업을 진행하면서, 동북아 지역의 평화를 위해서는 냉전의 유산이 서려 있는 두만강 지역의 번영과 안정이 중요함을 인식하고, 다국 간 국제협력을 통한 두만강지역개발을 모색 하기 시작했다. 4

이와 같은 시기에 1990년 7월 16일부터 20일까지 중국 창춘에서 UNDP·중국 아태연구회(API)·미국 하이와대 동서센터(EWC)가 공동으로 주최한 '제1회 동북아 경제발전 국제학술 세미나'에서 중국 송젠(宋健) 국무위원, 왕중위(王忠禹) 지린성장을 비롯하여 북한, 한국, 몽골, 러시아(옛 소련), 일본, 미국의 대표와 전문가 등 80여 명이 참석한 가운데 '두만강지역개발과 동북아 지역 경제협력'이라는 주제 아래 열띤 토론을 통해 두만강지역개발 방안을 제시하였다. 5

이 세미나에서 지린성 과학기술위원회 주임 딩스썽(丁士晟)이 《동북아 미래 금삼각-두만강 삼각주(东北亚未来金三角—图们江三角洲)》를 발표하여 참석자들로부터 큰 호응을 받았다. 당시 세미나에 참석한 전문가들은 세계경제의 중심이 대서양에서 태평양으로 이동하고 있으며, 태평양 경제가 도약하여 큰 발전을 모색할 때 여러 국가가 모일 수 있는 두만강 삼각주가 태평양 발전의 중심이 될 것이라고 발표하는 등 다국 간 국제협력을 통한 두만강지역개발의 필요성에 대하여 인식을 같이했다.

딩스썽(丁士晟) 주임을 비롯한 전문가들의 발표와 토론은 UNDP를 비롯한 각국

---

4   https://m.yna.co.kr/view/AKR19910719000100005?section=/index.두만강하구 南北韓中蘇 공동개발
5   丁士晟,(东北亚论坛,)1992年第1期)联合国开发计划署图们江地区开发项目述评, (农金纵横) 1994年第3期, "东北亚"的眼睛终于睁开了.

에서 참가한 대표와 전문가들로부터 깊은 관심을 받았으며, UNDP가 두만강지역 개발을 공식적으로 추진하는 계기를 만들어 주었음은 물론, '두만강지역개발구상' 의 토대가 되었다고 할 수 있다.

창춘 국제학술 세미나 종료 후, UNDP 중국 주재 수석대표 로이 D.모리 박사 는 지린성 정부를 재차 방문하여 두만강지역개발 방안에 대하여 딩스썽 주임 등 전 문가들과 심도있는 토론회를 개최한 후 두만강지역개발계획을 UNDP 동북아 지역 협력 프로그램에 포함시키겠다는 의사를 표명하였다. 로이 D.모리 박사의 노력으 로 두만강지역개발계획은 UNDP의 동북아 지역협력프로그램으로 확정될 수 있었 다.[6]

두만강지역개발계획 발전과정은 크게 3단계로 구분할 수 있다.

제1단계는 1991년 7월 몽골 울란바토르에서 열린 UNDP 주관 제1차 동북아 소지역개발 조정관회의에서 두만강지역개발계획을 UNDP 동북아 지역협력 프로 그램으로 확정하고, 두만강지역개발 계획관리위원회(PMC) 회의를 거쳐 1995년 12월, 중국 · 남북한 · 몽골 · 러시아 5개국이 두만강지역개발을 위한 두 건의 협정 과 한 건의 양해각서에 서명함으로써 TRADP 실행을 위한 정부 간 협력의 기틀을 마련하였다.

제2단계는 1996년 1월부터 UNDP 주도로 TRADP 실행계획을 추진한 2005 년까지이다.

제3단계는 UNDP 주도의 TRADP를 회원국 주도의 GTI 체제로 전환한 2006 년 1월부터 현재까지이다. GTI는 지역적 범위를 두만강 지역에서 중국 동북 3성 과 네이멍구, 북한 나선경제무역지대, 몽골 동부, 한국 동해안 항구도시, 러시아 연해주 등 동북아 지역으로 확대하였으며, 우선협력분야로 교통, 에너지, 관광, 무

---

6   丁士晟, 《联合国开发计划署图们江地区开发项目述评. p.55.(东北亚论坛1992年第1期)

역 · 투자, 환경, 농업을 정하고 지방정부 및 민간 참여를 확대하였다.

광역두만강협력의 공식명칭은 'Greater Tumen Initiative'이다. 중국은 TRADP와 GTI를 통합하여 광역투먼이니셔티브(大图们倡议) 혹은 광역투먼협력(大图们合作)이라 부르고 있으며, 한국에서는 광역두만강개발계획 또는 광역두만개발계획이라 부르고 있으나 공식명칭과 부합되지 않을뿐더러 시대적 흐름에 부합한 표현은 아니다.

나. 제1단계, TRADP 출범

1995년 12월 관련 당사국 간 두만강지역개발에 관한 협정을 체결하기까지는 UNDP와 관련 당사국 간 4년여의 노력이 있었다. 1991년 7월 두만강지역개발을 UNDP 동북아 지역협력 프로그램으로 확정하고 10월 구체적인 실행계획 마련을 위한 PMC 구성에 합의한 이래 여섯 차례 PMC 회의를 거쳐 1995년 12월 관련 당사국 대표가 협정에 서명함으로써 두만강지역개발계획이 실행에 옮겨질 수 있었다.

1) 제1차 동북아 소지역개발 조정관회의

1991년 7월 6일부터 7일까지 몽골 울란바토르에서 UNDP 주관으로 UNDP 본부 및 동북아 각국 주재 대표, 한국 권갑택 과학기술처 기술국장 · 김윤관 경제기획원 북방경제협력실장, 북한 한태혁 국제기구협력국장, 중국 · 몽골의 관련 담당 국장 등이 참석한 가운데 동북아 지역협력 프로그램(1992~1996년) 지원을 위한 제1차 동북아 소지역개발 조정관회의를 개최하고 △온대 식용작물 개발 △지역의 공기 오염과 에너지 이용에 관한 평가대책 및 관리 △ 농촌 에너지 및 재생 에너지 프로젝트 적용 △ 두만강 유역의 무역과 투자 촉진(이하 '두만강지역개발계획') 을 4개의 우선개발 프로그램으로 확정했다.

UNDP는 두만강지역개발계획을 동북아 지역협력 프로그램으로 확정한 배경에 대하여 "두만강 지역은 경제적 보완성으로 국제교역을 확대하는 데 있어서 전망이 밝고, 공업 · 철도 · 항만 · 도로 · 통신 방면의 투자 기회 증가로 고용과 수익을 크게 증가시킬 수 있다"고 밝혔다.

회의에서 UNDP는 두만강지역개발계획을 추진하기 위해 두만강 지역 현지 조사연구팀을 구성, 두만강 지역을 조사연구한 뒤 1991년 10월 평양에서 열리는 제2차 동북아 소지역개발 조정관회의에 보고서를 제출하기로 했다.

두만강지역개발계획이 관련 국가 간 합의를 도출하기까지는 UNDP의 노력이 컸다. UNDP는 1980년대 말부터 1970년대 메콩강지역개발을 모델로 한 두만강지역개발계획을 중국 주재 수석대표 로이 D.모리 박사에 의해 추진되었으나, 북한의 소극적인 태도로 성사되지 못했다.

그간 UNDP가 제안한 두만강지역개발계획에 부정적인 입장을 보였던 북한은 1991년 2월 중국 창춘에서 열린 「동북아 경제협력과 한반도 학술세미나」에서 한국 학자들과 만나 두만강지역개발에 참여할 수 있다는 입장을 처음으로 나타냈다.

UNDP는 제1차 동북아 소지역개발 조정관회의를 앞두고 허버트 버스톡 뉴욕 본부 아태지역 동아시아국장(울란바토르회의 의장), 한국대표부 큐지트, 북한 대표부 킨쳐 및 중국 대표부 로이 D.모리박사 등을 회의에 참석시키는 등 북한의 참여를 끌어내기 위한 전방위적인 노력을 기울였던 것으로 알려졌다.

북한은 UNDP 국제개발계획이라는 단서를 붙이는 조건으로 한국이 참여하는 두만강지역개발계획에 동의함으로써 두만강지역개발계획이 첫걸음을 떼게 되었다. 제2차 회의는 북한의 강력한 요청에 의해 평양에서 개최하기 결정했다.

2) 제2차 동북아 소지역개발 조정관회의

UNDP는 1991년 10월 16일부터 18일까지 평양에서 열린 제2차 동북아 소지역개발 조정관회의에서 두만강지역 조사연구팀의 두만강지역개발 현지조사연구 보고서(이하 '두만강지역개발구상')를 토대로 두만강지역개발계획 실행방안에 관한 논의를 진행했다. 회의는 UNDP 사무총장 보좌관 겸 아시아 · 태평양 국장인 신거(辛格)가 주재하고, 중국 · 남북한 · 몽골에서 각 3명, 일본 · 러시아(옵서버), UNDP 동북아 주재 각국 대표들이 참석했다.

참가국들은 두만강지역개발계획을 2단계로 나누어 △향후 18개월(1992. 1. ~1993. 6.)간의 제1단계에서는 두만강지역개발사업의 개념, 방식, 추진기구 및 운영체제 등에 관한 기초조사를 통해 각국의 정책결정을 지원토록 하고 △제2단계에서는 국제협정을 통해 무역, 투자촉진, 통신 및 정보교환, 인력개발 등 사업효과의

극대화를 위한 상호 협력증진을 도모키로 했다.[7]

이를 위해 참가국들이 각각 3명씩의 정부관리(대표:차관)를 지정[8], 연내에 두만강지역개발 계획관리위원회(PMC: Programme Managem ent Committee)를 구성하고 이 위원회 산하에 △관련제도 · 법률 · 금융 △경제성 분석 △기술적 타당성 분석 등을 담당할 3개 실무작업반을 설치키로 했다. 1992년 1월 PMC 제1차 회의를 개최하여 위원회의 조직운영 및 활동계획을 승인하고 두만강지역개발계획 제1단계 시행을 위한 UNDP 기술협력 문서를 검토 · 승인키로 했다. 그리고 1992년 7월과 1993년 1월에 2, 3차 PMC 회의를 열고 실무작업반 별로 작성된 중간보고서를 검토, 향후 작업방향을 결정하는 한편 오는 1993년 7월에는 관련 당사국 간의 '고위정부관계관회의'를 개최, 실무작업반이 제출한 보고서를 토대로 두만강지역개발계획의 실행방향 등을 확정키로 했다.

회의에서 UNDP는 관련 국가들에게 △ 두만강지역개발계획 사업의 방침과 패러다임, 기구 프레임과 시행에 관하여 참여국가 간 원활한 협의 달성 △ 두만강지역개발계획 사업과 관련하여 지역의 최대 이익을 도모할 수 있도록 해당 국가에서 무역 · 투자 · 운송 등에 대한 정보교환, 용역 및 기타 방면에서 협조해 달라고 당부했다.

당시 UNDP가 분석한 관련국별 입장은 다음과 같다.

【관련국별 입장】

중국은 두만강지역개발을 통해 동해 출구를 마련하려는데 목적이 있다. 중국은 지린성 지역과 北韓의 양강도 및 함경북도, 러시아의 포시에트, 자루비노 등 3개국 접경지역의 공동개발을 원하고 있다.

---

7 金圭倫, 1993, "豆滿江地域開發과 東北亞 經濟協力」統一研究論叢. p3.
8 PMC 대표의 직급에 대하여 중국과 일본학자들은 차관급, 한국은 국장급으로 달리표기하고 있으며, 회의는 주로 국장급이 참석하였다.

북한이 UNDP에 제출한 보고서에 따르면 북한은 1988년부터 경제무역지대 조성을 논의해 왔으며, 처음에는 청진~나진 사이에 경제무역지대를 건설할 예정이었다. 두만강지역개발 사업이 국제적 관심을 끌면서 북한의 경제무역지대는 나진에서 웅기 사이로 옮겨졌다. UNDP가 두만강지역개발 사업을 최우선 항목으로 선정하자 경제무역지대를 두만강 하구 웅기로 옮겨 UNDP의 지원을 얻으려 했다.

건설계획은 물동량 1억 톤, 인구 백만 명에 달하는 항구 도시이다. 북한은 중국이 두만강에 항구를 건설하고 수로를 준설하는 것은 기술적으로 불가능할 뿐만 아니라 경제적으로 부적절하며 겨울에 얼음이 얼기 때문에 중국이 북한의 항구를 이용하는 것이 가장 경제적이고 적합하다고 밝혔다[9].

러시아의 시베리아와 연해주는 세계 최대 자원의 보고(寶庫) 중 하나이다. 시베리아 철도와 바이칼아무르철도, 블라디보스토크항과 나홋카항은 유라시아대륙을 잇는 육해복합운송 체계를 갖추고 있다. 이런 유리한 조건들은 일본과 한국을 끌어들이는 강한 흡인력이 될 수 있다.

일본과 한국의 자금과 기술도입을 위해서는 러시아 극동지역은 일본, 러시아, 한국 간 국제협력 체계를 구축하는 것이 중요하며, 블라디보스토크를 환동해 지역의 상하이로 건설하고 이 지역을 교통허브와 경제중심의 국제도시로 만들어야 한다.

1988년 고르바초프가 극동을 시찰할 때 두만강 하산지역에 특구를 만들자고 제안했지만 3년이 지나도록 큰 진전이 없다. 연해주는 두만강지역개발에 큰 관심을 보이지 않고 있으며, 블라디보스토크와 나홋카를 국제협력을 통해 발전시키길 희망하고 있다.

몽골은 두만강을 통해 일본으로 진출하기를 희망한다. 이 통로는 국제사회의 지름길로 통하기 때문에 두만강지역개발계획 지원 프로젝트이다.

한국과 일본은 시장개척을 위해 환동해 지역에서 유라시아대륙으로 진출을 희망

---

9   중국은 팡촨(防川)항 건설을 추진했으나 수로 준설에 막대한 비용이 들어가고, 경제성이 없어 건설을 포기했다.

하고 있으며, 일본, 한국 모두 두만강지역개발을 지지하고 아주 큰 열정을 갖고 이 지역에 투자를 원한다.

UNDP의 두만강지역개발 관련국 동향보고서에도 나타났듯이 두만강 지역의 중국, 러시아, 북한은 특구를 건설하는 등 지역발전계획을 수립·추진 중에 있었으며, 한국의 남북경협 확대 및 북방시장개척, 일본의 환동해경제권 진출전략은 UNDP가 이 사업을 추진하는 데 큰 동력이 되었다고 할 수 있다.

3) UNDP, '두만강지역개발구상' 발표

UNDP는 1991년 7월과 10월 두 차례에 걸친 동북아 소지역개발 조정관 회의에서 관련 당사국이 UNDP의 TRADP에 참여를 결정함에 따라, 유엔창립 46주년 기념일인 1991년 10월 24일 유엔 뉴욕본부에서 기자회견을 열고 동북아 3억 인구가 경제적으로 부유하고, 평화로운 삶을 가꾸어 나갈 수 있는 터전을 마련하기 위해 다국 간 국제협력으로 300억 달러를 투입하는 특대형 프로젝트인 '두만강지역개발구상'을 추진하겠다고 국제사회에 발표했다.[10] 그리고 11월 1일, 동북아 6개국 유엔 주재 대사를 만나 두만강지역개발계획을 소개하고 협력을 부탁했다.

UNDP가 유엔창립 46주년을 맞이하여 '두만강지역개발구상'을 국제사회에 발표한 것은 냉전의 산물인 두만강 지역을 유엔과 다국 간 국제협력을 통해 평화와 번영의 지대로 개발하겠다는 의지를 국제사회에 천명한 것이라 할 수 있다.

UNDP는 국제사회에 '두만강지역개발구상'을 발표한 이후, 제2차 동북아 소지역개발 조정관회의 합의에 따라 1991년 12월 두만강지역개발계획(TRADP) 추진을 위하여 82만 5천 달러를 지원하기로 결정하고 사전준비 지원을 위한 보고서를 각 국에 제출하였다.

---

10 UNDP의《현지조사연구보고서》를 관련당사국의 조정을 거쳐 "두만강지역개발구상"으로 발표하였다. 이찬우(김은영 번역), 두만강지역개발 10년: 평가와 과제. KDI북한경제리뷰 45P(KINX2003 066290)

《두만강지역개발구상》[11]

▣ 두만강 지역 여건

두만강 지역은 세계적인 시각에서 볼 때 이 지역의 전략적 지위와 잠재력이 크다. 중국에서 경제가 발달한 성(省)과 지린성(吉林省), 헤이룽장성(黑龍江省) 시장에 접근하기 편리하면서도 북한·러시아·몽골의 노동력과 자연자원 등 유리한 공급 요소를 활용할 수 있다. 한국과 일본에게는 유럽진출에 유리한 이점을 제공하며, 동북아 지역의 자원과 역내 국가 간 상호보완성은 두만강 삼각주가 미래 홍콩이나 싱가포르, 로테르담으로 발전 가능성을 보여준다.

중계무역과 동북아 지역 각국이 상호 연계하는 공업 발전의 잠재력이 있다. 현 상황은 이웃 국가 간 협력에 유리한 시기이다.

▣ 개발대상

중국 훈춘 ~ 북한 나진·선봉 ~ 러시아 하산의 포시에트를 연결하는 소삼각 지역 개발이며, 여기에 북한의 청진 ~ 중국 옌지, 러시아 블라디보스토크를 잇는 대삼각 지역을 개발해 소삼각 지역을 지원토록 한다.

▣ 개발방안

두만강 지역 개발 방안으로 다음 세 가지 안이 제시되었다.

① 각국은 자국 내 지역에 독자적으로 한 곳 이상 무역특구를 설치 한다. 그리고 무역특구는 정책, 행정 측면에서 각국 간의 조정을 수행한다.

② 3개국이 인접하는 지역에는 영토지배권을 각자 보유하면서 특구를 설치한다. 이 특구는 3국의 행정단위에 의해 정책, 절차 등의 측면에서 조정을 수행한다.

③ 3개국은 공동으로 경제특구 지역을 지정하고, 그 개발과 관리를 위해 공동

---

11 《현지조사연구보고서》는 丁士晨, 合国开发计划署图们江地区开发项目述评(东北亚论坛1992年)자료와 https://www.yna.co.kr/view/AKR19911008000400006(두만강유역개발 전문가단 보고서) 나와

으로 행정상의 조정을 수행한다.

각국은 항만·에너지·도로·철도시설과 특정구역을 관리하고, 그 지역에 공장지구·독립적인 생산현장·사무실·숙박종합시설 등의 건립을 담당하는 공동관리사업기구를 설립하며, 이 기구는 각국의 영토와 인구 주권을 약화시키지 않되 투자와 시설 복합시스템에 대한 관리를 강화해 각자의 효익을 높일 것이다.

▣ 개발비용과 사업기간 등

지역의 전체 규모와 위치는 다음 단계에서 결정할 사항이지만 조사연구팀은 예상 잠재력을 개발하려면 현대식 전용부두 10개 또는 11개와 인구 50만 명이 넘는 신도시 건설을 목표로 도로, 항만, 철도, 전력 등 인프라 정비와 이에 필요한 인재육성을 포함하여 300억 달러로 추산한다. 개발기간은 총 20년으로 예측한다.

4) TRADP 협정 서명

UNDP는 1991년 10월 16일부터 18일까지 평양에서 열린 제2차 동북아 소지역 개발 조정관회의에서 PMC 설립에 합의함에 따라 1992년 1월부터 1993년 6월까지 18개월 간 UNDP가 제시한 '두만강지역개발구상'을 바탕으로 TRADP 실행계획 확정을 위한 PMC 회의를 개최하고, 1993년 7월 관련 당사국 간의 '고위정부관계관회의'에서 두만강지역개발계획의 추진방향 등을 확정키로 했으나 국가 간의 이해관계 대립 등으로 'UNDP가 제시한 공동관리 방식의 경제특구 건설은 두만강 접경 3국이 현재 기획하거나 건설 중인 경제특구를 독자개발 하는 것으로 전환하고 관련 당사국이 공동협력을 통해 지원하는 데 합의' 함에 따라 1995년 12월 4일부터 7일까지 뉴욕에서 개최된 제6차 PMC 회의에서 「두만강지역개발 조정위원회」 및 「두만강경제개발구 및 동북아개발 자문위원회」 협정과 한 건의 환경관련 양해각서에 서명하였다.

이것은 UNDP와 관련 당사국이 1991년 10월 제2차 동북아 소지역개발 조정 관회의에서 두만강지역개발계획 추진에 합의한지 4년여 만에 유엔의 깃발 아래 두 만강지역역개발을 본격적으로 추진할 수 있는 기반을 마련하였다는 데 큰 의의가 있다.

두만강지역개발 실행의 근거가 되는 협정의 내용을 분석하면 다음과 같다.[12]

《주요 협정내용》

관련 당사국 간에 체결한 두 건의 협정과 한 건의 양해각서는 TRADP 추진의 기본적인 방향을 정한 정부 간의 공식문건이라 할 수 있다. 협정의 서문에는 "각 체결 당사국이 이 지역의 공동협력 개발에 대한 태도를 분명히 하는 것이며, UNDP 가 1991년부터 TRADP를 제창하고 지원한 사업이 전기연구논증단계에서 본격적 인 실시단계로 접어들었음을 의미한다"고 규정하고 있다.

두만강 접경 3국 간의《두만강지역개발 조정위원회 설립에 관한 협정》은 △제1조 기본원칙 △ 제2조 두만강지역개발 조정위원회 △ 제3조 기타로 구성되어 있다.

관련 5개국 간의《두만강경제개발구 및 동북아개발자문위원회 설립에 관한 협 정》은 △제1조 기본원칙 △제2조 두만강경제개발구 및 동북아개발위원회 △제3조 기타로 구성되어 있다.

협정내용을 구체적으로 살펴보면,

첫째, 두만강경제특구 독자개발을 중심으로 하는《두만강지역개발 조정위원회 설립에 관한 협정》은 두만강경제개발구의 협력 강화와 각 프로젝트의 개발 및 무역 협력 개선을 목적으로 한다. 기본원칙은 ① 경제기술 협력강화와 양호한 무역 · 투 자 환경 조성 ② "각 체결 당사국은 두만강 경제개발구의 국제투자, 무역 및 비즈니 스에서의 흡인력을 보장하기 위한 노력한다" 등이다.

---

12 전홍진, 2021, 신동북아 경제협력 플랫폼 광역두만강협력(GTI). p.64.~73.

조정위원회 역할은 사업 관련된 사회, 법률, 환경 및 경제문제에 대해 협의 · 조정하고, 무역 · 투자와 두만강경제개발구 설립 및 진행 관련 사항 추진 등이다.

둘째, 5개국 간 국제협력에 관한 사항을 담은 《두만강경제개발구 및 동북아개발 자문위원회 설립에 관한 협정》의 기본원칙은 경제기술 협력을 강화하고, 동북아, 특히 두만강경제개발구 각국 간 지속발전을 추진하는 것이다. 위원회 역할은 △ 동북아, 특히 두만강지역개발 지원 △ 두만강 지역 각국과 공동이익 증진, 경제, 환경 및 기술협력 추진 △ 교통, 통신, 무역, 산업, 전력, 환경, 금융 및 은행 등 주요 분야에 대한 투자를 촉진함에 있다. 협정의 해석 및 적용에 관한 논쟁이 발생할 경우 《유엔헌장》이나 자발적 합의를 도모하도록 규정함으로써 유엔의 조정자 역할을 분명히 하였다.

셋째, 두 건 협정의 공통사항으로는 △ 위원회 구성인원은 차관급 1인과 기타 3인 △위원회는 설립 후 첫 2년 동안, 1년에 두 차례 정례회의 개최 △사무국 설립 △ 지역적 범위는 두만강 접경 3국 국경 인접지역을 가리키되 자체 수정가능 △ 협정서는 유엔사무총장에게 제출한 날부터 효력 발생 △ 협정서 유효기간은 10년이며 자동 10년 연장 가능 등이다.

가장 중요한 것은 협정서의 효력시점이다. 일반적으로 당사국 간 협정은 당사국이 협정에 서명함으로써 효력이 발생한다. TRADP 협정의 효력은 당사국이 서명 후 국내법에 따른 절차를 완료하고 유엔사무총장에게 제출한 시점을 효력 발생시기로 보고 있으며, TRADP 협정서를 유엔 사무국에서 등록한다고 규정되어있다.

다른 하나는 두만강 지역적 범위의 확장성이다. PMC 회의 시 가장 논쟁이 되었던 지역적 범위는 언제든지 자체 수정 가능토록 규정함으로써 소삼각, 대삼각의 개념이 사라졌다.

협정은 동북아 5개국 간 최초의 다자협력이라는 상징성과 다국 간 협력을 통해 두만강 지역개발을 촉진하겠다는 의지를 담고 있다.

아쉬운 점은 UNDP '두만강지역개발구상'을 토대로 UNDP와 회원국 간 타당성조사연구와 실행방안 협의 결과를 토대로 협정을 체결했지만 협정내용에는 TRDAP의 구체적인 실행계획과 당사국 간 권리의무를 담지 않았으며, 실질적으로 UNDP가 TRADP사업을 주도하고 있지만 유엔과 UNDP의 구체적인 역할이 없다. 단지 효력발생요건, 협정서 유엔사무국 등록, 분쟁발생 시 유엔헌장에 의거 해결, UNDP 및 기타 국제기구 사무국 지원 가능 등만 규정하고 있을 뿐이다. 특히 TRADP를 대표하는 사무국은 UNDP가 직접 운영하고 관리 감독함으로써 회원국들의 피동적인 참여를 유발하는 단초를 제공했다고 볼 수 있다.

5) 동북아 지역 간 국제협력의 동력

UNDP의 TRADP 추진에 따라 동북아 지역에는 많은 변화가 일어나기 시작했다.

첫째, 동북아 지역의 정부, 학계, 기업계 등 각 방면에서 두만강 지역개발 관련 정부 간 협력, 국제회의, 투자포럼, 연구활동 등이 활발히 전개됨에 따라 TRADP가 동북아 국가 간 투자와 경제협력을 촉진시키는 역할을 하였다.

둘째, 두만강 접경 3국은 자체 조성한 경제특구에 외국자본 유치를 위해 대외개방을 확대함은 물론 자체 개발계획을 수립하여 추진하는 등 이 지역에 대한 국가차원의 관심이 집중되기 시작했다. 특히, 북한이 나선경제자유무역지대를 지정하고 세계 각국의 기업을 초청하여 투자설명회를 개최하는 한편 직접 미국 등지에서 나선경제자유무역지대를 홍보하고 투자유치에 나선 것은 북한의 대외개방에 TRADP가 긍정적인 역할을 하고 있다는 것을 보여주는 것이다.

셋째, 1991년부터 UNDP 주도의 두만강지역개발계획이 본격화되면서, 지역개발 사업의 주체인 지방정부가 중심이 되어 다자협력을 통한 국제협력을 추진하는 계기가 되었다.

이처럼 TRADP 출범은 동북아 최초이자 유일한 국가 간 지역개발을 위한 다자협력체로서 큰 상징성을 갖고 있을 뿐만 아니라 북한이 미국 등지에서 투자유치 활동을 전개하는 등 투자환경 개선을 통한 외자유치에 기여하였으며, 동북아 각국 지방정부 간의 교류협력을 촉진하는 등 순기능적인 역할을 하였다.

GTI가 북한 핵문제 등으로 두만강지역개발이 진전을 보지 못하고 있는 현실에서 당시 어려운 여건속에서도 북한의 두만강지역개발계획 참여를 끌어내었던 UNDP와 회원국들의 지혜가 그 어느 때보다 필요한 시점이다.

다. 제2단계, TRADP 실행

1) TRADP 개요

UNDP가 1991년 10월 24일 국제사회에 발표한 '두만강지역개발구상'은 1995년 12월 제6차 PMC 회의에서 회원국 대표들이 중국·북한·러시아 간 「두만강지역개발 조정위원회(Committee) 설립에 관한 협정」, 중국·남북한·몽골·러시아 5개국 간 「두만강경제개발구 및 동북아개발 자문위원회(Commission) 설립에 관한 협정」, 「두만강경제개발구 및 동북아 환경준칙 양해각서」 등 3건의 문서에 서명함으로써 TRADP를 본격적으로 추진하게 되었다.

TRADP는 UNDP의 동북아 지역협력 프로그램으로써 중국·남북한·몽골·러시아 5개국과 일본이 옵서버국으로 참여하는 동북아 국가 전역을 대상으로 하는 것이 아닌 두만강 지역 접경 3국을 중심으로 동북아 지역개발과 경제협력 증진을 위한 정부 간 다자협력체이다.[13]

사업기간은 10년(2005년)이며 자동연장이 가능하다.

사업대상 지역은 두만강 지역에 한정하지 않고 회원국 자체 조정이 가능하도록 규정하고 있어, 두만강 지역 전체가 사업대상 지역이라 볼 수 있으며, PMC 회의에서 논의되었던 소삼각, 대삼각 구분은 의미가 없다.(표2)

표 2 PMC 사업대상 지역

구 분	사업대상 지역
· 소삼각	· 훈춘 ~ 자루비노(포시에트) ~ 나선
· 대삼각	· 옌지 ~ 블라디보스토크(나홋카, 보스토치니아) ~ 청진
· 동북아지역개발권	· 러시아 극동, 북한 함경북도, 중국 동북 3성·네이멍구 일부, 몽골 동부지역

사업추진 기구는 국가별 '차관급(중국 부부장급)'으로 구성된 '조정위원회 (Committee)'와 '자문위원회(Commission)', 조정관회의, 실무반(working group), 두

---

13 재정경제부 보도자료(2110-2188.9.), 제6차 TRADP 5개국위원회 참석

만사무국으로 구성되었다. (표3)

표 3 사업추진 기구

기구명	구성 및 주요임무
조정위원회 (Committee)	· 중국 · 북한 · 러시아 · 경제특구개발과 이와 관련된 경제 · 사회적, 법적문제나 초국경 경제협력에 관한 사항 협의 · 조정
자문위원회 (Commission)	· 중국 · 남북한 · 몽골 · 러시아 · 동북아 특히 두만강지역개발을 지원하며, 상호이해와 공동이익 증진, 경제, 환경 및 기술 협력 추진 · 교통, 통신, 무역, 산업, 전력, 환경, 금융 등 주요 분야에 대한 투자 촉진
실무반 (working group)	· 분야별 전문가와 국가별 실무자 · 투자촉진, 관광, 수송, 환경, 조정 · 조화 등 5개 분야이며, 이중 조정 · 조화는 두만강 접경 3국만 참가 · 주요과제 연구 · 검토 · 협의, 주요의제 위원회 상정
두만사무국 (베이징)	· 회원국을 대표하며, 법인격은 UNDP, 직원 임면권은 유엔이 갖고 있음 · TRADP 사업계획 수립 및 추진, 사업감독[13]

회의는 총회와 조정관회의로 구성되었다.

총회는 설립 후 첫 2년 동안은 1년에 두 차례 개최 후, 매년 1회 순회개최를 원칙으로 하며 총회 종료 후 별도의 조정위원회를 개최한다.[14] 조정관회의는 TRADP 총회 안건 준비 및 회원국 간 협력사항 조정 등을 수행하며, 각 회원국의 과장급(중국 처장급)으로 구성되었다.[15]

사업예산은 UNDP의 지원금과 회원국 분담금(각국 연 25천달러, 사무국 운영비)으로 하나, 이 시기에 대부분의 사업비와 사무국 운영비는 UNDP가 부담하였다.[16]

국가별 주관부서는 중국 대외무역경제합작부(현 상무부), 북한 무역성, 한국 재정

---

14 한국에서 '정례회의' 명칭과 관련하여 '차관회의', '5개국 자문위원회', '당사국 총회' 등 다양하게 부르고 있으나, 본고에서는 기획재정부가 사용하는 '총회'로 하였다.

15 중국의 처장급은 한국의 사무관과 서기관의 중간 직급이라 할 수 있다. 처장은 중앙정부의 팀장, 광역지방자치단체의 팀장(담당)이다.

16 회원국들은 1년에 25천달러 밖에 되지않는 사무국 운영비조차도 제대로 내지 않았으며, 한국의 경우 2004년 7월까지 단 한 차례만 분담금을 냈고 지난 1996년까지 투자하기로 약속했던 500만 달러도 내지않을 정도로 무성의했다. UNDP는 매년 200만 달러 좌우를 지원했다. https://news.kbs.co.kr /mobile / news /view. do?ncd=610843(검색일: 2022. 3. 1.)

경제부(현 기획재정부), 몽골 인프라개발부, 러시아 무역 · 경제개발부이다.

2) TRADP 총회 개최현황

1995년 12월 TRADP 추진을 위한 두 개의 위원회가 공식적으로 출범한 이래, TRADP 총회는 1996년 4월부터 2005년 9월까지 총 8회(베이징4, 홍콩1, 창춘1, 블라디보스토크1, 울란바토르1)개최되었다. 총회는 첫 2년은 매년 2회를 개최한 후 매년 1회 순회개최하기로 하였으나 제3차 총회부터 회의경비 부담, UNDP의 TRADP 재평가, 남북관계 원인 등으로 이 규정은 지켜지지 않았다. 선행연구 자료 등을 중심으로 TRADP 총회 개최현황을 정리하면 다음과 같다.[17]

(1) 제1차 TRADP 총회: 1996년 4월 18일, 중국 베이징

TRADP 실행프로그램 전환 후 열린 첫 총회로써 사무국 베이징에 설립[18] 및 운영비 회원국 균분부담(각 연 25천 달러), 향후 18개월 중점업무로 나진 · 블라디보스토크 등지에서 투자포럼 집중개최를 결정하고 사무국에 외국자본유치의 중요성 제기 및 외부 재원조달 방안을 촉구했다.

(2) 제2차 TRADP 총회: 1996년 10월 21일, 중국 베이징

중국, 러시아, 북한 3국 간 경제협력 장애요소(무역, 교통, 관광)를 해소하고 경제협력 촉진을 위한 환경개선, 지역개발에 따른 재원조달 방안을 집중 논의하였으며, 중 · 러 · 남북한 철도 건설 및 연변~나진~속초 관광교통 노선 개설 제안, 일본의 정식 회원국 초청 결의안 채택, 자문위원회 규칙을 통과시켰다.

자문위원회 규칙은 조직, 회원국 대표에 관한 사항, 회원국 변동에 관한 사항, 동북아 신규회원 가입에 관한 동의 사항, 회원국 대표의 각국 대표기능 보유, 의장 임기에 관한 사항, 산하기구 설립에 관한 사항, 사무국 설립에 관한 사항, UNDP

---

17 主编 李铁, 2015, 图们江合作二十年. p.257~267.
18 1998년 UNDP 두만사무국 베이징에 설립

투먼 신탁기금에 관한 사항 등 자문위원회의 전반적인 운영에 관한 사항을 정하였다.[19]

(3) 제3차 TRADP 총회: 1997년 11월 17일, 중국 베이징

총회운영의 효율성을 높이기 위해 국가 간 실무협의를 위한 조정관회의는 매년 상반기, 총회는 하반기에 개최하기로 결정하는 등 총회운영 시스템을 정비했다.(표4)

표 4 제3차 TRAP 총회 주요내용

구 분	주요내용
보고사항	· TRADP 2단계사업이 1997년 2월부터 순조롭게 추진 · 회원국의 자금지원 외에 기타 자금조달 방안 추진 · 금융, 투자, 환경, 관광, 초국경 화물 운수, 능력개발(훈련 및 고찰) · 국제회의 개최 및 나진·연변 등 투자 홍보 각 8회, 방문고찰 4회, 프로젝트 업무 능력 배양 · 가능성 연구보고 실시: 관광, 상업은행 타당성 조사, 몽골 초이발산~중국 아얼산 철도건설 등 3건 · 최근 두만강경제개발구 외국인 투자추세와 성과 · 관광산업 홍보프로세스·자금유동과 운전·환경준칙과 원칙 · 창바이산관광개발 원칙 등 5건
1998년 사업계획	· 블라디보스토크, 나선 투자홍보 · 몽골 기술지원과 교통건설 프로젝트 개발 · 몽골과 두만강 지역 통상구(口岸)[20] 간 연계협력을 강화 · 회원국과 유효한 지역협력네트워트 건립

(4) 제4차 TRADP 총회: 1999년 6월 9일, 몽골 울란바토르

매년 총회를 개최하기로 하였으나, 사정에 의거 1998년 총회를 개최하지 못하고 1999년 6월 9일, 몽골 울란바토르에서 제4차 TRADP 총회를 개최하였다. TRADP 향후 발전계획, 자금운영, 중점분야의 구체적 사업 추진계획, 경제발전과 환경보호 등에 대하여 논의했다. 북한은 불참했다.(표5)

---

19 PROCEDURAL RULES FOR THE TUMEN REGION CONSULTATIVE COMMISSION, http://www.tumenprogram.org/?list-1527.html(검색일: 2022. 2. 1.)

20 통상구는 중국의 커우안(口岸)을 일반적으로 부르는 명칭이다. 커우안은 국가가 지정한 대외교류의 관문이다. 출입국 및 통관 등 국제공항·국제항만 기능이 있다.

표 5 제4차 TRAP 총회 주요내용

구 분	주요 내용
UNDP, 신발전 방향 제시	· 초국경 협력, 교통회랑 건설과 환경보호 · 지역적 범위를 두만강에서 동북아로 확대
논의사항	· 동북아두만투자회사 설립
추진상황보고	· 세계관광기구(WTO)와 다목적 관광상품 개발 홍보 논의 · 일본 PADECO회사의 지원으로 초국경 교류 장애요인 연구 · 지구환경기구 (Global Environment Facility, GEF)에서 두만강 지역 환경보호 프로젝트 지원 · 두만사무국, 에이즈가 사회경제에 미치는 영향 소개 및 협력 분야의 다양화 제안

(5) UNDP 사업 재평가: 1999년 12월

UNDP는 회원국들의 피동적 참여 등으로 TRADP가 기대한 만큼 성과를 내지 못함에 따라 1999년 12월 내부적으로 TRADP에 대한 전면적인 재평가를 통해, TRADP가 비현실적인 전망에 기초한 초기의 목표 제시가 과도하였다고 평가하였으며 다음과 같은 문제점을 지적하였다.

- 지역 내 다국 간 협력체제를 안정시키고 참가국의 주도성을 제고하는 활동이 불충분하였다.
- 두만강 지역이라는 소지역개발에 집중함으로써 동북아 지역에서 협력이 필요한 항목의 개발을 추진하지 못하였다.
- 동북아 지역의 잠재성을 평가하는 타당성 조사가 불충분하였다.

이상과 같은 평가에 기초하여 TRADP에서 UNDP의 역할 축소 및 회원국 역할 제고, TRADP의 지역적 범위를 동북아 지역으로 확대, 일본의 참가를 요청하기로 했다.[21]

UNDP의 TRADP 재평가에 따른 후속조치 등으로 2000년에는 총회가 개최되지 않았다.

---

21 이찬우(김은영 번역), 두만강지역개발 10년:평가와 과제, KDI북한경제리뷰(KINX2003066290). p.53.

(6) 제5차 TRADP 총회: 2001년 4월 5일, 중국 홍콩

TRADP 10주년을 맞이하여 UNDP와 회원국은 그간 추진사업을 평가하고 당면한 문제에 대하여 집중적으로 논의한 후, 'TRADP 제3단계 개발진전'과 '두만강 투자네트워크 서비스 발전계획'에 서명했다.(표 6)

표 6 제5차 TRADP 총회 주요내용

구분	주요 내용
UNDP, 추진사업 평가와 방향제시	· TRADP는 동북아 발전에 중요한 역할을 해왔음 · 지속적으로 두만강 지역의 경제개발과 협력을 위해 중요한 지원을 할 것임 · TRADP 사업에 풍부한 자금지원을 하고 있으나, 동남아에 비해 동북아 지역은 지역협력과 경제통합 등에서 크게 뒤처져 있음 · 지정학적 여건과 중러 금융위기 영향으로 지역협력의 어려움 가중 · UNDP의 사업지원 중단에 따른 준비 필요(사업의 지속 가능성 검토 등) · 무역 · 교통 등 분야에서 경제협력이 활발하게 진행되었음 · 회원국들은 국경개방으로 각종 교류협력에 편의를 제공하고 있음
각 회원국 TRADP 당면사항 제시	· 프로젝트 규모가 작아 국제사회 주목을 끌지 못함 · 프로젝트와 인프라 자원의 한계 · 역내국가 간 분쟁요소 미해결과 동북아 전체 정세의 복잡성 · 중앙정부가 지방정부의 구체적 요구에 대한 지원이 미흡함
총회의장 룽융투 (龙永图) 건의사항	· 일본의 정식 회원국 가입 초청 · 회원국 간 양자대화 추진, 몽골과 북한 지원
협의 및 논의	· 지역협력네트워크 건설 논의 및 전문가위원회 설립 제안

(7) 제6차 TRADP 총회: 2002년 6월 1일, 러시아 블라디보스토크

UNDP와 회원국들은 2005년말로 10년의 사업기간이 종료되는 TRADP 추진방향에 대하여 집중적으로 논의했다. TRADP의 향후 추진일정 등에 대하여는 각국 조정관회의에서 논의하기로 합의했다. 일본이 처음으로 옵서버로 참가하였다.(표 7)

표 7 제6차 TRAP 총회 주요내용

구분	주요 내용
UNDP, 입장표명과 대안제시	· TRADP가 동북아 지역의 평화와 안정을 위해 중요한 역할을 하고 있음 · TRADP 사업을 지속적으로 지원할 계획임 · UNDP의 지원정책에 의거 18개월 후 TRADP에 대한 지원을 중단할 계획임 · 향후 사업진행 과정, 전망 등에 대한 평가를 진행하여 UNDP의 참여정도를 다시 결정 · 회원국들에게 TRADP 향후 발전방향 논의를 위한 워킹그룹 신설 제안

구분	주요내용
회원국 견해	· 중국은 UNDP의 지속적인 지지의 중요성을 강조하고, 회원국들에게 낙관적인 시각과 함께, 장기적인 안목과 실질적인 태도가 중요함을 역설 · 북한은 그동안 UNDP의 지원에 감사를 표하고, 발전방향으로 에너지와 교통시설 투자유치를 제안 · 몽골의 관심은 에너지 개발 분야임을 강조 · 한국은 UNDP의 지원이 회원국들에게 중요하며, 각 회원국 중앙정부가 다자간 협력과 정보교류에 더 많은 관심을 가져줄 것을 제안 · 러시아는 지방정부가 사업협력에 더 큰 역할을 해야 한다는 점을 강조하면서 UNDP 지원의 중요성에 공감

(8) 제7차 TRADP 총회: 2004년 7월 8일, 중국 창춘

제6차 총회에 이어 TRADP 10년 사업 종료에 따른 대응방안을 집중 논의하고, UNDP주도의 TRADP를 회원국 주도로 전환하는 데 인식을 같이하고 새로운 협력방안을 제시했다.(표 8)

표 8 제7차 총회 주요내용

구분	주요내용
회원국 공동인식	· TRADP 사업은 회원국이 주도적이고, 결과 지향적인 협력 체제로 전환 · 업무 연찬회, 협의회, 세미나 등을 통해 프로젝트 발굴 · 프로젝트는 회원국의 공통 이익에 기초하여 프로젝트에 참여하는 모든 회원국의 일치된 승인을 얻을 것 · 프로젝트는 반드시 국제금융 기구나 민간부문의 투자유치가 가능한 것으로 선정 · 회원국 대표의 직급 상향조정을 고려할 필요가 있음
우선협력분야	· 교통, 에너지, 관광, 투자, 무역 · TRADP 성공의 관건인 민간부문 참여를 위해 TRADP 이미지 향상이 필요함
UNDP의 입장	· TRADP 사업에 대한 전문적인 지원 유지 · 2005년 12월 이후, 유엔 차원에서의 TRADP 자금지원 중단 · 해당 국가의 경제적 자원을 활용한 지원사업 지속 추진 · 회원국의 자율적 운영능력 구축 시까지, 능력개발 지원 및 파트너 발굴
UNDP의 회원국들에 대한 협조 요청사항	· 회원국들은 자신의 프로젝트에 대한 의무와 책임을 중시하고, 경제협력발전에 더욱 노력해야 함 · 회원국들은 사무국에 직원 파견 및 2005년 12월 이후 프로젝트에 대하여 자금지원 · TRADP 사업은 UNDP 프로그램에서 회원국 주도로 전환
회원국 자금조달 방안 제시	· 회원국 정부의 사무국에 대한 자금지원 · UNDP의 구체적인 항목에 대한 자금지원 · 국제금융기구에서 투자(아시아개발은행과 협력) · 민간부문에서 투자(홍보활동 강화) 등

(9) 제8차 TRADP 총회: 2005년 9월 2일, 중국 창춘

UNDP 동북아 지역협력 프로그램인 TRADP의 사업기간 10년이 종료되는 마지막 총회이다.

TRADP 제8차 총회(CNR)

회원국들은 TRADP의 명칭을 GTI(광역두만강협력)로 변경, 사업기간 10년 연장, 사업범위 확대를 내용으로 하는 《창춘선언》을 채택하고 이와 관련하여 전략실행계획(SPA2006-2015)을 승인함으로써 UNDP 주도의 TRADP가 회원국 주도의 광역두만강협력(GTI) 체제로 전환하게 되었다.

《창춘선언》

2005년 9월 2일 두만강지역개발계획 제8차 총회가 중국 창춘에서 열렸다. 회의에서 회원국들은 공동으로 미래 발전방향을 정하고, 협력 10년 연장, 개발 범위를 확대하기로 하였다. 이번 회의는 기념비적인 회의로, 미래 지역 실행계획에 대하여 아래와 같이 합의했다.

1. 1995년에 12월 6일 체결된 '두만강경제개발구 및 자문위원회'와 '두만강지역개발 조정원회' 협정의 틀에서 사업을 10년 연장한다.

2. TRADP 발전을 촉진하기 위하여 광역두만강협력(大图们倡议)으로 명칭을 변경한다. 기존의 협력관계를 더욱 강화하여 동북아 경제성장과 번영을 촉진한다. 차관회의와 함께 동북아투자포럼을 개최한다.

3. 회원국 주도로 GTI틀 안에서 협력을 형성한다. UNDP는 더 많은 구체적인 프로젝트를 계속 지지할 것과 GTI를 통해 동북아 경제협력을 촉진할 것을 약속했다.

4. GTI 범위를 동북아 지역까지 확대하며 회원국의 입법결정에 따라 중국 동북 3성과 네이멍구, 북한 나선경제무역지대, 몽골 동부지역, 한국 동해안 항구지역, 러시아 연해주를 포함한다.

5. 기업인자문위원회(BAC)를 설립하고 GTI와 민간부문의 협력을 강화한다.

6. GTI 사무국의 우선협력분야는 교통, 에너지, 관광, 투자, 환경이다. 이와 동시에 새로운 파트너십 관계를 구축하고 융자루트를 넓힌다.

7. 회원국은 GTI 사무국에 대한 자금지원과 전문가 파견을 통하여 회원국들의 주도성을 공고히 하고 사무국의 구체적인 프로젝트 추진 능력을 높인다.

3) UNDP의 역량 부족과 회원국의 피동적 참여

TRADP 실행기간에는 UNDP가 사업을 주도하고 사업계획 및 예산집행, 사무국 운영 및 감독권 등 모든 권한을 갖고 있었으며 회원국은 단지 회의에 참석하여 사업을 결정하는 이중 구조로 운영되었다.

두만강지역개발의 원칙은 크게 두 가지로 나눌 수 있다. 하나는 두만강 접경 3국이 프로젝트를 개발하는 등 국제적인 자본유치를 위한 우수한 투자 및 무역 환경을 조성하고, 경제특구를 자체개발하는 것이다. 다른 하나는 회원국들이 공동협력을 통해 자체개발을 지원하는 것이라 할 수 있다.

두만강지역개발계획의 추진은 1995년 12월 관련 당사국 간에 체결한 두만강지역개발에 관한 협정에 의거 사업계획을 수립하고 추진하는 것이 기본원칙이라 할 수 있다.

총회에서 가장 먼저 논의할 사항은 두만강 접경 3국의 지역개발 목표, 추진 로드맵, 협력에 필요한 사항을 청취하고 회원국들은 이것을 바탕으로 공동협력의 목표와 추진계획을 수립한 후 협력사업을 추진하여야 하나 이러한 사항들이 의제로 거론조차 되지 않았다.

총회 초기에는 주로 민간자본 유치 지원을 위한 투자포럼과 홍보, 투자서비스센터 설치, 재원조달, 동북아두만투자회사 설립, 무역·투자, 관광협력 증진을 위한 연구조사활동, 일본 회원국 가입 등에 집중함으로써 사업의 안정적 추진을 위한 실행계획 수립의 기회를 상실함은 물론 사업추진의 지연과 혼선을 초래하였다.

UNDP는 두만강지역개발계획이 지지부진함에 따라 1999년 12월 사업에 대한 재평가를 실시하고 2001년 4월 홍콩에서 열린 제5차 총회부터 2005년 9월 중국 창춘에서 열린 제8차 총회까지 회원국 주도의 두만강지역개발계획 전환에 집중함으로써 협력사업에 대한 논의가 거의 이루어지지 못했다. 이 기간에 UNDP는 주로 회원국 주도의 두만강지역개발계획에 관한 발전방향을 제시하였고, 회원국들은 UNDP의 지속적 참여의 필요성 등을 제기하였을 뿐 특별한 대안을 마련하지 못하였다.

두만강지역개발계획의 성패는 국가 간 사업접근 방식의 차이를 극복하고 공동협력 정신을 발휘하는 것에 달려있다고 할 수 있다. TRADP는 출범초기부터 국가 간 사업에 대한 접근방식의 차이가 존재하고 있었다. 중국과 북한은 두만강지역개발계획에 적극적인 참여를 통해 외자유치를 추진하고자 했으나 러시아는 블라디보스토크 중심의 개발사업을 추진함으로써 두만강 지역 중심의 개발에 미온적인 태도를 보였다. 비접경국으로 유일하게 이 지역에 투자 능력을 갖고 있던 한국은 북방 지역 간 경제협력 활성화와 남북 간 경제교류 협력의 장으로 활용하고자 하였다.

이처럼 회원국 간 두만강지역개발에 대한 접근방식의 차이를 극복하지 못한 것은 두만강지역개발을 선도하는 국가의 부재와 UNDP가 이 사업의 제안자, 설계자, 주도자, 조정자로서의 역할을 수행하지 못한 결과라 할 수 있다.

TRADP 출범 당시 한국은 두만강지역개발계획 협정에 따라 재경부(기재부 전신) 차관, 재경부 경제협력국장, 외통부 국제경제국장, 통일부 교류협력국장을 위원으로 위촉하는 등 이 사업에 적극적인 참여 의지를 갖고 있었다.

그러나 2002년 6월 재경부는 한국 언론에 배부한 보도자료에서 두만강지역개발계획의 성격을 "△동 계획은 이 지역에 대한 종합적인 개발계획을 세워 추진하는 것도 아니고 대규모 재원을 동원하여 실제로 투자사업을 추진하는 것도 아님 △인프라 등에 대한 투자는 각국이 담당하며, TRADP의 주된 역할은 이 지역의 상호 연관성을 감안, 정부 간 회의를 통하여 각 나라의 투자계획에 대한 정보를 교환하고 개발방향을 협의하는 것이라고" 대내외에 발표하였다.[22] TRADP를 본격적으로 추진한지 7년 만에 나온 한국의 TRADP에 대한 인식은 TRADP가 실질적 협력체로 발전하지 못하고 있음을 드러낸 것이라 할 수 있다.

UNDP와 회원국들은 4년여간 협상을 거쳐 TRADP를 본격적으로 추진하였지만, 느슨하고 구속력이 없는 비제도적 조직, 구체적인 실행계획 부재, UNDP의 협력사업 추진한계, 경제특구 자체개발 능력 부족, 재원조달 실패, 회원국의 자주성 결여 등으로 제대로 된 경제협력사업을 추진하지도 못한 채 회원국 주도의 GTI 체제로 전환하게 되었다.

그러나 TRADP가 상술한 내용처럼 미흡한 점 만 있는 것은 아니다. TRADP는 동북아 최초이자 유일의 국가 간 다자협력체의 토대를 마련하였음은 물론 두만강 접경 3국의 자체개발 의욕고취, 북한의 국제사회 전면 등장, 두만강 지역 투자 붐 조성을 통한 외국자본 유치, 동북아 지방정부 간 경제교류협력을 촉진시키는 등의 긍정적인 성과를 도출했다.

---

22 재정경제부 보도자료: 경제협력국 국제경제과(2110-2188. 9.)

라. 제3단계, GTI

1) GTI 개요

GTI는 회원국 주도의 동북아 지역 경제개발 협력을 위한 다자간 협력체로써, 동북아, 특히 GTI 지역의 지속가능한 발전을 위해 경제협력 강화를 추진한다.

회원국은 중국·몽골·한국·러시아 등 4개국이다. 북한도 회원국이었으나, 2009년 11월 유엔 안보리의 대북제재와 두만강지역개발의 성과가 없음을 이유로 탈퇴했다.

GTI 지역(http://www.tumenprogram.org/?list-1526.html)

GTI 지역은 TRADP PMC 회의기간에 논의되었던 동북아지역개발권역을 기초로 설정되었다. 지역적 범위는 중국 동북 3성(지린성, 헤이룽장성, 랴오닝성)과 네이멍구, 몽골 동부 3아이막(헹티, 도르노드, 수흐바타르), 한국 동해안 항구도시(초기: 강원, 경북, 울산, 부산), 러시아 연해주 지역이다. 면적은 2,283,133㎢, 인구는

136,858천 명이다. 이 지역은 숙련되고 저렴한 노동력을 가지고 있어 투자 잠재력과 고용 기회가 많은 지역이다.(표9)

표 9 GTI 지역현황

국가 및 지역		인구(명)	면적(㎢)	주요도시	주요산업
중국	헤이룽장성 (黑龙江省)	36,168,000	454,000	Haerbin, Heihe	에너지, 장비, 식품가공 임업, 석유화학, 의약품
	네이멍구 (内蒙古)	23,843,500	1,183,000	Huhhot	농업, 화학, 에너지, 철, 강철, 섬유, 의약품
	지린성 (吉林省)	27,085,000	187,400	Changchun, Yanji, Hunchun	자동차, 에너지, 야금, 석 유화학, 섬유, 관광
	랴오닝성 (辽宁省)	42,170,000	2,178	Shenyang, Dalian, Dandong	전자, 기계, 야금, 석유 화학
몽골	동부 Hentii,Dornod, Sukhbaatar	223,000	287,600	Choibalsan, Bayandun, Bayantumen	농업, 농업가공, 광업, 관 광
한국	동해안 항구도시	5,300,155	3,055	Busan,Sokcho Ulsan, Pohang	자동차, 멀티미디어 및 IT, 항만 물류, 정유, 조선, 제철, 관광, 컨벤션
러시아	연해주 (Primorsky Territory)	2,069,000	165,900	Vladivostok	에너지, 경공업, 식품 및 음료, 중공업, 석탄, 임 업, 목재, 관광, 벌목, 광 업, 기계제조

자료: GTI사무국:http://www.tumenprogram.org/?list-1528.htm, https://baike.baidu.com/item/%E7%BD%97% E5%85%88/ 894265?fr=aladdin, 罗先(검색일: 2022. 2. 11.) 참고, 저자정리

우선협력분야는 교통, 에너지, 관광, 무역·투자, 환경, 농업이며[23], 역내 경제 통합 및 무역·투자 증진을 위한 협력활동 및 경제협력사업 발굴을 위한 연구 프로젝트를 추진하고 있으며, 우선협력분야 추진을 위해 2006년부터 전략실행계획을 수립·추진해 오고 있다. 2020년 12월 한국 서울에서 열린 제20차 GTI 총회에서 전략실행계획(2021년-2024년)이 승인되었다. 전략실행계획은 GTI의 전략적 목표와 실행계획을 담고 있으므로 GTI를 가장 정확하게 이해할 수 있는 공식문건이다.

---

23 우선협력분야 투자는 'GTI Strategic Action Plan2012-2015'에서 무역·투자로 변경, 농업은 'GTI Strategic Action Plan2012-2015'에서 우선협력분야로 추가

GTI 주요 추진기구는 총회, 조정관회의, 사무국, 분야별 위원회 및 협의체로 구성되어 있다.

GTI 추진기구

자료: http://www.tumenprogram.org/?list-1529.html,Institutional Structure

총회(Consultative Commission)는 전반적인 사업을 기획 · 추진 · 조정하는 최고 의사결정기구로 연1회 열리며, 각국의 GTI 주관부서 차관과 관계자들이 참석한 다. 총회는 2021년까지 총 21회 열렸다.

조정관회의(National Coordinators)는 각국의 팀장(과장급)이 참석하여 사업우선 순위, 예산집행 및 사무국 인력수급 등을 검토하는 회의로 최고의사결정에 앞선 실무급 협의회라 할수 있다.

사무국은 총회에서 결정된 사업을 추진하고 기타 행정 지원을 담당하고 있는데, 사무국장을 포함 7 ~ 8명 직원으로 구성되어 있다.[24]

위원회(Sectoral Boards)는 우선협력분야를 실행하기 위한 조직으로써 교통, 에 너지, 관광, 무역 · 투자, 환경, 농업 등 6개 위원회가 있으며, 회원국 정부 간 국

---

24 일반적으로 사무국장(러시아), 책임 자문관(한국1), 파견 프로그램 자문관(한국1, 중국1), 프로그램 관리자 3명 및 사무소 관리자 1명 등 8명의 직원으로 구성되어 있다.

장급 협의채널로 해당분야의 협력사업을 발굴하여 실천계획을 마련하는 데 있다.

협의체는 협력 파트너로서 지방정부 간 교류협력을 촉진하기 위한 동북아지방협력위원회, 금융협력 강화를 위한 동북아수출입은행협의체, 민간기업 참여를 확대를 위한 동북아비지니스협회(상공회의소 및 유사기관), 협력사업 발굴 등 지속 가능한 대안 마련을 위한 연구기관네트워크(한국 KIEP참여) 등이 있다.

주요재원은 회원국 공동기금과 신탁기금이다. 공동기금은 GDP 비율에 따라 분담금액을 결정하며, 2005년 이후 2012년까지는 연 650천 달러였으며, 2013년부터 몽골 분담금 조정에 따라 연 675천 달러(중국260, 한국152.5, 러시아212.5, 몽골50)로 유지되고 있다. 공동기금은 사무실 운영, 현지 인력고용, 공통 운영비 등으로 지출된다. [25]신탁기금은 자국에 유리한 사업을 집행하는데 지정하여 사용할 수 있는 재원으로 한국은 2014년부터 매년 60만 달러 규모의 신탁기금을 조성·운영중에 있다. 사무국 청사는 중국이 제공하고 있으며, 그 외 사업예산은 회원국 및 관련 기관 간 협의를 거쳐 사업별로 조달되고 있다.

국가별 주관부서는 중국 상무부, 한국 기획재정부, 몽골 재무부, 러시아 경제개발부이다. [26]

사업추진 구조는 분야별 위원회에서 합의된 사업계획은 최종적으로 각국의 차관급으로 구성된 총회에서 승인되어 추진되며, 동북아지방협력위원회(LCC), 동북아수출입은행협의체 등이 각각 지방정부 간 협력, 인프라 건설재원 조달 등 맡은 분야에서 GTI 사업이행을 뒷받침하고 있다.

현재 GTI는 국제기구 전환을 위한 사무국 법적전환을 준비하고 있으나, 러시아에서 북한의 GTI 미복귀에 따른 반대, GTI 명칭 변경 등에 대하여 이견을 보이는 등 진전이 없는 실정이다.

---

25 박지연, 2015, 광역두만강개발계획(GTI) 현황과 과제. p.68. 및 기재부 보도자료
26 국가별 주관부서명은 한국 기획재정부 보도자료(2017. 6. 30.)를 참조하여 표기했다.

2) GTI 총회 개최현황[27]

GTI 총회는 2006년부터 2021년까지 총 13회 개최되었다. 2006년과 2008년, 2015년에는 총회가 개최되지 않았으며, 2020년과 2021년은 코로나19로 인하여 온라인으로 개최되었다. GTI는 TRADP 협정에 의거하여 회원국 주도로 전환되었을 뿐 TRADP의 정신과 협력내용 등은 보완 발전시켜 나가는 것이다. 따라서 GTI 총회는 명칭만 다를 뿐 TRADP 총회를 계승한다.

TRADP 기간 총회 개최지는 남북문제, 참가국의 미온적인 태도 등으로 회원국 순회개최가 이루어지지 않았으나, GTI 총회부터는 회원국 간 순회개최 시스템이 정착되었다. GTI 총회 개최현황을 살펴보면 다음과 같다.

(1) 제9차 GTI 총회: 2007년 11월 15일, 러시아 블라디보스토크

2005년 제8차 TRADP 총회에서 두만강지역개발계획을 10년간 연장하고, 회원국의 Ownership을 강조하는 GTI 체제전환 이후 열리는 첫 총회로 동북아 각국의 관심이 집중되었다.

회원국들은 '창춘선언' 이행을 위한 협력의 틀을 마련하는 데 노력을 했다. GTI 활성화를 위해 기업인자문위원회(BAC) 정관제정 및 구성요건을 확정하고 핵심 분야별 위원회 설립과 신규 프로젝트 선정에 합의함으로써 GTI가 본격 추진될 수 있는 토대를 마련하였다.

특히 한국은 신규 프로젝트가 본격 추진될 것에 대비하여 처음 설립된 BAC 운영위원회(25명)에 대한상의, (주)대성, 롯데건설, 대우인터내셔널 등 7개 기업이 참여하는 등 큰 관심을 보였다.

(2) 제10차 GTI 총회: 2009년 3월 24일, 몽골 울란바토르

UNDP 명의의 두만사무국을 회원국(GTI) 명의로 법적전환을 위한 'GTI양해협

---

27 李铁主编, 2015年, 图们江合作二十年, 社会科学文献出版社, 한국 기획재정부 보도자료, GTI사무국 홈페이지(http://www.tumenprogram.org/) 참고

정'의 조속 체결 의지를 확인하고 UNDP에게 지속적인 지원을 요청하였다.[28]

중·몽·한·러 및 UNDP는 북한의 적극적인 활동 참여의 중요성을 강조하고 동북아 역내 경제협력 강화를 위한 비전, 민관협력을 통한 투자유치 증진, 두만강 지역개발계획 강화방안 등을 논의했다.

(3) 제11차 GTI 총회: 2010년 9월 1일, 중국 창춘

북한이 2009년 11월 탈퇴하고 처음 열린 총회에서는 주요현안 사항으로 GTI 법적전환 의지를 재확인하고, 교통, 에너지, 관광, 투자, 환경 등 5개 분과별로 추진하고 있는 동북아 지역 내 다양한 협력 프로젝트의 추진 경과를 점검하고 GTI가 경제협력의 플랫폼으로써 동북아 지역발전의 지속 가능성과 안정성을 강화하는 등 적극적인 역할을 하고 있다는 데 인식을 같이했다.

(4) 제12차 GTI 총회: 2011년 9월 28일, 한국 평창

두만강지역개발계획 출범이후 처음으로 한국 평창에서 개최되었다. 한국, 중국, 러시아, 몽골, UNDP 대표단을 비롯해 학계, 연구기관, 관계자 등 총 250여 명이 참가(지난 11차 창춘 총회에 비해 참석 인원은 약 30% 증가)하였다. 회원국 이외에도 미국, EU 등에서도 참석하여 평창동계올림픽 유치, 중국 동북진흥계획, 러시아 극동개발 등으로 인한 지역개발 수요 확대에 대한 기대감을 반영했다.

특히 금번 총회의 한국 개최를 축하하기 위해 반기문 UN 사무총장은 GTI 발전을 위한 회원국의 정치적 관심 제고와 북한의 GTI 복귀를 희망하고, UN의 지속적인 관심과 지원 의사를 표명하는 특별 메시지를 전달하였으며, GTI 지역발전포럼에는 정운찬 동반성장위원장(전 국무총리)이 기조연설을 하는 등 GTI 사상 처음으로 한국에서 개최되는 총회에 국제사회의 관심이 집중되었다. 그러나 기대를 모았던 기업인자문위원회는 열리지 않았다.

---

28 사무국의 법적전환과 국제기구 전환이 일부 혼용되고 있으나, UNDP 명의 사무국을 회원국 명의 사무국으로 법적전환을 완료함으로써 국제기구를 완성하는 것이다. 일반적으로 국제기구 전환이라 부른다.

총회에서는 GTI의 중장기 사업추진 방향, 동북아지방협력위원회 창립, 사업추진과 재원조달을 위한 가이드라인, 사무국 인적구성 등을 승인해 GTI 발전을 위한 추진체계를 확립하였다. 총회 개최지인 강원도는 2018년 평창 동계올림픽 관련 투자유치 활동을 전개하는 등 홍보활동에 주력하였다.

정운찬 동반성장위원장(전 총리)이 지역발전포럼 기조연설을 하고 참가기업을 격려

(5) 제13차 GTI 총회: 2012년 10월 10일, 러시아 블라디보스토크

총회가 2012년 9월 APEC 정상회의 개최지인 러시아 블라디보스토크에서 개최됨에 따라 회원국들은 APEC과 연계협력 방안을 찾기 위해 노력을 기울였다. 한국 기획재정부는 GTI를 APEC 의제로 포함해 줄 것을 한국 외교부에 요청했으나 시간 촉박 등으로 포함되지 못했다. 중국은 후진타오 국가주석이 2012년 9월 8일 블라디보스토크에서 열린 APEC 정상회의에서 기조연설을 통해 광역메콩강지역경제협력(GMS), GTI, 아세안, 아세안+한중일, 상하이협력기구 등과 협력을 강화해 나갈 것을 제안함에 따라 회원국들이 GTI에 관심을 갖는 계기가 되었다.[29]

---

29 http://www.tumenprogramme.org/?info-554-1.html(검색일: 2022. 2. 3.)

총회에서는 우선협력분야별(교통, 무역·투자, 관광, 환경, 에너지) 추진사업 동향점검 및 협력프로젝트에 대해 심도있게 논의하였으며, GTI를 동북아경제통합 촉진을 위한 중추적인 국제기구 형태로 발전시키기 위해 「GTI 법적전환」 문제를 협의하고 GTI에 대한 지원을 강화하기로 합의하였다.

그리고 수출입은행협의체 설립을 위한 양해각서를 체결하고 APEC, 메콩강지 역경제협력, 한중일 정상회의 등 다자협력체와 협력을 강화해 나가기로 했다.

(6) 제14차 GTI 총회: 2013년 10월 30일, 몽골 울란바토르

2013년 6월 한중 정상회담에서 양측은 "한중일 자유무역협정(FTA), 역내포괄 적경제동반자협정(RCEP), 아태무역협정 협상, GTI, 한중일 환황해 경제·기술교 류 회의 등을 아시아 지역경제통합 과정에서도 긴밀히 협조한다"고 합의한 후[30] 총 회가 열림에 따라 회원국들은 GTI를 동북아경제통합 촉진을 위한 중추적인 국제기 구 형태로 발전시키기 위하여 2016년까지 GTI 법적전환을 완료하기로 합의하고, 파트너십 강화, 북한과 일본 참여방안 등을 논의하였다.

(7) 제15차 GTI 총회: 2014년 9월 18일, 중국 옌지

2013년 11월 13일 한러 정상회담과 2014년 7월 3일 한중 정상회담에서 "GTI가 동북아 지역발전을 선도하는 국제기구로 발전하는 데 긴밀히 협조한다"고 합의 한 후 총회가 열림에 따라 동북아 각국의 관심이 집중되었다.[31]

회원국들은 한중러 3국 정상의 GTI 활성화 의지에 부응하기 위하여 △GTI의 전략적 전환 △GTI틀 안에서 각 회원국의 중점협력 분야 추진상황 △GTI와 타 기 관과의 파트너십 관계의 발전에 대한 토론을 통해 발전방안을 제시하였다.

---

30 https://www.korea.kr/news/policyBriefingView.do?newsId=148763302# policyBriefing 한·중 미래비 전 공동성명 및 부속서(검색일: 2022. 2. 3.)
31 https://news.mt.co.kr/mtview.php?no=2013111318524866657&outlink=1&ref=https%3A%2F%2Fse arch.naver.com,대한민국과 러시아연방 간 공동성명(검색일: 2022. 2. 3.)

(8) 16차 GTI 총회: 2016년 4월 28, 한국 서울

2016년 5월까지 GTI 법적전환을 완료하기로 하였으나, 북한의 GTI 미복귀 등의 사유로, 합의를 보지 못함에 따라 차기 총회에서 법적전환 관련문건에 서명을 위한 노력을 기울이기로 하였으며, 정책연구기관 간 네트워크 구축을 위한 MOU에 서명하였다.

(9) 제17차 GTI 총회: 2017년 6월 29일, 러시아 모스크바

GTI의 조속한 법적전환 필요성에 공감하고, 이를 위해 현재 GTI의 조직구조 및 역량을 더욱 효율화할 필요가 있음을 확인하고 GTI의 향후 협력원칙과 활동계획에 대한 지침을 담은 '2017-2020 전략실행계획'(Strategic Action Plan 2017-2020)을 채택하였다.

(10) 제18차 GTI총회: 2018년 6월 22일, 몽골 울란바토르

GTI 법적전환을 재확인하고, 관련 협의를 진전시켜 나가기로 하였다. 회원국들은 4월 27일 판문점선언 및 6월 12일 북미 정상회담 합의문 채택을 환영하고, 동 합의가 동북아의 평화와 번영을 가져올 것이라는 기대를 표명하고 북한의 재가입을 초청하였다.

(11) 제19차 GTI 총회: 2019년 8월 22일, 중국 창춘

GTI 운영성과와 향후계획을 점검하고 동북아 번영 및 상생을 위한 경제협력 강화방안과 GTI 법적전환, 동북아 지역경제통합 심화와 포용적 경제성장 촉진을 위한 협력방안을 논의하였으며, 보호주의 대두에 대한 우려를 표명하였다. 그리고 회원국 간 경제협력 증진을 위하여 각국 상공회의소 및 유사기관이 참여하는 동북아 비즈니스협회 설립 양해각서를 체결했다.

회원국들은 2018년 평양 남북 정상회담 및 평양공동선언을 지지하고, 6월 30일 판문점 회동이 한반도의 평화와 번영으로 이어지기를 기대하였다. 또한, 2009년 GTI를 탈퇴한 북한의 GTI 복귀를 요청하였다.

동북아비지니스협회 설립양해각서 체결(GTI사무국)

(12) 제20차 GTI 총회: 2020년 12월 16일, 서울

코로나19 상황에 따라 회원국 간 온라인 연결 방식으로 진행된 총회에서, 의장국인 한국 기획재정부 김용범 제1차관은 기조연설에서 "GTI가 지난 2009년 탈퇴한 북한의 재가입을 이뤄내고 일본이 가입할 수 있도록 하는 등 외형적 확장을 위한 노력을 지속해야 한다"고 말했다. 회의에서는 GTI 사업의 주요 진행경과를 점검하고, GTI 전략실행계획(2021-2024)과 신규사업을 승인하였다. 신규사업으로「몽골의 중소기업 생산 활성화를 위한 역내외 가공제도 도입지원」을 승인하였다. .

이번 총회에서는 GTI 사상 처음으로 동북아 지방정부와 관련기관의 유망한 프로젝트를 발표하는 시간을 마련하였다. 부산광역시와 강원도에서「동북아 물류 활성화 방안」이라는 주제로 '(한국)부산·속초·동해~(러시아)연해주~(중국)동북 3성'을 연결하는 물류루트 추진현황에 대해 발표하고, 통관·검역 등의 애로사항 해소를 위해 회원국 간 협력할 것을 건의하였다.

총회를 주재한 윤태식 기획재정부 국제경제관리관은 역내 경제협력 및 개발이 활성화되기 위해서는 물류 흐름이 원활화되는 것이 중요한 과제이므로, 동 사안에 대해 회원국 간 협의를 통해 해결방안을 마련하여 다음 총회에 보고해 달라고 요청하였다.

환경부(수자원공사)는 GTI의 유망사업으로 두만강 유역 물관리 방안에 대한 공동연구계획을 발표하고, 국제하천인 두만강에 대한 통합관리 필요성을 강조하였다. 동 연구는 「동북아 수자원 연구협력 협의회(NAWRA)」[32]의 첫 공동연구사업으로 한국·중국·러시아 및 몽골 수자원 연구기관이 상호 협력하여 기초자료 수집, 모델링 분석, 습지·연안 생태 연구 등을 통해 향후 두만강 유역관리방안을 마련할 계획임을 밝혔다.

외부 전문가를 초청하여 향후 GTI의 미래와 비전에 대해 발표·청취하였다. 한국 해외인프라 도시개발지원공사(KIND)에서 역내 개발협력사업을 발굴·추진하기 위한 회원국 간 협력방안 및 인프라 사업 공동개발을 제안하였으며, 통일보건의료학회 이사장 김신곤 교수는 대규모 검사, 효과적 감염경로 추적 등 한국의 코로나19 대응현황에 대해 설명하고, 포스트 코로나 시대 동북아 보건협력을 위한 방안으로 회원국 간 정보공유, 접경지역 바이오메디컬 클러스터 설립 등을 제시하였다.

(13) 제21차 GTI 총회: 2021년 11월 23일, 러시아 모스크바

중국과 러시아가 2019년과 2020년 연속하여 열린 총리회의에서 GTI틀 안에서 동북아 경제협력을 추진하기로 합의한 후 러시아에서 처음으로 열린 GTI 총회에서 각국 대표의 발언(표10)과 공동 선언문에 담길 내용에 대하여 전문가들의 관심이 집중되었다.

---

32 NAWRA(Northeast Asia Water Research As sociation): 한국·중국·러시아 수자원 연구기관 간 동북아 수자원·환경 분야 다자협력을 위해 설립(2019. 5. 23.)한 협회

표 10 각국 대표 발언요지

회원국	발언요지
중국	· 지난 1년간 GTI 회원국들의 각 분야 협력이 긍정적으로 진전되었음 · 회원국들과 빈곤구제 경험 공유 및 녹색경제협력 강화
몽골	· GTI는 동북아 지역 각국의 무역 확대와 경제협력 심화를 위한 중요한 플랫폼
한국	· GTI의 국제기구 전환과 북한의 GTI 재가입 · 글로벌 공급망(GVC) 개편 과정에서 GTI 역할 중요성 강조 · 신북방정책 등과 연계 GTI 지역에서의 경제협력을 강화하기 위해 적극 노력
러시아	· GTI 회원국과의 협력을 더욱 강화하는 데 적극적으로 참여하겠음

제21차 GTI 총회 온라인으로 개최(GTI사무국)

각국 대표의 발언내용을 분석하면, 역대 총회 중에서 각국의 대표가 한 목소리로 GTI 역할의 중요성을 언급한 것은 이번 총회가 처음이라 할 수 있다. 그만큼 GTI가 동북아 지역 간 경제협력의 중요한 플랫폼으로 성장할 수 있음을 회원국들이 인식했다는 것은 GTI가 동북아경제통합의 플랫폼으로 성장할 수 있는 가능성을 보여주는 것이다.

총회에서는 GTI 운영성과와 향후계획을 점검하고 코로나19 이후 회원국의 지속가능한 정책대응 사례에 대해 논의하였다. 그리고 무역·투자위원회, 동북아수출입은행협의회, 동북아비지니스협회를 지역통합을 촉진시키는 플랫폼으로 활용, 각국의 대외전략인 일대일로와 동북진흥계획, 유라시아경제연합, 초원의 길, 신남북방정책과 연계협력 강화, 글로벌경제 불확실성 확대 상황에 공동 대응, 2022년 베이징동계올림픽 성공개최, 북한의 조속한 GTI 재가입을 담은 모스크바선언을 채택했다. 2022년 제22차 GTI 총회는 몽골에서 열린다.

3) TRADP '창춘선언' 이행 미흡

GTI는 사업의 주체가 UNDP에서 회원국으로 전환되었을 뿐 1995년 12월 6일 관련 당사국 대표가 서명한 두만강지역개발 관련 협정에 의거 연속성을 갖고 추진하는 사업이다. UNDP와 회원국 대표들은 제8차 TRADP 총회에서 GTI 발전 방향을 담은 '창춘선언'을 채택했다. '창춘선언'은 TRADP 과정에서 나타난 문제점에 대한 해결방안을 제시한 것이라 볼 수 있다. 실제적으로 '창춘선언'만 이행된다면 GTI는 세계에서 가장 모범적인 소지역개발 다자협력체로 성장할 수 있다. 따라서 '창춘선언'의 이행 여부를 살펴보는 것은 GTI의 발전을 위해 매우 중요하다.

'창춘선언'은 두만강지역개발계획 10년 연장을 포함한 총 7개항으로 구성되어 있으며 회원국 주도의 강한 의지를 담고 있다. 주요 항별로 이행여부를 살펴보면 다음과 같다.

(1) TRADP 협정의 틀에서 사업 10년 연장

회원국 주도의 GTI로 전환하면서 사업기간 연장과 관계없이 지속적인 협력 시스템을 구축하였다.

(2) 차관회의와 함께 동북아투자포럼 개최

▷ 차관회의 참석자의 직급 불일치와 관례적 회의행태 상존

현재 회원국 대표는 관련 중앙부처 차관급(중국 부부장급)이다. 차관은 정책결정

권자가 아니며 장관을 보좌하는 역할을 하고 있다. 다자협력체는 국가 간 현안사항, 중요 프로젝트를 협의 조정하는 중요한 역할을 하고 있는데 정책결정권을 갖고 있지 않은 차관회의로는 한계가 있다. 동서양을 막론하고 조직 이기주의가 만연하고 있는 상황에서 다자협력체 결정 사항을 자국 부처 간 협의·조정을 하는 데도 많은 어려움이 따르는 것이 현실이다. 다자협력체를 안정적으로 유지하기 위해서는 자국 중앙 부처를 통합 조정할 수 있는 총리나 정상회의로 승격하는 것이 바람직하다.

총회 참석자의 직급 불일치는 사업추진 동력을 떨어뜨린다. TRADP는 출범부터 참석자 직급 불일치가 상존하고 있었다. 총회는 각국의 차관이 참석하는 차관회의임에도 불구하고 차관이 참석하지 않는 사례가 빈번하여 사업추진에 동력이 떨어지고 있다. 다자협력(회의)체 성공요건 중의 하나는 협정이나 조약으로 회원국의 직급을 정한 경우 특별한 사정이 없는 한 대표가 참석하여야 하며 불가피한 경우 회원국의 양해를 얻어 바로 아래 직급이 대표로 참석하는 것이 관례이다. 역대 총회 참석자 현황을 살펴보면 주최국을 제외하고는 차관이 참석하는 경우가 거의 없었으며, 심지어 과장급이 참석하는 사례도 발생하였다. 정상회의, 총리회의 등은 회원국 대표 중 어느 한 국가에서 참석할 수 없을 경우 회의를 순연하기도 한다. 오랫동안 두만강지역개발계획에 관여했던 인사는 자국에서 차관이 참석했는데 일부 국가에서 부국장이 참석함으로써 총회 자체가 무산될 뻔한 사례가 있었다고 술회하고 있다. 이처럼 총회에 참석하는 회원국 대표의 직급이 불일치함에 따라, 품앗이 성격이 되어버렸다. 다시 말하면 다른 회원국가에서 총회 개최 시 자국 주최 총회에 참석한 대표의 직급을 고려하여 대표단을 파견하는 사례가 빈번하게 발생함에 따라 다자협력체의 위상을 스스로 떨어뜨림은 물론 실질적 협력방안을 논의하기 어려운 구조를 만들었다고 할 수 있다.

총회 운영상황을 살펴보면 연례 반복적인 행태를 탈피하지 못하고 있다. 1년에 한 번 열리는 총회는 대부분 주요사업 보고, 신규사업 승인, 부정기적 포럼 개최, 공동선언문 채택 등으로 관례화됨으로써 공동협력의 정신을 바탕으로 한 협력사업을 발굴하거나 추진하지 못하고 있다.

동북아 지역에는 GTI보다 소규모 다자협력(회의)체가 많이 있다.[33] 어떤 다자협력(회의)체는 정부와 기업으로부터 환영을 받고 있지만 어떤 다자협력(회의)체는 초기에 지역협력을 위해 의욕적으로 출범을 하지만 시간이 흐를수록 행사를 위한 행사로 전락함으로써 지방정부와 기업들로부터 외면을 받고 있다. GTI 총회 역시 행사를 위한 행사에서 탈피하지 못하고 있는 것이 현실이다.

▷ 단기성 행사로 끝난 동북아투자포럼

회원국들은 동북아투자포럼을 GTI의 대표 브랜드로 육성함으로써 GTI의 위상을 높이고 경제협력을 증진시키는 플랫폼으로 활용하고자 하였으나 초기에 몇 회열리고 중단되었다. 포럼 성공의 관건은 국제적으로 주목받을 만한 저명인사, 경제계 또는 학계의 권위가 있는 발제자 섭외와 시대적 흐름에 맞는 이슈를 선점하고 대안을 제시하는 것이 중요하다.

2011년 9월 한국 강원도에서 열린 제12차 총회의 부대행사로 열린 동북아투자포럼과 지역발전포럼을 비교하면 동북아투자포럼이 활성화되지 않은 이유를 알수 있다. GTI 사무국이 주관한 동북아투자포럼은 대부분 GTI 파트너기구의 전문가를 중심으로 포럼이 구성됨으로써 현지성이 떨어져 동북아 지역 간 실질적 경제협력을 기대한 각국의 참여자, 기업인, 전문가로부터 외면을 받았다. 총회 개최지 강원도가 주관한 지역발전포럼에서는 기조연설은 한국의 정운찬 전 총리가 하였으며, 그 밖에 동북아 지방정부 도지사, 한국의 대기업 연구원장 등이 참석하여 실질적인 지방정부 간 협력방안을 토론함으로써 한국에서 처음으로 열린 제12차 총회의 위상을 높였다.

---

33 여기서 다자회의체는 매년 개최되고 있는 한중일 지방정부교류회, 환황해 경제·기술교류회의, 한일(호쿠리쿠)경제교류회의 등으로 중앙부처가 주관하고 다수의 지방정부가 참여하는 회의 또는 포럼을 가리킨다.

(3) 회원국 주도로 GTI틀 안에서 협력 형성

TRADP 추진과정에서 항상 문제점으로 부각 된 것은 GTI 핵심지역의 현안사항인 해운항로 개설 등이 총회에 의제화되지 않는 등의 문제점을 개선하기 위하여 GTI틀 안에서 협력 형성을 추진하고자 하였으나 GTI 지역과 연계협력을 위한 노력이 결여되었을 뿐만 아니라 총회 결의사항마저도 국가 간 실질적 협력사업으로 이어지지 못하고 있는 것이 현실이다.

예를 들면 한국 속초~자루비노·블라디보스토크~훈춘 항로는 GTI 핵심지역일 뿐만 아니라 GTI 우선협력분야 중의 하나이지만 총회에서 동항로 관련 언급은 있었으나 회원국들이 통관·비자 간소화를 위한 국가 간 협력사업을 추진한 사례를 찾아보기 어렵다. 특히 GTI 핵심지역에서 추진하고 있는 중국 창지투개발계획, 두만강자유관광지대, 러시아 블라디보스토크 자유항 지정, 창춘한중국제합작시범구, 중국 동북아 및 하얼빈 박람회 등은 GTI 총회 의제로도 선정되지 않는 등 GTI 틀 안에서 연계협력 사업이 이루어지지 못하고 있다.

이처럼 총회결의 사항이 국가 간 협력사업으로 이어지지 못하고 ,역내 지역개발 사업과 연계협력을 추진하지 못함에 따라 GTI의 역할과 위상 저하를 초래했다.

(4) GTI 지역적 범위 확대

지역적 범위를 확대하고자 하였으나 오히려 북한은 2009년 11월 핵실험 관련 국제사회 대북제재에 반발하여 탈퇴하였으나 회원국들은 북한의 GTI 복귀와 관련하여 논의만 되풀이하고 공동선언문을 채택만 하였을 뿐 북한의 GTI 복귀를 위한 구체적인 대안을 제시하거나 직접적인 접촉을 하는 등의 노력을 기울이지는 않았다. 또한 일본 참여의 필요성에 대한 논의는 있었지만 구체적인 대안을 제시하지 못했다.

단지 성과라 할 수 있는 것은 동북아 지방정부의 GTI 참여기회를 확대하기 위해 2011년 9월 제12차 총회에서 '동북아지방협력위원회(LCC)'를 설립한 것이다.

현재 LCC는 4개국 24개 광역지방정부가 참여하고 있으나, 참가 대표 직급의 불일치, 실질적인 협력사업 발굴이라는 과제를 안고 있다.[34]

(5) BAC를 설립하고 GTI와 민간부문 간 협력강화

'창춘선언'에서 민간협력을 끌어내는 핵심사업은 '동북아투자포럼'과 BAC(기업인자문회의)라 할 수 있다. 이 두 개의 사업은 GTI 지역 간 경제협력의 플랫폼으로 주목을 받았다.

2007년 11월에 열린 제9차 총회에서 BAC가 출범함에 따라 특히 한국은 BAC운영위원회(25명)에 대한상의, (주)대성, 롯데건설, 대우인터내셔널 등 7개 기업이 참가하는 등 적극적으로 참여하였다. 그러나 BAC는 2010년 9월에 열린 제11차 GTI 총회에서 정부와 재계대표 연석회의를 끝으로 활동 기록을 찾을 수 없다. 여러 차례 BAC 재활성화 논의 끝에 2019년 8월에 열린 제19차 GTI 총회에서 각국 상공회의소 및 관련기관이 참여하는 '동북아비지니스협회'가 출범하였다.

BAC가 활성화 되지 못한 이유는 기업인들에게 필요한 프로젝트 발굴을 위한 실질적인 활동 플랫폼을 마련해 주지 않았기 때문이라 할 수 있다. 특히 협의체를 주도할 단체가 없는 것, 그리고 실물경제에 밝지 못한 국제기구 등의 자문에 의해 BAC를 설립한 것도 활성화가 되지 않는 이유 중의 하나이다.

(6) 우선협력분야 추진, 파트너십 관계 구축 및 융자루트 확대

GTI는 우선협력분야를 추진하기 위해 중·단기 전략실행계획을 수립하고 분야별 위원회 설립과 파트너십 관계 구축을 통해 전략적 목표를 실현하고자 한다.

전략실행계획은 2005년도에 SAP2006-2015를 승인한 이래 총회 결정에 따라 개정하고 있다. 후속 전략실행계획인 SAP2021-2024는 공통비전, 전략적 목적, 협력원칙, 금융기관과 협력, 6개 위원회(교통, 에너지, 관광, 무역·투자, 환경, 농업)

---

34 http://www.incheontoday.com/news/articleView.html?idxno=203396, 인천시, 광역두만개발계획 지역위 가입

의 실행계획과 기대효과 등을 담고 있다. 이 전략실행계획을 분석하면 실행계획이라기 보다는 기본방향을 제시한 것에 가깝다고 할 수 있다.[35]

GTI 협력사업에 걸림돌이 되었던 재원부족과 관련해서는 동북아수출입은행협의체와 협력을 강화하고 확대하는 것 외에는 별다른 재원조달 방안을 제시하지 못하고 있다.

우선협력분야를 구체적으로 뒷받침할 협의채널과 제도적 장치 마련을 위하여 분야별로 이를 관장하는 각 회원국 중앙정부 부처의 국장급을 대표로 하는 위원회를 설치하고 해당 분야의 협력사업을 발굴하여 추진하고자 하였으나 국장급이 회의에 참석하지 않음으로써 정부 간 협의체로서 역할에 한계를 보임에 따라, 회원국 간 실질적인 협력사업으로 연결되기보다는 현안사항을 논의하고 발전방안을 제시하거나 연구보고서를 발간하는 수준에 머물고 있다.

협력 파트너는 지방정부 간 교류협력을 촉진하기 위한 동북아지방협력위원회(LCC), 금융협력 강화를 위한 동북아수출입은행협의체, 민간기업 참여를 확대를 위한 동북아비지니스협회(상공 회의소 및 관련기관)), 협력사업 발굴 등 지속 가능한 대안 마련을 위한 정책연구기관네트워크 등이 있다.

협력 파트너와 협업의 성공을 위해서는 GTI 사무국이 협력의 방향을 분명히 제시하고 지속적으로 관리하지 않으면 제2의 BAC가 발생하는 것은 시간 문제이다. LCC는 GTI 핵심지역에 있는 강원도와 지린성이 중앙정부와 지방정부 간 실질적 협력 시스템 구축을 위해 GTI 사무국에 제안하여 제12차 GTI 총회에서 창설하였으나, 운영과정에서 지방정부와 중앙정부 간 협력 시스템이 구축되지 않았을 뿐만 아니라 지방정부가 GTI의 주체가 아닌 협력 파트너로 운영되는 등 당초의 제안 취지에 맞지 않게 운영되고 있다. 동북아수출입은행협의체와 동북아비지니스협회 역시 설립취지에 부합한 실질적 협력 시스템을 구축하지 못하고 있으므로 실질적 협력을 촉진시킬 수 있는 방안을 마련하는 것이 필요하다.

---

35 Strategic Action Plan 2021-2024,http://www.tumenprogramme.org/?info-768-1.html(검색일: 2022. 3. 2.)

(7) 회원국의 GTI 사무국에 대한 자금지원과 전문가 파견

현재 GTI 사무국의 주요재원은 회원국 공동기금과 신탁기금이다. 공동기금은 2005년 이후 2014년까지는 연 65만 달러였으며, 2015년부터 연 67만 5천 달러(중국260, 한국152.5, 러시아212.5, 몽골50)로 유지 되고 있다. 공동기금은 사무실 운영, 현지 인력고용, 공통 운영비 등으로 지출된다.

신탁기금은 자국에 유리한 사업을 집행하는데 지정하여 사용할 수 있는 재원으로 한국은 1992년부터 2012년까지 총 500만 달러를 불입하였으며, 불입국은 한국이 유일하다. 한국은 2014년부터 매년 60만 달러 규모의 신탁기금을 조성·운영 중이다. 사무국 청사는 중국정부가 제공하고 있으며, 그 외 사업예산은 회원국 및 관련 기관들 간의 협의를 거쳐 사업별로 조달하고 있다.

사무국은 UNDP가 직접 운영할 때는 회원국 대표, 사업계획 수립 및 추진, 감독기능을 갖고 있었으나, 2011년부터 회원국 주도로 운영하면서부터 UNDP 업무행태를 답습하고 있을 뿐 사무국의 기능은 보좌기능에 머물러 있다. 또한 사무국장의 직급이 낮아 사무국장이 회원국을 대표하는 시대적 흐름에 맞는 사무국 역할을 수행하지 못하고 있다. 인력은 회원국 파견 공무원과 현지채용 인원으로 구성되어 있지만 전문성이 떨어지고 업무의 연속성도 보장하기 어려운 구조이다.

특히, GTI 협력사업의 기둥이라 할 수 있는 각국의 조정관은 한국의 경우 과장급, 중국은 처장급으로 직급이 낮음은 물론 국가 간 직급 불균형과 조정관의 짧은 재임기간 등으로 인하여 국가 간에 실질적으로 필요한 협력사업을 발굴하고 의제화하는 데 어려움이 있다. 한국의 경우 외교부 파견 공무원이 조정관을 맡고 있을 뿐만 아니라 대부분 1년 단위로 교체됨에 따라 심도 있는 협력사업과 연속성이 있는 업무추진에 한계가 있다.

그간 GTI 추진실태를 종합적으로 분석하면 통합교통망 연구 등 분야별 연구성과 축적, 6개 위원회, 동북아지방협력위원회, 동북아수출입은행협의체, 정책연구기관네트워크 등 협력 파트너 설립은 성과라 할 수 있다. 그러나 총회 및 사무국 운영은 여전히 TRADP를 답습하고 있으며, 재원조달 등의 어려움을 이유로 GTI 역내 사업과 연계협력이 이루어지지 않고 있다. 위원회와 협력 파트너의 활동도 국가 간 협력사업으로 진전시키지 못하는 등 동북아 유일의 다자협력체로서의 제 역할을 하지 못하고 있다. 특히, GTI 역내에 비예산으로 추진할 수 있는 프로젝트들이 다수 있음에도 불구하고 GTI 사업으로 추진하지 못함에 따라 GTI 정체성마저 흔들리고 있다.

2020년 12월 서울에서 개최된 제20차 총회에서 한국 대표는 "GTI가 다양한 논의와 시도에도 불구하고 역내 개발프로젝트 기획과 추진에 있어서는 구체적 성과가 부족한 실정이다. GTI 지역 개발사업의 초석을 마련하고 동북아 경제협력의 선도적인 역할을 수행하기 위해 변화와 혁신이 필요한 시점이다."[36]라고 발언한 내용은 GTI의 나갈 방향을 분명하게 제시하고 있다.

---

36 기획재정부 보도자료: 제20차 GTI총회개최(2020. 12. 16.)

2. 국별 추진전략

UNDP가 제안한 두만강지역개발구상은 공동개발, 공동관리 방식의 경제특구를 건설하여 이 지역을 동방의 로테르담이나 홍콩으로 발전시키는 것이었으나, 관련 당사국 간 협의과정에서 공동경제특구 개발은 자체개발 방식으로 전환되었다. 이 방식은 두만강 접경 3국이 이 지역에 우수한 무역·투자 환경을 조성하고, 회원국 간 공동협력에 의하여 두만강 지역을 개발하는 것이다.

관련 당사국은 1995년 12월 두 건의 협정과 한 건의 양해각서를 체결하고 1996년부터 두만강지역개발계획을 본격적으로 추진하였으나, 회원국 간 추진전략은 차이가 있었다. 두만강 접경 3국은 경제특구를 중심으로 한 외자유치, 몽골은 국제기구의 지원에 의한 인프라 건설, 한국은 북방시장 개척과 남북경제협력에 중점을 두었다. 옵서버로 참여하였던 일본은 북방시장 진출에 관심을 두고 있었다.(표11)

표 11 국별 두만강지역개발계획 참여목적

국별	중점지역	참여목적	비고
중 국	· 훈춘 등 두만강 지역	· 외자유치(한국, 일본 등 선진국)	
한 국	· 북방지역, 북한	· 신시장 개척, 남북경제협력	
북 한	· 나선경제무역지대	· 외자유치, UNDP와 국제기구 지원	
러시아	· 블라디보스토크 일대	· 외자유치	
몽 골	· 몽골 동부지역	· 외자유치, 초이발산 ~ 중국 아얼산 철도연결	
일 본	· 환일본해(동해)경제권	· 신시장 개척	옵서버

그동안 회원국들과 일본은 GTI 지역의 지경학적 우수성과 연계한 대내외 경제협력 전략을 추진해왔다. 두만강 접경 3국은 경제특구를 중심으로 인프라 확충과 무역·투자 환경개선을 위해 국가차원의 장기적인 지역개발전략을 추진하고 있다. 두만강지역개발을 주도하고 있는 중국은 '창지투개발계획'과 '동북진흥계획', 북한은 '나선경제무역지대' 개발, 러시아는 '신동방정책'을 추진하여 일정한 성과를 얻고

있다. 비접경국인 한국은 북방정책과 남북경제협력, 몽골은 인프라 개설을, 옵서

버국인 일본은 지방정부와 기업중심으로 '환일본해(동해)경제권' 전략을 꾸준하게 추

진해 오고 있다. 이러한 동북아 각국의 두만강지역개발계획 참여전략이 비록 GTI

틀 안에서 추진되지 않고 있지만 GTI 지역 간 경제협력의 확장성을 보여주는 것이

므로, 국별 참여전략 분석을 통해 신(新)GTI 발전방안을 도출할 필요가 있다.

가. 중국

1) 두만강지역개발

중국은 1980년대 중반부터 동부 연해지역 중심으로 추진해 온 개혁개방 정책

을 내륙으로 확대함에 따라 내륙지역의 지방정부는 대외개방을 통한 무역과 투자를

증진하기 위해 외국과 경제협력을 추진하기 시작했다.

두만강 지역에 있는 지린성은 러시아, 한국, 일본 등과 경제협력을 추진하고

자 했으나, 1938년 일본과 리시아 전쟁으로 상실한 두만강출해권을 회복하는 것

이 가장 시급한 문제였다. 지린성은 내부적으로 두만강출해권 회복 관련 연구를 마

치고 중앙정부에 출해권 회복을 건의하였으며, 중앙정부가 이를 받아들여 두만강

출해권 회복을 추진하면서 아시아와 태평양을 연결하는 우수한 지리적 여건을 갖춘

두만강지역개발방안 마련에 착수했다.

1990년 7월 중국은 창춘에서 개최된 '제1회 동북아 경제발전 국제학술 세미나'

에서 국제사회에 두만강 지역을 다국 간 국제협력을 통해 개발할 것을 제안함으로

써 두만강지역개발계획이 출범할 수 있는 계기를 만들었다. 중국의 두만강지역개

발계획은 3단계로 나눌수 있다.[37]

제1단계는 두만강지역개발계획과 연계한 협력기반 구축이다.

---

37 李铁主编, 2005, 图们江合作二十年. p.25~33.

1991년 10월 두만강지역개발 계획관리위원회(PMC)가 출범함에 따라 1992년 4월 두만강지역개발계획 참가를 비준함과 동시에 과학기술위원회, 계획위원회, 경제무역부, 교통부, 해양국, 지린성 등 중앙부처와 지방정부가 참여하는 '전기연구협조소조(前期研究协调小组)'를 설립하고 UNDP가 제출한 '두만강지역개발구상' 연구검토, 두만강 접경 3국과 업무협의 및 조정, 참여전략을 마련하였다.

주요 추진사항은 1992년 9월 국무원이 비준한 훈춘국가급변경경제합작구 건설지원(1996년 완공)[38], 1993년 12월 '두만강경제개발구 신유라시아대륙 건설 및 연선(沿線)경제산업벨트연구', 1994년 2월 '두만강지구 21세기지역개발의 총체전략프레임', 1995년 4월 '두만강경제구 무역발전전략' 등 두만강지역개발계획과 연계한 추진전략을 마련하고 각종 지역개발 사업을 지원한 결과 연변주의 외자유치금액(실행기준)은 457백만 달러 (1998년, UNDP 두만강지역개발계획)에 달하는 등 성과를 거두었다. 최대 투자국은 한국이며 그다음이 일본이다. 특히 한국의 경우 연변주에 투자가 집중되었는 데 이는 한국과 문화, 언어가 같은 조선족이 연변주 인구의 40% 정도를 차지하고 있을 뿐만 아니라 저렴한 노동력·토지 비용 등의 이점이 있었기 때문이었다.

제2단계는 1999년 국가차원에서 두만강지역개발을 전략적으로 추진하기 위해 '전기연구협조소조'를 '중국 두만강개발항목협조소조(中国图们江开发项目协调小组)'로 개편하고 기존의 '전기연구협조소조' 참여기관 외에 국무원 특구반, 경제무역위원회, 관세청, 출입국관리국, 재정부, 중국인민은행, 철도부, 건설부, 토지관리국, 환경보호국 등으로 확대함으로써 자체적으로 두만강지역개발사업 추진 시스템을 갖추고 2000년 4월 훈춘수출가공구설립[39], 2001년 2월 중러자유무역시장을 개설하는 등 우대정책을 부여했으나 두만강 지역의 열악한 인프라 등으로 인하여 외

---

38 변경경제합작구는 주요 국경지역에 설립한 산업행정복합단지라 할 수 있다. 합작구내는 세금면제 및 감면, 토지 무료임대 또는 감면, 기업설립 지원을 위한 행정지원기관, 학교설립, 주택건설이 가능하다.
39 중국은 외자유치를 위해 2000년 4월 최초로 훈춘수출가공구를 포함 15개 수출가공구를 비준했다. 중국 정부의 두만강지역개발 의지를 읽을 수 있다.

자유치가 지속적으로 감소함에 따라 두만강지역개발 활성화를 위해 2008년 두만
강지역협력개발전문가팀을 구성하여 '창지투개발계획'을 입안했다.

3단계는 2009년 8월 30일 두만강지역을 동북아의 새로운 경제성장점으로 육
성하기 위하여 두만강지역협력개발요강-창지투개발개방선도구《中国图们江区域
合作开发规划纲要—以长吉图为开发开放先导区(이하 '창지투개발계획')》을 비준했다.

【창지투개발계획】

창지투개발계획은 중국 국무원에서 두만강지역의 개발개방 및 동북아 지역협력
정신에 의거 동북진흥계획과 연계하여 추진하고 있는 국가급 프로젝트이다. 이 계
획은 두만강 지역에 머물러 있던 두만강지역개발을 지린성(吉林省)의 경제가 발달한
창춘(長春)시와 지린(吉林)시를 배후지역으로 하여 옌지(延吉) · 룽징(龙井) · 투먼(图
们)[40]을 전진기지로, 훈춘을 개방의 창구로 하여 국내적으로는 이 지역의 인프라 확
충과 산업구조를 업그레이드하여 동북지역의 새로운 성장점으로 육성하고, 대외적
으로는 GTI 지역과 협력을 강화하여 동북아 경제협력의 중요한 플랫폼을 만들어가
는 것이다.

창지투개발계획의 목표는 2020년까지 창지투 경제총량을 2009년 대비 4배 이
상 증가, 국제협력 플랫폼 역할 강화와 무역액 대폭 증가, 인프라 및 산업구조 업그
레이드를 통해 동북지역 경제발전의 중요한 성장점으로 육성하는 것이다.(표12)

표 12 창지투개발계획 개요

구 분	주요내용
추진배경	· 두만강 지역의 개혁개방 촉진 및 동북 변경지역의 개방 수준 제고 · 두만강 지역의 개발개방 및 동북아 지역협력 정신과 동북진흥계획 연계
지역	· 지린성 창춘 · 지린시 일부지역, 연변조선족자치주: 지린성 면적의 3분의1 · GTI 참여지역(랴오닝, 헤이룽장성 등)으로 파급, 동북아 국가와 연계협력 · 창춘, 지린 배후기지 → 옌룽투(延龙图) 전진기지 → 훈춘 창구

---

40 옌지, 룽징, 투먼을 묶어 하나의 행정구역인 옌룽투(延龙图)를 건설할 계획임

구분	주요내용
추진방향	· 변경개발개방의 중요지역, 동북아 개방의 중요 관문 · 동북아 경제기술협력의 중요한 플랫폼, 동북지역의 새로운 성장점
발전목표	· 2020년 경제총량 2009년 대비 4배 이상 증가 · 국제협력 플랫폼 역할 강화, 산업 및 물류기지 건설, 동북아 상업서비스기지 → 동북지역 경제발전의 중요한 성장점으로 육성
추진전략	· 훈춘 개방창구 역할 발휘: 두만강 지역 개발협력의 교두보 · 중러 훈춘~하산 '도로(路) · 항만(港) · 통상구(关)' 일체화 프로젝트* *도로 ,항만, 통상구를 하나로 연계 → 인적 · 물적 자원의 자유로운 이동 실현 · 중북 훈춘 나선 '도로(路) · 항만(港) · 공업구(区)' 일체화 프로젝트* *원정~나진도로 확포장, 나진항 건설 및 확장, 수출가공구 · 보세창고 건립 등 · 옌지, 룽징, 투먼의 변경개방 전진기지 역할 강화 − 두만강 지역의 물류 및 국제산업협력 서비스기지로 육성 · 산업구조 업그레이드: 신형공업, 현대서비스업, 현대농업, 과학기술 혁신 · 인프라 및 생태환경 건설: 교통, 수리, 에너지, 정보화 등
연계협력	· 동북지역과 상호협력: 철도, 도로, 항만, 공항 등 · 동북 이외의 지역과 심도 있는 협력 − 업종별협회와 유대강화, 환발해, 창산자오(长三角) 등 경제발달 지역과 연계협력 · GTI 지역과 국제협력 적극 추진 → GTI지역 공동발전 − 초국경 인프라 협력: 육해복합운송로 활성화, 중요 통상구 시설 개선 등 − 국제공항물류통로 건설, 초국경경제합작구, 환경협력, 국제산업공단 − 초국경 문화 · 관광 협력: 교육 및 인재 교류, 문화 · 예술, 두만강관광 협력

자료: 2009, 中国图们江区域合作开发规划纲要 참고, 저자정리

　　지린성은 2009년 8월 창지투개발계획을 비준받은 후 같은 해 11월 베이징에서 창지투개발계획 기자설명회를 개최했다. 이 자리에서 한창푸(韩长赋) 지린성장은 동 계획을 설명하고 여섯 개의 중점 추진방향을 제시했다. **첫째**, 차항출해(借港出海) 전략을 중심으로 종합보세구와 초국경경제합작구 건립 등을 추진한다. **둘째**, 도로, 철도, 항만 등 인프라건설, 육해복합운송로 활성화를 통해 빠르고 편리한 대외 교통망을 구축한다. **셋째**, 역내 양호한 산업기반을 구축한다. **넷째**, 동북아박람회, 국제산업단지 건립, 투자유치 방식 혁신 등을 통해 동북아 지역 간 경제협력을 촉진한다. **다섯째**, 금융서비스를 혁신한다. **여섯째**, 과학기술과 인재양성을 지원한다. 이 여섯 개의 중점 추진방향에서 알 수 있듯이 바다가 없는 지린성은 두만강 지역과 협력을 통하여 동해 출구를 확보하는 것이 가장 시급한 문제이며 이것은 중

국이 혼자서 해결할 수 있는 문제도 아니며 반드시 북한, 러시아 더 나아가서는 남북한 간 협력이 필요한 사항이다.

중국은 이러한 두만강 지역의 현실문제를 반영하여 창지투개발계획의 핵심사업으로 중러 훈춘~하산 '도로(路)·항만(港)·통상구(关)' 일체화 프로젝트와 중북 훈춘 나선 '도로(路)·항만(港)·공업구(区)' 일체화 프로젝트를 추진하고 있다.

중러 훈춘~하산 '도로(路)·항만(港)·통상구(关)' 일체화 프로젝트는 훈춘과 하산 지역 간 도로, 항만, 통상구를 하나로 연계하여 사람과 상품의 자유로운 이동이 가능한 자유무역지대를 만드는 것이다. 중북 훈춘~나선 '도로(路)·항만(港)·공업구(区)' 일체화 프로젝트는 북한 원정~나진도로 확포장, 나진항 건설 및 확장, 수출가공구, 보세창고 건립 등 공동개발 및 공동관리 방식의 초국경경제합작구 건설사업이다. 중국은 두만강 지역 중심의 경제협력 사업뿐만 아니라 인프라 확충과 산업기반 구축 등 동북아 경제협력 플랫폼 구축사업에 속도를 내고 있다.

주요 추진현황을 살펴보면, 2011년 12월 창춘싱룽종합보세구, 2012년 4월 훈춘국제합작시범구를 각각 비준했다. 2015년 8월 창춘·만저우리·유럽화물열차(长满欧班列)[41]를 개통함으로써 독일 등 유럽, 동북아, 중국 동남 연해안 도시까지 철도망을 구축함으로써 물류수송의 일대 변화를 가져왔다. 같은 해 9월에는 창춘~훈춘 고속철도를 개통함으로써 훈춘에서 베이징까지 고속철도가 연결되었으며, 2017년 9월 연변대학과 훈춘시가 협력하여 훈춘 연변대학 캠퍼스를 개교하는 등 일정한 성과를 거두고 있었으나 일대일로의 핵심지역인 윈난(云南), 광시(广西)등 서남지역에 비하여 국가적인 관심가 떨어져 있었다.

---

41 이 열차는 창춘을 출발해 네이멍구 만저우리 거쳐 러시아 내에서 80여 개 철도역, 유럽 내에서는 폴란드, 독일, 네덜란드, 헝가리, 이탈리아, 프랑스, 스페인, 노르웨이, 덴마크, 스웨덴 등 10개국 30개 철도역과 연결된다. https://finance.eastmoney.com/a2/201904281108843825.html.(검색일: 2022. 3. 4.)

2015년 9월 20일 오전 11시 35분 훈춘~창춘 고속열차 개통식이 훈춘역에서 개최됐다.
이 고속철도는 베이징까지 연결된다. 이로써 동북의 주요 도시가 두 시간 생활권이 되었다.(延吉新闻)

그러나 2018년 9월 시진핑 주석이 블라디보스토크 동방경제포럼 축사에서 일대일로와 연계한 동북아 경제협력을 강조함으로써 국가 차원에서 동북지역을 동북아 개방의 중요한 창구로 자리매김할 수 있도록 지원을 강화하기 시작했다. 그동안 일대일로 사업에 포함되지 않았던 GTI(광역두만강협력)와 지린성 동북아박람회가 2019년 4월 중국이 발표한 일대일로 사업에 포함되었을 뿐만 아니라 같은 해 8월 23일 지린성 창춘시에서 개최된 제12회 지린성 동북아 박람회 개막식에 시진핑 주석이 처음으로 축전을 보냈으며. 축전은 일대일로건설소조 부조장인 후춘화(胡春华) (정치국위원 겸 부총리)가 대독하는 등 국가 정상이 동북아 지역과 두만강 지역에 대한 관심을 표명함으로써 각종 지역개발사업이 탄력을 받게 되었다.

이러한 국가의 정책적 지원에 힘입어 지린성은 2019년 1월 창춘 · 훈춘 · 유럽 화물열차(长珲欧班列)[42]를 개통함에 따라 유럽으로 가는 2개 화물열차 노선을 갖게 됨으로써 무역 · 투자 활성화 기반을 구축했다.

42 이 열차는 창춘을 기점으로 훈춘, 러시아, 유럽까지 운행한다.

2020년 4월 중국 국무원은 중한창춘국제합작시범구(中韩长春国际合作示范区)를 비준했다. 그간 지린성은 2015년 12월 20일 한중 FTA가 발효됨에 따라 창춘에 중한산업단지 설립을 추진해 왔으나 비준을 받지 못한 상황에서 한국 측 파트너로 북방경제협력위원회가 참여함에 따라 비준을 받게되었다. 그러나 코로나19 등의 영향으로 협력사업이 큰 진전을 보지 못하고 있다.

2020년 5월 국가발전개혁위원회와 자연자원부는 지린성을 일대일로 북방지역의 새로운 플랫폼으로 구축하기 위하여 훈춘해양경제발전시범구(珲春海洋经济发展示范区)를 비준하고, 9월 10일 현판식을 거행했다.

2020년 9월 10일 훈춘해양경제합작발전투자촉진대회 및 시범구 현판식 거행(지린성)

시범구에는 수산품가공무역 기업 70여 개(2020년)가 입주해 있으며 무역액은 연 20억 위안에 달한다. 향후 수산품가공, 해양바이오, 해양관광, 청정에너지 산업 등을 신성장 동력 산업으로 육성할 계획이다. 또한 북방통로 건설을 강화하기 위하여 대내무역 및 대외운송 항로의 안정적인 운영을 촉진하고, 중국유럽화물열차와 연계하여 국제운송회랑과 물류허브로 육성해 나가겠다는 전략을 꾸준하게 추진하고 있다.(표 13)

표 13 창지투개발계획관련 주요성과

연월	주요내용	비고
2011년 12월	창춘싱룽종합보세구 비준	
2012년 4월	훈춘국제합작시범구 비준	
2012년 10월	북한 원정리 ~ 나진도로 50.3km 확포장 개통	중국ㆍ북한 합작
2015년 3월	허룽(和龙)변경경제합작구 비준	
2015년 5월	훈춘~자루비노~부산 컨테이너선 개통	
2015년 8월	창춘ㆍ만저우리ㆍ유럽화물열차(长满欧班列) 개통	
2015년 9월	창춘~훈춘고속철도 개통	베이징과 연결
2016년 10월	훈춘 취안허~북한 원정리 신대교 개통	
2017년 2월	훈춘~나진~닝보(宁波) 컨테이너선 재개통	
2018년 9월	훈춘~자루비노~닝보 컨테이너선 개통	
2017년 9월	연변대학교 훈춘 캠퍼스 개교	
2019년 1월	창춘ㆍ훈춘ㆍ유럽화물열차(长珲欧班列) 개통	
2019년 2월	훈춘종합보세구 정식가동	
2020년 4월	중한창춘국제합작시범구 비준	한국 북방경제협력위원회와 협력
2020년 5월	훈춘해양경제발전시범구 비준	

자료: https://baike.baidu.com/(검색일: 2022. 4. 20.) 참고, 저자정리

이처럼 중국은 두만강지역개발을 위한 단계별 추진전략을 마련하고, 사업을 추진한 결과 교통, 물류, 경제 등 다양한 분야에서 일정한 성과를 거두었다. 특히, 북한 나선경제무역지대와 초국경 협력사업은 큰 진전을 가져왔으나 최근에는 유엔 안보리 대북제재로 인하여 협력사업이 중단된 상태이다.

2) 동북진흥계획

중국은 1978년 개혁개방을 제창하고 동부 연해지역을 중심으로 경제특구 지정 등 대외개방을 실시한 결과 일정한 성과를 거둠에 따라 내륙지역으로 대외개방을 확대해 나갔다.

일반적으로 동북지역은 동북 3성을 가리키나, 동북진흥계획에서 동북지역은 동북 3성과 네이멍구자치구 후룬베이얼시(呼伦贝尔市)ㆍ싱안멍(兴安盟)ㆍ통랴오시(通辽市)ㆍ츠펑시(赤峰市)ㆍ시린궈러멍(锡林郭勒盟)으로 면적은 145㎢, 인구는 1억 2천만

명이다.[43]

동북지역을 대표하는 동북 3성은 중국 동북단에 위치하며 랴오닝성을 제외한 지린성, 헤이룽장성은 대표적인 내륙지역이며, 러시아 · 몽골 · 남북한 · 일본과 인접해 있는 지정학적, 지경학적 특성이 있다. 개혁개방 이전에는 비옥한 토지를 바탕으로 농업이 발달했고, 신중국 설립 이후에는 삼림, 원유, 목재, 철광석, 석탄 등 풍부한 자원을 활용한 철강, 석유화학, 자동차, 중형기계 제조 등의 산업이 발전하여 신중국 공업의 요람으로 불렸다. 면적은 80.9만㎢ 인구는 1억 7백만 명이다.(표14)

표 14 동북 3성 주요지표

구 분	계	동북 3성		
		랴오닝성	지린성	헤이룽장성
면적(만㎢) (중국내 비중%)	80.9	14.86 (1.5)	18.74 (2)	47.3 (4.7%)
인구(만 명) (중국내 비중%)	10,793.74	4,351.7 (3.1)	2,690.74 (1.9)	3,751.3 (2.67)
1인당 GDP(위안)		57,191	43,500	36,100

자료: 주선양총영사관 동북 3성 약황(2020. 1.)

1990년대 들어 동북지역 공업기지의 기업설비가 노후화되고 기술 낙후, 내륙지역의 한계 등으로 연해지역과 경제발전의 격차가 심화됨에 따라 이를 극복하기 위해 2003년 10월 「동북지역 노후공업기지 진흥에 대한 의견(中共中央国务院关于全面振兴东北地区等老工业基地的若干意见)」을 발표하였다. 주요내용은 △경제체제 개혁 △제조업 업그레이드 △자원 의존형 도시 발전방식 전환 △대외개방 확대 △인프라 건설 등 동북진흥계획의 기본방향과 내용을 제시했다. 같은 해 12월 원자바오(温家宝) 총리를 조장으로 하는 '동북지역 등 노공업기지영도소조'가 출범함에 따라 본격적으로 동북진흥계획을 추진하기 시작했다. 이에 따라 동북지역의 지방정부는 동

---

43 https://baike.baidu.com/item/%E4%B8%9C%E5%8C%97%E8%80%81%E5%B7%A5%E4%B8%9A%E5%9F%BA%E5%9C%B0/23781822?fr=aladdin. 东北老工业基地.(검색일: 2022. 4. 3.)

북진흥계획과 연계한 지역개발사업을 발굴하여 국가급 개발계획으로 승인을 받았다. 대표적으로 지린성 창지투개발계획, 랴오닝성 연해경제벨트개발계획[44], 헤이룽장성 하다치(하얼빈, 다칭, 치치하얼)개발계획[45] 등이 있다.

동북진흥계획은 2000년 서부대개발(西部大开发)[46] 이후 두 번째로 추진된 대표적 지역균형발전계획이다. 중국은 동북지역 진흥을 위해 동북지역노후공업기지의 대외개방 확대실시에 관한 의견(2005. 6.), 동북지역진흥종합계획(2007. 8.), 동북진흥 정책 진일보 실시에 관한 의견(2009. 9.), 동북진흥 12ㆍ5계획(2012. 3.) 등 동북진흥에 관한 각종 정책과 법규를 통해 지역개발사업을 지원한 결과 2012년 동북 3성의 주요 도시인 랴오닝성 선양, 지린성 창춘, 헤이룽장성 하얼빈 간 고속철도를 개통함으로써 주요 도시 간 2시간 대의 생활권을 형성하는 등 일정한 성과를 거두었으나, 오히려 동북지역의 GDP는 1978년 전국의 14%를 차지하다가 2003년에 이르러 전국의 9.14%로 떨어졌으며 2014년에는 전국의 8.4%로 떨어짐에 따라 새로운 동북진흥계획을 모색하게 되었다.

이에 따라 중국은 2016년 4월 26일 '신동북진흥계획'이라 불리 우는 '동북지역노후공업기지 전면적 진흥에 관한 의견'을 발표했다. 이 계획은 기존 동북진흥계획 연장선에서 분야별로 추가적인 실시방안을 마련한 것이다. 이 기간에는 동북지역을 동북아 북방개방의 창구역할 강화를 위해 2016년 6월 중국 동북 3성, 네이멍구, 몽골 동부지역, 러시아 극동지역을 중심으로 하는 '중몽러경제회랑'을 출범시켰

---

44 2009년 7월 국무원의 비준을 받았다. 주요내용은 다롄(大連)지역을 중심으로, 좌우로 요동반도와 발해만의 해안선을 따라 5개의 대단위 산업지역을 건설하고, 이들을 하나의 선으로서 유기적으로 연결하는 것이다. 바이두(검색일: 2022. 3. 2.)

45 2013년 국가급 개발계획으로 중앙정부의 승인을 받았다. 헤이룽장(하얼빈, 다칭, 치치하얼)과 네이멍구 동부지역 간 산업적 연계를 통한 지역개발계획이다. 이 계획은 러시아 신동방정책과 연계협력을 추진한다. 정여천(2014), p.59.참고

46 2000년 1월 주룽지 총리를 조장으로 하는 서부대개발영도소조가 출범하면서 시작되었다. 서부대개발은 동부 연해지역에 비해 경제·사회 발전이 크게 뒤떨어진 서부대개발전략이다. 이 정책의 수혜를 받는 지역은 12개 성(구)과 3개 소수민족지역이다. 지역은 쓰촨(四川), 싼시(陕西), 간쑤(甘肃), 칭하이(青海), 윈난(云南), 구이저우(贵州), 충칭(重庆), 광시(广西), 네이멍(内蒙), 닝샤(宁夏), 신장(新疆), 시장(西藏), 연변조선족자치주 등이다. 면적은 685만㎢로 전국의 71.4%이다. 2002년말 인구는 3.67억 명으로 전국의 25%, 국내 총생산액의 15%를 차지한다. 바이두(검색일: 2022. 3. 2.)

다. 그리고 2017년 3월 랴오닝성의 선양·다롄·잉커우, 2019년 8월 헤이룽장의 하얼빈·쑤이펀허·헤이허에 자유무역시험구 설립을 각각 비준하였으며, 2020년 4월과 5월에는 중한창춘국제합작시범구와 훈춘해양경제발전시범구 설립을 각각 비준하는 등 동북지역에 특화된 우대정책을 지속적으로 부여하고 있다.

중국 최북단에 설립한 헤이룽장성 헤이허 자유무역시험구(东北网)

동북진흥계획은 서부대개발에 이은 국가 차원의 두 번째 지역균형발전계획임에도 불구하고 이후에 실시된 일대일로(一帶一路), 징진지협동발전(京津冀协同发展)[47], 창장경제벨트(长江经济带)[48]에 밀려 경쟁력이 떨어짐으로써 동북진흥계획이 기대한

---

47 징진지는 베이징, 톈진, 허베이의 3개지역을 말한다. 징진지 프로젝트는 이 3개 지역을 아우르는 메가시티 건설을 일컫는 것으로 베이징과 톈진의 성장 동력을 인근 지역으로 확산시켜 낙후된 허베이성의 도시화를 가속화해 경제 수준을 끌어올리는 지역균형 발전전략 중 하나다. 세 지역을 합치면 면적이 21만 6000㎢에 달한다. 남북한을 합친 한반도 면적(21만 9000㎢)과 엇비슷하다. 해당 지역 인구는 총 1억5,000만 명에 이른다. 바이두(검색일: 2022. 3. 2.)

48 창장경제벨트는 상하이, 장쑤성, 저장성, 안후이성, 장시성, 후베이성, 후난성, 충칭, 쓰촨성, 윈난성, 구이저우성 등 11개 성을 포함하며 총면적 205만㎢, 중국 대륙의 21%, 인구 40%를 차지함. 중국은 창장이 중국에서 큰 면적과 자원을 차지하고 있는 만큼 향후 15년 이내 창장경제벨트가 교통, 산업, 도시화 등의 분야에서 내수 잠재력을 이끌어 낼 것으로 전망한다.

만큼 성과를 얻지 못하고 있다.

동북지역은 러시아·몽골·한국·북한과 연접해 있는 지정학적 특성이 발전의 기회요인과 취약요인을 함께 갖고 있다. 중국은 이러한 동북지역의 지정학적 특성을 고려하여 △네이멍구(內蒙古)는 러시아와 몽골을 잇는 지리적 이점 활용 △헤이룽장성(黑龍江)은 대 러시아 철도통로와 지역철도망 개선 △헤이룽장(黑龍江)·지린성(吉林)·랴오닝성(遼寧)은 극동 러시아와 육해상복합운송 협력 추진을 통하여 베이징~모스크바 유라시아 고속운송회랑 구축을 추진하는 등 북방개방의 중요창구로 건설하고, 창지투(長吉图)개발개방 선도구는 동북아 경제협력의 플랫폼 육성전략을 지속적으로 추진할 계획이다.

시진핑 주석은 2012년 제18차 공산당 전국대표대회 이래 여섯 차례 동북지역을 고찰했다. 2020년 7월 22일부터 24일까지 지린성을 방문하여 동북지역진흥을 위해 지속적인 지원하겠다는 의지를 밝힘으로써 포스트 코로나 시대 동북진흥계획이 더욱 탄력을 받을 것으로 전망된다.

나. 한국

두만강지역개발계획을 추진하는 데 있어서 한국의 역할이 매우 컸다. 한국은 1980년대 말 냉전 종식 분위기가 무르익어가는 시기에, 노태우 정부의 북방정책 추진에 따라 동유럽 공산권 국가인 헝가리와 1989년 2월 공식 수교를 시작으로, 1990년과 1992년 각각 소련 및 중국과 정식 외교관계를 맺음으로써 북방 지역 간 교류협력의 발판을 마련하였다.

당시 한국은 두만강지역개발계획 참여를 통해 경제적으로는 △북방 지역에 한국기업 진출 △두만강 배후 지역인 동북 3성(지린, 랴오닝, 헤이룽장) 내륙시장 진출 △ 중국 내륙 및 유럽 운송로 확보 △ 남북경제협력 증진을 통한 상호 보완적인 발전 도모 △동북아 국가 간 다자협력체 구축에 목적을 두었다. [49] 이처럼 한국은 두만강 지역개발계획을 북방시장 진출과 남북경제협력의 지렛대로 활용하고자 했음을 알 수 있다.

한국의 두만강지역개발 참여전략은 시대흐름과 정권교체에 따른 우선 순위의 변화는 있었지만 북방시장 진출과 남북경제협력의 기조는 크게 변하지 않았다. 한국 역대 정부의 북방정책과 남북경제협력 추진전략은 향후 GTI 지역 간 상생협력 의 모델을 개발하는 데 많은 도움이 될 것이다.

1) 역대 정부 북방정책

한국의 북방정책은 두만강지역개발계획의 참여목적에 부합한 북방정책과 경제 협력으로 나누어 볼 수 있다. 역대 정부는 다소의 차이는 있지만 북방지역 진출을 위해서 양자 혹은 다자교류를 바탕으로 이 지역의 지정학적 특수성을 극복하고 지 리적 우수성을 국가발전의 동력으로 삼기 위해 북방정책을 추진해 왔다.

북방정책은 보수정권인 노태우 정부에서 출발했다. 노태우 정부는 '북방정책(외

---

49 https://www.hankyung.com/international/article/1995121100641), 두만강개발 한국기업 진출 본격화, UNDP 협정서명

교)'을 통해 남북화해와 중국·소련과의 관계 정상화라는 길을 닦아 놓았고, 이후 김영삼 정부를 제외한 모든 정부가 북방지역에서 거대한 희망을 발견했다. 이는 김대중 정부의 철의 실크로드 제안, 노무현 정부의 평화와 번영의 동북아시대 구상, 이명박 정부의 3대 신 실크로드 구상, 박근혜 정부의 유라시아 이니셔티브, 문재인 정부의 신북방정책 등으로 나타났다.

(1) 노태우 정부: 북방정책 시동

한국 역사상 처음으로 북방정책을 정부의 핵심과제로 추진했다. 노태우 정부의 북방정책은 일련의 대공산권 외교정책을 일컫는다. 핵심 내용은 북한의 주요 동맹국인 중·러(옛 소련)는 물론 동구권 사회주의 국가를 대상으로 관계개선을 추구하고 이를 통해 남북관계를 정상화하고 유리한 통일 환경의 조성에 활용한다는 것이었다. 이와 같은 북방정책은 1988년 '88서울올림픽'을 진후로 가시화되기 시작했다.

북방정책은 세계적인 차원에서 냉전체제의 해체 과정과 긴밀하게 맞물려 있다. 먼저 1985년 소련 고르바초프 체제 등장 이후 미·소 간에 신 데탕트 시대가 열림으로써 북방정책을 추진하기 위한 유리한 환경이 조성되었다. 둘째, 이와 더불어 소련이 중국을 포함해 아시아·태평양 국가들과 적극적인 관계 개선을 모색하기 시작했다. 셋째, 미·중·소 등 강대국 간 화해 추세는 강대국들이 저마다 안고 있는 국내 문제 해결에 중점을 주고 있음을 반영하는 것으로, 한국의 독자적인 외교 폭을 넓힐 수 있다는 판단을 가능케 했다. 넷째, 이념 대결보다는 국익 추구로 동북아 국제정치 흐름이 변하고 있음을 간파했다. 다섯째, 이와 같은 국제 환경의 변화 속에서 한국은 88서울올림픽을 성공적으로 개최하고 경제면에서 새로운 시장과 값싼 노동력을 제공해줄 개척지를 찾기 위해 공산권 국가와의 관계 개선이 무엇보다 필요했다.

노태우 정부는 북방정책을 최우선 정책 과제로 삼고 과감하게 다음과 같은 적극적인 노력을 기울였다. 첫째, 중국과의 관계 개선을 위해 적극적으로 다가가는 정책을 취했다. 중국의 1988년 서울올림픽 참가 이후에는 비록 비정치적 부문에 국한되기는 했지만 교류의 폭과 범위를 크게 확대시켰다. 둘째, 정주영 당시 현대그룹 명예회장 등 기업인들이 줄줄이 소련을 방문하고, 1988년에는 동구권 수출물량을 소련의 시베리아 횡단 철도를 이용하는 등 대소 관계증진을 위해 적극 노력했다. 셋째, 동구 공산권의 미수교 국가들에 대해서도 경제통상 관계를 강화하는 등 관계 개선 노력을 기울여, 1989년에는 헝가리와 국교 수립에 성공함으로써 정부 수립 41년 만에 최초로 사회주의 국가와 국교를 맺는 개가를 올렸다.

노태우 정부가 추진한 북방정책은 1980년대가 끝나기 전 이미 결실을 거두기 시작했다. 특히 동구권 옛 공산국가들과의 관계개선은 급진전을 보여 헝가리의 경우는 1988년 8월 양국 간 상주대표부를 설치하기로 합의한 데 이어, 이듬해 2월 공식 수교를 맺었다. 같은 해 폴란드 · 유고슬라비아, 그리고 1990년에는 체코 · 불가리아 · 몽골 · 루마니아와 각각 대사급 외교관계를 수립했다. 이후 북방정책은 1990년 9월 소련과 수교, 1991년 9월 남북한 유엔 동시 가입, 1992년 8월 중국과 수교를 맺음으로써 절정에 올랐다.

노태우 정부의 북방정책은 한국의 국제외교는 물론 남북관계에도 큰 영향을 끼쳤다. 먼저 외교사적으로 북방정책은, 과거 서방만을 상대로 하던 '반쪽 외교'에서 탈피해 한국이 전방위 외교를 구사할 수 있는 시대를 열었다는 의미가 있다.[50]

(2) 김영삼 정부: 북방정책 침체

김영삼 정부의 대외전략은 세계화이다. 세계화를 추진하기 위해 1995년 1월 국무총리 산하에 세계화추진위원회를 설립하고, 1995년 8월 세계화를 위한 장기 목표와 추진방안을 밝힌 '세계화의 비전과 전략'을 발표하였다. 한국의 세계화 전략은 특정 지역의 국가와 협력을 목표로 하는 전략이 아닌 한국 사회를 세계 수준으로

---

50 https://nkinfo.unikorea.go.kr/nkp/term/viewKnwldgDicary.do?pageIndex=10&dicaryId=101&searchCnd =0&searchWrd=, 북방정책(검색일: 2022. 4. 18.)

탈바꿈시키겠다는 전략이다.[51] 따라서 중국, 러시아 등 북방지역과 교류협력은 상대적으로 저하되었으며, 특히 한반도에너지개발기구(KEDO)의 대북경수로사업에서 소외되어 불만을 갖게 된 러시아와 관계는 급격히 소원해 지는 등 노태우 정부의 북방정책을 이어가지 못했다.

(3) 김대중 정부: 철의 실크로드 건설

'햇볕정책'으로 명명되는 대북포용정책을 추진하고, '햇볕정책'의 성공을 위해 북한과 긴밀한 관계에 있는 러시아, 중국과 외교 · 정치 · 경제 협력의 증진을 모색하였다.

김대중 대통령은 '햇볕정책'을 바탕으로 2000년 6월 남북정상 회담 직후 "경의선을 연결해 철의 실크로드를 건설하겠다"고 밝혔다. 철의 실크로드는 경의선~북한~중국~몽골을 지나 러시아 유럽과 연결되는 노선이다. 이에 대해 당시 박근혜 한국 미래연합 대표는 "한반도와 유럽을 잇는 유라시아철도는 경의선이 아닌 동해선(한반도 동해안~러시아)이 될 것"이라고 밝혔다. 박 대표는 이 같은 입장을 북한 김정일 위원장에게도 설명했고 김정일 위원장은 "우리는 생각이 같다"면서 화답했다고 주장하는 등 내부적으로 큰 논쟁을 일으켰다.

김대중 정부의 철의 실크로드 사업은 2000년 2월 '북러 신우호조약'으로 한국의 철도가 북한 영토를 지나 러시아 시베리아철도와 연결되는 문제에 대해 양측이 합의했기 때문에 추진이 가능했으나 실제 사업으로 연결되지 못했다.[52]

(4) 노무현 정부: 평화와 번영의 동북아시대 구상

노무현 정부의 북방정책은 '평화와 번영의 동북아시대 구상'이다. 2003년 2월 25일 출범한 노무현 정부는 3대 국정목표의 하나로 '평화와 번영의 동북아시대 구상'을 제시했다. 노무현 정부는 이 구상의 일환으로 2003년 4월 동북아경제중심추

---

51 https://97imf.kr/items/show/6632, 세계화추진위원회 발족
52 https://weekly.donga.com/List/3/all/11/68671/1, DJ 철의 실크로드 구상은 착각

진위원회를 발족시키고, 금융 및 물류허브 구축, 외국인투자유치, 에너지, 철도분야 등에 있어 동북아 역내 국가들 간의 협력증진 등 주로 '번영'과 관련된 과제들에 역점을 두어왔다. 이는 경제적 번영의 실현을 통해 한반도와 동북아에 평화구축의 새로운 전환점을 마련하기 위한 것이었다

그러나 북핵문제의 장기화와 동북아 안보정세의 유동적 전개는 이러한 번영과 평화의 순차적인 연계를 어렵게 했다. 따라서 노무현 정부는 평화와 번영을 분리하여 순차적으로 연계시키기 보다 이를 동시에 추구하는 것이 '평화와 번영의 동북아 시대'를 구현하는 데 보다 현실적 대안이 될 수 있다는 결론에 도달하였다. 이러한 현실인식을 바탕으로 2004년 6월 동북아경제중심추진위원회를 동북아시대위원회로 개편하고 기존의 '번영' 관련 과제뿐만 아니라 '평화' 관련 과제도 위원회가 관장하도록 결정했다 이후 동북아시대위원회는 중장기 전략기획, 한반도 및 동북아 지역 평화구축 등 새로운 '평화' 과제를 수행하게 되었다 [53]

'평화와 번영의 동북아시대 구상'은 동북아 지역에서 상호신뢰와 협력을 바탕으로 하는 새로운 지역질서를 창출함으로써 이 지역의 평화와 공동번영을 이룩하려는 한국의 중장기 국가전략이자 비전으로 정의될 수 있다 이 구상은 상호 연계된 세 가지 전략으로 구성되어 있다. 첫째, 동북아시대 구상은 역내 국가 간 교류와 협력을 촉진하고 보다 조화로운 지역질서와 공동체형성을 위한 제도적 토대를 구축함으로써 평화와 번영의 선순환구조를 형성하기 위한 '지역전략'이다. 둘째, 동북아시대 구상은 남북분단과 군사적 대치상황이라는 민족적 비극을 극복하고 나아가 동북아 지역평화와 공동번영의 선결 조건인 한반도의 영속적인 평화체제를 구축하기 위한 '한반도전략'이다. 셋째, 동북아시대 구상은 혁신과 개혁을 통해 국가적 역량과 국제경쟁력을 강화하고 온 국민의 상호협력과 단합을 고양함으로써 국민복리를 증진시키기 위한 '국가전략'이다

---

53 노무현 정부의 동북아시대 구상은 대통령자문 동북아시대위원회에서 발표한 2004년과 2005년 홍보자료, 2007년 백서를 참고하였다.

추진목표와 미래비전은 평화와 번영의 동북아공동체 건설이다.

동북아시대 구상의 궁극적인 목표는 역내협력과 통합을 제도적으로 강화시켜 신뢰, 호혜, 상생의 지역공동체를 건설함으로써 평화와 번영의 동북아 시대를 실현시켜 나가는 것이다. 동북아시대 구상은 지역공동체 형성과 관련하여 네 가지 미래상을 제시하고 있다.

첫째, '열린 동북아'이다. 평화와 공동번영의 동북아공동체는 공동체 구축과정에서 역내 및 역외의 어떤 행위자도 배제하지 않는다. 동북아공동체는 동아시아, 태평양, 그리고 범세계적인 공동체 건설을 향한 디딤돌로 인식되어야 한다. 둘째, '네트워크 동북아'이다. 네트워크 동북아는 여러 겹의 연계망으로 상호 연결된 공동체를 의미한다. 평화와 공동번영의 동북아공동체는 인간, 상품, 서비스, 자본, 인프라, 아이디어, 정보의 긴밀한 연계망 구축을 통해 물리적, 비물리적 장벽을 극복함으로써 실현할 수 있다. 셋째, '함께하는 동북아'이다. 지역공동체는 역내 구성원들의 적극적 지원과 동의, 그리고 참여 없이는 형성될 수 없다. 동시에 활력적이고 지속가능한 공동체는 단지 정부 수준에서의 협력만으로는 구축될 수 없다. 정부뿐 아니라 시민과 비정부기구들 역시 상호교류와 협력을 증진하고 공동목표 설정을 통해 초국가적인 시민사회 간 연대를 구축함으로써 공동체 형성과정에 적극적으로 참여해야 한다. 마지막으로 동북아시대 구상은 '하나되는 동북아'를 비전으로 제시하고 있다. 이는 역내 국가 간의 상호불신, 분열, 적대감이 사라지고 공동운명체 의식과 공유된 지역정체성이 형성되는 것뿐 아니라 이러한 것들이 하나의 공동체적 지역질서로 전환되는 것을 의미한다. 즉, 하나로 통합된 동북아공동체 형성이 바로 '하나 되는 동북아'의 미래상인 것이다.

'평화와 번영의 동북아시대 구상'은 상호 연계된 세 가지 전략으로 구성되어 있다. 첫째, '가교국가'이다. 한국은 협력과 통합의 새로운 지역질서를 창조하기 위해 대륙세력과 해양세력을 연결하는 가교역할을 추구하고자 한다. 한국은 이러한 지정학적 특성을 충분히 활용하여 안보, 경제, 사회문화적 영역에서의 협력사업들을 선도함으로써 양 세력 간의 가교역할을 훌륭히 수행할 수 있을 것이다. 둘째, '거점국가'이다. 한국은 평화, 금융서비스, 물류, 관광 등 미래의 비교우위가 예상되는 특정분야에 대한 전략거점을 구축함으로써 평화와 공동번영을 증진하는 데 기여하고자 한다. 특히 동북아 네트워크의 중심지로서 지역의 공동 현안에 대한 담론의 장을 제공하는 한편, 역내 거래의 효율성을 증진하고자 한다. 마지막으로 '협력국가'이다. 협력은 통합과 공동체로 이르는 시발점이다. 그러나 역내 국가들 간에 팽배해 있는 불신과 반목, 그리고 경쟁은 협력의 가능성을 낮추고 있다. 한국이 공정하고도 열린 자세로 임할 때 동북아 지역협력의 주도적 매개국가 또는 촉진국가로 자리매김 할 수 있을 것이다. 특히 동북아 다자안보협력 체제의 구축이나 동북아 FTA 형성에 있어 한국이 주도적으로 역내 협력을 촉진할 수 있을 것이다.

추진원칙은, 동시병행 연계, 중층적 협력, 개방적 지역주의, 공동체 지향 등이다. (표15)

표 15 추진원칙

추진원칙	주요내용
동시병행 연계	· 외교안보 · 경제 · 사회문화 협력의 연계, 남북 · 동북아 협력의 연계
중층적 협력	· 양자 · 다자간, 정부 · 민간, 남북 · 동북아 · 글로벌 차원의 복합적 협력구도
개방적 지역주의	· 동북아시대 구상에 공감하는 역내외 모든 국가와 협력
공동체 지향	· 교류협력의 확대 → 새로운 틀의 협력체 → 제도화된 공동체

추진전략의 구성은 포괄적 한미동맹과 한중일러 협력을 바탕으로 국내 역량 강화, 지역안보협력 증진, 남북협력 심화, 지역경제협력을 증진시켜 동북아 안보공동체 건설과 동북아경제공동체를 구축하는 것이다. 핵심전략은 평화협력과 경제협력의 연계, 동북아협력과 남북협력의 연계이다.

주요 추진과제는 중장기 전략기획, 평화구축, 번영구현, 공동체 건설이다. 중장기 전략기획은 변화하는 동북아 안보 · 경제지형에서 한국의 자리매김을 기획하는 것이다. '평화구축'은 협력적 자주국방(평화유지), 남북 신뢰구축 및 다자안보협력(평화조성), 남북 평화체제 구축 및 동북아 안보공동체(평화구축)이다. '번영구현'은 대내구조 개혁을 통해 지방혁신 클러스터와 비즈니스 허브를 구축하여 혁신 주도형 경제를 실현하는 것이다. 공동체 건설'은 공동사업을 통한 협력기반 마련(Networking), 분야별 협력의 제도화(Institutionalization), 공동체실현(Community)이다.(표16)

표 16 주요 추진과제

추진과제	추진과제 내용
중장기 전략기획	① 중장기 정세분석과 전망 ② 안보전략 기획 ③ 지역경제협력 전략기획 ④ 대내외적 공감대 형성
평화구축	① 한반도 평화체제 구축: 남북한 교류협력 증진, 평화통일 기반조성, 남북통합 대비 국내 인프라 구축강화 방안 수립 ② 한반도 주변 4국과 협력외교 강화: 미국, 일본, 중국, 러시아 등 주변 4국 간 정부 및 비정부 차원의 협력 증진을 위한 노력 경주 ③ 다자간 안보협력 증진: 북한 핵 위기를 다루기 위한 6자회담을 지속가능한 다자안보협의체로 발전시키는 방안 및 한중일 정상회담 제도화, 제주평화연구원 설립 등 제주도를 동북아 평화허브로 육성

번영구현	① 물류허브
	  - 물류거점시설 체계화, 물류전문기업 육성, 물류인력양성, 공항만 및 배후지 확충, 국제물류 지원제도 개선, 물류정보 시스템 구축
	② 금융허브
	  - 자산운용업을 선도산업으로 육성, 한국투자공사 설립, 금융시장의 선진화
	③ 전략적 외자유치
	  - 외국인투자유치 추진체계 효율화, 중점 유치대상선정 및 유치활동 강화, 국가 이미지 홍보 및 효율적 IR사업추진, 외국인 투자환경 개선 중장기대책 수립

공동체 건설	① 에너지 협력 및 철도 네트워크 구축
	  - 러시아와 천연가스 파이프라인 구축, 석유와 가스 등 에너지 자원 공동탐사
	  - 극동 러시아의 환경친화적 전력원 개발과 러시아·북한·한국을 연결하는 전력망 연계 및 전력 교환
	  - 한국·중국·일본 등 역내 주요 에너지 수요국과 협력하여 동북아 에너지협의체 구축: 공동구매, 공동비축, 대체 에너지 공동개발
	  - 남북철도와 대륙철도 연결: 동북아철도협의체 구성, 북한철도 현대화 등 적극 지원
	② 환경협력 증진을 위한 선도적 역할
	③ 사회문화 협력 강화
	  - 사회, 문화, 교류 협력의 강화를 통해 공동의 가치와 정체성 구축
	  - 문화, 예술, 교육, 스포츠, 관광 등 광범위한 분야에서 국경을 초월하는 비정부 간 교류 활성화
	  - 동북아 시대 체험 프로그램 개발, NGO 간 네크워크 구축, 청년교류 프로그램 활성화, 동북아 문화 및 스포츠 이벤트 등 광범위한 사회문화 분야의 사업 적극 지원

자료: 동북아시대위원회, 2004 · 2005, '평화와 번영의 동북아시대 구상' 참고, 저자정리

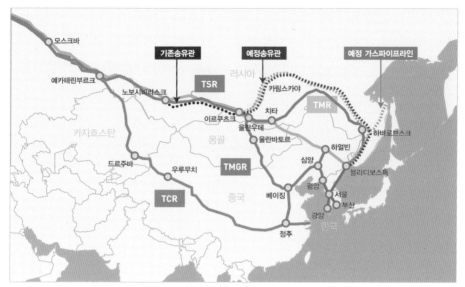

에너지 및 철도네트워크(동북아시대위원회)

동북아시대위원회는 자체평가에서 동북아의 평화와 협력을 위한 외교안보 전략을 수립하고, 변화하는 정세하에서 동북아 평화와 공동번영의 기반이 되는 남북관계 발전, 국가 간 경제협력 추진, 사회문화공동체 구축, 남북·대륙철도 연계 추진, 동북아 금융, 물류 거점 발전전략 수립 등을 주요한 성과로 꼽고 있다.

(5) 이명박 정부: 신(新) 실크로드 건설

이명박 정부의 북방정책은 러시아를 중심으로 하는 '신(新) 실크로드' 건설이며 중국과는 한중 FTA협상 본격추진 등 경제협력을 강화해 나가는 것이다. 이명박 대통령은 2008년 9월 러시아 방문 중 양국 간 전략적 협력기반을 구축하기 위해 '3대 신(新) 실크로드'건설을 제시했다. 이 대통령이 피력한 3대 신 실크로드는 '철(鐵)의 실크로드', '에너지 실크로드', '녹색 실크로드'이다.

'철의 실크로드'는 시베리아횡단철도(TSR)와 한반도횡단철도(TKR)의 연결로 태평양에서 유럽을 잇는 철로의 대동맥 건설을 뜻한다. '에너지 실크로드'는 러시아의 풍부한 에너지 자원과 한국의 기술력 및 인프라 건설 경험을 합쳐 시너지 효과를 발휘토록 하는 것이다. '녹색 실크로드'는 연해주의 광활한 농림지에 한국의 영농기술과 효율적인 경영체계를 접목해 태평양에서 중앙아시아를 거쳐 유럽을 잇는 녹색벨트를 구축한다는 것이다. 이명박 정부는 북한을 경유하는 가스관 사업, 천연가스 도입 등 '에너지 실크로드'에 중점을 두었으나 대부분 성사되지 못했다.[54]

(6) 박근혜 정부: 유라시아 이니셔티브

박근혜 정부의 북방정책은 '유라시아 이니셔티브'이다. 유라시아 이니셔티브는 태평양과 유라시아대륙을 연계하는 한반도의 지정학적, 지경학적 특징을 십분 활용하여 국가발전을 모색하고자 추진한 것이다. 유라시아는 아시아와 유럽을 포함하는 세계의 중심이자 전 세계 육지 면적의 40%, 인구의 70%, GDP의 60%를 점유하고 있는 대륙이다. 중국의 부상을 바탕으로 인도, 러시아, 중앙아시아 등 새로운 성장 잠재력을 가진 유라시아 국가들의 정치, 경제, 사회적 관계가 긴밀해지고 있으며, 유럽과 아시아 대륙의 연계성도 강화되고 있다.

유라시아대륙의 철도와 도로는 선(線)의 연결로서 유라시아대륙을 하나로 연계하는 문물과 문명의 교류를 통해 면(面)으로 발전이 가능 하다는 점에 특징이 있다. 유라시아 전역에 철도, 파이프라인, 고속도로, 전력망의 수요가 급증하고 있으며, 에너지와 물자, 문화의 유통 및 교류가 급속하게 확대되고 있다.

2013년 10월 18일 박근혜 대통령은 「유라시아 시대의 국제협력 컨퍼런스」 기조연설에서 '유라시아 이니셔티브' 구상을 제시했다. 이를 위해 부산~북한~러시아~중국~중앙아시아~유럽을 연계하는 실크로드 익스프레스(SRX, Silk Road Express)의 실현과 전력 · 가스 · 송유관 등 에너지 네크워크의 필요성을 제기했다. '유라시아 이니셔티브'는 한반도 신뢰프로세스, 동북아평화협력 구상과 함께 박근혜 정부 신뢰외교의 3대 축을 형성하고 있으며, 한반도와 동북아 공간차원의 협력을 유라시아로 확대하기 위한 것이다.

---

54 https://www.korea.kr/special/policyFocusView.do?newsId=148658726&pkgId=49500399#policyFocus, '철도·에너지·녹색' 3대 실크로드···FTA 체결도 가속

'유라시아 이니셔티브' 구상은 유라시아를 '하나의 대륙', '창조의 대륙', '평화의 대륙'으로 만들기 위해 국제협력의 강화를 모색하는 것이다. '하나의 대륙'은 유라시아대륙과 물리적으로 단절된 상황을 극복하기 위해 유라시아와 교통, 에너지, 통상 네크워크를 연결하는 것이다. '창조의 대륙'은 유라시아인들의 창의성과 산업ㆍ기술ㆍ문화가 융합될 수 있는 환경을 조성하기 위해 국제적 차원의 창조경제 추진 및 인적, 문화적 교류를 확대하여 경제 구조의 혁신과 새로운 문화를 창출하기 위한 것이다. '평화의 대륙'은 유라시아 시대의 경제, 문화적 교류를 저해하는 안보 위협을 해소하고 평화와 번영의 새로운 유라시아 시대를 건설하기 위한 것이다. 또한 역내 국가와 협력을 통해 북한의 개방을 유도함으로써 한반도의 긴장 완화와 평화를 구축하기 위한 것이다.[55](표17)

표 17 유라시아 이니셔티브 분야별 주요내용

분야별	주요내용
교통ㆍ물류	ㆍ시베리아횡단철도(TSR)와 한반도종단철도(TKR)를 잇는 SRX 추진 ㆍ나진~하산 간 철도 개보수, 나진항 현대화 사업 등을 골자로 한 '나진~하산 프로젝트', 북극항로 공동개발 추진
에너지ㆍ자원	ㆍ중국 세일가스와 동시베리아 석유ㆍ가스개발 공동참여 추진 ㆍ우즈베키스탄 수르길 가스프로젝트, 카자흐스탄 발하쉬 석탄화력발전소 개발 등
농림ㆍ수산	ㆍ연해주 곡물터미널 구축, 우즈베키스탄 시범온실 사업 지원 ㆍ극동지역 국제수산물교역센터 건립
통신ㆍ산업	ㆍ유라시아 국토 정보 인프라 구축 ㆍ유라시아경제동맹(EEC)과 자유무역협정(FTA)추진

자료: https://m.kmib.co.kr/view.asp?arcid=0922807138, 유라시아 이니셔티브 본격구축(2014. 10. 17.)

박근혜 정부는 '유라시아 이니셔브' 구상 발표 이후 관련국에 '유라시아 이니셔티브' 구상을 소개하고 지지를 확보 하는 한편 과제 구체화 작업을 병행하였다. 2013년 11월 한러 정상회담을 시작으로 중앙아시아 순방(2014. 6.), ASEM 정상회의(2014. 10.) 등을 통해 '유라시아 이니셔티브'에 대한 지지 확보에 주력하였다. 또한

---

55 https://nkinfo.unikorea.go.kr/nkp/term/viewKnwldgDicary.do?pageIndex=1&dicaryId=206, 유라시아 이니셔티브

연구기관·부처협의회 등을 통해 추진방향 및 과제를 구체화하여 '유라시아 이니셔티브 로드맵'을 대외경제장관회의에서 확정하였다.[56](표18) 2015년 2월에는 주관부처, 관련기관, 금융기관 등의 국장급으로 구성된 유라시아경협조정위원회를 출범시켰다.

표 18 유라시아 이니셔티브 로드맵 주요 추진과제

사업목적	추진과제
경협 네트워크 구축 및 활성화	· 실크로드 익스프레스(SRX) 등 복합물류 네트워크와 초고속 통신망 및 에너지 네트워크 구축
경협거점 확보 및 수요 창출	· 유라시아 주요 연결지점 및 진출대상지에 해외농장, 항만, 산업단지 등 협력 거점을 단계적으로 조성
협력기반 조성	· 역내 교역·투자 활성화, 기업진출 촉진을 위해 투자환경 개선, 정보접근성 강화, 기업진출 편의 제공

　　박근혜 정부는 대외적으로 '유라시아 이니셔티브'와 러시아 유라시아경제연맹, 중국 일대일로와 연계협력 사업을 추진했다. 러시아와는 2013년 11월 서울에서 열린 한러 정상회담에서 양국 기업이 추진하고 있는 나진~하산 철도 및 항만 협력 사업이 원활히 추진되도록 장려해 나가기로 합의했다. 양국의 협력으로 2014년과 2015년 세 차례에 걸쳐 나진~하산 물류협력 시범운송을 성공리에 마무리했다. 중국과는 2015년 10월 31일 '유라시아 이니셔티브와 일대일로 협력 양해각서를 체결'하는 등 협력의 분위기가 무르익었다.

---

56 기획재정부 보도자료(2015. 2. 6.): 유라시아 경협 및 기업 진출을 위한 베이스캠프(제1차 유라시아 경협조정위원회 개최)

2015년 7월 14일 중국 베이징 포시즌호텔에서 중국 국제문제연구원과 한국 대외경제정책연구원이 공동으로
유라시아 이니셔티브와 일대일로 국제미나를 개최했다.
(https://korean.cri.cn/chinanews/20150722/37c907f3-7871-4f5d-97c4-4f8684b5a1ab.htm)

    국내적으로는 2015년 7월 14일부터 8월 2일까지 외교부 주관으로 각계인사 300여 명이 참가하는 14,400km에 달하는 열차 여행을 통해 유라시아 5개국, 10개 도시에서 세미나 등을 내용으로 하는 '유라시아 친선특급' 행사를 개최했다. 이 행사 개최에 이어 국토교통부는 '단절 없는 교통물류 체계를 통한 유라시아 이니셔티브 구현'이라는 주제를 가지고 '유라시아 복합교통물류 네트워크 국제심포지엄'을 2015년 9월 9일부터 11일까지 3일간 서울에서 개최하였으며, 같은 해 6월 24일 한국·중앙아시아 협력사무국 개설 추진위원회도 발족시키는 등 탄력을 받았으나 2017년 3월 박근혜 대통령 탄핵으로 구체적인 로드맵조차 마련하지 못했다.

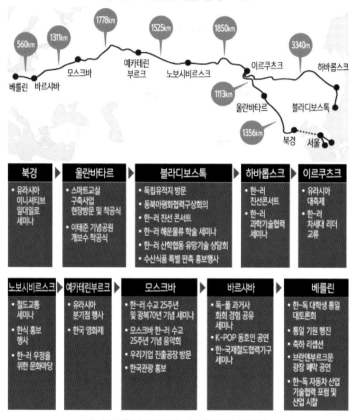

유라시아친선특급 일정노선도(외교부, 코레일)

(7) 문재인 정부: 신북방정책

문재인 정부의 북방정책은 신북방정책이다.[57] 신북방정책은 동북아평화협력플랫폼, 신남방정책과 더불어 문재인 정부의 100대 국정과제의 하나인 「동북아플러스 책임공동체 형성」의 한 축이다.

신북방정책은 평화를 기반으로 유라시아 국가와의 협력을 강화하는 대륙전략이다. 남북러 3각 협력(나진~하산 물류사업, 철도, 전력망 등) 추진기반을 마련하고

---

[57] 북방경제협력위원회(www.bukbang.go.kr)(검색일: 2020. 1. 20.),https://www.korea. kr/special/policyCurationView.do?newsId=148865644(검색일: 2022. 4. 25.)

한-EAEU(유라시아경제연합)간 FTA 추진과 중국 '일대일로' 참여 등을 통해 동북아 주요국 간 다자협력을 제도화하고 나아가 한반도 · 유라시아 지역을 연계해 나가는 정책이다.

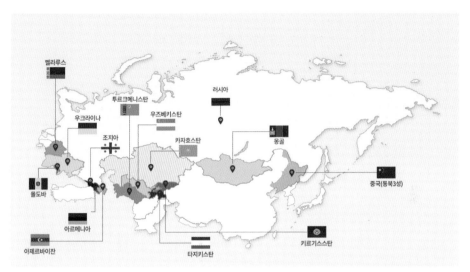

신북방 지역은 러시아를 중심으로 한 유라시아 국가, 몽골, 중국(동북 3성) 등 14개 국가이다.(대한민국 정책위키)

신북방정책은 해양과 대륙을 잇는 가교국가 정체성 회복, 새로운 경제공간과 기회를 확장, 동북아 · 한반도평화 정착, 동북아 책임공동체, 한반도 신경제지도 구상 실현을 통해 '평화와 번영의 북방경제 공동체' 건설을 비전으로 한다.

2017년 8월 25일 문재인 정부는 북방경제협력위원회의 설치 및 운영에 관한 규정을 제정하고, 8월 28일 북방경제협력위원회(이하 '북방위') 위원장을 임명함으로써 북방위는 본격적인 업무를 추진하기 시작했다.

2017년 9월 6일 문재인 대통령은 한러 정상회담 및 제3차 동방경제포럼 기조연설에서 신북방정책 비전선언 및 한러 간 9개 협력분야인 [9-BRIDGE 전략] 구상을 제시했다.

2018년 6월 18일 북방위 제2차 회의에서 '평화와 번영의 북방경제공동체' 실현을 위한 신북방정책의 전략과 중점과제를 논의하고, 4대 목표와 14개 중점과제

를 확정했다. (표 19)

표 19 4대목표와 14개 중점과제

4대 목표	중점과제
소다자협력 활성화로 동북아 평화기반 구축	1. 초국경 경제협력(경제특구, GTI협력), 2. 환동해 관광협력
통합네크워크 구축을 통한 전략적 이익공유	3. 유라시아 복합 물류망 구축, 4. 동북아 슈퍼그리드 (전력망)구축 5. 한러천연가스협력 강화
산업협력 고도화를 통한 신성장 동력 창출	6. 북극항로 진출, 7. 한러혁신 플랫폼 구축 8. 인프라 · 환경 협력 확대, 9. 4차 산업혁명 대응, 산업협력 강화 10. 북방진출 기업의 금융 접근성강화, 11. 보건의료 및 헬스케어산업협력 확대 12. 농수산 분야 진출 활성화
인적문화교류 확대로 상호이해 증진	13. 문화 · 체육 · 관광 협력 확대, 14 .대학 · 청년 · 학술단체교류 및 인력양성

자료: 북방경제협력위원회 제2차 회의 개최 보도자료(2018. 6. 18.)

추진전략은 상대국가와 신뢰구축을 통한 지속가능한 협력, 관련국가 및 국제기구 개발전략과 연계, 패키지 투자협력과 북방네트워크 거점확보, 정부 · 민간 파트너쉽을 통한 유기적 협력, 권역별 특성을 감안한 차별화된 협력이다.

추진방향은 지역별 경제협력 강화, 경제협력 소통채널 구축, 한국기업 북방진출 지원, 다양한 분야의 교류확대 등이다.

추진체계는 대내적으로는 위원회 중심의 협력체계를 구축하고, 대외적으로는 다각적인 외교협력 기반조성을 통해 신북방정책 추진의 실질적 성과를 높이는 것이다.

신북방 지역은 러시아를 중심으로 한 유라시아 국가, 몽골, 중국(동북3성) 등 14개 국가로서 일대일로의 참여국가와 중첩된다. 신북방정책은 협력대상 지역을 정하는 등 역대 정부와 차별화를 보였으나, 협력사업의 대부분은 러시아 극동지역에 편중돼 있다.

지역별 경제협력은 러시아와는 9개다리 12개 분야(전력, 가스, 철도, 수산, 항만, 북극항로, 조선, 농업, 산업단지+환경, 보건의료, 교육)협력사업을 추진한다. 지린성, 랴오닝성, 헤이룽장성 등 동북 3성과 는 산업구조 및 경제교육 특성을 감안한 한중 경제협력을 강화한다. 중앙아시아와는 자원개발, 인프라 분야 중심으로 교류협력을 지속적으로 추진하고, 한국 '발전 모델 공유'를 통한 동반성장을 추구한다.

신북방정책은 '평화와 번영의 북방경제공동체' 건설을 비전으로 제시했지만 초기에는 남북러 3각 협력(나진~하산 물류사업, 철도, 전력망 등) 등 러시아에 집중되었으며, 남북러 3각 협력 사업은 북한 핵실험으로 중단되었다. 신북방 대상 국가 중에 가장 많은 인구가 있는 중국 동북지역과 협력은 2019년 11월 13일 북방위 제6차 회의에서 한중창춘국제합작시범구 건설을 포함한 '평화와 번영의 동북아 경제공동체 실현의 선도 거점화'를 비전으로 하는 「중국 동북지역에서의 한·중 경제·교류 협력 강화방안(안)」을 채택함으로써 추진하게 되었다. 북방위에서 한중창춘국제합작시범구 건설에 참여를 결정함에 따라 중국 국무원은 2020년 4월 21일 한중창춘 국제합작시범구를 비준했으나 코로나 등으로 인하여 투자협력은 큰 진전이 없는 실정이다.

신북방정책은 역대 정부에 비하여 구체적인 사업계획과 재원조달방안을 제시하는 등 발전적인 정책이라고 볼 수 있으나, 국가별로는 러시아에 편중되어 있고, 주변 국가의 대외전략인 일대일로, 유라시아경제연합과 연계협력을 갖추지 못했으며, 대부분 사업이 일방향 시장개척형 사업으로써 다자 및 쌍방향 협력에 한계를 노출했다. 또한 전력망 구축, 초국경 경제협력 등은 대부분 중장기 프로젝트로 연속성을 갖고 사업을 추진하지 않으면 성과를 낼 수 없는 구조로 인하여 사업추진에 한계를 갖고 있었다.

(8) 북방정책의 과제

역내 정부는 추진방법에는 다소 차이가 있어도 한국을 둘러싸고 있는 주변 4개국(중국, 러시아, 미국, 일본)과 전략적 협력을 추진하면서 북방대륙 진출의 꿈을 키워왔다. 노태우 정부는 냉전의 종식과 함께 중국, 러시아와 수교, 남북한 유엔 동시가입 등을 끌어냄으로써 동북아 지역 간 경제교류협력의 기틀을 마련하였다. 김대중 정부는 철의 실크로드, 이명박 정부는 신실크로드 전략을 추진했다. 노무현 정부는 평화와 번영의 동북아시대 구상을 핵심 국정목표로 정하고 동북아 최초로 동북아경제공동체의 모델을 제시했다. 박근혜 정부는 유라시아 이니셔티브를 추진했으나 2017년 3월 탄핵으로 정책을 마무리 짓지 못했다. 문재인 정부는 신북방정책을 국정과제로 추진했으나 러시아 위주의 북방정책이라는 한계를 노출했다.

역대 정부의 북방정책은 일부 구체적인 실행계획을 담았으나 대부분 협력의 방향을 제시하는 데 그쳤으며, 관련 국가와 제도적인 협력방안을 마련하지 못했다. 특히 박근혜 정부의 유라시아 이니셔티브, 문재인 정부의 신북방정책은 러시아를 위주로 유라시아 지역과 경제협력, 일대일로와 연계협력 추진이라는 공통점을 갖고 있으나, 중국의 일대일로와 러시아 주도의 유라시아경제연합과 관계 설정이나 이를 극복할 만한 구체적인 협력방안을 제시하지도 못했다. 또한 시장개척형, 일방형 협력사업 추진으로 관련 국가와의 협력을 끌어내는 데 한계가 있었다. 특히 박근혜·문재인 정부는 일대일로와 연계 협력사업을 추진했으나 실행에 옮기지는 못했다. 그러나 일본은 일대일로 참여를 대내외적으로 언급하지는 않았지만, 2018년 10월 28일 중국 베이징에서 개최된 '중일 3자시장협력포럼'에 아베총리가 직접 참석한 가운데 일대일로의 핵심사업인 '3자시장협력' 참여를 위한 52건의 협정을 체결한 것과는 대조를 이룬다.

최근 북방지역의 중몽러 3국은 각국의 대외전략인 일대일로, 초원의 길, 유라시아경제연합과 연계하여 양자 또는 다자간 제도적 협력관계를 구축하였다. 중국과 러시아는 매년 총리회담을 정례적으로 개최하고 있으며, 중몽러 3국은 유라시아 철도와 도로를 중심으로 교통회랑, 경제협력벨트 구축을 위한 중몽러경제회랑 건설을 추진하여 성과를 내고 있다. 북방지역 국가와 달리 한국의 북방정책이 성과를 내지 못하고 있는 것은 한국 대통령 임기의 단임제로 안정적이고 장기적인 북방정책 추진이 어렵기 때문이다. 최근 글로벌 경제의 흐름은 인접 국가와 협력을 통한 지역주의를 추진하고 있는 것이 대세이다.

한국이 이러한 지역주의의 시대적 흐름에 부응하기 위해서는 인접 국가와 협력이 필수적이므로 정권 교체와 관계없이 북방국가에 상응한 대외전략 마련이 필요하다.

중국은 1978년 12월 개혁개방을 제창하고 지속적으로 대외개방 전략을 보완 발전시켜 왔다. 일대일로는 앞에서 언급했듯이 향후 40년 이상 중국의 대외개방의 기본국책으로서 장기간 연속성을 갖고 추진될 것이다. 중국의 대형 국가 프로젝트는 대부분 연속성을 갖고 추진하여 성과를 거두고 있다. 예를 들면, 중국 동북지역의 대표적인 장기개발 프로젝트인 두만강지역개발계획이다. 이 계획은 1980년대 말 중국 지린성의 전문가 그룹에서 중국·북한·러시아 3국의 국경지역에 위치한 두만강 지역을 국제협력을 통하여 개발할 것을 중앙정부에 건의함에 따라, 중국에서 유엔개발계획(UNDP)과 협의하여 1991년부터 UNDP 지원하에 남북한, 중국, 러시아, 몽골이 참여하는 TRADP가 본격적으로 추진되기 시작했다. 그러나 UNDP의 재원조달 실패 등으로 진전이 없자 중국에서 중국 지역의 두만강지역개발계획 프로젝트를 단독으로 추진하여 성과를 거두고 있다. 중국은 TRADP사업의 성공을 위해 훈춘에 변경경제합작구, 중러자유무역시장 설립을 지원하였으나, 큰 성과를 거두지 못함에 따라 2009년 8월 두만강지역개발계획을 《창지투개발개방선도구전략(长吉图开发开放先导区战略)》으로 승격시키고 수출가공구, 국제합작시범구를 건설하는 한편 2015년 9월에는 창춘~훈춘 간 고속철도를 개통함으로써 베이징에서 훈춘 간 고속철도를 연결하였다. 베이징~훈춘 간 고속철도는 러시아 및 북한 철도와 직접 연결함으로써 동북아 경제협력의 중요한 역할을 할 것으로 기대된다.

러시아의 경우 1990년대부터 아시아·태평양 진출을 위한 극동전략을 추진해 왔다. 러시아 역시 중국처럼 극동전략을 지속적으로 보완 발전시켜왔다. 2012년 극동개발부를 신설하고 2015년 10월부터 블라디보스토크 자유항을 지정하는 등 신동방정책을 본격적으로 추진하고 있다.

한국에서도 안정적으로 동북아 지역 간 협력사업 추진을 위한 노력이 있었다. 2015년 7월 양창영 국회의원 등 33명은 '광역두만개발사업의 협력 및 지원에 관한 법률안(이하 'GTI법안')'을 국회에 제출하였으나, 제19대 국회의원 임기만료로 자동 폐기되어 아쉬움을 남기고 있다. 'GTI법안'을 분석하면 '한국의 GTI 지역인 강원, 경북, 울산, 부산에 국제협력시범구 건설을 통해 국내기반을 구축하고 동북아 지역 간 협력을 강화'하는 것이다. 우연의 일치인지 몰라도 'GTI법안'은 일대일로 기본구상과 유사성이 있다고 볼 수 있다.

한국이 인접 국가와 협력을 통한 장기적이고 안정적인 대외전략을 추진하려면 첫째, GTI를 안에서 북방정책을 추진할 수 있도록 시스템화하여야 한다. 이렇게 되면 정권교체와 관계없이 북방전략을 지속적으로 추진할 수 있다. 둘째, 일대일로나 신동방정책에 상응한 대외전략을 법제화할 필요가 있다. 주변국가는 40년 이상 장기적인 대외전략을 추진하고 있는 데, 대통령이 바뀔 때 마다 대외전략이 바뀌는 것은 한국의 국제경쟁력을 약화시키는 결과를 초래할 수 있다.

2) GTI 지역과 경제협력

(1) 투자협력

1991년 두만강지역개발계획이 출범하면서부터 한국기업은 두만강 접경 3국에 위치한 두만강 지역의 우수한 지리적 여건, 광활한 시장 및 풍부한 자원, 저임금 등을 활용한 북방시장 개척을 위해 중국 연변, 북한 나선, 러시아 연해주 등 두만강지역개발계획 지역을 중심으로 투자를 했다.

연변지역과 투자협력은 지정학적 요인보다는 문화적 요인이 많이 작용했다. 연변은 조선족 집거지역으로 언어가 통하고 같은 민족이라는 정서 등이 작용하여 한중 수교 초기 한국기업의 대중국 투자가 집중된 곳이다. 한국기업의 연변지역 투자는 대우그룹, 현대강관 등 대기업이 주도했다. 대우그룹은 연변조선족자치주 연길을 북방시장 진출의 거점으로 삼기 위해 1996년 8월 29일 5성급 규모의 연변대우호텔을 개관했다. 이날 개관식에는 김우중 회장, 최각규 강원도지사, 정종욱 주중대사 등이 참석함으로써 한국기업의 연변지역 투자가 더욱 탄력을 받게 되었다. 당시 연변지역에 투자한 기업은 현대강관, 금호그룹, 갑을방직, 이건목재, 백양 등 대기업 및 중견기업이 많았다. 1991년부터 2000년 7월까지 두만강지역개발계획의 중심 훈춘지역 외국투자기업은 95개이고 외국기업 실제투자액은 9,580만 달러이다. 한국은 51개 기업이 7,410만 달러를 투자하여 입주기업의 53.7%, 투자금액의 77.3%를 차지하는 등 이 지역 투자를 주도했다.[58] 1997년 아시아 금융기위기와 한국기업의 투자지역 다변화로 연변지역 투자는 급감하기 시작했다. 2006년 GTI 체제 전환 이후에는 랴오닝성, 지린성, 헤이룽장성의 주요 대도시를 중심으로 투자가 이루어지고 있으나, 동북 3성에 진출한 한국기업은 약 1,500개(2020년 1월 기준: 랴오닝성 1,000개, 지린성 400개, 헤이룽장성 100개)로써 전체 한국진출기업 27,799개의 5.4%를 차지하고 있을 정도로 저조한 편이다.[59]

나선특구와 투자협력은 한국기업의 주목을 받았으나, 열악한 투자 환경 등으로 실제 투자는 많이 이루어지지 못했다. 1998년 8월까지 통일부로부터 사업자 승인을 받은 기업은 LG상사(양식업, 자전거부품), 삼성전자(전자공장, 통신센터), 대상물류(물류센터), 한국토지공사(공업단지건설), 두레마을(농장) 등이었다. 이 중 사업승인을 받고 투자를 실행한 경우는 LG상사가 중소기업 태영수산과 함께 진행한 가리비양식사업(승인규모: 65만 달러), 두레마을이 진행한 합영농장(승인규모: 800만 달러)이었다. 그러나 이들 사업은 1998년 9월 이후 북한당국이 남측 기업인의 나진·선봉 방문을 금지하면서 모두 중단되었다.[60]

러시아 연해주와 투자협력은 나홋카 한국 전용공단 조성이다. 한국이 러시아 진출 교두보로 삼기 위해 추진했다. 1992년 한러 정상회담에서 한국공단 조성에 합의함에 따라 본격적으로 추진하게 되었다. 양국은 나홋카 공단을 100만 평 규모

58   심의섭, 2001 두만강 개발 10년의 평가와 전망, KIEP. p.63. 참고

59   https://overseas.mofa.go.kr/cn-ko/wpge/m_1226/contents.do, 주중한국대사관(2022. 4. 21.), 주선양 총영사관 동북 3성 약황(2020. 1.)

60   http://www.snkpress.kr/news/articleView.html?idxno=119, 이찬호 교수의 '나진선봉 경제특구의 어제와 오늘'

로 조성하기로 하고 1단계로 30만평을 비준서 교환 후 3년 이내에, 2단계는 1단
계 완료 후 5년 안에 각각 조성하기로 합의했으며 당시에는 70여 개 한국기업이 입
주를 희망할 정도로 큰 관심을 끌었다. 그러나 1999년 한국 정부 관계관 회의에서
나홋카 공단을 당초계획의 20분의 1 수준으로 대폭 축소하고 개발착수 시점도 6년
간 유보함으로써 이 사업은 사실상 무산되었다.[61]

(2) 무역협력

GTI 지역과 무역협력은 주로 한국과 동북 3성, 러시아 연해주를 중심으로 이루
어지고 있다. 동북 3성은 조선족 인구가 밀집하고, 한국과 접근성 등으로 한중 양
국 모두가 경제협력을 활발히 추진해 온 지역 중의 하나이다. 특히, 러시아 연해주
는 한국의 러시아 시장진출 거점지역이다.

2019년 한국의 대중국 교역액은 2,434억 달러(수출 1,362, 수입 1,072)이며 290
억 달러의 흑자를 내고 있으며, 중국의 제3위 교역국이다. 그러나 한국의 대중국
동북 3성 교역액은 103.9억 달러로 한국 교역액의 4.26%를 차지한다. 중국 동북
3성의 대외 교역액은 1,610억 달러이며, 그중 대한국 교역액은 6.5%이다.(표20)
동북 3성 1억 인구의 시장규모와 한국의 대중 교역규모를 고려하면 이 지역에서의
양국 간 교역량은 상호 간에 만족스럽지 못한 상태이다.

표 20 동북 3성 교역규모(단위: 억 달러)

성별	수출입액			대한국 수출입액		
	합계	수출	수입	총계	수출	수입
랴오닝성	1,121	483	637	90	53	37
지린성	201	50	151	11	5	6
헤이룽장성	288	54	234	2.9	2.3	0.6
합계	1,610	587	1,022	103.9	60.3	43.6

자료: 주선양총영사관, 동북 3성 약황(2021. 1. 14.), 2022년 4월 21일 기준환율 적용 달러 환산

---

61 https://n.news.naver.com/mnews/article/001/0004420951?sid=101, 한러 나홋카 공단개발 6년간 유보

러시아 연해주는 시베리아횡단철도의 종점이자 시발역이 위치한 지경학적 특성으로 인하여 한국의 북방정책 거점으로 주목을 받고 있다. 한러정상은 나홋카 공단 조성, 천연가스관 도입 등 다양한 분야에 대하여 경제협력에 합의를 했지만 큰 성과를 내지 못하고 있는 실정이다. 2019년 한러 연해주 교역액은 92.7억달러(수출 40.6, 수입 52.1)로 대러시아 교역의 41.6%를 차지하는 등 러시아 시장진출의 거점 역할을 하고 있다. [62]

3) 남북경제협력

그동안 한국은 남북경제협력 증진을 위해 양·다자간 협력을 추진하는 등 노력을 기울여 왔으나 두만강지역개발계획 추진 30년이 지난 지금 남북문제는 여전히 큰 진전을 보지 못하고 있는 실정이다. 한국의 남북경제협력 추진현황을 통해 남북경제협력 증진뿐만 아니라 GTI 지역 간 상생협력 방안을 도출할 수 있을 것으로 사료 된다.

남북교류협력은 분단 이후 1960년대까지 거의 이루어지지 못하였다. 1970년대 들어 대한적십자사가 1971년 8월 12일 남북적십자회담을 제의한 이후 남북조절위원회를 통한 경제인 및 물자 교류 제의(1973년)가 이루어졌고, 북한적십자사의 수재물자 지원을 계기로 남북경제회담(1984. 11.~1985. 11. 20.)이 열렸다. 전반적으로 1970~80년대는 남북교류협력의 가능성을 모색한 시기였다.

1980년대 후반에 들어서는 동구 사회주의권이 붕괴되고 냉전체제가 해체되는 국제적 격변 상황 속에서 노태우 정부의 북방외교 추진은 남북교류협력에 일대 전기를 마련하였다. 역대 정부는 북핵문제, 북한 미사일 발사, 금강산 피격 사건 등 대내외적인 악재가 있음에도 불구하고 남북경제협력 증진을 위해 노력을 기울여 왔다. [63]

---

62 한러극동지역 교역동향(2020. 2. 13.)주블라디보스토크총영사관
63 https://www.unikorea.go.kr/unikorea/business/cooperation/status/overview/, 남북교류협력

(1) 노태우 정부

대북정책에 대해서는 1988년 7월 7일 「민족자존과 통일번영을 위한 특별선언」을 발표하면서 한민족공동체통일방안이 제시되었다. 이 선언에서 노태우 정부는 남북한 간의 적극적인 교류를 제안하고, 북한이 미국 및 일본과 관계 개선하는 일에 협조할 뜻을 천명했다. 후속조치로 1988년 10월 7일 남북한 간 교역을 허용하는 「대북경제개방조치」를 취하고, 1989년 6월 12일 「남북교류협력에 관한 기본지침」을 제정하였다. 1990년 8월 1일 「남북교류협력에 관한 법률(교류협력법)」, 「남북협력기금법」을 제정하는 등 제도적인 기반을 갖추고 교류협력을 추진했다. 1991년 9월 17일 남북한 유엔동시가입, 1991년 12월 13일 「남북 사이의 화해와 불가침 및 교류·협력에 관한 합의서」 채택, 1992년 10월 최초로 대북협력사업자로 '대우'를 승인하는 등 남북교류협력의 장을 마련하였다.

(2) 김영삼 정부

대북정책은 자유주의와 자본주의 여파를 북한 지역에 확산시켜 개혁개방 정책을 유도하는 것을 목표로 삼았다. 김영삼 정부의 남북관계는 취임 초부터 꼬이기 시작했다. 1993년 3월 12일 북한이 한미연합 군사훈련에 반발하여 핵확산금지조약(NPT) 탈퇴 선언으로 제1차 북핵 위기를 맞았다. 1994년 2월 김영삼 대통령은 취임 1주년 기자회견에서 핵무기를 비롯해 통일문제와 경제협력 등 모든 문제를 협의하기 위해 김일성 주석과 회담할 용의가 있음을 밝히고 역사상 최초로 남북 정상회담을 추진했으나 7월 8일 김일성 주석의 갑작스런 사망으로 성사되지 못했다. 김일성 주석 사망 이후 조문 문제 등으로 남북관계는 더욱 악화되었다. 1994년 10월 21일 북한과 미국 간 제네바 합의로 제1차 북핵 위기가 마무리됨에 따라[64] 1994년 11월 남북경협 활성화 조치(제1차)를 발표하고, 1995년 6월부터 10월까

---

64 제네바 합의는 북한과 미국이 1994년 10월 21일 맺은 외교적 합의이다. 북한의 핵 포기 대가로 북미수교, 북미 간 평화협정, 북한에 대한 경수로 발전소 건설과 대체에너지인 중유공급을 주 내용으로 한다. 이 합의는 2003년 전격적으로 파기되었다. https://ko.m.wikipedia.org/wiki/%EC%A0%9C%EB%84%A4%EB%B0%94_%ED%95%A9%EC%9D%98(검색일: 2022. 4. 23.)

지 북한에 식량 15만톤을 지원했다. 그러나 1996년 9월 북한 무장간첩단 강릉 잠수함 침투, 1997년 2월 황장엽 조선노동당 총비서 한국 망명 등으로 남북관계는 최악의 상황으로 경색되었다.

(3) 김대중 정부

김대중 정부는 '햇볕정책'을 천명하면서 북한의 무력도발 불수용, 흡수통일 불추구, 화해와 협력이라는 3가지 원칙을 제시하였다. 이러한 3가지 원칙은 지난 반세기간 적대적 관계였던 남북관계를 화해와 협력관계로 전환시키기 위한 것으로서 대북 포용 정책의 핵심을 구성한다.

1998년 4월 30일 남북경협 활성화 조치(제2차)를 발표하고 11월 18일부터 금강산관광을 시작했다. 1999년 6월 8일 북한에 비료 (11.05만톤)를 지원했다.

2000년 6월 13일부터 15일까지 평양에서 남북 역사상 처음으로 남북 정상회담을 개최한 후 6 · 15 남북 공동선언문을 발표했다. 주요내용은 △통일문제는 민족끼리 자주적 해결 △친척방문단 교환 △경제협력을 통하여 민족경제를 균형적으로 발전시키고 사회 · 문화 · 체육 · 보건 · 환경 등 제반 교류 활성화 등이다. 남북 정상회담 직후 8월 22일 북한과 현대아산(주) 간 개성공단 사업에 합의하였으며 10월 북한에 식량차관(쌀 30만톤, 옥수수 20만톤)을 제공하였으나, 그 이후로는 남북 관계에 큰 진전이 없었다.

정상회담과 이어진 무수한 장관급회담에서 발표된 많은 합의사항은 제대로 이행되지 않았으며 특히 정상회담 직후 개최된 당국 간 회담이 결렬되면서 대화조차 쉽지 않아졌다. 2001년 1월 조시 W.부시 대통령이 새 미국 대통령으로 취임하여 대북 강경책을 펼친 것도 남북관계에 영향을 미쳤다. 그럼에도 불구하고 2002년 9월 18일 경의선, 동해선 철도 · 도로 연결 착공식을 거행함으로써 철의 실크로드 구상 실현 의지를 보여 주었다.

김대중 정부는 '햇볕정책'을 통해 남북 정상회담과 개성공단 설립, 남북 이산가족 상봉 등 가시적인 성과는 있었지만 제1연평해전과 제2연평해전 등 북한의 무력 도발을 막지 못했다는 비판을 받았다. 현대가 북한에 4억 5천만 달러를 송금한 대북 불법 송금사건에 정상회담 대가도 포함된 것으로 밝혀져 후일 '햇볕정책'의 진정성과 투명성의 문제가 생기는 계기가 되었다.

(4) 노무현 정부

대북정책은 한반도의 평화증진과 공동번영을 목표로 하는 '평화번영정책'이다. 추진원칙으로는 대화를 통한 문제해결, 상호신뢰 우선과 호혜주의, 남북 당사자 원칙에 기초한 국제협력, 정책의 투명성 제고와 국민과 함께하는 정책 등 네 가지를 제시하였다. 이 정책은 김대중 정부의 '햇볕정책'을 계승발전 시킨 것이다.

노무현 정부는 제2차 북핵위기[65] 직후에 출범하였으나, 2003년 6월 30일 개성공단 착공식을 거행하고, 8월 20일 남북 4대 경협(투자보장, 이중과세방지, 상사분쟁 해결 절차, 청산결재)합의서 발효, 2004년 6월 30일 개성공단 시범단지(92,400㎡)를 준공했다.

2006년 7월과 10월 북한이 장거리 미사일 발사와 핵실험을 실행한 이후에는 6자회담을 중심으로 핵 폐기 노력을 기울였다. 2007년 5월 17일 남북열차 시험 운행을 실시하였으며 10월 2일부터 4일까지 평양을 방문, 김정일 국방위원장과 정상회담을 가진 뒤 8개 조항의 공동선언문을 발표했다. 주요내용으로는 △6·15 남북 공동선언 고수 △남북관계를 상호 존중과 신뢰관계로 확고히 전환 △다자 정상들이 한반도지역에서 종전선언 추진 협력 △민족경제의 균형적 발전과 공동번영을 위해 경제협력사업을 공리공영과 유무상통의 원칙에서 적극 활성화 △국제무대에서 민족의 이익과 해외동포들의 권리와 이익을 위한 협력 강화 등이다.

---

65 2002년 10월 4일 북한이 조시 W. 부시 대통령의 특사인 미국 국무부 동아태 차관보에게 고농축 우라늄 핵 탄두 개발 시인함으로써 촉발, 2차 북핵위기 직후 중국은 문제해결을 위해 6자(남북한, 미국, 중국, 일본, 러시아)회담을 관련국에게 제안했으며, 2003년 8월 27일 베이징에서 제1회 6차회담이 개최되었다. 6자회담을 통해 관련국들이 2005년 9·19 공동성명을 발표하면 제2차 북핵위기는 해결되었다.

(5) 이명박 정부

이명박 정부의 대북정책은 북한이 핵을 포기하고 개방에 나서면 대북 투자를 통해 북한의 1인당 국민소득을 3,000달러로 끌어올린다는 '비핵·개방·3,000 구상이다.[66]

북한은 이러한 이명박 정부의 대북정책에 반발하며 로동신문을 통해 이명박 대통령을 '역도'로 표현하는 등 남북관계가 긴장되기 시작했다.

이와 같은 시기에 남북교류의 상징이었던 금강산 관광은 2008년 7월 11일 한국인 故 박왕자씨가 금강산 관광 중 피살됨에 따라 그 다음 날인 7월 12일 금강산 관광이 중단되었다. 이에 맞서 북한은 12월 1일 남북 간 육로통행 차단조치를 취했으며 2009년 1월 17일 북한 총참모부는 성명을 통해 남측과 전면태세에 진입했다고 발표한데 이어, 5월 25일 제2차 핵실험(6.13 UN 안보리 결의 1874호 채택)을 강행했다. 2010년 3월 26일 북한군에 의한 천안호 침몰사건이 발생함에 따라 남북 간의 긴장이 고조되었으며 한국은 이에 대응하여 '5.24 조치'를 취하였다.

이처럼 남북관계 경색과 북한이 핵실험을 강행하는 가운데 이명박 정부는 경협기업대상 남북협력기금대출, 북한 수해지원을 하는 등 유화적인 태도를 보였으나 북한이 2010년 11월 23일 연평도 포격사건을 일으킴으로써 북한 수해지원 등을 중단하였다. 북한은 이에 대응하여 2011년 4월 8일 현대아산의 금강산 관광사업 독점권 취소를 일방적으로 발표하고, 2012년 9월 3일에는 대한적십자사의 수해지원 제의를 거절하였다.

2013년 2월 12일 북한이 제3차 핵실험으로 2003년 7월 유엔 안보리 제재(2094호)를 받음에 따라 남북관계가 최악의 상태로 치달았다.

---

66 https://nkinfo.unikorea.go.kr/nkp/term/viewKnwldgDicary.do?pageIndex=11&dicaryId=89&searchCnd=0&searchWrd=, 통일부 북한정보포털

2021년 7월 12일 강원도 고성군, 금강산관광 재개 촉구 기자회견, 함명준 고성군수는 "금강산 관광은 이념과 진영의 문제를 떠나 산불, 수해 등으로 고통받고 있는 고성군민의 먹고사는 문제와 직결되어 있기에 조속히 재개되어야 한다고" 말했다. (고성군)

(6) 박근혜 정부

박근혜 정부의 대북정책은 한반도 신뢰프로세스이다. "박근혜 정부는 튼튼한 안보를 바탕으로 남북 간 신뢰를 형성함으로써 남북관계를 발전시키고 한반도에 평화를 정착시키며 나아가서 통일기반을 구축하려는 정책이라고" 밝혔다.

박근혜 정부는 먼저 남북 간 신뢰 형성을 통해 남북관계 개선과 비핵화를 병행하겠다는 先대화 後비핵화 기조를 갖고 북한의 제3차 핵실험 이후에도 세 차례에 걸친 나진~하산 물류협력사업 시범운송, 경원선 남측구간 철도복원 기공식, 개성 만월대 출토 유물 특별전시회(서울, 개성)를 개최하는 등 남북협력을 지속적으로 추진하였으나, 2016년 1월 6일 북한 제4차 핵실험(3.2 UN 안보리 결의 2270호 채택)과 2월 7일 북한 장거리 탄도미사일 발사에 따라, 대북 강경정책으로 전환하면서 2월 10일 개성공단 협력사업을 전면 중단하고, 3월 8일 독자적인 대북조치를 취하였다.[67] 2016년 9월 9일 북한이 제5차 핵실험(11.30 UN 안보리 결의 2321호 채택)으로 12월 2일 추가 대북조치를 취함으로써 남북협력이 전면 중단되었다.

박근혜 정부는 개성공단 폐쇄를 통해 북한의 핵개발 의지를 끊겠다는 강경한 태도를 보였지만 동년 9월 제5차 북한 핵실험과 미사일 능력의 급속한 고도화를 막지는 못했다. 이것은 주변국과 공조없이 한국의 독자적인 대북조치는 성공하기 어렵다는 것을 보여준 사례이다. 이 시기에 중국은 여전히 북한과의 교역을 일정 선에서 유지했으며, 게다가 일본이 독자적으로 북한에 대하여 투자의사를 밝히면서 그나마 있던 경제제재도 그 미래가 불투명해졌다.(표21)

표 21 박근혜 정부 남북경제협력 현황

연도	주요내용
2013. 4 . 9.	· 개성공단 잠정 중단 (9. 16. 재가동)
2013. 9. 30.	· 개성공단 남북 공동위원회 사무처 개소
2014. 11. 24. ~ 28.	· 나진-하산 물류협력사업 1차 시범운송
2015. 4. 17. ~ 4. 23.	· 나진-하산 물류협력사업 2차 시범운송
2015. 8. 5.	· 경원선 남측구간 철도 복원 기공식
2015. 11. 18. ~ 12. 7.	· 나진-하산 물류협력사업 3차 시범운송
2015. 6. 1. ~ 11. 30.	· 제7차 개성만월대 남북공동발굴 · 조사
2015. 10. 13. ~ 11. 15.	· 개성 만월대 출토 유물 특별전시회(서울개성)
2016. 1. 6.	· 북한, 제4차 핵실험(3. 2 UN 안보리 결의 2270호 채택, 3.8조치)
2016. 2. 7.	· 북한, 장거리미사일 발사
2016. 2. 10.	· 개성공단 전면 중단
2016. 9. 9.	· 북한, 제5차 핵실험(11. 30 UN 안보리 결의 2321호 채택, 12.2 조치)

자료: 통일부 남북교류협력 연혁(검색일: 2022. 4. 23.) 참고, 저자 정리

(7) 문재인 정부

문재인 정부의 대북정책은 5대 국정목표의 하나인 '평화와 번영의 한반도'이다. 이를 실행하기 위한 국정전략은 △강한 안보와 책임국방 △남북 간 화해협력과 한반도 비핵화 △국제협력을 주도하는 당당한 외교를 제시했다.

문재인 정부와 북한 간 협력의 불씨는 남북 스포츠 행사였다. 2017년 3월 박근

---

67 3.8 대북조치는 북한과 관련한 금융제재 대상확대, 북한에 기항한 외국 선박의 180일 이내 국내입항 전면 불허 등 해운통제 강화, 북한산 물품 반출입 통제강화 등 수출입통제강화, 북한의 영리시설(북한 식당 등) 이용 자제 계도 등이다.

혜 대통령 탄핵 결정 이후 제19대 대통령 선거기간인 4월 6일 국제아이스하키연맹 여자 아이스하키 세계선수권 남북경기, 4월 7일 여자축구 아시안컵 예선 남북경기가 강릉과 평양에서 각각 개최되었다. 2017년 5월 9일 문재인 대통령 취임 이후인 6월 23일에는 북한 태권도 시범단이 방한하는 등 스포츠 교류가 이어졌다.

2017년 7월 28일 북한의 장거리 미사일 발사, 9월 3일 제6차 핵실험 등으로 유엔 안보리가 추가 대북제재를 취하는 긴장된 상황속에서 북한이 2018 평창동계올림픽에 참가함으로써 남북 간 평화협력 분위기 조성됨에 따라 2018년 4월부터 9월까지 세 차례 남북정상회담을 개최하였다.

남북정상회담 이후 북한의 제2차 핵실험으로 중단되었던 남북 철도협력사업이 재개되었다. 2018년 7월 경의선(문산~개성)·동해선(제진~금강산) 남북철도 연결구간에 대한 공동 점검과 11월부터 12월까지 북측구간 경의선(개성~신의주)·동해선(금강산~두만강) 공동조사를 진행하였으며, 2018년 12월 26일 개성 판문역에서 남북철도·도로 연결 착공식을 공동으로 개최하였다.[68](표 22)

표 22 문재인 정부 남북경제협력 현황

연도	주요내용
2017. 6 . 23. ~ 7. 1.	· 북한 태권도 시범단 방한
2017. 7. 28.	· 북한, 장거리미사일 발사(8.6 UN 안보리 결의 2371호 채택)
2017. 9. 3.	· 북한, 제6차 핵실험(9.11 UN 안보리 결의 2375호 채택, 11.6조치)
2017. 11. 29.	· 북한, 장거리미사일 발사(12.11조치, 12.22 UN 안보리 결의 2397호 채택)
2018. 2. 9. ~ 2. 25.	· 평창동계올림픽 북한 참가
2018. 3. 9 ~ 3. 18.	· 평창동계패럴림픽 북한 참가
2018. 2. 9 ~ 3. 18.	· 개성만월대 남북공동발굴 평창특별전(평창)
2018. 4. 27.	· 남북정상회담 개최(판문점)
2018. 5. 26.	· 남북정상회담(판문점 북측지역 통일각)
2018. 7.	· 경의선, 동해선 남북철도연결구간 공동 점검
2018. 8. 18. ~ 9. 2.	· 아시아경기대회(인도네시아) 개회식 공동입장, 남북 단일팀 구성 참가
2018. 9. 18. ~ 9. 20.	· 남북정상회담(평양)
2018. 11. ~ 12.	· 북측구간 경의선·동해선 공동조사
2018. 12. 26.	· 개성 판문역에서 남북철도·도로연결 착공식 공동개최

자료: 통일부 남북교류협력 연혁(검색일: 2020. 4. 25.) 참고, 저자정리

---

68 http://www.kyeongin.com/main/view.php?key=20190211010002379, [남북 철도 연결 일지] 경원선 우선복원 제외 동해선·금강산선 점검

그러나 북한은 2019년 2월 27~28일까지 2일간 베트남 하노이에서 열린 북미 정상회담 결렬과 세 차례에 걸친 남북정상회담 합의사항이 유엔 안보리 대북제재 등으로 진전을 얻지 못함에 따라 문재인 정부에 강한 불쾌감을 드러냈다. 김정은 국무위원장은 2019년 10월 금강산을 찾아 "보기만 해도 기분 나빠지는 시설"이라며 남측 시설 철거를 지시했다. 이후 북한 김여정 제1부부장은 2020년 6월 4일 담화를 통해 "남조선당국이 응분의 조처를 세우지 못한다면 단단히 각오해야 할 것"이라면서 공동연락사무소의 폐쇄, 개성공단의 완전 철거, 남북군사합의 파기 등을 거론했다. 이어서 6월 13일 담화를 통해 "멀지 않아 쓸모없는 남북 공동연락사무소가 형체도 없이 무너지는 비참한 광경을 보게 될 것"이라고 발표한 이후 6월 16일 남북공동연락사무소를 폭파했다.[69] 남북공동연락사무소는 문재인 정부가 2018년 제1차 남북정상회담 및 제7차 남북고위급 회담 합의에 따라 건설비용 약 180억원 전액 지불, 유지비와 사용료 포함 총 235억 원 상당을 들여 북한 개성시에 건립한 것이다.[70] 북한의 남북공동연락사무소 폭파는 북한이 세 차례 정상회담에 대한 기대가 무너짐에 따라 한국에 대한 불신을 나타낸 대표적인 사례라 할 수 있다.

한국은 남북경제협력이 소강상태로 돌아섰지만 남북철도 연결 및 현대화에 대한 의지를 나타내는 차원에서 남측 동해선 중 유일한 단절 구간인 동해 북부선 강릉~제진 구간의 철도복원 사업을 추진하였다. 위 철도복원 사업은 2027년 개통을 목표로 2022년 1월 5일 착공했다.

한국의 유화적인 노력에도 불구하고 북한은 2022년 4월 금강산에 있는 남측의 골프장 시설을 8일 만에 모두 철거했다. 이후 북한이 속도전 방식으로 철거작업을 진행하고 있어 조만간 금강산 내 남측시설은 완전히 사라질 운명에 놓여있는 등 남

69 https://www.voakorea.com/a/6226456.html, 북한 폭파한 공동연락사무소, 개소 3주년···남북관계 '현주소' 보여줘

70 https://namu.wiki/w/%EB%82%A8%EB%B6%81%EA%B3%B5%EB%8F%99%EC%97%B0%EB%9D%BD%EC%82%AC%EB%AC%B4%EC%86%8C%20%ED%8F%AD%ED%8C%8C%20%EC%82%AC%EA%B1%B4(검색일: 2022. 4. 25.)

북협력 사업이 다시금 시험대에 올랐다.[71]

문재인 대통령이 5일 오전 강원 고성군 제진역에서 열린 동해선 강릉~제진 철도건설 착공식에서 참석자들과 착공
세리머니를 하고 있다. 대한민국 정책브리핑 (www.korea.kr)

김정은 국무위원장은 한국이 자주적으로 남북협력이 가능할 것으로 판단하고 세 차례 정상회담에 나름대로 성의를 갖고 임했다고 할 수 있다. 그러나 남북협력 과정에서 한국이 미국과 협력없이는 독자적으로 남북협력 사업을 추진하는데 어려움이 있음에도 불구하고 실현 가능한 것처럼 북한을 기만했다고 생각하고 있으며, 이는 김여정 제1부부장의 담화를 통해 분출되었다.

북한의 한국에 대한 불신은 기존의 선미후남(先美後南) 전략 즉 먼저 미국과 협상한 후 상황에 따라 한국과 협상하는 전략으로 회귀하였다고 볼 수 있다. 그리고 금강산 남측시설 철거 후 독자적으로 관광단지 등을 건설하겠다고는 하나 중국 등 외국자본을 유치할 가능성이 높다. 만약에 북한이 외국자본을 유치를 추진할 경우 한국은 남북경협 기지를 상실할 우려가 있으므로 이에 대한 대응이 필요하다.

---

71 https://news.naver.com/main/read.naver?mode=LSD&mid=shm&sid1=100&oid=055&aid=0000967
813(검색일: 2020. 4. 25.)

(8) 남북경제협력의 과제

북한의 두만강지역개발계획 참여로 남북경제협력이 탄력을 받을 것으로 전망되었으나, 남북체제의 차이, 한국의 일관성 없는 대북정책과 독자적인 대북정책 수행 제약, 미국 등 외부요인, 북핵 문제, 북한의 선미후남(先美後南) 전략 등으로 남북경제협력은 대화, 협력, 중단이 되풀이되는 실정이다. 이처럼 남북문제는 정전, 북핵 등 당사국 간에 해결할 수 없는 복잡한 사항들이 존재하므로 남북협력과 미국, 중국, 러시아 등 주변국가와 협력을 어떻게 조화롭게 해 나갈 것인가가 관건이다.

중국의 북한 전문가들은 "북한의 금강산 남측시설 철거가 시사하는 것은 앞으로 한국과 개성공단과 같은 독자적인 공단 조성은 물론 투자협력도 하지 않겠다는 의지를 표명한 것이라고" 분석한다. 그 이유는 한국에서 북한에 조성한 한국공단을 통해 한국의 우월성이 북한 사회에 침투되는 것을 북한에서 꺼리기 때문이다. 다른 한편으로는 중국 및 러시아와의 경제협력을 통해서도 얼마든지 북한경제를 발전시킬 수 있는데 굳이 한국과 경제협력의 필요성을 느끼지 않는다는 것이다.

필자도 중국의 북한 전문가와 견해를 같이한다. 실질적으로 북한의 면적과 경제 규모를 고려하면 중국의 한 개성(省)에서만 북한 투자에 관심을 두어도 북한의 27개 경제특구 전체를 개발할 수 있는 것이 현실이다. 북한의 남측시설 철거는 우연이 아니라 한국기업을 대체할 외국기업이 많다는 것을 시사하는 것이다. 다시 말하면 북한은 한국에 아쉬울 게 없다는 것이다. 한국에서 우려하는 북중러 협력의 고착화는 이미 상당 부분 이루어졌다고 볼 수 있다. 단지 중국과 러시아의 대외전략은 남북한, 일본을 아우르는 동북아경제통합에 관심을 두고 있지 북중러 협력의 고착화는 이들 국가 대외전략의 아주 작은 부분이라 할 수 있다. 북한을 둘러싸고 있는 주변국가의 상황이 이러함에도 불구하고 한국의 대북 강경책은 남북경제협력은 물론 북방진출의 입지를 더욱 어렵게 만들 것이다.

남북문제는 당사국 간에 소통을 넓히고 주변국가와 긴밀한 협력 시스템을 구축할 때 한국에서 우려하는 '북중러 협력의 고착화'를 평화와 번영의 한반도 더 나아가 동북아 지역으로 발전시켜 나갈 수 있을 것이다.

다. 북한

1) UNDP와 협력에 의한 TRADP 참여

북한의 두만강지역개발 참여는 UNDP의 역할이 컸다. UNDP는 1979년 북한에 평양 대표부를 개설하고 북한의 천연자원 관리와 환경문제, 경제발전을 위한 기술, 국제경제협력 관리 등 지원사업을 추진하고 있었다.

1980년대 중반 소련 고르바초프의 페레스트로이카(개혁)는 소련 내부는 물론 동유럽권으로 파급됨에 따라 이 지역과 대외교류의 70% 이상을 점하고 있던 북한은 심각한 투자 및 자본부족 위기에 봉착하게 되었다. 이는 구상무역과 같은 전통적인 무역형태의 구조적 변화를 초래, 기술도입, 대외채무 상환 등에 필요한 외화획득 등에 막대한 지장을 불러왔다.

UNDP 평양 대표부는 이러한 북한의 경제위기를 극복하기 위한 방안으로 "△무역과 투자를 촉진할 제도적 수용능력 강화 △금융제도 △수출촉진 정책 △시장가격 정책 △통신시설 등 외국인 투자를 규제하는 제도 전반에 걸친 재검토와 더불어 수출가공단지 조성 및 관광사업 진흥에도 눈길을 돌려야 한다고" 권고하였다.[72]

1989년 2월 김일성 주석은 소련 등 사회주의 국가의 체제전환에 대응하기 위해 중국의 개혁개방 성공모델을 도입한 나진·선봉 자유경제무역지대 건설을 구상했다.[73] 이에 따라 내부적으로 유엔개발계획이 추진하고 있는 TRADP 핵심지역으로 나진·선봉 자유경제무역지대 건립을 추진하는 한편 극심한 외화부족 문제를 해결하기 위하여 유엔산하기구와 일본을 대상으로 외자도입을 모색하기 시작했다.

1991년 7월 몽골 울란바토르에서 개최된 '제1차 동북아 소지역개발 조정관회의'에서 두만강지역개발계획이 UNDP 동북아 지역협력 프로그램으로 확정됨에 따라 같은 해 10월 개최될 예정인 '제2차 동북아 소지역개발 조정관회의'를 평양으

---

72 https://www.yna.co.kr/view/AKR19910730000400006,UNDP 駐 평양대표부. 권고문 발표
73 https://www.lifein.news/news/articleView.html?idxno=11453, 두만강 넘어 대륙과 해양을 향한 라선을 바라보다.

로 유치하는 등 적극적인 참여 의지를 보였다. 이 회의에서 남북, 중국, 몽골 등 4개국이 두만강지역개발계획에 공동협력키로 합의했으며, 소련과 일본이 옵서버로 참가했다. 같은 해 11월 18일부터 22일까지 오스트리아의 빈에서 개최된 제4차 UNIDO(유엔공업개발기구)[74] 총회에서 북한의 전인찬 주오스트리아 대사는 나진·선봉 자유무역지대가 유엔개발계획(UNDP) 등으로부터 긍정적인 반응과 지원을 얻고 있다면서 UNIDO를 포함한 각종 국제금융기관의 적극적인 참여를 요청했다.[75]

북한은 TRADP 참여를 결정하고, 대내외적으로 대대적인 홍보활동을 전개했다. 주요 언론에 「두만강지구가 최근 동북아의 새로운 경제무역 중심지로 각광받고 있다며」 이와 관련, 북한이 제시한 두만강지구개발계획(나진·선봉경제무역지대조사보고서) 내용을 상세히 소개했다. 그리고 조총련 기관지 조선신보에 게재한 '두만강지구개발계획–그 추이를 보다' 제하의 특집 시리즈에서 「북한은 이미 오래전부터 두만강 지구 개발과 관련한 구상을 착착 진척시켜 왔다고 지적하고 이는 일부에서 논하는 '개방정책'에서 비롯된 것이나 단순한 '특구'형이 아니라 동북아경제권의 확립과 번영하는 새 아시아를 지향한 다자협조를 전제로 한 대프로젝트 구상이라고 주장했다.」[76] 이 같은 북한의 주장은 UNDP가 추구하는 두만강 지역의 번영과 안정지대 구축과 부합함을 국제사회에 홍보함으로써 외자유치를 극대화하기 위한 전략이라고 할 수 있다.

2) 두만강지역개발의 중심 나진·선봉 자유경제무역지대

북한은 두만강지역개발의 주도권 확보를 위해 두만강 지역에 연접해 있으며 철도와 항만으로 유럽과 아시아·태평양을 연결하는 지리적 이점을 갖춘 나진시와 선봉군을 먼저 개발할 계획을 세웠다.[77]

---

74 UNIDO (유엔공업개발기구)1967년 유엔총회 직속기구로 발족되었다. 체제전환기 국가들의 지속적인 공업개발을 위한 해결책을 제공함으로써 인류의 생활수준을 향상시키고 번영을 증진함을 목적으로 한다.
75 https://m.yna.co.kr/view/AKR19911126002100001?section=/index. 북한 선봉지구개발 국제협조요청
76 https://www.yna.co.kr/view/AKR19911204000700014,北韓, 羅津·先鋒경제무역지대案 상세 소개
77 1993년 9월 나진선봉시로 개편되었고, 2010년 1월 함경북도에서 분리되어 특별시로 승격하였으며, 나선은

나진·선봉 지역은 나진항, 선봉항, 웅상항이 있는데 이들 모두 중러 접경지역에서 50km 범위 안에 위치하며 도로와 철도로 중국 및 러시아와 직접 연결되어 있어 연계항이나 통과무역항으로 유리한 조건을 갖추고 있다. 먼저 일제가 대륙침략의 거점으로 일찍이 개발한 나진항은 이 지역 최대의 부동항으로 항내(港內)가 넓고 수심이 깊어 양항으로서 천혜의 조건을 갖추고 있다. 항내(港內)까지 16km의 표준궤와 광궤 복합선의 철도 인입선이 설치되어 화물 운송과정에서 환적 할 필요가 없어 소련의 동남아시아 중계무역항으로 이용되었다. 나진항은 컨테이너와 벌크화물 처리가 가능하며, 철도로는 나진~학송~남양을 거쳐 중국 투먼(图们)으로, 도로로는 나진~원정~중국 취안허(圈河)~훈춘으로 운송되며, 철도 혼합선의 러시아 광궤를 이용하여 나진항에서 하산으로 직접 화물이 운송된다. 또 동해 항로를 통해 일본과 한국의 환동해 지역의 항구로 화물운송이 가능하다.

북한은 이러한 천혜의 자연조건을 갖춘 나진·선봉을 두만강지역개발계획의 핵심지역으로 개발하기 위해 1991년 12월 28일에 '정무원결정 74호'를 통해 나진시와 선봉군을 자유경제무역지대(이하 "나선경제특구")로 지정(면적: 621㎢)하고 개혁개방을 위한 조치를 시행하였다.[78]

북한의 초기 나선경제특구 개발구상은 이 지역을 동북아의 화물중계지, 수출가공기지, 관광 및 금융기능을 가진 국제도시로 개발할 계획이었다. 이후 북한은 나선경제특구 개발과 이 지역에 대한 외자유치를 위해 파격적인 제도개혁을 실시하였다. 외국인 투자 규제를 대폭 완화하는 한편, 국내 자원을 동원하여 항만, 도로 건설 등 나진·선봉 개발을 위한 인프라 구축환경 조성방안을 마련했다.

그리고 나선경제특구의 성공적인 개발을 위해 1993년 1월 북한의 타 지역에서 허용되지 않는 외국인 독자기업 및 외국은행 설립, 무사증 출입 등 여러 우대조치

나진과 선봉의 첫 글자를 따온 것이다. 나선시는 전체지역 (746㎢)이 경제무역지대이며 밀폐식 관리를 하고 있다.

78 1998년 1월 나진·선봉 자유경제무역지대에서 '자유'를 삭제하였다.

를 담은 '나선자유경제무역지대법'을 제정·공포함으로써 나선경제특구 지정에 따른 법적·제도적 조치를 마련했다. 같은 해 대외경제추진위원회는 '나선경제특구 국토총건설계획' 3단계 개발계획을 발표하였으나 초기계획이 비현실적이고 외국자본의 투자실적이 저조하여 성과가 없자 1995년 당면단계와 전망단계로 수정하고 보다 구체적이며 현실적인 내용으로 전략을 변경하였다. 당면단계(1995~2000년)는 도로 항만 등 경제 하부구조의 확충 및 현대화에 주력해 국제화물 중계운송기지를 건설하고, 전망단계(2001년~2010년)에서는 21세기의 세계 경제발전에 부응하는 종합적이고도 현대적인 국제교류의 거점도시로 성장시킨다는 계획이다. 이러한 목표를 달성하기 위하여 항만시설과 철도·도로망의 확장 정비를 통하여 원활한 수송체계를 갖추고, 2010년까지 인구 100만 명의 발전된 도시를 조성하는 것이다.

북한은 이 지역 외자유치를 위해 1995년 12월 미국에서 투자설명회를 개최한 데 이어 1996년 9월 나선에서 26개국 110개 기업 540명이 참석한 가운데 투자포럼을 개최하여 49건 3억 5천만 달러의 투자계약을 하였으나 실제 투자금액은 22건 3,400만 달러에 그쳤다. 한국은 기업대표단을 조직하여 참여 준비를 마쳤으나 북한의 비협조로 참여하지 못했다.

북한은 나선경제특구 지정이래 외자유치를 위해 지속적으로 투자환경을 개선해 왔다. 1997년 말까지 16개 법과 41개의 규정이 제정, 공포되어 외국인 투자기업들이 나선경제특구에서 기업 경영권과 상품 판매권 등 경제무역 활동에 관한 권리를 행사할 수 있게 하였고, 재산 소유권 보장, 기업이윤의 국외송금, 경영비밀의 비공개성 등을 보장했다. 또한, 투자기업에 대해 나선경제특구 이외의 지역보다도 소득세율을 11% 낮게 설정하고 부동산 임대료와 사회 공공서비스 요금 수준도 주변 여러 나라보다 유리하게 적용하는 등 다양한 우대조치를 취했으나, 나선경제특구의 외자유치 실적은 1998년 기준 8천 8백만 달러(UNDP 두만사무국자료)에 그치는 등 사실상 실패했다는 평가를 받고 있다.

주요 실패원인은 북한의 엄격한 외국인 출입 규제, 미비한 인프라시설, 과도한 개발계획, 개방을 우려한 폐쇄적인 조치, 한국기업 진출 봉쇄 등이다. 그러나 무엇보다 북한의 핵 개발에 따른 안보 불안 요소 증가에 따른 외국인 투자수요 감소가 가장 큰 요인이라 볼 수 있다.

3) 나선경제무역지대, 북중러 협력의 중심으로 부상

북한은 1990년대 나선경제특구 개발이 사실상 실패로 끝남에 따라 2000년대 들어 경제력과 국제적 영향력이 향상된 중국 및 러시아를 대상으로 나선경제특구 개발을 재점화하고 있다. 북한의 지역개발 전략은 중국 및 러시아 등과 연계협력을 통해 나선과 청진을 개발하고 중장기적으로 신의주, 함흥, 김책, 원산, 남포 등으로 확대해 나가는 것이다.

북한의 두만강지역개발 전략은 중국 및 러시아의 대외전략과 상호 보완적인 요소를 갖고 있다. 북한은 나진항을 유럽과 아시아·태평양을 잇는 국제물류 중심으로 육성하고자 한다. 중국은 동북지역에서 바다가 없는 지린성과 헤이룽장성을 중심으로 오래전부터 나진항을 통해 동해로 나가는 전략을 추진하고 있다. 러시아 역시 나진항과 협력을 통해 사할린과 시베리아에서 생산된 에너지 자원 수출, 시베리아횡단철도와 아시아·태평양 지역과 육해복합운송로 활성화를 추진하고 있다. 이처럼 북중러 3국은 지리적 근접성과 경제적 보완성 등으로 각종 경제협력 사업을 추진할 필요충분조건을 갖추고 있다. 북중러 협력사업을 시기별로 살펴보면 다음과 같다.

북한과 중국은 2005년 3월 나진~원정 간 도로확포장 공사 MOU 체결, 7월 나선국제물류합영회사 설립 등 실질적 경제협력 사업을 추진하기 시작했다. 이처럼 두만강 지역에 새로운 북중 경제협력의 분위가 불어옴에 따라 그동안 GTI 참여에 미온적인 태도를 보여왔던 북한은 2009년 11월 유엔 안보리 대북제재와 두만강지역개발계획의

성과가 없음을 이유로 GTI에서 탈퇴하고, 중국기업 등 외국기업 유치를 위한 나선 경제특구 투자환경 개선에 나섰다. 2010년 나선을 개성, 평양에 이어 세 번째 특별시로 승격시키고 북한 유일의 무사증 입국지역으로 지정하였으며, 외국인투자법, 합영법, 합작법, 외국투자기업 및 외국인세법 등 관련법을 개정했다.

2011년 6월 1일 북한과 중국은 초국경 협력사업인 '나선경제무역지대 북중 공동개발·관리 착공식'을 나선시에서 개최하고, '북중 나선경제무역지대(2011~2020년)계획'에 서명했다. 이 계획에 따르면 북중 나선경제무역지대의 총면적은 470㎢로 기반시설, 산업단지, 물류네트워크, 관광협력 및 개발과 건설에 중점을 두고 원자재산업, 장비산업, 첨단기술, 경공업, 서비스업, 현대고효율농업 등 6대 산업을 발전시켜, 북한의 선진 제조업 기지와 동북아 지역 국제물류중심, 지역관광중심으로 개발을 통해 북한의 선전(深圳)으로 발전시키고자 한다.[79]

2011년 6월 9일 나선경제무역지대 북중 공동개발 및 공동관리 프로젝트 착공식 개최(환구망)

중국은 북중 나선경제무역지대 착공식 이후 나진항 1호 부두를 300만톤의 화

79 https://www.time-weekly.com/wap-article/18539,中朝联手开发边境经贸区

물 처리능력을 갖춘 시설로 개보수를 완료했으며, 훈춘~나진 간 국제여객버스 개통, 나선시 공무원 중국 연수프로그램을 운영하였다. 투자협력에 있어서는 지린성 최대기업인 야타이(亚泰)그룹과 나선시는 '나선건축자재공단'설립에 합의했으며, 중국 베이징의 국유기업 상디관췬투자유한공사(商地冠群投資有限公司)는 20억 달러 대북 투자계획을 밝히는 등 나선경제무역지대가 중국기업들의 새로운 투자처로 관심을 받았다. 또한 나선경제무역지대의 효율적인 개발과 관리를 위해 2012년 10월 나선경제무역지대 '북중 공동관리위원회'를 건립함으로써 두만강지역개발계획 추진 20여 년 만에 UNDP가 구상한 공동개발 및 공동관리 방식의 초국경 협력사업이 실행되었다.

이처럼 북한은 외국기업 투자유치를 위해 투자환경을 개선하였으며, 중국은 동북 3성과 연접해 있는 나진항을 이용해 동북지역의 상품 수출입과 남방지역 화물운송의 원활화를 위해 북한과 나진항 1호 부두 합작개발, 나선경제무역지대 북중 공동개발 및 공동관리 방식에 의한 개발사업을 추진하고 있을 뿐만 아니라 나선을 동북아 최대공업단지로 건설할 계획이다. 북한의 투자환경 개선과 북중 간 긴밀한 경제협력 관계는 중국 민영기업들의 나선경제무역지대 투자를 촉진시켰다. 중국 민영기업들은 나선시와 협력하여 나진항 부두 개발사업은 물론 보세구 설립, 산업단지 개발, 관광오락시설 개발 등 전방위적인 경제협력 사업추진을 통하여 일정한 성과를 얻고 있다. 최근에는 코로나19, 북핵 등의 문제로 북중 경제협력이 소강 상태를 보이고 있으나 포스트 코로나 시대에는 북한과 중국 간 경제협력 사업이 활기를 띨 전망이다.(표23)

표 23 북중 경제협력 현황

연도	주요 협력사업	비고
2005년 3월	· 북중, 나진항 개발 합의(나진~원정 간 도로건설 MOU 체결)	
2005년 7월	· 북중 나선 국제물류합영회사 설립계약 체결 · 나진항 3호 · 4호 부두 50년 경영권, 취안허~나진도로 50년 사용 · 나진항 부근 5~10㎢ 지역에 공업구 및 보세구 건립	

연도	주요 협력사업	비고
2008년 6월	· 투먼~청진~창산자오(長三角) 내륙무역철도운수협정 체결	
2009년 11월	· 중국, 나진항 1호 부두 개발권 획득, 1호 정박지 보수 완료	
2010년 1월	· 나선, 특별시 승격	
2010년 3월	· 북한 원정리~취안허 두만강 다리 보수공사 착공	
2010년 4월	· 중국 단체관광객 북한 관광 허용	
2010년 5월	· 훈춘~나진~상하이 해운항로 개설 승인	
2010년 12월	· 상디관췬투자유한공사 나선경제특구와 20억 달러 투자 MOU체결	
2011년 6월	· 나선경제무역지대 북중 공동개발·관리 착공	
2012년 10월	· 북한 원정리~나진도로 50.3km 확포장 개통 · 나선경제무역지대 북중 공동관리위원회 설립	북중합작 중방: 지린성
2012년 11월	· 훈춘~나진 국제여객버스 정식 운행(1일 왕복 1회, 4시간 소요)	
2014년 4월	· 두만강삼각주국제관광합작구 사업 승인	
2015년 12월	· 두만강삼각주국제관광합작구 북한 지역 16.5㎢ 설정	
2016년 10월	· 취안허(圈河)~원정 국경대교 신축(기존교량 1938년 건립 노후)	나진과 연결
2017년 2월	· 훈춘~나진~닝보(宁波) 컨테이너선 개통	

자료: https://www.baidu.com 및 http://www.hunchun.gov.cn 참고, 저자정리

　　북한과 러시아는 나진항 3호 부두 50년 사용, 나진~하산 철도 등 교통·물류, 관광협력에 중점을 두고 있다. 이처럼 북중러 3국은 교통·물류, 무역·투자, 초국경경제합작구 건립, 국제관광합작구 개발 등 경제협력 사업을 발굴하여 추진하고 있으나 북한의 핵개발에 따른 유엔 안보리 대북제재로 경제협력 사업이 중단됨에 따라 대북제재 예외사업을 발굴하는 등 새로운 경제협력의 돌파구를 모색하고 있다.

　　북한이 2009년 11월 GTI 탈퇴 후 중국·러시아와 나선경제무역지대를 중심으로 긴밀한 경제협력을 통해 일정한 성과를 거두고 있는 것은 GTI 지역 간 경제협력의 가능성을 보여 주는 것이라 볼 수 있으나 GTI가 제 역할을 하지 못할 경우 북중러 3각 경제협력이 공고화됨으로써 한국의 북방진출에 어려움이 생길 수도 있다.[80]

---

80 2015년 11월 기준 나선경제무역지대에는 합작기업 4개, 합영기업 30개, 외국인독자기업 103개, 외국기업 대표사무소 13개 등 총 150개의 외국투자기업이 있다.투자국은 중국, 러시아, 미국, 이탈리아, 태국, 호주, 일본 등이다. https://zhuanlan.zhihu.com/p/ 72621242 (검색일 : 2022 .4. 5.)

북한 나진항에서 러시아 국경 도시 하산을 잇는 철도 54km가 5년간의 개 · 보수공사를 거쳐 2013년 9월 22일 다시 개통됐다. 나진항 현대화 사업을 포함한 90억루블(약 3,000억 원)은 모두 러시아가 부담한 것으로 전해졌다. 이 철도는 러시아산 석탄을 수출하고 한국과 다른 아시아 국가로부터 상품을 들여올 것으로 알려졌다. 환구망((https://world.huanqiu.com/gallery/9CaKrnQgXyq)

라. 러시아

1) 두만강지역개발계획 참여

미 · 소 냉전체제가 종식된 이후 동북아의 긴장이 완화됨에 따라 인접 국가 간 경제교류협력이 활성화되었다. 소련 붕괴 이후 전환기 러시아의 극동지역은 지리적으로 중앙정부로부터 원거리에 있어 중앙정부 및 다른 지역으로부터의 상품공급이 원활하지 못하였으며, 높은 운송료가 부과되면서 물가 수준이 러시아 전체의 중상위권을 유지하였다. 또한 극동지역은 모스크바에서 멀리 떨어진 곳에 있어 서유럽과의 교역관계가 원활하지 못하였다. 따라서 극동지역은 이웃 국가인 동북아 국가들과 새로운 협력관계를 모색하지 않으면 안 되었다.

러시아의 동북아에 대한 관심은 고르바초프의 등장과 함께 시작되었다고 볼 수 있다. 1986년 7월 고르바초프는 '블라디보스토크선언'에서 소련을 아시아 · 태평양 국가임을 주장하고, 소련을 아시아 국가로 편입시키면서 중국과의 관계 개선 및 아시아 · 태평양으로의 진출을 본격화하겠다고 천명하였다. 그리고 1987년 고르바초프는 러시아 '동방정책'의 효시라 할 수 있는 2000년까지 극동 · 자바이칼지역 사회경제발전 연방프로그램을 발표했다. 주요내용은 극동지역 인구 안정화, 아시아 · 태평양 국가와 대외 경제협력 발전, 극동지역 교통 · 에너지 문제 해결 등 3대 핵심과제를 담고 있다.

1988년 9월 고르바초프는 연해주 '크라스노야르스크 연설'에서 극동지역에 위치한 기업 · 조직들의 대외 접촉 권한을 강화하였으며, 극동지역의 대외경제 관계 활성화의 특혜조건을 보다 구체화했다. 고르바초프의 두 차례에 걸친 연해주 고찰을 계기로 블라디보스토크를 비롯한 연해 국경지역을 개방하기 시작했다. 1990년 7월 나홋카자유경제지대를 승인함으로써 중국의 훈춘경제특구, 북한의 나선경제특구와 경쟁체제를 갖추었다.

이후 러시아는 1992년 옐친이 등장하면서 대블라디보스토크계획을 수립하여 군항이었던 블라디보스토크를 개항하는 등 극동지역의 획기적인 개방과 장기전략을 발표하였다. 또한 1994년 러시아는 블라디보스토크항, 바스토치니항, 나홋카항 등을 점차적으로 개방함으로써 극동지역을 러시아 본토로 통하는 관문으로 개발하는 한편, 동북아 관광 중심지, 무역 중심지로 육성시켜 나가려 하였다.

러시아는 대블라디보스토크계획을 추진하면서 UNDP가 제안한 두만강지역개발계획 소삼각(포시에트~훈춘~나진) 중심의 공동경제특구개발에 반대 입장을 분명히 하였다. 러시아 소삼각 중심 도시인 하산(자루비노항, 포시에트항)은 전체 인구가 4만여 명에 불과할 뿐만 아니라 배후지역과 연계성이 낮고, 블라디보스토크와 원거리에 있으므로 개발의 실익이 크지 않았기 때문이다. 러시아는 소삼각 대신 시베리아횡단철도(TSR)와 한반도종단철도(TKR) 연결 등으로 육해복합운송이 가능한 블라디보스토크, 보스토치니, 나홋카 중심의 두만강지역개발계획 수립을 주장하고 이를 관철시켰다.[81]

러시아는 두만강지역개발계획을 통해 나홋카자유경제지대를 발전시키고자 하였다. 나홋카자유경제지대는 해운과 철도를 복합적으로 이용할 수 있는 자유무역항, 외국인들을 위한 관광지, 수출가공센터로 육성해 나가는 것이다. 초기에 한국, 일본기업들의 관심이 집중됨에 따라 외국투자기업이 500여 개에 달했으나 1997년 아시아 금융위기로 외국인 투자가 감소세로 전환된 이후에 회복되지 않고 있다.

한국은 1992년 11월 한러 정상회담에서 연해주 나홋카자유경제지대 내에 공단을 조성키로 합의하고 약 100만 평 규모의 한러공단 조성을 추진했다. 한러공단은 러시아 극동지역의 최대 컨테이너 물류처리항인 보스토치니항과 나홋카항이 있으며, 러시아 전역과 유럽으로 연결되는 시베리아횡단철도(TSR)에 근접해 있어 화물의 수출입이 용이하고 향후 러시아 및 유럽 진출을 위한 교두보로서의 역할로 큰

---

81 러시아는 1991년 10월 UNDP가 주관한 두만강지역개발 회의에 옵서버로 참가하였다. 이 회의에서는 남북, 중국, 몽골 4개국이 두만강개발사업 참여를 결정하였다. 러시아는 1992년 제2차 PMC회의부터 공식적으로 참여하였다.

기대를 모았으나, 1999년 한국 정부 관계관회의에서 나홋카 공단을 당초 계획의 20분의 1수준으로 대폭 축소하고 개발착수 시점도 6년간 유보함으로써 이 사업은 사실상 무산되었다.

1996년 옐친 역시 극동·시베리아 개발, 역내 안보·안정유지 관련 다자간 협의 참여, 경제 글로벌화 촉진 등을 위해 '동방정책'이라 불리우는 '1996-2005년 극동·자바이칼지역 사회경제발전 연방프로그램'을 입안했지만 정치적 불안정과 재원부족으로 프로그램은 거의 작동되지 못했다.

2) 새롭게 주목받는 극동

극동의 행정구역 명칭은 극동관구(이하 '극동지역')이다.[82] 극동지역은 러시아연방을 구성하는 총 8개의 연방관구 중 하나로, 지리적으로는 극동과 동시베리아 영토를 점유하고 행정구역상으로는 85개 연방주체 중 11개 연방주체를 관할 한다.[83] 면적은 러시아 전체 면적의 41%(695만㎢, 한반도의 32배)를 차지하나, 인구는 러시아 전체 인구의 5.56%(812만 명)에 불과하다.

극동지역(일부 동시베리아 포함)은 풍부한 자원을 가지고 있다. 러시아 석유 매장량(1,032억 배럴)의 약 13%(141억 배럴), 천연가스 매장량(33조㎥)의 약 31%(10.2조㎥)가 있다. 그러나 풍부한 매장량에도 불구하고 인프라 미비로 동 지역의 석유·가스 등 에너지·자원 개발율은 10% 수준에 불과하다. 광물자원(확인매장량 기준)은 철광석(120억 톤), 망간(1,500만 톤), 주석(200만 톤), 텅스텐(40만 톤), 납(180만 톤), 아연(250만 톤), 구리(80만 톤), 형석(1,670만 톤), 금(2,000톤), 은(3만 8,000톤), 수은(3만 1,000톤), 붕소(350만 톤), 티타늄(1,030만 톤), 안티몬(25만 4,000톤), 백금(47톤) 등이다. 이 밖에 수산자원(러시아전체의 2/3), 산림자원(러시아 전체의 1/4), 수자원, 천연 관광자원 등이 풍부하다.

---

82 외교부, 2021러시아 극동연방관구 개황 참고
83 연해주, 하바롭스크주, 사할린주, 캄차트카주, 아무르주, 마가단주, 유대인자치주, 추코트카자치구, 사하(야쿠티야)공화국, 부랴티야공화국, 자바이칼지방 등 11개

시베리아 지구   극동 지구

추코트카자치구
(5만 명)

캄차트카지방
(46만 명)

마가단주
(16만 명)

사하공화국
(95만 명)

크라스노야르스크
지방
(289만 명)

아쿠츠크

하바롭스크지방
(140만 명)

옴스크주
(201만 명)

사할린주
(51만 명)

유즈노사할린스크

톰스크주
(104만 명)

크라스노야르스크

타이셰트

이르쿠츠크주
(250만 명)

아무르주
(86만 명)

하바롭스크

코르사코프

연해주
(198만 명)

알타이지방
(249만 명)

이르쿠츠크

투바공화국
(31만 명)

유대인자치주
(18만 명)

나호트카

블라디보스톡

노보시비르스크주
(264만 명)

알타이공화국
(21만 명)

부랴티야공화국
(96만 명)

자바이칼지방
(111만 명)

자루비노

케메로보주
(287만 명)

하카시아공화국
(53만 명)

극동·시베리아 관구 지도(외교부)

극동지역은 러시아와 유럽을 잇는 전략적 위치에 있다. 육지로는 한반도·중국·몽골과 접경, 바다를 통해서는 한국·일본·동남아·미국·캐나다 등 아시아·태평양 국가들과 연결되며, 철도·항만 등 대규모 운송망을 이용해 아시아·태평양 지역과 유럽을 연결하는 물류의 요충지이며, 최근에는 북극항로, 북극권 자원 개발의 거점으로 부상하고 있다.(표24)

표 24 주요 인프라망

주요 인프라망	교통·물류 및 송유관 시설
시베리아횡단철도 (TSR)	· 모스크바~블라디보스토크 9,288km · 북한, 중국, 몽골 등과 연계되며, 서부쪽으로 유럽과 중앙아시아 통과 · 기본노선: 블라디보스토크/보스토치니/나홋카/~하바롭스크~울란우데~노보시비르스크 ~예카테린부르크~니즈니노브고로드~모스크바 · 전 구간 100% 전철화 및 복선화 · 부산~모스크바 간 화물 운송 TSR 17~20일, 해운 40일 소요

주요 인프라망	교통·물류 및 송유관 시설
바이칼아무르철도 (BAM)	· 타이셰트(이르쿠츠크주)를 기점으로 TSR에서 분기된 노선 · 기본노선: 타이셰트~브라츠크~우스티쿠트~틴다~콤소몰스크나아무레~소비에트 가반 (하바롭스크 항구), 4,324km
송유관	· 동시베리아~태평양 송유관(ESPO, 4,740km) · 사할린~하바롭스크~블라디보스토크 가스관 및 이르쿠츠크~사하공화국~하바롭스크 가스관(시베리아의 힘, 건설 중)
극동 5대 항만	· 보스토치니, 나훗카, 블라디보스토크, 바니노, 자루비노
국제운송회랑	· 프리모예-1: 초이발산~숨베르~아얼산~만저우리~치치하얼~하얼빈~무단장~쑤이펀허 ~블라디보스토크~나훗카 · 프리모예-2: 초이발산~숨베르~아얼산~울란하오터~창춘~옌지~훈춘~자루비노

자료: 외교부, 2021 극동연방관구개황 , 동북아 · 북한교통물류웹진 Vol.9 참고, 저자정리

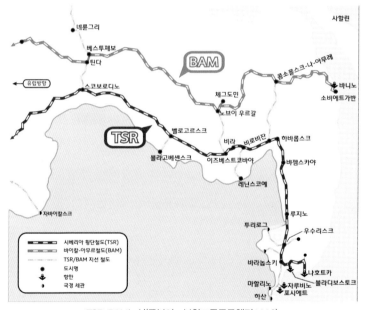

TSR, BAM노선(동북아 · 북한교통물류웹진 Vol.9)

극동지역의 인구 고령화와 노동 가능 인구 감소 현상은 지역의 사회 · 경제적 발전에 부담으로 작용하고 있다. 최근 러시아는 극동개발 정책의 일환으로 다양한 인구정책을 펼치고 있으나 순이민 감소 현상에 따른 지역 인구 감소 현상이 지속되고 있다.

또한 극동지역은 풍부한 천연자원, 유리한 지리적 입지조건 등 성장 잠재력을 보유하였으나 △인구감소로 인한 협소한 소비시장 △열악한 사회 인프라 환경 △제

조업 미발달 등은 지속적 경제성장 및 국내외 투자유치에 부정적으로 작용하고 있다. 극동지역의 GDP는 러시아 GDP의 6.1% 수준으로 열악한 경제상황에 처해있으므로 이를 극복하기 위해 국가 차원에서 극동지역 개발에 나서고 있다.

3) 신동방정책

러시아의 '신동방정책'은 1990년대 중반 '동방정책'이라는 이름으로 극동·시베리아 개발, 역내 안보·안정유지 관련 다자간 협의 참여, 경제 글로벌화 촉진 등을 위해 시작되어, 2012년 푸틴 집권 3기 들어 극동지역의 균형발전과 에너지 자원의 동북아 수출 확대 등을 포함해 '신동방정책'이라는 이름으로 본격화되고 있다.[84]

'푸틴 집권기(2000~)'의 극동개발 정책은 몇 차례 중대한 변화를 겪었다. 시기별로 구분해 본다면, 집권1기와 집권2기 그리고 집권3기 이후 대내외 환경과 관련하여 극동정책의 변화가 나타났다.[85]

푸틴 집권1기(2000~2007) 극동정책은 고르바초프(1987년)와 옐친(1996년)의 국가프로그램을 계승 발전시킨 극동개발 국가프로그램을 2007년까지 추진하였지만 눈에 띄는 성과를 도출하지 못했다. 2000년대 후반부터 푸틴 대통령은 극동개발의 시급성을 인식하고 2007년 11월 푸틴 대통령 집권2기(2008~2011) 극동정책인 '2013년까지의 극동·자바이칼지역 사회경제발전 연방프로그램'을 승인했다. 푸틴 집권2기부터 중국 및 북한과 전략적인 협력관계가 추진되기 시작했다.

【중국, 북한과 전략적 협력】

『중국과 러시아는 매년 정기 총리회담을 통해 경제무역, 투자, 에너지, 교통·물류, 지방, 인문협력 등 전면적 교류협력을 추진해오고 있다. 중국 동북과 러시아 극동 및 시베리아 지역 간 협력은 2009년부터 본격적으로 추진되었다. 2009년

---

84 강명구, 2019, 신북방정책과 신동방정책을 통한 한러 협력 연구, 산은조사월보 제765호. p.1~2.
85 박정호 등, 2019, 푸틴과 러시아 극동개발 20년: 한-러 극동 협력 심화를 위한 新방향 모색, KIEP. p.17~28.

10월 중국 동북진흥계획과 러시아 극동전략을 연계한 중국 동북지역과 러시아 극동 및 동시베리아지역 합작계획요강(2009~2018)《中国东北地区与俄罗斯远东及东西伯利亚地区合作规划纲要(2009~2018)》에 서명하였다.

시진핑 주석은 2018년 9월 12일 블라디보스토크에서 열린 제4회 동방경제포럼에서 중국 동북지역과 러시아 극동지역 간 협력의 우세를 다음과 같이 강조했다.[86] 첫째, 중러는 이웃 국가이며 협력의 지리적 여건이 뛰어나다. 둘째, 중러는 역사상 가장 좋은 시기이며 전면적 전략적 협력동반자로서 협력기반이 견실하다. 셋째, 중국은 지역조화 발전전략을 실시하며 동북진흥계획 추진에 속도를 내고 있다. 러시아 역시 극동지역 발전을 국가전략으로 추진한다. 넷째, 양국은 협력사업의 촉진을 위해 '중국 동북지역과 러시아 극동 및 바이칼지역 정부 간 협력위원회', '중국 동북지역과 러시아 극동 및 바이칼지역 실업이사회', 중러 지방정부 고위급 대화회'를 창설하는 등 협력 메커니즘이 효율적으로 구축되어 있다. 동방경제포럼이 끝나고 같은 해 11월 중러 러시아극동지역 합작발전계획(2018~2024)《中俄在俄罗斯远东地区合作发展规划(2018~2024年)》을 체결하였다.

중국 후춘화 · 러시아 트루트네프 부총리는 2018년 8월 21일 중국 다롄에서 열린 '중국 동북지역과 러시아 극동 및 바이칼 지역 정부 간 협력위원회' 제2차 회의를 주재했다. (国际在线)

---

86 https://baijiahao.baidu.com/s?id=1611410148897960666&wfr=spider&for=pc

2021년 11월 화상으로 개최된 제26회 '중러총리 정기회담'에서 양국은 경제, 무역·투자, 에너지, 과학기술, 인문, 지방 등 각 분야에서 성과를 거두고 있다고 평가하고 투자협력, 인문협력, 중국 동북지역 및 러시아 극동바이칼 지방정부협력위원회 문건에 서명했다. 향후 농업, 디지털 기술, 공업, 에너지, 우주기술, 세관, 교통, 환경, 두만강지역개발 등의 분야에서 협력을 강화해 나갈것으로 전망되고 있다.

러시아와 북한은 2008년 4월 20일 하산~나진 철도 54km 현대화 개보수공사에 합의하고 2013년 9월 22일 준공식을 개최했으며, 2014년 7월 18일 러시아가 사용권을 보유하고 있는 나진항 3호 부두 현대화 사업을 준공했다. 3호 부두에는 한 번에 최대 60만 톤 석탄을 야적할 수 있고 연간 화물 처리능력은 100만 톤에서 400만 톤으로 증가했다. 러시아는 나진항을 거점으로 동북아와 유럽을 잇는 육해복합운송로가 완성됨에 따라 2014년 11월부터 2015년 12월까지 시베리아산 유연탄을 TSR철도를 통해 나진항으로 운송한 뒤 중국 화물선을 통해 한국으로 운송하는 시범사업을 세 차례 실시하였으며, 2017년 3호 부두의 석탄 수송량은 250만 톤을 넘었다. 러시아의 나진항 3호 부두를 통한 중계화물 수송은 유엔 안보리의 대북제재 항목에서 제외되었지만, 미국, 일본 등의 제재로 나진항을 제대로 활용하지 못하고 있다. 양국 협력은 유엔의 대북제재로 소강상태를 보이고 있지만 2014년부터 2015년까지 전력, 광물자원, 철강, 수송망, 무역·투자, 농업 등 협력사업을 바탕으로 유엔 안보리 제재가 완화되면 양국 간 실질적 협력이 강화될 것이다.』

러시아 신동방정책은 푸틴 집권 제3기(2012~2017)부터 본격적으로 추진하기 시작했다. 러시아는 자원과 물류 잠재력이 높은 극동·바이칼지역을 새로운 성장 공간의 모멘텀으로 간주하고 있다. 극동·바이칼지역 사회경제발전 프로그램은 푸틴의 신동방정책의 핵심과제로서, 에너지·자원 수출의 유럽 의존도를 줄일 뿐만 아니라 아시아·태평양지역, 특히 APEC과의 경제협력 그리고 북극권을 포함한 동(同) 지역의 에너지·자원·물류·농업개발을 가속화하여 정체된 극동·바이칼지역의 성장 잠재력을 고양시키고 동(同) 지역 주민의 안정된 삶의 질을 향상함으로써 인구학적 위기를 극복하는 데 그 목적이 있다.

2012년 5월 푸틴은 대통령으로 취임하면서 '극동개발부'를 신설하고 동(同) 프로그램의 실현과 이 지역 발전을 주요한 국정과제로 채택했으며, 같은 해 9월에 개최된 블라디보스토크 APEC 정상회담에서 극동·바이칼지역을 식량·자원·에너지·물류 허브로 선정하고 아태지역과의 경제협력 강화를 선언했다. 그 후속 조치로서 2013년 3월에 '2025년 극동·바이칼지역 사회경제발전 프로그램'을 채택했다. 이 정책은 지역균형발전과 아시아·태평양지역으로의 외교 및 경제 지평 확대에 주된 목표를 두었다. 전자의 경우는 낙후된 극동지역 개발을 통해 주민들의 삶의 질을 개선하고 인구 유출을 방지하려는 정책적 취지를 갖고 있었다. 후자의 경우는 부상하는 동북아 국가들(특히 중국, 한국, 일본)과의 경제협력 증진을 바탕으로 새로운 경제성장 동력 확보에 강조점을 둔 것이었다.

'2025년 극동·바이칼지역 사회경제발전 프로그램' 목표는 △지역 내의 경제발전 △거주 환경개선 △러시아 평균 수준의 사회·경제발전 달성을 통한 극동·바이칼지역 정주인구의 안정화이다. 목표 달성을 위한 구체적인 과제로서 지역 내 각 연방 주체들의 △천연자원, 산업기반, 인적·학문적 잠재력을 기반으로 경제적 특화를 위한 여건 마련 △지역 내 선도적인 경제성장 지역과 생활환경 조성을 통한 인구정착 시스템 구축 △특수조건을 기반으로 한 가격, 요금, 관세, 조세, 예산정책의 법적기반 마련으로 지역 내 생산품과 서비스의 경쟁력 강화 등이 포함되었다. 러시아는 2025년까지 전략수행 시기를 3단계로 구분하고 각 단계별로 주요추진 목표를 제시했다.(표 25)

표 25 단계별 추진목표

단계별	추진목표
1단계(2009-2015년)	· 러시아 평균 투자성장률 상회 · 에너지 · 자원절감 기술도입 · 고용률 소폭 증대 등
2단계(2016-2020년)	· 기존 인프라 문제해결을 위한 대규모 에너지 프로젝트 시행 · 교통 잠재력 확대, 여객 · 화물 운송 확장, 차량 · 철도 · 항공 · 항구 등 주요 운송 네트워크 완성 · 원자재 가공품 수출 비중 확대
3단계(2021-2025년)	· 극동 · 바이칼지역의 세계경제 편입을 위한 사회 · 경제적 발전 · 혁신경제발전, 첨단기술 · 지식경제 · 에너지 · 교통 분야에서 극동 · 바이칼지역의 경쟁력을 강화시킬 수 있는 국제분업 참여 · 대형 에너지 · 교통운송 프로젝트 완료 등

자료: KOTRA, 2017, 러시아 극동지역 개발현황과 한국의 협력 방안. p.21.

러시아는 2014년 우크라이나 사태로 서방의 제재를 받음에 따라 아시아 · 태평양 진출전략을 더욱 강력하게 추진하고 있다. 2015년 극동지역에 산업별로 특화된 선도개발구역(2021년 7월 현재 23개)과 블라디보스토크 자유항(2021년 7월 현재 연해주16개 등 40여 개)을 개발하면서 소득세 감면 등 조세 혜택과 법인등록 절차 간소화 등 각종 우대정책을 부여하고 있다.

2015년부터 극동지역 개발을 위해 매년 9월 블라디보스토크에서 개최하는 '동방경제포럼'은 동북아 정상들이 모이는 중요한 외교무대로 정착했다. 포럼에 참석한 동북아 정상들의 발언은 동북아 국가 간 협력에 지대한 영향을 미치고 있다. 한국 문재인 대통령은 2017년 포럼에서 신북방정책 비전선언 및 9개 다리 전략을 발표함으로써 러시아와 한국 간 새로운 경제협력의 토대를 마련하였다. 중국 시진핑 주석은 2018년 포럼에서 '일대일로와 연계한 동북아 경제협력'을 제안함으로써 동남아 중심의 일대일로 사업을 동북아와 연계하여 추진하겠다는 의지를 밝혔다. 일본 아베 총리는 행사의 중요성을 인식하여 재임 중 매년 포럼에 참석하여 푸틴을 비롯한 정상급 대표들과 회담을 갖는 등 러시아 시장개척은 물론 일본의 현안문제를 해결하는 기회로 삼았다. 2019년 9월 4일부터 개최된 제5차 동방경제포럼에는

65개국, 440개 기업, 8,500명이 참가했다. 주요 국가는 일본 588명, 중국 395명, 한국 285명, 인도 204명, 몽골 69명, 미국 65명, 싱가포르 58명, 베트남 55명, 영국 49명, 말레이시아에서 48명이 참석한 것으로 러시아 정부는 집계하였다. 포럼의 성과는 270건의 비즈니스 계약이 체결되었고 금액은 3조 4,000억 루블(약 540억 달러)이다. 2015년 첫 포럼부터 금년까지 총 1,001건의 비즈니스 계약이 체결되었고, 금액으로는 12조 2,400억 루블(약 1,942억 달러)에 이르는 등 포럼이 날로 발전하고 있다.[87]

푸틴은 집권 제4기(2018~2024)에 들어서 신동방정책의 가시적인 성과를 창출하기 위해 2018년 11월 시베리아 연방관구 소속 2개 연방주체(부랴티야 공화국과 자바이칼지방)의 극동연방관구 편입, 2018년 12월 연방관구 행정수도를 하바롭스크에서 블라디보스토크로 이전, 2019년 2월 극동개발부를 극동북극개발부로 재편하는 등 극동지역의 관문인 연해주를 아시아·태평양 경제 성장점으로 발전시키는 전략을 강력하게 추진하고 있다.

향후 러시아의 대외전략에서 주목해야 할 것은 '대(大)유라시아 동반자 관계'이다. 2016년 6월 상트페테르부르크 국제경제포럼 총회에서 푸틴 대통령은 연설을 통해 유라시아경제연합(EAEU), 중국, 인도, 독립국가연합(CIS) 각국과 다른 국가 및 지역조직이 참여하는 아시아와 유럽을 잇는 '대(大)유라시아동반자 관계'를 구축하고 유연한 일체화 구조의 틀 안에서 협력을 확대할 것을 제안했다.[88] 이것은 유라시아경제연합(EAEU)을 주축으로 상하이협력기구(SCO)와 연계협력을 통하여 북방경제공동체를 건설하고 외연을 동남아국가연합(ASEAN)까지 넓히겠다는 것이다. 러시아의 이러한 구상에 대하여 중국과 인도는 이미 동의하였으므로 러시아와 우크라이나 전쟁 종식 이후 러시아의 동진 전략이 가속화될 것이다.

---

87 https://dream.kotra.or.kr/kotranews/cms/news/actionKotraBoardDetail.do? SITE_NO=3&MENU_ID=130&CONTENTS_NO=1&bbsGbn=246&bbsSn=246&pNttSn=178145(검색일: 2022. 5. 11.)
88 李勇, 2017, 大欧亚伙伴关系框架下俄罗斯与东盟关系:寻求区域一体化合作, 俄罗斯学刊第7卷总第38期,

마. 몽골

세계 10대 자원 부국이며 내륙국가로써 주요 교통수단은 철도이다. 몽골의 수출 입화물은 전부 철도로 운송하며 75%의 국내 화물운송과 30%의 여객운송도 철도를 이용한다. 몽골의 유일한 동북아로 향하는 대외통로는 중국 톈진(天津) 신항이나, 철 도 운송량이 과도하고 화물 체화 현상이 자주 발생하는 등 불안정한 노선이다.

몽골의 두만강지역개발계획 참여목적은 외자유치와 해상항구 접근권 확보이 다. 오래전부터 몽골은 동부 초이발산~중국 네이멍구 아얼산 철도 신설을 통해 중 국 창춘과 훈춘을 거쳐 러시아 항구를 통해 풍부한 자원을 한국, 일본으로 수출하 는 구상을 했다. UNDP는 두만강지역개발계획을 추진하면서 UNDP의 핵심사업 으로 이 철도 건설에 대한 가능성연구를 실시하는 등 관심을 갖고 있었으나 재원조 달 문제 등으로 큰 진전을 보지 못했다.

2016년부터 중몽러경제회랑 건설이 시작되면서 두만강교통회랑(프리 모리예-2)과 프리모리예-1 철도 교통회랑 건설에 대한 프로젝트 타당성 검토가 진행되고 있다.

두만강교통회랑은 GTI에서 관심을 갖고 있는 프로젝트로서 몽골 초이발산에서 네이멍구 아얼산까지 철도 443km를 신설하는 사업이다. 이 철도가 신설되면 네 이멍구 울란하오터, 지린성 창춘~옌지~훈춘을 거쳐 자루비노항을 통해 한국, 일 본으로 갈 수 있다. 이 노선은 훈춘에서 시베리아횡단철도를 이용해 가는 대륙철도 보다 1,500km를 단축할 수 있다. 프리모예-2는 네이멍구 아얼산에서 만저우리 를 거쳐 헤이룽장성 치치하얼~하얼빈~무단장~쑤이펀허~블라디보스토크~나홋 카항으로 가는 노선이다. 초이발산~아얼산 철도 신설은 중국 중앙정부뿐만 아니라 네이멍구, 지린성 등 지방정부에서도 지역발전 전략으로 추진하고 있으므로 머지 않은 장래에 철도 신설 프로젝트가 구체화 될 것으로 전망된다.

또한 몽골은 GTI 지역과 협력을 통해서 지역발전 전략을 추진하고 있다. 현재 GTI 참여지역은 초이발산이 있는 도르노드 아이막 등 동부 3개 지역이다. 이들 지방정부는 동북아 지방정부와 양자 교류 또는 동북아지역자치단체연합 및 동북아 지방정부 지사성장회의 등 다자회의체 참여를 통해 투자유치, 무역 확대를 추진하고 있으나 내륙지역이라는 지리적 불리함, 교통·물류 인프라 낙후 등으로 큰 진전이 없는 상태이다.

최근에는 중몽러경제회랑의 국경지역인 몽골 동부지역과 중국 네이멍구를 중심으로 교통 인프라 개선, 경제특구 건설, 무역, 투자, 관광 분야의 협력이 활발히 이루어지고 있다.

중몽러경제회랑 출범 직후인 2016년 8월 12일 중국 네이멍구 3개 시와 몽골 동부 3개 아이막(道)이 협력회의를 개최하였다.(内蒙古新闻网)

바. 일본

일본은 1992년에 창설한 두만강지역개발 계획관리위원회 (PMC)에 옵서버로 참가하는 등 관심을 보였으나, 자체 시장조사 결과 두만강 지역의 인프라 미비, 개발계획의 비현실성 등으로 시장성이 크게 떨어짐으로 인하여 참여하지 않았다.

1996년부터 TRADP가 본격적으로 추진됨에 따라 UNDP와 회원국들은 공식적으로 일본의 참여를 여러 차례 요청하였으나 북한과 미수교 등의 원인으로 참여를 하지 않았다. 이러한 일본의 불참으로 두만강지역개발은 투자유치나 자본조달 측면에서 활성화되지 못해, 개발이 부진하였다고 할 수 있다.

그러나 일본 서해안 지방정부나 경제단체는 두만강지역개발권(환동해경제권))[89] 과 경제협력에 적극적이다.[90] 이러한 배경에는 1968년부터 일본 학자들과 경제단체에서 제창한 환일본해(동해)경제권에 대한 연구가 축적되었기 때문에 가능했다. 1993년 10월 1일 서해안 지역의 교통·물류 도시인 니가타현의 주도로 인접한 지방정부와 민간기업이 출자하여 동북아경제연구원(ERINA)을 설립했다. 이 연구원은 동북아 지역 간 경제협력 증진을 위해 △민간기업 활동 △동북아 경제연구 △동북아 세미나 및 심포지엄 개최 △동북아 교류연구 △비즈니스 교류촉진 관련 연구 결과 발표, 정보수집 및 보급을 통해 지방정부와 민간기업의 동북아 지역 간 경제협력을 지원하는 지원시스템을 갖추었다. 또한 이 지역은 한국 동해안, 러시아 극동, 중국 동북 3성, 북한 등 5개 나라와 지역을 포함하여 환동해(일본해)경제권 용어를 공유하는 등 지역적 공감대도 형성되어 있다.

1990년대 들어 동북아 지역에 개방의 바람이 불면서 동북아 지방 간 교류협력의 불씨를 당긴 것은 일본 서해안 지방정부이다. 1993년 10월, 일본 시마네현과 일본해(동해)연안지대진흥연맹 주관으로 니가타현·도야마현·돗토리현·효고현,

---

89 두만강지역개발권은 중국에서는 광의로 동북아경제권, 일본은 환일본해, 한국은 환동해권이라 부르고 있다.
90 서해안 1개 도(道), 1개 부(府), 12개의 현(縣): 북해도, 교토부, 아오모리현, 아키타현, 야마가타현, 니가타현, 도야마현, 이시카와현, 후쿠이현, 돗토리현, 시마네현, 야마구치현, 후쿠오카현, 사가현. 2011. 신동북아시대 강원도 대외전략. p.92.

한국 경상북도, 중국 후베이성·닝샤후이족자치구, 러시아 연해주·하바롭스크주 등 4개국 11개 단체가 참가한 가운데 동북아 지역 지방자치단체 회의를 개최하였다. 이 회의에서 동북아 지역 지방자치단체회의 지속개최, 지역 간 교류사업 공동 실시를 내용으로 하는 시마네현선언을 채택했다. 제2회 회의는 1994년 9월, 일본 효고현·일본해(동해)연안지대진흥연맹·일본해(동해)교류서일본협의회 주관으로 4개국 10개 자치단체가 참가하였다. 제3회 회의는 1995년 9월 러시아 하바롭스크주에서 4개국 17개 지방자치단체가 참가한 가운데 개최되었다.(표26) 이 회의에서 동북아 지역 자치단체 간 공식 협의체인 지방자치단체연합 설립 및 사무국 설치에 합의함으로써 1996년 9월 동북아지역자치단체연합(NEAR)이 출범하는 데 일본 지방자치단체가 주도적인 역할을 하였다.

표 26 참가 지방자치단체 현황

국명	자치단체
중 국(4)	· 헤이룽장성, 후베이성, 지린성, 랴오닝성
일 본(7)	· 니가타현, 도야마현, 이시카와현, 후쿠이현, 효고현, 돗토리현, 시마네현 ※ 회의개최 이후 신규 가입(4): 교토부, 아오모리현, 아키타현, 야마가타현
한 국(2)	· 경상북도, 경상남도
러시아(4)	· 연해주, 하바롭스크주, 사할린주, 유대자치주

자료: NEAR, http://www.neargov.org/kr/, 자료실, 총회개최 현황(검색일: 2022. 6. 3.)

돗토리현은 1994년 GTI 핵심지역인 강원도, 지린성, 연해주, 몽골 튜브도와 협력하여 동북아 지방정부 지사·성장회의를 창설하고 경제, 무역, 해운항로 개설, 관광, 청소년 교류 등을 통하여 성과를 얻고 있으며, 2011년부터 일본 지방자치단체 중 유일하게 동북아지방협력위원회 멤버로 활동하고 있다.

또한 일본기업들은 중국 동북지역과 자동차 합작, 무역, 투자협력을 진행하고 있으며, 극동지역과 협력은 주로 사할린을 중심으로 한 자원개발에 집중되어 있다. 몽골과는 자원개발, 농업협력을 추진하고 있다.

이처럼 일본의 지방자치단체와 기업은 GTI지역 간 무역, 관광, 교통·물류, 청소년 교류를 활발히 추진하고 있으나, 중앙정부는 북한과 미수교, 유엔 안보리 대북제재를 이유로 GTI에 참여하지 않고 있다.

사. GTI틀 안에서 협력 시스템 미구축

UNDP의 두만강지역개발 제안은 정치체제가 다른 동북아 국가 간 다자협력체를 결성하고 국별 추진전략을 마련하였다는 데 큰 의의가 있다. 두만강지역개발계획은 앞에서도 상술했듯이 공동협력 정신을 바탕으로 두만강 지역을 포함한 동북아 지역에 최적의 무역과 투자환경을 조성하고 상생협력을 통해 공동발전을 추진하는 것이다.

두만강 접경 3국과 비접경국인 한국, 몽골과 옵서버국인 일본의 GTI 추진전략은 차이가 있지만 GTI 지역 간 협력을 통한 공동발전이라는 하나의 목표를 갖고 있다. 지난 30년간 회원국들과 일본은 GTI 지역과 경제교류협력 증진을 위한 대외전략을 추진해왔다.

두만강지역개발을 제안한 중국은 국가 차원에서 두만강지역개발을 위한 조직을 갖추고 두만강지역개발의 중심 훈춘에 변경경제합작구, 국제합작시범구, 해양경제발전시범구를 조성하는 등 GTI 지역과 경제협력 기반을 갖추었을 뿐만 아니라 베이징과 훈춘 간 고속철도를 연결함으로써 훈춘을 북방의 일대일로 플랫폼으로 육성하기 위한 교통인프라 구축을 완료하였다.

한국은 역대 거의 모든 정부가 북방 진출을 위한 북방정책과 남북경제협력을 추진해왔으나 대통령 단임제로 인한 일관성 없는 정책과 북한의 핵실험, 주변국가의 영향 등으로 인하여 북방진출에 큰 진전을 보지 못하고 있다.

북한은 1990년대 나선경제특구 개발이 실패함에 따라 2000년대 들어 중국·러시아와 경제협력을 통해 나선경제특구를 비롯한 주변 지역 개발을 추진하여 일정한 성과를 거두고 있으나, 핵실험 등으로 유엔 안보리 제재를 받음에 따라 경제협력사업이 소강상태를 보이고 있다.

러시아는 처음부터 두만강지역개발 참여에 미온적이었으며, 블라디보스토크 위주의 사업을 추진했다. 러시아 역대 정부 역시 극동지역 개발을 위해 2015년 동방경제포럼을 창설하는 등 신동방정책을 꾸준하게 추진해 오고 있다. 러시아와 우크라이나 전쟁이 종식되면 대유라시아동반자관계를 바탕으로 동진전략을 강하게 추진할 것으로 전망된다.

몽골은 외자유치와 초이발산~아얼산 철도 신설을 통해 중국 동북 3성 및 네이멍구, 러시아, 한국, 일본으로 가는 출구전략을 추진한 결과, 초이발산~아얼산 철도 신설을 중몽러경제회랑에 포함시키는 등의 성과를 거두었다.

일본은 북한과 미수교 등으로 GTI에 참여 하지 않고 있지만 서해안 지방정부와 기업들이 GTI 지역과 경제교류협력에 적극 참여하고 있다.

이처럼 회원국들과 일본은 GTI 지역과 경제협력을 지속적으로 추진하고 있지만, GTI틀 안에서 국별 추진전략이 연계되지 않음으로써 GTI가 활성화되지 않는 단초를 제공하였다.

UNDP는 두만강지역개발을 제안하면서 "두만강 지역은 어느 한지역, 어느 한 국가의 노력만으로 발전시킬 수 없으므로 다국 간 국제협력을 통해 공동번영과 발전을 이룩해야 한다"고 주장했다. 이것은 두만강지역개발 30년을 통해 입증되었다. 중국은 두만강 지역의 훈춘을 중심으로 고속철도 · 도로 등 인프라 시설을 완비하고 베이징과 고속철도를 연결하였지만, 러시아와 북한의 두만강지역개발 지연으로 투자 대비 지역발전 속도가 늦어지고 있다.

GTI 지역은 이미 중국, 북한, 러시아, 몽골 간 경제협력 기반이 형성되어 있으므로 이 기반을 잘 활용하면 GTI 발전의 새로운 역사를 쓸 수 있을 것이다. 유엔 안보리 대북제재가 완화되면 GTI 지역 간 협력사업은 탄력을 받을 것으로 기대되나, 지난 30년처럼 GTI틀 안에서 연계협력 시스템을 갖추지 못한다면 평화와 번영의 동북아 시대를 열어가는 데 많은 어려움이 따를 것이다.

3. 국가적 관심도

2006년부터 회원국 주도의 GTI 전환과 함께 동북아에 지역협력 분위기가 확산함에 따라 회원국 정상들은 국제포럼 또는 정상회담 등을 통해 GTI에 대한 관심을 지속적으로 표명하고 있으며, 특히 GTI 핵심지역에 있는 중국과 러시아가 GTI 틀 안에서 동북아 경제협력을 추진하기로 합의함에 따라 GTI 지역에 새로운 전기가 마련될지 관심이 집중되고 있다.

그간 국가 정상 연설, 정상회담 및 총리회의 등에서 합의한 GTI 관련 내용을 살펴보면 다음과 같다.

가. 국가 정상

중국 후진타오(胡錦濤) 주석이 2012년 9월 8일 블라디보스토크에서 열린 APEC 정상회의 기조연설에서 처음으로 GTI와 국제기구 간 연계협력 필요성을 강조했다. 후진타오 주석은 기조연설에서 아시아 · 태평양 지역의 인프라 개선과 연계 필요성을 강조하고, "GMS(광역메콩강지역경제협력), GTI, 아세안, 아세안+한중일, 상하이협력기구와 교류협력 강화를" 제안했다. 이것은 국가 정상이 최초로 국제회의에서 GTI를 언급한 것이다. 한국은 2012년 APEC 정상회의에 'GTI 의제' 상정 추진을 위해 주최국인 러시아와 협의하는 방안 등을 검토하였으나 시간 촉박 등으로 이루어지지 못했다.[91]

중국 시진핑 주석과 한국 박근혜 대통령은 2013년 6월 27일 베이징에서 정상회담을 갖고 공동성명 부속문건에 "양측은 한중일 자유무역협정(FTA), 역내 포괄적 경제동반자협정(RCEP), 아태무역협정 협상, 'GTI', '한중일 환황해경제 · 기술교류회의' 등 아시아 지역 경제통합 과정에서도 긴밀히 협조하기로" 했다.

---

91 https://mk.co.kr/news/economy/view/2012/08/514551/,두만강 개발 탄력⋯정부, APEC서 러시아에 제안키로

2013년 6월 27일 베이징에서 한중 정상회담 개최 (新华网)

　양국은 역사상 처음으로 공동성명 부속문건에 소지역협력체인 'GTI'와 '한중일 환황해경제·기술교류회의'를 포함시켰다. '한중일 환황해경제·기술교류회의'는 환황해 지역을 중심으로 한중일 3국 간 경제교류를 활성화하고 무역·투자 협력을 증진하기 위해 2001년부터 산업통상자원부, 일본 큐슈경제산업국, 중국 상무부와 공동으로 주최한다. 매년 3개국이 순회 개최하며, 2021년까지 19회 개최하였다.[92] 2014년 7월 3일 중국 시진핑 주석의 답방 형식으로 이루어진 한중 정상회담에서 "새만금 한중 경제협력단지 사업을 지속적으로 협의하고 GTI가 향후 동북아 지역발전을 선도하는 국제협력기구로 발전"하는 내용을 공동성명 부속문건에 포함시켰다. 양국 정상회담을 계기로 한국은 GTI와 유라시아 이니셔티브 연계협력, GTI 사무국 인천 영종도 유치를 추진했으나 실제 사업으로 연계되지 못했다.

　한러 정상회담에서도 GTI협력에 합의했다. 2013년 11월 13일 한국 박근혜 대

92　https://www.hankyung.com/press-release/article/202111162598P,감염증 대응형 비즈니스, 환경·에너지, 지역 간 협력 등 논의

통령과 러시아 푸틴 대통령은 정상회담을 갖고 공동성명에서 "양국 지역 간 경제협력 활성화를 위해 양자 및 GTI 등 다자 기반하에 긴밀히 협조하기로" 합의했다. GTI 사상 처음으로 양국 정상 공동성명 본문에 GTI가 포함되었다.

2018년 6월 한국 문재인 정부는 GTI 등 소다자협력을 신북방정책 14대 중점 과제로 선정했다.

나. 중러총리 정기회의

중국과 러시아는 매년 정기적으로 총리회의를 개최하고 있으며 회의 목적은 양국의 경제 무역·투자, 에너지, 과학기술, 인문, 지방 등 각 분야의 협력을 전면적으로 깊이 있게 발전하도록 효과적으로 지도하는 데 있다. 이 회의는 GTI 지역과 불가분의 관계가 있으므로 별도 살펴보기로 한다.

중러총리 정기회의에서 GTI에 대하여 관심을 두기 시작한 것은 2016년 6월 GTI 지역을 포함하고 있는 중몽러경제회랑이 출범하고, 이 사업에 대한 후속조치로 2017년 '중국 동북지역과 러시아 극동 및 바이칼지역 정부 간 협력위원회'가 창설되면서부터이다.

2019년 9월 17일 '중러총리 제24차 정기회의'에서 GTI틀 안에서 계속하여 동북아 교통·경제회랑 건설을 추진하고, 국제교통 체계와 연계협력을 강화해 나가기로 합의했다. 이에 대한 후속 조치로 2019년 12월 16일 중국과 러시아가 유엔 안보리에 남북철도·도로 협력사업 제외, 북한 수산물·섬유 수출 금지 해제, 해외 북한 노동자 송환 시한 폐지 등 대북제재 완화 결의안을 제출하였다. 이것은 중러총리 정기회의에서 국제교통 체계와 연계협력 강화에 합의한 지 불과 몇 개월 만에 실행에 옮긴 것으로서 중국과 러시아의 남북철도와 유라시아철도 연결 의지를 읽을 수 있다.

양국 총리는 제24차 정기회의 공동성명을 발표하고, 투자 · 무역 · 농업 · 원자력 · 우주 · 과학기술 · 디지털 경제 분야 등 10여 개 양자협력 문서에 서명했다. 중국정부(http://www.gov.cn, 검색일: 2022. 5. 4.)

2020년 12월 2일 '중러총리 제25차 정기회의'에서 "GTI틀 안에서 실질적 협력 강화, 동북아복합운송통로 및 경제회랑 건설, 동북아경제무역협력 촉진에 합의"했다.

2021년 11월 30일, '중러총리 제26차 정기회의'에서는 상하이협력기구, 브릭스, G20, APEC, GTI 등 다자 틀에서 긴밀히 협력하기로 합의하는 등 3년 연속하여 GTI 활용 의지를 강력하게 밝히었다.

이처럼 중러 양국은 GTI를 동북아 경제협력의 플랫폼으로 활용하고자 하나 코로나19 등으로 후속 조치가 이루어지지 못하고 있다.

【중러총리 정기회의 개요】

중러총리 정기회의는 1996년 4월 중국 장쩌민 주석과 러시아 옐친 대통령 정상회담에서 중러관계의 발전을 위해 정부수반 등 고위급 회의, 분야별 대화회 상설에 합의함에 따라, 1997년 6월 양국 총리가 '중러총리 정기회의 기제(機制) 및 그 조직원칙에 관한 협정'에 서명함으로써 출범하였다.

총리회의는 경제협력에서 가장 중요한 운영 메커니즘으로 양국 정상회담 정신을 실행하고 경제, 과학기술, 군사, 사회문화 등 방면의 협력을 추진하며 각 경로와 각 수준의 대화 플랫폼을 유지하는 것이다. 산하에는 양국의 부총리를 대표로 하는 총리정기회의위원회, 투자협력위원회, 인문협력위원회, 에너지협력위원회, 중국 동북지역과 러시아 극동 및 바이칼지역 정부 간 협력위원회 등 5대 기구를 두고 있다. 기구 산하에는 분과위원회와 워킹그룹있다.

중러인문협력 제18차회의(신화망)

특히 총리정기회의위원회는 총리회의 전담기구로 양국에 사무국이 설립되어 있으며, 위원회 산하에 경제무역, 세관, 공업, 환경보호, 농업, 과학기술, 금융, 운송, 원자력, 우주항공, 정보 등 11개 소위원회가 있고, 각 소위원회마다 워킹그룹이 있다.

양국 총리회의는 1년에 한 차례 중러 양국에서 번갈아 개최하며 2021년까지 26회 개최되었다. 양국 총리는 회의에서 각 위원회의 사업보고를 청취하고 회의가 끝난 뒤 공동성명을 발표하는 동시에 양국의 중요한 협력문건에 서명하거나 배석한다. 총리회의는 양국 실질협력을 지도하고 추진하는 중요한 역할을 한다.[93]

중러인문협력 관광분과위원회 11차회의(중문망)

93 齐欣, 2018年06月04日, "21世纪中俄新型大国关系研究——发展路径与模式创新", p.69~72.吉林大学

4. GTI 빛과 그림자

그간 GTI 추진현황과 회원국 참여목적을 중심으로 긍정적인 면과 아쉬운 점을 살펴보면 다음과 같다. 먼저 GTI가 우리에게 희망을 주는 **긍정적인 성과**를 살펴보면 다음과 같다.

첫째, 동북아 다자협력의 기틀을 마련하였다.

냉전의 유산이 서려 있는 GTI 지역은 여전히 정치체제, 역사문제, 과거사, 북한 핵문제 등으로 세계의 화약고로 불리고 있다. 두만강지역개발계획은 1991년 UNDP의 동북아 지역협력 프로그램으로 출범한 이래 UNDP의 재원조달 실패, UNDP와 회원국 간 인식의 차이, 회원국 간 경제력 격차와 참여목적의 상이 등으로 두만강지역개발계획 추진이 무산 위기에 빠지는 등 큰 진전을 보지 못함에 따라 UNDP의 지속적인 지원을 조건으로 2006년 회원국 주도의 GTI 체제로 전환했으나, 2009년 11월 북한이 유엔 안보리의 제재와 GTI 성과 미흡 등의 이유로 탈퇴하는 등 위기를 맞이했다. 이러한 어려운 상황 속에서도 GTI는 회원국 간 협력에 의하여 6개 위원회와 4개 협력 파트너 설립, 안정적인 사무국 운영시스템을 구축 하는 등 동북아 다자협력의 기틀을 마련하였다. 이처럼 GTI가 조직적으로 안정화 됨에 따라 회원국 간 정상회담 또는 총리회의에서 GTI틀 안에서 동북아 경제협력 추진에 합의하는 등 GTI가 동북아 경제협력의 중요한 플랫폼으로서 재조명 받고 있다.

둘째, 초기 외자유치에 기여했다.

TRADP의 최대의 성과는 동북아 최초이자 유일의 국가 간 다자협력체의 토대를 마련하였음은 물론 국제사회에 두만강 지역의 지정학적 특성과 개발방향을 제시하고 투자포럼 등을 통해 이 지역에 투자 붐을 조성하여 외국기업 투자유치를 끌어내는 데 크게 기여했다. 이 기간에는 중국 연변조선족자치주와 러시아 연해주를 중심으로 외자유치의 성과가 나타나기 시작했다. 실제로 1998년 말 기준 중국 연변 조선족자치주는 4억5천7백만 달러, 나선특구는 8천8백만 달러, 러시아 연해주는 4억4천4백만 달러, 몽골은 2억1천3백만 달러의 외국인 직접투자를 유치했다.(표 27) 그러나 1997년부터 불어 닥친 아시아 금융위기로 외국기업 철수가 가속화됨에 따라 빈자리는 국내기업이 메우고 있다.

표 27 TRADP지역의 외국인 직접투자유치(실행기준) (단위: 백만 달러)

	1985~1993	1994	1995	1996	1997	1998	합계
중국 연변주	42	61	78	134	95	47	457
조선 나선특구	1	1	4	31	26	25	88
러시아 연해주	141	2	53	97	95	56	444
몽골	10	29	46	41	42	45	213

자료: UNDP두만사무국.

셋째, 두만강 지역 대외개방 확대와 자체개발 의욕을 고취했다.

두만강지역개발계획이 출범함에 따라 두만강 접경 3국은 국가차원에서 지역발전계획과 외국인투자촉진법 등을 제정하였다. 두만강 접경 3국의 GTI 역내 지역과 연계한 대표적 지역발전계획은 중국 두만강지역개발계획·창지투개발계획과 동북진흥계획, 북한 나선경제특구, 러시아 블라디보스토크 자유항 지정 등을 꼽을 수 있다. 특히 중국은 자체 두만강지역개발계획에 의거 베이징과 훈춘 간 고속철도를 연결하는 등 중국 동북지역 주요 도시 간 2시간 대 생활권 구축을 완료하였다. 초국경 협력사업으로는 중국·북한 나선 및 황금평 경제무역지대 건설을 착공하였으며, 중국 동북지역과 러시아 극동지역 간 공동협력, 유라시아 철도와 도로 연선(沿線) 지역을 중심으로 중국, 몽골, 러시아 국경지역 간 경제협력 시스템을 구축하였다.

넷째, 동북아 지방정부 간 교류협력 촉진의 동력으로 작용했다.

1991년부터 UNDP 주도의 두만강지역개발 사업이 본격화되면서, 지역개발사업의 주체인 지방정부가 중심이 되어 다자협력을 통한 협력사업을 추진하는 계기가 되었다. 1994년 10월, 환동해권 5개 지방도시(훈춘, 속초, 동해, 요나고, 사카이미나토)가 중심이 되어 '환동해권거점도시회의'를 창설하였다. 같은 해 11월 GTI 핵심 지역에 위치한 중국 지린성, 러시아 연해주, 한국 강원도가 중심되어 '동북아 지방정부 지사·성장회의'를 창설하고 경제, 해운항로 개설, 문화, 관광 등 다양한 방면의 교류협력을 추진해 오고 있다. 1996년 9월에는 중국 지린성, 한국 경상북도, 일본 니가타현, 러시아 연해주 등 29개 동북아 지방정부가 참여하는 동북아지역자치단체연합(NEAR)이 출범했다.

지방정부 간 다자협력 사업은 GTI 핵심지역인 두만강권역을 중심으로 해운항로 개설과 국제박람회, 국제포럼 등이 있다. 해운항로는 주로 훈춘과 자루비노·블라디보스토크를 중심으로 한국 속초, 동해, 부산, 일본 사카이항을 운행한다. 대부분 항로는 물동량 부족, 통관복잡, 통과비자 등의 문제로 개통된 이래 중단과 재개통을 되풀이하는 등 활성화되지 못하고 있다.(표28)

표 28 주요항로 운행 실태

주요항로	개통일	비고
나진~부산	1995년 10월	2015년 중단
블라디보스토크~자루비노·훈춘 ~ 속초	2000년 4월	2014년 6월 중단
동해~부산~보스토치니	2008년 1월	2011년 중단
동해~사카이미나토, 동해~블라디보스토크	2009년 6월	2021년 3월 재취항
부산~자루비노~훈춘	2015년 5월	4,246톤의 'M/V KARIN'

자료: 전홍진, 2020, 일대일로와 신한중협력 참고, 저자정리

무역·투자 협력사업은 중국 지린성 동북아박람회, 연변주 두만강박람회, 하얼빈 중러박람회, 네이멍구 중몽박람회, 한국 강원도 GTI국제박람회 등이 있다. 경제협력포럼은 연변대학교 두만강국제포럼, 강원도 GTI 경제협력포럼, 지린성 동북아 지방협력 원탁회의 등이 있다. 이처럼 GTI는 우리에게 동북아 지역 경제협력 플랫폼 역할이 가능하다는 희망을 주고 있지만 비제도적이고 느슨한 차관회의체로 30년간 존치, GTI틀 안에서 국가 간 협력 시스템 미구축, 북한의 탈퇴에 따른 무

기력한 대응 등은 GTI 협력의 어두운 그림자가 되고 있다. **GTI 지역 간 협력의 걸림돌로 작용하고 있는 요인들을 정리하면 다음과 같다.**

첫째, 차관회의체와 각국 전담 부처의 업무성격 상이로 협력사업 추진에 어려움이 있다. 현재 회원국 대표는 중앙부처 차관이다. 차관은 장관을 보좌하는 역할을 하고 있으며 정책을 결정하는 것이 아니다. 다자협력체는 국가 간의 문제를 협의 조정하는 중대한 역할을 하고 있는데 정책 결정권을 갖고 있지 않은 차관회의로는 한계가 있다. 특히 세계에서 정치·안보적으로 가장 민감한 GTI 지역의 협력을 촉진하기 위해서는 자국 내 중앙부처 간 업무를 조정 및 통제할 수 있는 총리 이상으로 격상하여야 한다. 또한 각국의 GTI 전담부처는 한국 기획재정부, 중국 상무부, 몽골 재무부, 러시아 경제개발부이다. 이처럼 업무의 성격이 각기 다른 부처가 참여함으로써 공동협력 사업발굴이 어려우므로 전담부서를 각국의 외교부로 통일하는 방안을 검토할 필요가 있다.

둘째, GTI틀 안에서 국가 간 협력 시스템이 구축되지 않았다.

TRADP 추진 시 문제점으로 제기되었던 것은 GTI 역내 현안사항인 해운항로 개설 등이 총회에 의제화되지 않는 등의 문제점 개선을 위하여 GTI틀 안에서 역내 경제협력사업을 추진하고자 하였다. 그러나 GTI총회에 의제로 상정된 해운항로 활성화, 국제박람회 지원사업 조차도 국가 간 협력으로 이어지지 못했을 뿐만아니라 GTI 핵심지역 국가 프로젝트인 창지투개발계획, 동북진흥계획, 블라디보스토크 자유항 지정 등은 GTI와 연계협력 시스템이 구축되지 않음에 따라 국가 간 양자 혹은 다자협력을 통해 독자적으로 사업을 추진함으로써 GTI 존재감 마저 상실했다는 비판을 받고 있다.

셋째, 중앙정부와 지방정부 간 협력 시스템이 구축되지 않았다.

21세기 들어 동북아 각국은 지방정부 간의 협력이 국가발전에 큰 역할을 하고 있다는 인식하에 국가 정상회담에서 지방정부 간 경제협력포럼 결성에 합의는 등 지방정부를 국제협력의 한 축으로서 중시하고 있는 것이 시대적 흐름이다.

GTI는 대표적인 소지역협력 사업이다. 소지역협력의 주체는 지방정부이므로 중앙정부와 지방정부 간 유기적 협력 시스템을 갖추는 것이 무엇보다 중요하다. GTI 지역 지방정부는 오래전부터 이 지역의 현안사항인 해운항로 활성화, 무역·투자 확대를 위하여 중앙정부와 지방정부 간 연계협력 시스템 구축을 추진해 왔다. 강원도와 지린성의 제안으로 2012년 9월 동북아지방협력위원회가 창설되었으나 지방정부의 제안취지와는 다르게 협력 파트너로 운영됨으로써 지방정부와 중앙정부 간 협력 시스템을 구축하지 못했다.

넷째, 정책네트워킹단계에서 실질적 협력단계로 발전하지 못하고 있다. GTI는 동북아 경제협력 증진을 위한 다자협력체이나 30년이 지난 지금까지도 정책교류, 발전방안, 연구, 현안사항 논의 수준에 머물고 있다. GTI보다 늦게 출범한 한중일 환황해경제·기술교류회의, 중몽러경제회랑 등이 실질적인 협력사업을 추진하고 있는 데 비해 GTI는 정책네트워킹 수준에 머물고 있어 국가적 관심에서 멀어지고 있다.

다섯째, 국가적 관심대비 후속조치가 미흡하다.

21세기 들어 동북아 지역에 다자협력이 확산됨에 따라 회원국 정상들이 GTI에 대하여 관심을 갖기 시작했다. 중국 후진타오 주석은 2012년 9월 8일 블라디보스토크에서 열린 APEG 정상회의 기조연설에서 처음으로 GTI를 다자협력체로 언급하였고, 2013년과 2014년에 열린 한러, 한중 정상회담에서 GTI 국제기구화 등에 합의하였다. 그리고 중러총리 정기회의(2019~2021년)에서 3년 연속 GTI를 안에서 경제협력 추진에 합의하였으나 후속조치가 이루어지지 않고 있다. 정상 또는 총리 간 합의사항은 GTI 주관부처에서 별도의 조치계획을 수립하지 않으면 실행이 어렵다.

여섯째, 북한의 GTI 복귀에 대한 대안 제시가 없다.

북한은 UNDP가 주도하는 두만강지역개발에 큰 기대를 갖고 참여했다. 나선경제특구 지정, 외국인투자촉진법을 제정하는 등 의욕적으로 참여를 하였으나, 국제은행의 차관과 국제기구 지원 등이 무산됨에 따라 소극적인 자세로 전환했다.

2009년 11월 북한은 유엔 안보리 제재와 GTI가 성과없음을 이유로 탈퇴했다. 북한이 탈퇴 이유로 유엔 안보리 제재를 탈퇴 첫번째 사유로 제시했으나 실제적으로는 GTI가 실질적인 경제협력체로서 기능을 하지 못했기 때문이다. 이것은 북한이 GTI 탈퇴 이후 중국 지린성 동북아박람회 참가, 외자유치를 위한 법령개정 등을 통해 외자유치를 적극적으로 추진하고 있는 것에서 알수 있다. 북한의 GTI 재가입 요건은 GTI의 실질적 경제협력체로서의 역할 여부에 달려 있다고 할 수 있다. 그럼에도 불구하고 GTI에서는 북한의 GTI 복귀만 여러 차례 공동선언문에 명기했을 뿐 실질적인 후속조치를 취한 사례는 찾기 어렵다. 북한의 GTI 탈퇴가 GTI의 현실을 잘 보여 주고 있다.

2015년 9월, 지린성 동북아박람회 북한 상품전시관(https://www.sohu.com/a/30519084_148983)

마지막으로 사무국 기능이 약하다.

현재 GTI 사무국의 주요재원은 회원국 공동기금과 신탁기금이다. 2005년 이후 2014년까지는 연 65만 달러였으며, 2015년부터 연 67만 5천 달러로 유지되고 있다. 공동기금은 사무실 운영, 현지 인력고용, 공통 운영비 등으로 지출된다. 신탁기금은 자국에 유리한 사업을 집행하는데 지정하여 사용할 수 있는 재원이다. 한국은 2014년부터 매년 60만 달러 규모의 신탁기금을 조성 · 운영 중이다. 사무국 청사는 중국 정부가 제공하고 있으며, 그 외 사업예산은 회원국 및 관련 기관들 간의 협의를 거쳐 사업별로 조달되고 있다. 현재 GTI 예산은 조직을 효율적으로 운영하기에도 부족한 실정이며, 사무국 청사는 동북아 다자협력체 위상을 떨어트릴 정도로 초라하다.

사무국은 2011년부터 회원국 주도로 운영되고 있는 관계로 TRADP 업무행태를 답습하고 있으며, 사무국의 기능은 보좌기능에 머물러 있다. 또한 사무국장의 직급이 낮아 사무국장이 회원국을 대표하는 시대적 흐름에 맞는 사무국 역할에 제한이 있다. 인력은 회원국 파견 공무원과 현지 채용 인원으로 구성되어 있지만 전문성이 떨어지고 업무의 연속성도 보장하기 어려운 구조로 되어있다.

특히, GTI 협력사업의 기둥이라 할 수 있는 각국의 조정관은 한국의 경우 과장급, 중국은 처장급으로 직급이 낮음은 물론 국가 간 직급 불균형과 조정관의 짧은 재임기간 등으로 인하여 국가 간에 실질적으로 필요한 협력사업을 발굴하고 의제화하는데 어려움이 있다. 한국의 경우 외교부 파견 공무원이 조정관을 맡고 있을 뿐만 아니라 대부분 1년 단위로 교체됨에 따라 심도 있는 협력사업과 연속성이 있는 업무추진에 한계가 있다.

제2장

지역주의와 지방의
글로벌화 조류

1. 지역주의(regionalism) 확산

가. 지역주의

지역주의는 일반적으로 중앙에 대하여, 지역의 독자성과 특수성을 살리고 지역 내의 자치성을 추구하는 주의이다. 경제적 의미의 지역주의는 국제적 관계의 심화에 따른 초국경 또는 인접 국가들 간의 경제적 협력과 연대를 지칭한다. 이러한 의미의 지역주의는 경제통합, 지역통합, 지역경제일체화(区域经济一体化) 등으로 부르고 있다.

헝가리 출신의 경제학자 발라사(Bella Balassa)에 의하면 경제통합은 2개 이상의 국가가 각자의 상황을 초월하여 각종 차별(관세, 재화와 생산요소의 이동에 대한 제약 등)을 무너뜨리면서 관계를 맺는 것이다. 발라사는 경제통합을 정의할 때, 협력(cooperation)과 구별해야 한다고 하였다. 협력은 차별을 억제하며 단순히 교역조건을 개선하는 것이라면, 통합은 국가들을 하나로 묶는 더욱 강력한 조건이다. 발라사(Bella Balassa)는 경제통합을 달성하기 위해서는 다섯 단계의 과정을 거친다고 하였다.

첫 번째 단계는 자유무역지대(Free Trade Area)이다. 경제통합에 참여한 각국(이하 '참여국') 간에 관세 및 수량제한을 없애며, 참여하지 않은 국가(이하 '비참여국')에 대해서는 독자적인 관세정책을 유지하는 것이다. 유럽자유무역연합(EFTA), 북미자유무역협정(NAFTA), 중남미자유무역연합(LAFTA) 등이 이에 해당한다.

두 번째 단계는 관세동맹(Customs Union)이다. 참여국 간에 상품의 이동에 대한 차별을 철폐하며, 동맹국 간에는 관세를 폐지하거나 경감한다. 비참여국으로부터 수입할 때는 각국이 공통의 수입관세를 부과하는데, 이것이 자유무역지대와 다른 점이다. 관세동맹의 예로는 독일 관세동맹(1834), 벨기에 · 네덜란드 · 룩셈부르크

3국이 결성한 베네룩스 관세동맹(1944)이 있다

세 번째 단계는 공동시장((Common Market)이다. 관세동맹보다 진전된 형태의 경제통합으로, 경제적인 국경을 철폐하고 국가 간 무역 확대와 사회적·경제적 발전을 이루기 위해 무역 제한뿐만 아니라 생산요소(노동·자본 등) 이동에 대한 제약을 철폐하는 단계이다. 구체적으로 회원국 간 노동(건설·컨설팅 등), 자본(은행, 기타 금융서비스, 해외직접투자), 기술 등 생산요소의 자유로운 이동이 가능해진다. 주요 사례는 유럽경제공동체(EEC), 중미공동시장(CACM), 아랍공동시장(ACM), 안데스공동체(ANCOM) 등이다.

네 번째 단계는 경제동맹(Economic Union)이다. 경제동맹은 공동시장에서 실시하는 상품과 생산요소 이동에 대한 제약(국경에서의 장벽)을 억제하고 참여국 각국의 경제정책으로 발생되는 격차를 해소하기 위하여 재정·금융·노동 등의 국내정책, 대외 무역정책 등 국가 경제정책을 조정한다. 대표 사례로는 베네룩스 경제동맹(1958), 여기에 프랑스와 이탈리아가 참여한 경제금융동맹 프리탈룩스(Fritalux), 영연방이 스칸디나비아 각국과 맺은 경제동맹인 유니스칸(Uniscan) 등이 있다.

마지막 단계는 온전한 경제통합(Total Economic Integration)이다. 참여국들은 통화·재정·사회·경기안정(countercyclical) 정책의 통합을 전제로, 참여국들을 하나로 묶을 수 있는 초국가적 기구를 설치한다. 경제동맹과의 가장 큰 차이는 통화와 경제정책의 통일이며, 대표 사례는 1993년 출범한 유럽연합(EU)이다. 유럽연합은 유럽연방은행(ECB)이 EU 각국의 통화정책을 담당하며, 2002년부터 유로화를 사용하고 있다.[94]

발라사가 제시한 경제통합의 유형은 현실에서는 여러 가지 경제활동 가운데 몇 부분에 국한된 지역적 경제통합이 진전되고 있다.

---

94 https://eiec.kdi.re.kr/material/clickView.do?click_yymm=201512&cidx=2417, 지역통합의 다섯 단계 (KDI정보센터)

나. 지역주의 추세

세계 각국은 지리적으로 인접한 국가 간 다자협력을 통해 지역주의를 추진하는 것이 시대적 흐름이다. 유럽, 북미, 동남아, 유라시아는 이미 특정 지역을 중심으로 다자협력을 통해 유럽연합(EU), 북미자유무역협정(NAFTA), 동남아시아국가연합(ASEAN), 유라시아경제연합 등을 각각 결성하고 단순 무역 특혜뿐만 아니라 역외 공동관세나 경제통합을 추구하고 있으며 유럽연합(EU)은 정치공동체를 달성했다.

동북아 국가들 역시 지역주의를 추진하기 위해 다자협력체를 결성하고 경제통합을 추진하고 있지만 발라사의 경제통합 이론에 의하면 '협력' 수준에 머물러 있다고 할 수 있다. 세계 각국에서 다자협력을 추구하는 목적은 글로벌 시대에 양자협력만으로 초국경 이슈를 해결하는 데 한계가 있기 때문에 다자협력을 통해 공동의 문제를 해결하고 공동 발전을 도모하기 위해서이다.

동북아 국가 간 지역주의 물꼬를 튼 것은 동남아 10개국이 참여하는 아세안이라 할 수 있다. 1967년 8월 창설한 아세안은 1997년 12월 말레이시아에서 개최된 아세안 정상회의에 한중일 정상을 초청함으로써 아세안 + 3(한중일) 정상회의가 출범하였으며, 한중일 3국은 이 정상회의를 토대로 여러 차례 독립된 정상회의 창설을 논의한 끝에 2008년 12월 일본 후쿠오카에서 한중일 정상회의를 공식 출범시키고 2011년 9월 한국에 한중일 협력사무국을 설치했다. 한중일 정상회의 정례화로 3국 협력이 활성화됨에 따라 2013년 3월부터 한중일 FTA협상을 추진해 오고 있다. 그러나 한중일 정상회의는 과거사, 영토 문제 등으로 순조롭게 개최되지 못하고 있다. 박근혜 정부 출범 이후 한일 갈등이 불거지면서 2013년과 2014년 연속으로 한중일 정상회의가 무산되었으며, 2020년 한국에서 개최하기로 하였던 정상회의는 코로나19 확산과 과거사 문제에 따른 한일관계 경색으로 개최가 보류된 상태(2022년 상반기 기준)이다

문재인 한국 대통령과 리커창 중국 총리, 아베 일본 총리가 2019년 12월 쓰촨성 청두에서 개최된
한중일 정상회의 시작 전 기념촬영을 하고 있다(바이두)

아세안+3 정상회담으로 촉발된 동북아 지역주의 바람은 중국 시진핑 주석이 2013년 9월과 10월 국제사회에 일대일로를 제창함에 따라 동북아발 지역주의가 본격적으로 추진되기 시작했다.

일대일로는 실크로드 경제벨트와 21세기 해상 실크로드의 약칭이며, 일대(一帶)는 육상 실크로드를 일로(一路)는 해상 실크로드를 가리킨다. 일대일로는 실크로드 정신을 이어받아 아시아 · 유럽 · 아프리카 대륙 및 세계 각국 간 협력을 통해 글로벌 자유무역 체제와 개방형 세계경제 수호, 경제공동체 건설, 국제협력과 글로벌 거버넌스 재균형을 통해 지구촌의 복잡한 난제를 해결하는 데 있다. 지역적 범위는 일대일로 연선(沿線)지역 뿐만 아니라 모든 국가에 개방되어 있다. 실크로드 경제벨트 전략은 동남아경제통합과 동북아경제통합을 포함하고, 최종적으로 유라시아대륙 경제통합의 큰 흐름을 형성하는 것을 목표로 한다. 21세기 해상 실크로드는 해상으로부터 유럽 · 아시아 · 아프리카 3개 대륙과 연결한다. 이를 실행하기 위한 방안은 각국 정부와 국제기구 및 다자협력체 간 협력을 바탕으로 하는 정책소통(政策

溝通), 인프라 건설 협력을 위한 시설연통(設施聯通), 무역·투자 자유화와 원활화 실현을 위한 무역창통(貿易暢通), 재원조달을 위한 자금융통(資金融通), 참여 국가 간 민간교류 활성화를 위한 민심상통(民心相通) 등 5통(通)을 중점협력 분야로 추진한다.

일대일로는 기존의 국제기구 및 다자협력체와는 협력을 강화하는 것이며 새로운 동맹을 결성하는 것이 아니다. 일대일로 연선국가와 협력을 강화하기 위하여 중몽러경제회랑 등 6개의 경제회랑 건설을 추진하는 등 다자협력을 강화해 나가고 있다.(표29)

표 29 국제기구 및 다자협력 플랫폼

국제기구	지역협력 및 박람회	국제포럼
주요 20개국(G20)	광역메콩강지역경제협력(GMS)	세계경제포럼
아시아·태평양경제협력(APEC)	란창강–메콩강협력(LMC)	보아오 아시아포럼
상하이협력기구(SCO)	광역두만강협력(GTI)	일대일로 국제협력 정상포럼
아시아·유럽정상회의(ASEM)	중앙아시아지역협력(CAREC)	홍차오국제경제포럼
아시아협력대화(ACD)	국제수입박람회, 실크로드박람회	중국·아프리카협력포럼,
아시아교류신뢰구축회의(CICA)	동북아박람회, 아세안박람회,	중국·아랍협력포럼
아세안+중국	유라시아박람회, 아랍국가박람회	중국·중남미·카리브국가공동체포럼
중국·중동부유럽(16+1)	남아시아박람회, 서부국제박람회	중국·태평양섬나라경제발전협력포럼
	동서부협력투자무역상담회 등	

자료: 전홍진, 2020, 일대일로와 신한중협력. p.88~89.

최근 동북아 각국은 국가 간 정상회담 공동성명에 주요 20개국(G20), 아시아·태평양경제협력(APEC), 상하이협력기구(SCO), 아시아·유럽정상회의(ASEM) 등을 비롯하여 역내 소지역협력체인 광역메콩강지역경제협력(GMS), GTI 등 다자협력(협의)체 틀에서 긴밀히 협력해 나가겠다는 조항을 반드시 포함하는 등 다자협력은 국가 간 협력에 있어서 필수 불가결한 요소로 자리 잡았다.

중국은 일대일로의 성공적 추진을 위해 다자협력을 근간으로 한 지역주의를 추진함에 따라 실크로드 경제벨트 연선국가와 협력이 가시화되었다. 2016년 6월 중국, 러시아, 몽골은 유라시아 철도와 도로 연신(沿線)지역을 중심으로 중국 실크로드 경제벨트, 몽골 초원의 길, 러시아 유라시아경제연합과 연계협력을 통한 지역주의를 촉진시키기 위하여 중몽러경제회랑 건설에 합의함에 따라, 북방지역은 유라시아경제연합, 중몽러경제회랑, 중앙아시아지역협력(CAREC), 중국·중앙아시아외교장관회의 등 4개의 다자협력체 간 연계협력 시스템이 구축됐다.

동북아 국가 간 지역주의 추진은 2019년 11월 4일 아세안 10개국과 한중일 3개국, 호주·뉴질랜드 등 15개국이 참여하는 역내포괄적경제동반자협정(RCEP) 체결로 이어졌다. 이 협정은 아시아·태평양 지역을 하나의 자유무역지역으로 통합하는 '아세안+5FTA'이다.

앞에서도 살펴보았지만 GTI 회원국 중 지역주의 추진은 중국과 러시아가 주도하고 있다고 해도 과언이 아니다. 중국은 몽골, 러시아와 협력을 통하여 2016년 6월 중몽러경제회랑을 출범시켰을 뿐만 아니라, 아세안공동체 건설을 위해 광역메콩강지역경제협력(GMS)과 란창강-메콩강협력(LMC)을 주도하고 있다. 러시아는 카자흐스탄, 벨라루스, 아르메니아, 키르기스스탄 등 옛 소련권 국가와 협력하여 2015년 1월 유라시아경제연합을 창설하고, 2025년까지 운송, 전력, 금융 등에서 단계적으로 공동시장을 만들어 나갈 계획이다.

동북아에서 지역주의를 목표로 추진하고 있는 다자협력체는 한중일 정상회의와 광역두만강협력(GTI)이 있지만 이마저도 정치·경제 체제의 차이, 과거사, 북한 핵 문제 등으로 원활히 이루어지지 못하고 있는 것이 현실이다.

이러한 상황에서 북방경제공동체 실현을 목표로 연계협력을 강화하고 있는 유라시아경제연합과 중몽러경제회랑, 아세안공동체를 촉진하기 위한 란창강-메콩강경제협력(LMC) 사례는 GTI 발전에 시사하는 바가 크다고 할 수 있다.

2. 북방경제공동체 추진

가. 유라시아경제연합(EAEU)

유라시아경제연합에서 유라시아(Eurasia)의 용어와 지역적 범위에 대한 이해가 중요하다. 유라시아는 크게 두 가지로 용어로 정의된다. 하나는 아시아와 유럽을 하나의 대륙으로 보는 지리학적·지정학적 개념이다. 이 지역은 동서론 북미를 코 앞에 두고 있는 베링해 연안에서 포르투갈까지, 남북으론 인도네시아에서 북극해 연안에 이른다. 다른 하나는 지정학적으로 유럽 서부와 동아시아, 중동 등을 제외 한 내륙지역을 유라시아 중심부(Inner Eurasia)라 부른다. 이 지역은 동서로는 카르 파티아 산맥(동유럽과 옛 소련 지역을 가르는 산맥)에서 러시아와 중앙아시아 초원을 지나 시베리아와 연해주 지역에 이르며, 남북으로는 히말라야산맥에서 북극에 달한 다. 러시아와 중앙아시아 5개국(카자흐스탄, 타지키스탄, 키르기스스탄, 우즈베키스탄, 투르크메니스탄) 및 카프카스(영어로 코카서스) 3개국(그루지야, 아제르바이잔, 아르메니아)이 이에 포함된다.[95] 러시아와 한국의 대외전략에서 사용하는 '유라시아는'는 주로 유라시아 중심부(Inner Eurasia)를 가리킨다.

2015년 1월 출범한 EAEU는 러시아의 주도로 옛 소련 지역의 러시아, 카자흐스탄, 벨라루스, 아르메니아, 키르기스스탄 등 5개국이 참여하는 경제통합체이다. EAEU는 역내 국가 간 교역에서 관세를 폐지하거나 경감하고, 역외에 대해서는 공동관세를 부과함으로써 단일경제공간을 형성하였다는 데 큰 의미가 있다. 2025 년까지 운송, 전력, 금융 등에서 단계적으로 공동시장을 만들어 나갈 계획이다. 이 지역의 인구는 1억 8천만 명이며 전 세계 육지의 약 14%에 달하는 광활한 면적에 세계 천연가스매장량의 20%, 석유매장량의 15%와 그리고 다양한 광물, 농작물

---

95 https://www.joongang.co.kr/article/3860532, [떠오르는 대륙 유라시아] 유라시아는

등 풍부한 자원을 보유한 이 지역은 향후 큰 발전 가능성을 가지고 있다. 지정학적으로는 유럽과 아시아를 연결하는 주요 운송로들을 보유하고 있다. 이러한 풍부한 에너지 자원과 지리적 우수성으로 인하여 새로운 협력지역으로 부상하고 있다.(표 30)

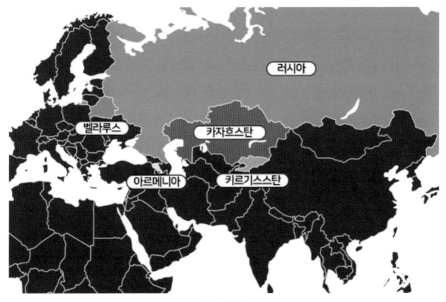

EAEU 회원국

표 30 회원국 현황

회원국	면적(만㎢)	인구(만명)	GDP(억 달러)	1인당 GDP
계	2,026.03	18,412	17,338	
러시아	1,709.82 (세계1위)	14,580 (세계9위)	14,835 (세계10위)	10,126
카자흐스탄	272.49 (세계9위)	1,920 (세계65위)	1,698 (세계51위)	9,055
벨라루스	20.76 (세계85위)	943 (세계95위)	602 (세계72위)	6,411
키르키스스탄	19.99 (세계86위)	672 (세계109위)	77 (세계137위)	1,173
아르메니아	2.97 (세계141위)	297 (세계138위)	126 (세계122위)	4,267

자료 :외교부 · 코트라 · NAXOS , 인구: 2022년, GDP: 2020년

1) 발전단계

EAEU 설립은 소련 해체와 밀접한 관련이 있다. EAEU 설립 이전에는 지역 협력을 위한 협력기구들이 단계적으로 설립되었다. 이러한 협력기구로는 독립국가연합(CIS), 유라시아경제공동체(EAEC), 관세동맹(Customs Union), 단일경제공간(Common Economic Space) 등이 있다.

제1단계는 독립국가연합(CIS)이다. CIS는 1991년 12월 소련이 해체되고 난후, 1992년 1월 옛 소련 15개 공화국 가운데 발트 3국(에스토니아·라트비아·리투아니아)과 조지아(그루지야)를 제외한 11개국이 참여해 창설한 국가연합체이다.[96] 일종의 지역조직인 CIS는 주권 국가의 연합으로서 초국가적 성격을 띠지 않았으며 연방국가를 그 목표로 삼지도 않는 등 느슨한 연합체의 성격을 갖고 있다.

그동안 CIS는 지역경제통합을 위해 1993년 9월 '경제연합 창설에 대한 조약'에 서명했지만 1994년에 이미 참여국의 절반이 해당 프로젝트의 실현을 거부하면서 사실상 추진력을 상실하게 되었다. 그 밖에 지역경제통합을 위해 CIS 국가들 간 자유무역지대, 양자 FTA 협정, 일부 국가 간 관세동맹을 체결하였지만 제대로 추진되지도 않았다.

이처럼 CIS는 회원국 간에 체결된 수많은 협정과 조약 가운데 상당 부분은 실질적인 효력을 발휘하지 못하는 한계를 내포하고 있었다. 이를 극복하기 위해 일부 CIS 회원국들은 보다 실질적이고 효율적인 경제통합체를 구성하기 위해 부단한 노력을 기울여 왔다.

제2단계는 유라시아경제공동체(EAEC)이다. EAEC는 2000년 5월 푸틴 정부 출범 이후 기존의 비효율적인 독립국가연합 형태의 국가 간 협력을 경제통합을 위한 강력한 기구로 전환할 것을 제안함에 따라 추진되었다.

---

96 러시아·우크라이나·벨라루스·몰도바·카자흐스탄·우즈베키스탄·투르크메니스탄·타지키스탄·키르기스스탄·아르메니아·아제르바이잔이다. 현재 CIS 구성국은 러시아, 벨라루스, 몰도바, 카자흐스탄, 우즈베키스탄, 타지키스탄, 키르기스스탄, 아르메니아, 아제르바이잔이다.

2000년 10월 10일 러시아, 벨라루스, 카자흐스탄, 키르기스스탄, 타지키스탄 대통령은 관세동맹 및 단일경제공간 형성의 효율적 진전을 위해 '유라시아경제공동체 설립에 대한 조약'에 서명함으로써 옛 소련 지역에서 '유라시아'라는 이름이 포함된 최초의 공식적인 지역협력체가 출범하게 되었다. 유라시아경제공동체는 통합관리기관으로서 '국가 간 이사회(Interstate Council)', '통합위원회(Integration Committee)', '의회 간 총회(Interparlia mentary Assembly)', '유라시아경제공동체법원'을 두었다.

제3단계는 관세동맹이다. CIS 시기에도 러시아, 벨라루스, 카자흐스탄을 중심으로 관세동맹을 추진하였지만 실효를 보지 못했다. 2006년 8월 3개국 정상은 관세동맹 추진에 합의했다. 2008년 세계 금융위기로 경제에 심각한 타격을 받은 3국은 이를 극복하기 위해 관세동맹을 적극적 추진한 결과 2009년 11월 27일 러시아, 벨라루스, 카자흐스탄 3국은 관세동맹을 체결할 수 있었다. 2010년 1월 1일 관세동맹이 효력을 발생하였지만 관련국 간 이견으로 인해 2011년 7월 1일 부터 내부 국경에서 세관 통제가 완전히 폐지되고 단일관세, 상품 이동이 자유로운 관세동맹이 완전히 작동하기 시작했다. 2010년 기준 관세동맹 3국은 인구 1억 6,750만 명에 GDP 규모 1조 6,775억 달러로 CIS 국가 전체 GDP의 86%, 전 세계 GDP의 2.66%를 차지하고 있다.[97]

제4단계는 단일경제공간(Common Economic Space)이다. CES는 2010년 12월 9일 3개국 정상들이 벨라루스, 카자흐스탄, 러시아 단일경제공간 창설에 합의하고 단일경제공간 출범에 필요한 17개 기본협정을 체결함으로써 이 협정은 2012년 1월 1일부터 발효되었다. 이로써 상품의 자유로운 이동과 제3국에 대한 단일무역체제뿐만 아니라, 서비스·자본·노동력의 자유로운 이동, 경쟁 및 자연독점 규제의 단일 규칙 및 원칙을 규정하는 통합의 더 높은 단계로서 단일경제공간이 형

---

97 이재영 등, 2011년, CIS의 경제통합 추진현황과 정책시사점: 관세동맹을 중심으로, KIEP. p.7.

성되었다. 단일경제공간 형성을 통해 러시아, 벨라루스, 카자흐스탄은 1억 6,750만 명의 소비자를 가진 단일시장에서 상품·서비스·자본·노동력의 자유로운 이동을 보장하는 조건이 마련되었고, 단일경제공간을 기반으로 하여 각국 경제의 핵심 부문에서 합의된 행동이 가능해졌다. 이외에도 2012년 1월 1일 EAEC 법원이 공식적으로 업무를 시작했고, 2월 1일 '유라시아경제위원회'가 기존 '관세동맹위원회'를 대체하여 관세동맹 및 단일경제공간의 상임조정기관으로서 기능을 수행하기 시작했다.

마지막 단계는 유라시아경제연합(EAEU)이다. 러시아, 벨라루스, 카자흐스탄은 국가 간 협력을 통하여 EAEC, 관세동맹, CES 발효 등 지역경제통합을 위한 노력을 기울인 끝에 2014년 5월 29일 러시아, 벨라루스, 카자흐스탄 대통령이 EAEU 창설에 관한 조약에 서명하였다. 이에 따라 회원국들은 2014년 10월 유라시아경제공동체를 청산하고, 2015년 1월 1일 러시아, 벨라루스, 카자흐스탄은 상품, 서비스, 자본, 노동력의 자유로운 이동과 단일한 경제정책 실현, 초국경 조정체계가 작동되는 EAEU를 출범시켰다. 같은 해 아르메니아(1월)와 키르기스스탄(8월)이 가입함으로써 5개국이 참여하는 유라시아 지역의 유일한 경제통합체가 탄생하였다.(표31)

표 31 유라시아 지역경제통합 발전단계

경제통합단계	역내관세 철폐	역외공동 관세	생산요소 자유이동	경제정책 조정	경제정책과 통화 통일	참가국
자유무역지대	○					1993, CIS국가
관세동맹	○	○				2010, 러·벨·카
공동시장	○	○	○			2012, 러·벨·카
경제동맹	○	○	○	○		2015 ~ 5개국

자료: EAEU 발전과정 참고, 저자정리

EAEU는 상품·서비스·자금·인력의 자유로운 이동을 실현하기 위하여 2025년까지 분야별 로드맵을 만들었다. 주요분야는 의약·의료(2016년), 전자조달 시스템(2017년), 전력시장(2019년), 금융시장(2025년), 가스·석유 및 석유제품시장(2025년) 등이다. 추진방법은 2014년 5월 체결된 조약에 따라 2025년까지 단기, 중기, 장기로 구분하며, 단기적(1~3년)으로는 법적·제도적 기반의 구축, 중기적(3~5년)으로는 공동프로젝트 추진을 통한 실질협력, 장기적(5~15년)으로는 세계시장에서 경쟁력을 확보하는 것이다.

2) 기본원칙 및 목표

EAEU의 설립취지는 역내에서 상품, 서비스, 자본 및 인력의 자유로운 이동과 EAEU 조약 및 EAEU 차원의 국제조약이 규정한 경제 부문에서 조정, 합의 또는 통일된 정책수행을 보장하는 것이다.

기본원칙은 △회원국의 주권 평등 및 영토적 통합성 원칙을 포함하여 국제법의 널리 인정되는 원칙 존중 △회원국의 정치구조 특성 존중 △회원국의 호혜적 협력, 국가이익의 평등 및 고려 보장 △시장경제 및 공정경쟁 원칙 준수 △예외 및 제한 없는 관세동맹 작동 등이다.

기본목표는 △국민 생활 수준 제고를 위한 회원국 경제의 안정적 발전 여건 조성 △상품, 서비스, 자본, 노동자원의 단일시장 형성 추진 △ 글로벌 경제의 조건에서 국가 경제의 전면적 현대화와 협업 및 경쟁력을 높이는 데 있으며, EAEU의 궁극적인 목표는 유럽연합(EU)과 같은 강력한 연합국가 체제인 유라시아연합을 형성하는 것이다.

3) 추진기구

유라시아경제연합의 주요 추진기구는 의사결정기구인 최고유라시아경제이사회(Supreme Eurasian Economic Council)와 유라시아정부간이사회(Eurasian Intergovernmental Council)가 있다. 또한 집행기관으로는 유라시아경제위원회(Eurasian Economic Commission)와 EAEU 법원(Court of Eurasian Economic Union)

등이 있다.(표32)

최고유라시아경제이사회는 회원국의 국가수반으로 구성되는 최고의결기구이다. 이사회는 EAEU의 공동목표와 전략, 발전방향 등을 결정한다. 회의는 매년 한 차례 열리며, 회원국은 특별회의를 소집할 수 있다. 만약에 최고유라시아경제이사회, 유라시아정부간이사회 및 유라시아경제위원회 의사결정 사이에 충돌이 있는 경우, 최고유라시아경제이사회 의사결정은 유라시아정부간이사회 및 유라시아경제위원회의 의사결정보다 우선 한다. 유라시아정부간이사회의 의사결정은 유라시아경제위원회의 의사결정보다 우선 한다. EAEU는 회원국 간 조약에 의하여 설립된 지역 국제기구로서 조약의 내용은 회원국들의 국내법에 우선 반영한다.

2021년 5월 21일 온라인으로 개최된 최고유라시아경제이사회에서 카자흐스탄 대표는 내부무역 협력을 심화시키고 지역통합을 확고히 추진할 것을 호소했다.[98]

유라시아정부간이사회는 회원국 정부수반(총리)로 구성된다.

EAEU 조약이행 보장을 주요임무로 하며, 유라시아경제위원회 미합의 안건 심의 및 결의안 취소 또는 수정 건 처리, EAEU 예산안을 비준하며 중요한 안건은

---

98 https://baijiahao.baidu.com/s?id=1700365640436850544&wfr=spider&for=pc(검색일: 2022. 6. 10.)

최고유라시아경제이사회에 제출한다. 정부간이사회는 매년 최소 두 차례 회의를 열고 필요하면 특별회의를 열 수 있다.

유라시아경제위위원회(EEC)는 초국가적 관리감독기구 구축을 목표로 2012년 2월 모스크바에 설립한 상설 국제기구이며, 이사회와 집행이사회로 구성된다. EEC는 EAEU의 공식대표로 연합을 대표하여 다른 국가 및 국제기구와 연계할 권리를 가진다. 주요업무는 무역, 기술, 세관, 관세 및 비관세 장벽, 위생, 수의 및 식물검역 조치, 의약품과 의료제품 생산, 전력과 운수산업, 노동시장, 금융 및 서비스 감독, 지적재산권과 소비자권리 보호 등이며 통합과정에서 회원국 이익에 부합되는 사항을 최고유라시아경제이사회 또는 유라시아정부간이사회에 건의한다. EEC가 채택한 결의는 두 개로 나눌 수 있다. 하나는 구속력이 있는 결의이고 다른 하나는 구속력이 없는 건의이다.

EEC 이사회의 구성원은 회원국 부총리가 맡고 위원회의 활동을 이끌며 통합과정을 관리한다. 예를 들어 연합 법규의 제정, 경제통합 발전방향 등이다. 또한 이사회는 위원회가 결정한 동의를 취소하거나 수정할 권리가 있다. 물론 이 결의가 발효되기 전에 이사회 구성원이나 회원국이 제출해야 한다.

집행이사회는 '유라시아경제위원회'의 집행기관으로서 회원국의 동등한 대표성 원칙에 따라 회원국 대표인 의장을 포함한 이사(장관급)들로 구성된다. 2020년 12월 기준 집행이사회는 의장을 포함하여 통합·거시경제, 경제·금융정책, 산업·농업, 무역, 기술규제, 관세협력, 에너지·인프라, 경쟁·반독점규제, 내부시장·정보화·정보커뮤니케이션기술 이사 등 총 10명으로 구성되어 있다. 이사들은 '유라시아경제위원회'의 각 부처를 관할한다. 집행이사회는 사무국을 포함하여 총 26개 부처로 구성되어 있다. 의장은 사무국, 의전·조직지원부, 재정부, 법률부, 행정부를 포함한 5개 부처를 관할한다. 이사들은 최고유라시아경제이사회에서 지명되며 의장을 제외한 다른 이사들은 4년 간의 임기로 연임이 가능하다.[99] 사무국은

---

99 이창수 등, 2021, 유라시아경제연합(EAEU)통합과정 평가와 한국의 협력전략, KIEP. p.45.

조약의 집행을 감독하고 연차 보고서를 제출하며, 주요 문제에 대해서는 각국에 의견사항을 권고할 수 있다. 또한 회원국 간 분쟁을 조정하고 예산을 집행하며 EEC와 각국 정부를 연결하는 역할도 담당한다. 예산은 공통관세 수입에 회원국의 기여분 비율로 예산이 확보됨에 따라 예산이 안정적으로 운영되고 있지 못하다.

표 32 유라시아연합기구 및 의사결정 방식

이사회 또는 위원회	대표	의사결정	회의개최
최고경제이사회	국가 정상	만장일치	1년 1회
정부간이사회	정부수반(총리)	만장일치	1년2회
경제위원회	정부 부총리	만장일치	분기 1회
경제위원회집행이사회	전문가(임기4년)	3분의2 다수동의/ 만장일치	상설기구

자료: 王志, 欧亚经济联盟:进展与挑战, 2018年第6期总第214期, 俄罗斯研究. p.47.

EAEU법원은 2015년 1월 1일 설립되었으며, 벨라루스의 민스크에 본부를 두고 있다. 법원은 EAEU 회원국들의 평등한 규정 이행을 보장하기 위해 노력한다. 법원은 EAEU 조약의 실행에 관한 논쟁, EAEU 조약과 국제조약과의 논쟁, 회원국 정부나 경제기구들의 청원 사항을 다룬다. 회원 각국에서 각 두 명씩의 재판관을 파견할 수 있으며, 의장은 최고유라시아경제이사회에서 선출된다. 이외에도 대외무역규제위원회와 운영위원회(기술적 규제 조정위원회) 등이 있다.

4) 추진현황

EAEU는 러시아 주도로 독립국가연합(CIS) 자유무역지대, 유라시아경제공동체, 관세동맹, 단일경제공간을 거쳐 2015년 1월 공식 출범함에 따라 EAEU 조약에 따라 실질적 경제통합체를 만들어가고 있다. EAEU는 현재 EU 다음으로 높은 통합 수준에 있는 통합체 중 하나로 역내 관세철폐와 역외 공동관세, 노동력의 자유로운 이동을 실현하는 등 단일시장을 형성하고 있으며, 초국가 시스템 구축, 경제통합을 위한 내부역량 및 대외협력 역량을 강화하는 등 완만하지만 안정적인 협력을 추진하고 있다. EAEU 출범 이래 추진현황을 살펴보면 다음과 같다.

첫째, 초국가 기구를 통해 협업을 강화하고 있다.

EAEU는 제도통합의 초국가 기구로 최고유라시아경제이사회, 정부간이사회, 유라시아경제위원회, EAEU 법원을 설립하여 운영하고 있다. EAEU 각급 이사회 및 위원회의 조약이나 법률은 회원국이 별도의 법적인 조치를 취하여야 효력이 발생하는 등 초국가적 기능이 떨어진다는 비판을 받고 있다. 당초 논의에서는 EAEU 법이 회원국 국내법보다 상위에 있기를 희망했지만 회원국들의 반대로 무산되었다.

그러나 초국가 기구를 통해 공동협력의 방향을 설정하는 등 긍정적인 성과를 얻고 있다. 대표적인 예로는 EAEU의 기본방향에 대하여 주도국인 러시아와 다른 회원국 간 이견을 해소한 것이다. 주도국인 러시아는 EAEU를 경제통합을 토대로 정치통합을 추진하여 최종적으로는 '유럽연합'과 같은 '유라시아연합'을 실현하는 것이다. 그러나 벨라루스와 카자흐스탄의 강력한 반대에 밀려 경제분야로만 묶여 있으며, 현재의 주요성과는 대부분 경제협력에 관한 것이다. 이처럼 EAEU는 어느 한 회원국이 주도하는 것이 아니라 회원국 간 협의와 조정을 거쳐 협력사항을 결정하는 시스템이 구축되어 있다.

둘째, 관세동맹 효과가 나타나고 있다.

2010년 1월 러시아, 벨라루스, 카자흐스탄 3국 관세동맹이 발효되고 2015년 1월 EAEU가 출범했지만 상품무역에서 통일관세 인하를 실현했을 뿐 비관세 분야에 대하여 장벽이 여전히 존재함에 따라 2018년 1월 EAEU 차원의 새로운 관세법이 발효되었다. 이 법은 EAEU 운영과정에서 나타난 제도적인 문제점을 보완하고 단일시장을 실현을 촉진하는 데 있다. 주요골자는 국가별 서로 다른 규정 통합 및 통관절차 전산화, 통관 단일창구 제도 등을 만들어 무역원활화로 무역원가를 낮추는 것을 내용으로 한다.

새로운 관세법 실시로 역내 무역장벽을 대폭 낮추고 대부분 상품 관세철폐로 역내무역이 발전했다. 예를 들어 역내 무역규모는 2017년 547억 1,000만 달러에서 2018년 602억 6,000만 달러, 2019년 610억 3,000만 달러로 꾸준히 증가해 관세동맹 효과가 나타났다. 그러나 코로나19의 영향으로 2020년에는 역내 무역규모가 548억 6,000만 달러로 다시 600억 달러 아래로 떨어졌다.[100]

셋째, 노동력의 자유로운 이동이 실현되었다.

EAEU는 조약에 따라 단일 노동시장에 합의했다. 세계 지역통합기구 중 단일 노동시장 합의는 EU가 유일하고, EAEU가 두 번째다. 회원국 근로자는 역내 어떤 나라에서든 일할 수 있고 본인과 가족은 기본적 사회보장을 받을 수 있다. 이는 연금 복지, 자녀교육 등을 포함한다.

넷째, 경제통합을 위한 분야별 공동시장 추진이 완만하다.

EAEU는 경제통합이 심화되고 있지만 2025년 완전 공동시장 달성 계획은 여러 가지 도전에 직면해 있다.[101] 분야별로 살펴보면 다음과 같다.

① 의약·의료(2016년) 공동시장 설립은 회원국 간 약품 제조사의 규칙과 의료 제품에 대해 인증 문제에 대하여는 합의점을 찾지 못해, 2025년까지 연장되었다.

② 전력(2019년) 공동시장 역시 회원국 간 합의를 보지 못했다. 현재 공동 전력시장에 관한 문서는 2015년 5월 비준된 EAEU 공동전력시장 프레임워크와 2016년 10월 비준된 EAEU 공동 전력시장 계획이 있지만 공동시장을 달성하기에는 시일이 필요하다.

③ 금융(2025년) 공동시장 관련하여는 EAEU 조약은 2022~2025년까지 초국가 기구를 설립하여 공동금융시장을 실현하기로 하였지만 단일 중앙은행과 단일통화에 관하여는 언급하지 않았다. 2017년 'EAEU 공동금융시장 프레임워크 구축' 로드맵을 만들고 'EAEU 금융시장 조정 입법협정'을 비준했지만 '단일통화' 계획은 없다.

---

100 杨文兰외, 2021, 对欧亚经济联盟内部贸易发展评估及启力
101 王志, 欧亚经济联盟:进展与挑战, 2018年第6期总第214期, 俄罗斯研究. p.37~38.

④ 석유 및 석유제품과 천연가스(2025년) 공동시장은 이미 로드 맵을 채택했다. 이에 따르면 2016~2017년 계획 수립, 2018~2023년 시행, 2024년 공동시장을 실시한다. 천연가스 공동시장은 2020년 천연가스 규제를 위한 입법 협조 시스템 완비, 2021년 상품거래소 건립, 2025년 공동시장을 실시할 계획이다. 하지만 EAEU 국가 중 일부는 에너지 대국이고 일부는 에너지 운송 통과국이다. 서로 간에 입장차이가 비교적 커 협상에 어려움이 예상된다.

다섯째, 역내시장 발전전략을 꾸준히 추진하고 있다.

2018년 12월 회원국 정상은 역내시장 발전을 위해 각종 장벽을 제거하여 회원국의 경제발전 이익을 조화시켜 통일되고 전면적이며 효율적인 역내시장 구축에 합의하는 등 EAEU 조약의 조속 추진에 힘을 모으고 있다.

여섯째, 대외협력을 통한 경제발전 전략을 적극적으로 추진한다.

EAEU의 대외협력은 상하이협력기구(SCO)와 CIS 국가, 중국(별도기술)을 중심으로 유럽연합, 동북아, 아세안으로 외연을 확대하고 있다.

여기서 주목할 것은 SCO이다. 이 기구는 2001년 7월 14일 러시아, 중국, 우즈베키스탄, 카자흐스탄, 키르기스스탄, 타지키스탄 등 6개국이 설립한 국제조직이다. 상호 신뢰와 선린우호 강화, 정치·경제·과학·기술·문화·교육·자원·교통·환경보호 등의 영역에서 협력 촉진, 지역 평화와 안정 그리고 안전보장을 목적으로 하고 있다. SCO의 조직은 크게 상설기구와 비상설기구로 나뉜다. 상설기구는 사무국과 지역 반테러기구 집행위원회가 설치되어 있다. 최고의사결정기구인 국가원수회의를 비롯해, 정부수반(총리)회의, 외교장관회의, 국가조정관회의가 있다. 분야별로 검찰총장·국방장관·경제무역·교통 등의 장관급회의가 있고, 그 아래 고위관료회의 및 실무그룹회의 등으로 구성된다. SCO 회원국 및 준회원국은 2022년 6월 기준 8개 회원국(창설6, 파키스탄, 인도), 4개 준회원국(아프가니스탄, 벨라루스, 이란, 몽골), 6개 대화파트너 (아제르바이잔, 아르메니아, 캄보디아, 네팔, 스리랑카, 터키)로 구성되어 있다.[102] SCO와 협력은 EAEU와 실크로드 경제벨트 연계협력에 탄력을 받을 것이다.

CIS 국가 역시 EAEU와 경제협력에 빼놓을 수 없는 지역이다. 현재 CIS 9개 국 중 몰도바(401만 명), 우즈베키스탄(3,438만 명)이 EAEU 옵서버국에 가입했으며, 아제르바이잔(1,030만 명)과 타지키스탄(995만 명)도 회원국 가입 가능성이 높은 것으로 알려져 있다. CIS의 모든 국가가 회원국에 가입하면 인구 24,276만 명의 거대 단일시장이 탄생한다.[103]

EAEU는 세계 각국과 FTA도 추진하고 있다. 현재 베트남, 이란, 세르비아, 싱가포르와 FTA를 체결하였으며 이집트, 이스라엘, 인도, 몽골, 태국 등과 협상을 진행하고 있다.

2015년 5월 EAEU와 베트남 FTA 체결(바이두)

일곱째 중국과 단일경제공간을 추진한다.

중국의 실크로드 경제벨트와 러시아가 주도하는 EAEU는 상호 간 연계협력의

---

102 https://terms.naver.com/entry.naver?docId=3596804&cid=62067&categoryId=62067, 상하이협력기구(검색일: 2022. 6. 20.)
103 인구(2022년 기준) KOSIS(통계청, UN, 대만통계청)(검색일: 2022. 5. 4.)

공간이 많다. 중국이 실크로드 경제벨트 추진을 통해 유라시아대륙경제통합의 목표를 실현하자면 유라시아 국가와 협력은 필수 불가결한 요소이다. EAEU를 주도하고 있는 러시아 역시 EAEU 국가들의 풍부한 자원개발과 경제발전을 위해서는 중국과 협력이 절실히 필요한 실정이다. 이러한 양국의 현실을 반영하듯이 중국 시진핑 주석과 러시아 푸틴 대통령은 EAEU가 발효한지 4개월여만인 2015년 5월 8일 정상회담을 갖고 실크로드 경제벨트와 EAEU 연계협력에 관한 공동성명을 발표했다. 주요내용은 다음과 같다.

【 공동성명 주요내용 】

1. EAEU와 경제무역협력을 위한 협상 가동
   - 실크로드 경제벨트와 EAEU 연계 지역경제통합 강화, 지역의 평화와 발전을 위한 공동노력, 아시아와 유럽 각 기관에 개방, 상하이협력기구 플랫폼 활용
2. 상기 목표 실현을 위해 다음과 같은 우선분야 지역협력 추진
   - 투자·무역 협력 확대, 무역구조 최적화로 새로운 성장동력 육성
   - 상호 투자 원활화와 생산능력협력, 대형투자협력 프로젝트 실시
   - 공동으로 산업단지와 초국경경제합작구 건설
   - 물류·교통 인프라·복합운송 등 분야에서 연계성 강화, 인프라 공동개발 프로젝트 실시, 지역생산 네트워크 최적화 및 확대
   - 무역원활화 체제 구축, 협업분야에서 공동조치
   - 표준화, 경제무역 등 분야별 정책 조정·호환, 중소기업 발전에 양호한 환경 조성
   - 중국과 EAEU 자유무역지대(FTA) 건립을 장기목표로 연구 추진
   - 본국통화 결제 확대, 통화스와프 실시, 수출신용보험·융자·은행카드 분야 협력심화
   - 실크로드펀드, AIIB, 상하이협력기구 은행연합체 등과 금융협력
3. '단일경제공간' 건설을 위한 협력 논의, 협력TF팀 구성, 중러총리 정기회의 및 기타 양자협력 체제를 통해 합의사항 진행과정 감독

자료 :http://www.xinhuanet.com/world/2015-05/09/c_127780866.htm,(검색일: 2022. 4. 20.)

중국과 EAEU는 양국 정상 공동성명의 후속조치로 2018년 5월 17일 카자흐스탄 아스타나에서 '중국·EAEU경제무역협력협정'에 서명했다. '협정'은 관세협력과 무역원활화, 지적재산권, 부문 간 협력 및 정부조달 등 13개 장을 포괄하였고 전자상거래와 경쟁 등 새로운 의제를 포함하였다. '협정'의 취지는 비관세 무역장벽

감소 △ 무역원활화 수준 제고 △ 산업발전을 위한 양호한 환경 조성 △ 경제무역 발전 촉진 △ 기업과 국민에게 실질적 혜택 부여 △ 경제무역 협력의 제도적 보장에 있다.

이 '협정'은 2019년 10월 25일 정식 발효됐다. '협정'의 발효에 대하여 양측의 주요인사는 "협정의 발효는 단일경제발전공간 건설, 일대일로와 EAEU 연계 및 대유라시아 동반자관계의 조화로운 발전을 실현하는 중요한 조치이며 쌍방이 경제무역 분야에서 호혜협력과 건설적인 대화를 전개하는 데 도움이 된다"고 밝혔다.[104]

2020년 10월 28일, 중국·EAEU 경제무역협력협정공동위원회 제1차 회의가 온라인으로 개최되었다. 양측은 협정 시행 1년 동안 쌍방의 경제무역 관계 발전을 긍정적으로 평가하고 기술법규, 무역구제, 세관, 투자 등의 분야에서 대화 협력을 강화해 나가기로 합의하는 등 중국과 EAEU 간 경제협력이 본격적으로 추진됨에 따라 투자, 무역 등 다양한 분야에서의 협력이 활발하게 추진되고 있다. 2020년 EAEU와 중국과 무역규모는 1,255억 달러로 EAEU 전체 무역액의 20.2%를 차지하며, 제1위 무역국가이다.

이처럼 EAEU는 2015년 출범 이래 관세법 개정, 분야별 공동시장 추진, 역내 경쟁력 제고, 중국과 상하이협력기구를 중심으로 한 대외 경제협력 지역의 외연 확대를 통해 어느 정도 성과를 거두고 있다는 평가를 받고 있다. 향후 EAEU는 러시아 주도의 한계 극복과 회원국들의 부존자원을 활용한 경제발전 추진을 위하여 중국과 단일경제공간 조성, 상하이협력기구와 전략적 협력, 우즈베키스탄·몰도바·아제르바이잔·타지키스탄의 회원국 가입을 추진하면서 한국, 일본, 아세안과 협력을 확대해 나갈 전망이다.

---

104 http://kz.mofcom.gov.cn/article/jmxw/201910/20191002907786.shtml

나. 중몽러경제회랑

1) 개황

중국, 몽골, 러시아 3국은 긴 국경선을 맞대고 있다. 몽골은 중국과 러시아 사이에 위치하고 있으며 국경선은 동쪽으로 네이멍구 만저우리(内蒙古満洲里)시에서 서쪽으로는 신장 아레타이(新疆阿勒泰)까지로 길이는 4,677km이다. 러시아는 대부분 중국 헤이룽장성과 국경을 맞대고 있으며 길이는 4,374km이다.[105] 중몽러 3국은 오랫동안 갈등과 협력을 되풀이하였으나 21세기 들어 새로운 협력관계를 형성하고 있다.

2019년 6월 5일 중러 정상은 회담을 갖고 양국관계를 '신시대 전면적 전략적 협력동반자 관계'로 격상했다.(中国日报网)

중국과 러시아는 1989년 소련 고르바쵸프 대통령의 방중 전까지는 영토분쟁, 사회주의 노선 이견 등으로 갈등의 연속이었으나 1996년 4월 '전략적 협력동반자 관계'를 맺은 이래 교류협력이 활성화되기 시작했으며, 2000년대 들어 양국 간 실질적 협력이 확대됨에 따라, 2011년 6월 '전면적 전략적 협력동반자 관계'로 발전

---

105 https://www.yaliaojie.com/a/151045.html,中俄边境线有多少公里？(검색일: 2022. 6. 7.)

하였으며, 2019년 6월 '신시대 전면적 전략적 협력동반자 관계로'로 격상하는 등 중러관계가 역사상 가장 좋은 시기를 맞고 있다.

몽골과 중국은 200여 년간 청나라의 몽골 지배에서 기인한 민족감정과 국경분쟁 등의 요인으로 오랫동안 불편한 관계를 유지하였다. 1949년 10월 외교관계를 수립하였으나 1960년 중소 분쟁 시 몽골의 소련지지 및 소련군의 몽골 주둔으로 1967년 8월 외교관계가 단절되는 등 부침을 겪었으나, 1980년 중반 중소 관계가 개선되면서 양국 간 교류협력이 추진되기 시작했다. 1994년 '몽중신(新)우호협력협정'을 체결하였으며, 2014년 '전면적 전략적 동반자 관계'로 격상되었다. 중국은 몽골의 제1위 교역·투자국이다.

몽골과 러시아는 1921년 수교 후 사회주의 연대를 바탕으로 종속적 협력관계를 유지해왔으며, 1990년 민주화 이후 종전의 종속관계에서 평등한 외교관계로 전환되었다. 1993년 몽골과 러시아는 양국 간 상호 불간섭원칙에 입각한 선린우호 관계를 수립하였다. 2009년 8월 '몽러 전략적 동반자 관계'로 격상했다. 러시아는 몽골의 제2위 교역국이자 제4위 대몽골 투자국이다. 몽러교역은 대부분 이르쿠츠크, 울란우데 등 부랴티야 지역과 국경교역이 대부분을 차지한다.

그간 중몽러 3국은 지리적 인접성과 전통적인 우호관계를 바탕으로 양자 간 정치, 경제, 사회, 문화 등 전 분야에 걸쳐 교류협력을 활발하게 추진하여 왔으나, 교통 인프라 미비, 산업기반 취약, 경제력 차이, 무역장벽, 통관복잡, 제도적 상이 등으로 기대한 만큼 성과를 얻지 못하고 있었다. 특히, 러시아는 2000년대 후반부터 중국 동북 3성 및 네이멍구와 극동시베리아 지역 간 경제협력을 추진해 왔으나 협력사업이 지지부진함에 따라 중국과 경제협력에 미온적인 태도를 보여 왔다.

중몽러 3국의 경제협력의 변곡점이 된 것은 일대일로이다.

시진핑 주석은 2013년 9월 7일 카자흐스탄 나자르바예브대학 강연에서 실크로드 경제벨트(丝绸之路经济带)구축을, 2013년 10월 3일 인도네시아 국회연설에서 아세안과 21세기 해상 실크로드(21世纪海上丝绸之路) 공동건설을 제안하여 국제사회의 큰 관심을 받았다. 일대일로는 실크로드 경제벨트와 21세기 해상 실크로드의 약칭이며, 일대(一帶)는 육상실크로드를 일로(一路)는 해상실크로드를 가리킨다.

일대일로구상도

일대일로는 고대 실크로드 정신을 계승하여, 국가 간 협력을 통하여 인프라를 구축하고 사람과 상품의 자유로운 이동을 실현하는 것이다. 특히 실크로드 경제벨트 협력의 기본방향은 동남아경제통합과 동북아경제통합뿐만 아니라 유라시아대륙 경제통합 형성을 목표로 한다.

중국의 일대일로 제안은 실크로드 경제벨트 선상에 있는 몽골, 러시아와 경제협력을 촉진하는 계기가 되었다. 몽골은 오래전부터 몽골과 유라시아대륙의 상업무역통로인 '초원의 길' 부활을 추진하고자 하였으나 연접국가의 관심저하와 재원조달 등의 문제로 사업추진에 큰 진전을 보지못하고 있었다. 2013년 중국이 일대일로를 제창함에 따라 2014년 11월 유라시아 중간 지점에 있는 지리적 이점을 바탕으로 교통과 무역을 통해 몽골 경제를 진흥시키기 위해 '초원의 길' 계획을 발표했다. 이 계획은 중국과 러시아를 잇는 997km의 고속도로 건설, 1,100km의 송전노선 신설, 몽골의 기존 철도 확장, 천연가스·석유 파이프라인 확장 등 5개 프로젝트로 약 500억 달러가 소요된다. 몽골은 '초원의 길' 계획으로 새로 건설될 간선도로 주변 지역에 더 많은 상업적 기회를 가져다줄 뿐만 아니라, 현지 각종 산업의 업그레이드를 이끌 수 있다고 전망하였다. 이 계획은 연접국가인 중국과 러시아의 협력이 절대적으로 필요하며 사업의 성과는 3국 이 공유할 수 있다. 러시아 역시 시베리아 횡단철도 활성화와 유라시아경제공동체 달성을 위해 중국과 전략적 협력관계를 바탕으로 신동방정책을 추진하고 있었다.

이처럼 3국 간 경제협력 분위기가 성숙 됨에 따라 2014년 9월 11일 타지키스탄 수도 두샨베에서 시진핑 중국 국가주석과 푸틴 러시아 대통령, 엘베그도르지 몽골 대통령이 첫 정상회의를 가졌다. 이 회의에서 시진핑 중국 국가주석은 "실크로드 경제벨트, 러시아 유라시아철도, 몽골 초원의 길과 연계한 중몽러경제회랑을 건설하여 철도, 도로 등 네트워크 강화, 통관 및 운송원활화, 통과운송 협력 촉진, 초국경 송전망 건설 연구, 관광·싱크탱크·미디어·친환경·재난방지 등의 실질적 협력 추진을" 제안했다. 푸틴 러시아 대통령은 "중몽러 3국은 지리적으로 인접하여 있으므로 경제교류협력을 더욱 강화할 필요가 있으며, 중국의 실크로드 경제벨트는 3국 경제협력의 새로운 기회를 제공했다고 밝히고 3국의 발전계획과 연계하여 에너지 및 광산자원, 교통인프라 등의 분야에 장기적이고 안정적인 협력관계를 건립하자"고 했다. 엘베그도르지 몽골 대통령은 "중러와 협력을 강화하여 교통인프라 네트워크와 통과운송 발전을 촉진시키자고" 했다. 이 회의에서 중몽러 3국 정상은 교통회랑 건설을 중심축으로 하는 경제회랑 건설에 합의하고 '차관회의'를 통해 구체적인 방안을 마련하기로 합의했다. 그리고 2015년 7월 9일, 러시아 우파에서 열린 '제2차 정상회의' 에서 중몽러경제회랑 건설에 합의하였으며, 2016년 6월 23일, 우즈베키스탄 타슈켄트에서 열린 '제3차 정상회의'에서 3국의 정상이 '중몽러경제회랑 건설계획 요강(建设中蒙俄经济走廊规划纲要)'에 서명하고, 10개 분야 32개 프로젝트를 발표함으로써 중몽러경제회랑을 본격적으로 추진하게 되었다.

중몽러경제회랑 지역은 세계 최대의 자원부국인 몽골과 러시아, 제조업 강국인 중국이 참여하고 있으며, 유라시아경제연합과 연계협력이 순조롭게 이루어진다면 16억 8천만 명의 인구를 가진 거대한 단일시장이 탄생될 수 있다.

또한 이 지역은 지리적으로 동북아, 더 나아가 유럽·아시아·태평양 지역 전체에서 차지하는 비중이 매우 크다. 이 회랑을 따라 동쪽으로 남북한, 일본, 동남아 및 아시아·태평양 지역으로, 서쪽으로 중앙아시아와 유럽으로 연결될 수 있다.

중몽러경제회랑은 현재 2개의 교통로를 갖고 있다. 하나는 화베이 (华北)[106] 통로로 텐진~베이징~네이몽구(内蒙古) 후허하오터(呼和浩特)~몽골 울란바토르~러시아 부랴티야 공화국 울란우데~러시아 모스크바이다.

중몽러교통회랑

자료: www.unuudur.com/wp-content/uploads/20150731-Project-Location-and-Rail-Policy.jpg

---

106화베이(华北)는 동북지역과 네이멍구에 연접해 있으며, 베이징시, 텐진시, 허베이성 중남부, 산시성, 네이멍구 중부(후허하오터시, 우란차부시, 바오터우시, 어얼둬스시) 등 5개 지역이다. 면적은 838,100 km²이며, 인구는 1억 6,800만 명이다.

다른 하나는 동북(東北)통로로, 다롄(大连)~선양(沈阳)~지린성 창춘(长春)~헤이룽장성 하얼빈(哈尔滨)~네이멍구 만지우리(满洲里)와 러시아 치타를 거쳐 모스크바로 가는 노선이다. 이 두 개의 교통로는 모두 유럽으로 연결된다.

중몽러경제회랑의 중점 협력지역은 중국 동북 3성과 네이멍구, 러시아 극동과 시베리아, 몽골이다. 이 지역은 철도, 도로, 수로로 연결되어 있으며 철도와 도로로 유럽으로 갈 수 있지만 자국의 변방에 위치하여 지역발전이 상대적으로 낙후되고 경제 수준이 낮으며 교통 인프라가 발달하지 않았다. 일부 국가에서는 이 지역개발을 위하여 경제특구를 지정하는 등 노력을 기울이고 있으나, 연접국가와 협력 없이 어느 한 나라, 한 지역의 개발만으로는 지역을 발전시키는 데 한계를 갖고 있다. 이 지역은 연접국가와 공동협력을 통하여 지역개발을 추진해야만 성과를 얻을 수 있는 지정학적 특성이 있다. 이것이 중몽러경제회랑 건설을 추진한 배경 중의 하나이다.

2) 중몽러경제회랑 건설계획 요강

중몽러경제회랑 건설계획 요강《建设中蒙俄经济走廊规划纲要》(이하 '요강')[107]은 중몽러 3국 경제교류협력의 기본계획이다. 특히 중몽러경제회랑의 중점 협력지역은 GTI 지역을 포함하고 있으므로 '요강'의 철저한 분석을 통해 중몽러경제회랑과 GTI 간 상생협력 사업을 발굴할 필요성이 있다.

'요강'은 제정경위, 목적, 협력분야, 협력원칙, 재원조달, 추진기구, 기타로 구성되어 있다. '요강'을 분석하면, 경제회랑의 목표는 중국의 실크로드 경제벨트, 몽골의 초원의 길, 러시아 유라시아경제연합과 연계하여 교통 인프라를 구축하고 산업클러스터와 경제무역 발전을 실현하여 이 지역 간 경제통합을 촉진하는 것이다.

이 목표를 실현하기 위한 7대 협력분야는 ①교통 인프라 발전 및 연계성 촉진, ②통상구(口岸)건설과 세관 검사검역 관리감독, ③생산능력 및 투자 협력, ④경제

---

107 중몽러경제회랑 건설계획 요강의 원문을 한국어로 알기 쉽게 재 정리하였다.

무역 협력, ⑤인문교류 협력, ⑥생태환경보호 협력, ⑦지방 및 국경지역 협력이다. 7대 협력분야는 크게 '교통회랑', '경제회랑', '전면적 교류협력'으로 나눌 수 있다.

'교통회랑'은 중몽러경제회랑의 핵심 프로젝트로 교통 인프라를 구축하고 이것과 연동하여 국경지역 주요 관문에 출입국 및 통관 업무를 취급하는 통상구 건설과 세관 검사·검역 관리 감독 협력을 통한 교통원활화를 추진하는 것이다. 교통회랑 중에서 통상구는 무역원활화를 위한 핵심기능을 갖고 있다. 중국의 경우 통상구는 국경도시의 규모에 따라 1급 통상구, 2급 통상구가 있다. 1급 통상구는 국무원이 비준하며, 국내외 인원 출입국, 화물 통관 등이 가능하며, 2급 통상구는 성(省:광역자치단체)정부가 비준하며 국내 및 접경국 인원 출입국과 상품의 이동이 가능하다. 통상구는 국가별로 운영체계가 다르고, 제도 상이 등으로 인하여 사람과 상품의 자유로운 이동에 장애요인으로 작용하고 있으므로 통상구 시설의 현대화와 신속한 통관 등을 추진한다.(표33)

표 33 교통회랑 협력

협력분야	주요내용
① 교통 인프라 발전 및 연계성 촉진	· 3국의 도로·철도·항공·항구·통상구 등 인프라자원 공동 기획 · 국제운송로, 국경 인프라 기반과 초국경 운송조직 분야 등 협력강화 　- 장기적인 소통 메커니즘 형성, 연계성 촉진 · 국제 육상 교통회랑 건설 　- 인프라 함께건설 프로젝트 실시 　- 승객, 화물 및 교통수단의 자유로운 이동 보장 · 철도 및 도로 운송 잠재력 제고 　- 기존 철도 현대화와 철도·도로 신설 프로젝트 추진 · 초국경 운송분야 규칙제정 · 양호한 기술과 관세조건 제공, 국제통관·환적·전 노선 복합운송 연계 　- 국제 연합운송 정보교환, 철도 화물운송 데이터 공유 · 항공운송 서비스 연계성 　- 안전수준 제고, 경제적 효익의 향상과 효율적 공간 활용 · 정기 국제컨테이너 화물열차를 교통물류의 핵심으로 발전

협력분야	주요내용

② 통상구 건설과 세관
검사 · 검역 관리감독
	· 3국의 소프트웨어 · 하드웨어 능력 강화
	  – 인프라 리노베이션과 리모델링을 추진하여 공중위생 통제수준 제고
	  – 정보교환과 법 집행 공조 강화
	· 세관, 검사 · 검역 업무 및 화물감독 체계와 모델 혁신
	  – 통상구 통행과 화물운송 능력향상 추진
	  – 환적, 국경열차역 화물하역, 철도 통상구 수용능력 균형성장 촉진
	· 동식물 검사검역 분야 협력 추진
	  – 식품안전협력체제 구축, 식품 통과무역 관리감독 강화
	  – 식품 통과무역 원활화 촉진
	  – 국가 간 AEO(수출입안전관리우수공인업체) 인증 등 협력 강화108
	  – 국경 전염병 감시검측 통제, 병원균의 전파 매개체 감시 검측
	  – 돌발 공중위생 사건 처치 등에 관한 협력 강화

네이멍구 얼렌하오터 통상구는 도로와 철도로 몽골, 러시아로 연결된다. 몽골 최대 국경도시인
자민우드와 9㎞떨어져있다.(바이두)

'경제회랑'은 별도 프로젝트로 추진하는 것이 아니라 교통회랑과 연계하여 추진

한다. 협력분야는 생산능력 및 투자 협력, 경제무역 협력을 통해 무역을 확대하고

경제공동체의 기반을 구축하고자 한다.(표 34)

표 34 경제회랑 협력

협력분야	주요내용
③ 생산능력 및 투자 협력	·에너지·광산자원, 고기술, 제조업, 농·임업·목축업 등 분야의 협력 강화 　- 공동으로 생산능력과 투자협력 클러스터 조성 　- 산업협동 실현 및 지역생산 네트워크 형성 ·전기통신 네트워크의 확대, 인터넷 트래픽의 증가, 전자 상거래 제휴 강화, 중계 트래픽의 향상을 위한 조치 연구 ·송전선과 신발전 설비의 신설에 따른 경제 기술적 합리성 연구 ·몽골을 경유하는 중러 원유 및 천연가스관의 적정성 연구 ·원자력·수력발전·풍력발전, 태양광 에너지, 바이오매스 에너지 협력 ·3국 과학기술단지와 혁신고지(高地)협력 ·민용(民用) 우주 인프라 협력 및 정보교류와 협력 확대
④ 경제무역 협력	·국경무역 발전, 상품무역 구조 최적화, 서비스 무역 확대 ·농산품, 에너지광산, 건자재 및 제지제품, 방직 등의 무역규모 확대 및 장비제조와 고기술 제품의 생산 수준 향상 ·관광, 물류, 금융, 컨설팅, 광고, 문화 창의 등 서비스 무역 분야 교류협력 강화 　- 정보기술·업무 프로세스·노하우 아웃소싱 추진 　- 소프트웨어 연구개발 및 데이터 유지 보호 등 분야 협력 　- 초국경경제합작구 건립 　- 국경무역은 가공·투자·무역 일체화 추진

'전면적 교류협력'은 인문교류, 생태환경보호, 지방 및 국경지역 등 전면적인 교류협력을 통하여 지역통합을 촉진하고자 한다.(표 35)

표 35 전면적 교류협력

협력분야	주요내용
⑤ 인문교류 협력	·교육·과학기술·문화·관광·위생·지적재산권 등 방면의 협력 중점 추진 ·인적 왕래 원활화 촉진, 민간교류 확대 ·관광산업 발전, 초국경 관광노선 개발 ·국경도시 관광레저 기능 완비에 주력 ·다양한 관광상품 개발, 양호한 관광환경 조성 ·초국경, 권역별 관광종합안전보장 메커니즘 건설 ·관광객의 인신, 재산의 안전을 확보하기 위한 조치 실시 ·관광객 환경보호 의식 강화, 비상시 관광객 구조체계 수립 ·공동 관광브랜드 육성, 관광객 정보통합사업 실시 검토 ·교육과 과학연구기관 간 교류협력 강화 ·지적 재산권 보호 실천 및 지적 재산권 분야 인력 양성 등에 관한 교류협력 강화 ·문화교류 브랜드화, 직접창작 연계 확대

협력분야	주요내용
⑤ 인문교류 협력	· 연극 · 음악과 서커스 · 영화 · 민간 창작 · 문화유산보호 · 도서관 사무와 문화 분야 인재육성 등에 관한 교류협력을 심도 있게 추진
⑥ 생태환경보호 협력	· 정보공유 플랫폼 구축 가능성 연구 · 생물다양성, 자연보호지역, 습지보호, 산림방화 및 사막화 분야 협력 · 방재 · 화재감소에 관한 협력 확대 · 자연재해와 인위적 사고, 초국경 삼림과 초원 화재, 특수 위험성 전염병 등 초국경 고위험 자연 재해 발생 시 정보교류 강화 · 생태환경보호 분야의 기술교류 협력 적극 추진 · 환경보호 세미나 공동개최 → 연구 · 실험분야 협업 가능성 모색

⑦ 지방 및 국경지역 협력	· 각 지방의 비교우위를 고려한 지방 및 국경지역 협력 추진
	  – 지방개방 협력의 장 마련
	  – 자국 지방에서 중몽러경제회랑 건설 참여방안 적시 수립 · 추진
	· 지방 간 경제무역 협력 추진
	· 관련 지방 간 비교우위를 충분히 발휘하여, 협력 메커니즘 건설

중몽러경제회랑 '요강'의 특징은 구체적인 재원조달 방안을 제시하고 있다. 재원조달은 국가투자, 민간투자, 민관협력 모델을 도입하고, 국제금융기구의 융자는 AIIB, 브릭스개발은행, 상하이협력기구은행연합체, 실크로드펀드 등 다양한 재원을 활용한다.

경제회랑 추진 전담부서는 중국 국가발전개혁위원회, 몽골 외교부, 러시아 연방경제발전부이다. 전담부서 간 협력을 강화하기 위하여 3국 국장급 워킹그룹을 설립하고 매년 1회 이상 회의를 개최하며, 주요업무는 프로젝트 실시상황 감독 및 협력사업 발굴 등이다.

이 사업은 2016년 6월 23일부터 최장 10년간 추진할 계획이다.

3) 중몽러경제회랑 32개 프로젝트

중몽러 3국 정상은 2016년 6월 23일, 교통 인프라, 산업협력, 국경 통과지점 현대화, 에너지 협력, 무역 · 세관업무 검사 · 검역, 생태환경보호, 과학기술교육, 인문교류. 농업, 의료보건 등 10개 분야 32개 프로젝트를 발표했다.(표 36)

3국은 경제회랑 건설의 성공적인 추진을 위하여 국장급으로 구성된 '워킹그룹회의' 정례화를 통해 추진상황 점검, 국가 간 협력사업 공조, 새로운 협력사업을 발굴하는 등 사업추진에 만전을 기하고 있다.

표 36 중몽러경제회랑 10개 분야 32개 프로젝트

협력분야	프로젝트명	내용	비고
교통 인프라	1. 중앙철도회랑	울란우데~나우쉬키~수흐바토르~울란바토르~자민우드~얼렌~장자커우~베이징~텐진	종합적 현대화 및 발전, 복선화 및 전철화의 경제적 타당성 조사
	2. 북부철도회랑	쿠라기노~키질~차간톨고이~아르츠수르~오보트~에르데네트~살히트~자민우드~얼렌~울란차브~장자커우~베이징~텐진	프로젝트 수행 연구 및 경제적 타당성 확보 시 착수
	3. 서부철도회랑	쿠라기노~키질~차간톨고이~아르수르~코브드~타케쉬켄~하미지구 창지후 이족자치주~우루무치	"
	4. 동부철도회랑	보르쟈~솔로비옙스크~에렌차브~초이발산~후트~비치그트~쉴린－골(시린궈러맹)~츠펑~차오양~진저우/판진	"
	5. 두만강교통회랑 (프리 모리예2)	초이발산~숨베르~아얼산~울란호토~창춘~옌지~훈춘~자루비노	확대 프로젝트 수행연구 및 경제적 타당성 확보 시 착수
	6. 프리모리예－1 철도교통 회랑	초이발산~숨베르~아얼산~만저우리~치치하얼~하얼빈~무단장~쑤이펀허~블라디보스토크~나홋카	"
	7. 몽골 영토를 지나는 모스크바~베이징 고속철도 간선 건설 가능성 연구		
	8. 3자 물류기업 설립 문제 협상 수행		
	9. 아시아하이웨이 AH－3 노선	울란우데~캬흐타/알탄불락~다르한~울란바토르~사인샨드~자민우드/얼렌~베이징 외곽~텐진	통과운송 집중 이용, 해당 노선 하이이웨이 건설의 경제적 타당성 연구

협력분야	프로젝트명	내 용	비 고
교통 인프라	10. 아시아하이웨이 AH-4노선	노보시비르스크~바르나울~고르노알타이스크~타샨타/울란바이쉰트~흡드~야란타이/타케쉬켄~우루무치~카쉬~혼키라프	건설 및 통과운송 집중 이용
	11. 동부자동차 도로회랑	보르쟈~솔로비옙스크~에렌차브~초이발산~바룬우르트~비치그트~시린궈러맹~시우드쥠치민치~츠펑/실린호토~차오양/청더~판진/진저우~톈진	프로젝트 수행 연구 및 경제적 타당성 확보 시 착수
	12. 중국, 몽골, 러시아 간 아시아자동차도로 국제자동차운송(UNESCAP) 협정 서명 및 실현촉진		
	13. (울란우데~톈진) 통과 교통회랑	울란우데~캬흐타/알탄볼락~다르한~울란바토르~사인샨드~자민우드/얼롄~울란차브~베이징~톈진	통신 인프라의 적극적 조성, 안전보장 및 기술 과정 관리의 장마련
산업협력	14. 중몽러 경제회랑 선진시범지대 조성 진전, 3국 간 생산협력 클러스터 조성 가능성 연구		
	15. 헤이룽장과 러시아 지방들 간, 네이멍구와 몽골 간 경제협력 시범지대 조성 타당성 조사		
국경통과지점 현대화	16. 러시아 자바이칼스크철도 통과지점, 포그라니츠니, 크라스키노, 몬디 자동차 통과지점 보수, 중국-만저우리, 쑤이펀허, 훈춘, 얼롄 통과지점 현대화, 몽골 철도, 자동차 통과지점 현대화 및 건설		
에너지협력	17. 몽골 및 러시아 전력망 현대화에서 중국기업들의 참여 가능성 연구		
무역 · 세관업무 · 검사 · 검역협력	18. 2015년 7월 9일자 중몽러 국경을 지나는 통과지점 발전 부문 협력에 대한 기본 협정, 3국 간 무역 발전 촉진을 위한 호의적 조건 조성 부문 협력에 대한 중몽러 세관 간 MOU 실행		
	19. 중몽러 세관 간 일부 상품에 대한 세관 통제 결과 상호인정에 대한 협정 서명 및 실행 촉진		
	20. 일대일로 차원의 식품안전분야 협력에 대한 2015년 11월 3일자 중몽러 공동 성명 실행, 초국경 식품무역분야 감독 관련 협력 강화, 무역조건 개선촉진		
	21. 중몽러 조사 · 검역 기관 간 협력에 대한 기본협정 서명 촉진		
생태환경 보호협력	22. 실질협력 진전, 자연보호특별구역에 대한 3자의 상호 이익적 협력을 촉진하는 접촉 강화 및 협의 수행, '다우리야' 중몽러 보호지역 활동 차원에서 상호 이익적 협력 활성화		
	23. 중몽러 초국경 생태회랑 건설, 야생 동식물 및 늪지대 학술탐사와 모니터링 수행, 야생 동식물, 철새보호 부문 협력강화		

협력분야	프로젝트명	내 용	비 고
생태환경 보호협력	24. 환경생태보호 부문 공동 통제 및 정보교환 시스템 구축 가능성 연구		
과학기술 교육협력	25. 교통, 환경보호 및 천연자원의 합리적 이용, 생명과학, 정보통신 기술, 나노 시스템 및 재료, 에너지, 에너지 절약 및 방출 감소, 농업과학, 신산업기술, 자연·유전적 재난과 같은 부문들에서 3국 테크노파크, 혁신 플랫폼, 학술·교육기관 간 협력 강화		
	26. 3자 과학기술 발전 정보 교환 진전, 연구원 교류 및 견습 촉진		
	27. 학생 상호방문 및 대학생 해외 상호파견 규모 확대, 교육기관의 청년교육 교류 진전		
인문교류 협력	28. 초국경적 지방 간 관광 노선 발전(예: 러시아의 바이칼 호, 몽골의 홉스굴호, 중국의 후룬베이얼호를 포함하는 대호수 트라이앵글), 중몽러 관광고리 조성		
	29. 중몽러 국제 관광 브랜드 'Great Tea Road' 개발		
	30. 3국 영화의 상업적 교환 진전, 공동 영화제작 발전		
농업	31. 2015년 9월 12일자 중몽러 검역기관 간 협력의향에 대한 협약 시행		
의료보건	32. 의료 및 보건에 관한 국제세미나 공동조직, 국민 보건부문 협력 수행		

자료: 제성훈·나희승·최필순 2016년 12월 중몽러경제회랑의 발전 잠재력과 한국의 연계방안(KIEP). p.72.인용

4) 추진현황

중몽러경제회랑은 2016년 6월, 3국 정상이 추진에 합의한 이래로 협력기반 구축, 인프라 협력, 무역원활화, 경제, 문화, 관광 등 다양한 분야의 협력을 추진하고 있다. 분야별 추진현황을 살펴보면 다음과 같다.

(1) 소지역협력 메커니즘 구축

중몽러경제회랑은 3국의 정상이 직접 참여하는 다자협력 사업이지만 유라시아 철도와 도로 연선(沿線)지역인 중국 동북 3성 및 네이멍구, 몽골, 러시아 극동 시베리아 지역을 중심으로 추진되는 소지역협력이라 할 수 있다. 소지역협력은 특정 지역 내의 다수 국가의 인접 지역 간 경제무역, 인프라, 사회인문, 안전 등의 분야에서 전개하는 다자간 지역협력을 가리킨다. 이 사업의 특징은 인프라 시설, 무역원활화를 위한 제도적 보장, 재원조달 등은 중앙정부가 맡고 실질적 협력사업은 지방

정부와 기업, 민간단체가 중심이되어 협력사업을 추진하고 있다.

중몽러 3국은 다년간 협력을 통하여 다원화된 소지역협력 메커니즘의 틀을 구축했고 '주체', '채널', '내용' 등에 있어서도 협력 메커니즘 틀을 초보적으로 형성했다. '주체'는 정부가 주도하고 민간이 참여하는 협력모델이 형성됐다. 정부 차원에서 3국 정상 또는 고위급 정례회의체에 합의하고 3국 협력의 취지와 원칙을 확정했으며 3국 외교차관회의체, 세관과 교통부 등의 부서 간 정례회의 체제를 구축했다. 민간 차원에서 3국은 싱크탱크, 민간단체, 언론사 등 각 분야의 자원 발굴을 통한 연구·협력, 국제포럼 개최 등 공공외교를 내실있게 추진하기로 했다.

2016년 9월 29일 네이멍구 중몽러협력연구원 설립(인민망)

'채널'은 국가 정상 및 고위급 정례회의, 지방수장 및 고위급협력, 교류회, 협력포럼, 박람회, 싱크탱크 등 중앙에서 지방, 관(官), 민간에 이르기까지 여러 분야를 아우르는 다양한 소통 방식이 형성되었다. 지방 차원에서는 중국 얼렌하오터시(二連浩特市)가 몽골 자민우드 자유경제지대과 정례회의 및 협조체제를, 중국 시린궈러맹(锡林郭勒盟)·츠펑시(赤峰市)·퉁랴오시(通辽市)가 몽골 동부 3개 아이막과 중몽지방협력체제인 '3+3' 포럼을, 중국 동북지역과 러시아 극동지역이 각각 지방협력 체제를 구축했다. 이 밖에 고위급경제무역회의와 관산학연(官产学研)교류회, 경제무역협력포럼 설립, 각종 상품 박람회 개최 등 다양한 분야에서 소통 메커니즘이 마련됐다.

'내용'은 중몽러경제회랑 요강의 7대 협력분야를 지원하기 위하여 '무역발전 협력에 관한 기본협정', '국경통상구 발전 분야 협력에 관한 기본협정', '특정상품 감독관리결과 상호인정에 관한 협정', '중몽러경제회랑 공동추진 메커니즘 양해각서'를 체결하는 등 지속적으로 제도적 협력 시스템을 갖추어 나가고 있다.

(2) 주요성과

전체적으로 보면 중몽러경제회랑 소지역협력 메커니즘이 이미 초보적으로 구축되었고 협력 주체가 점차 다원화되고 협력 채널이 확대되는 등 교류협력이 날로 발전하고 있다.

① 정상회의 정례화와 3국 간 안정적 정치관계 형성

2018년 6월 9일, 제4차 정상회의 중국 칭다오에서 개최

중몽러 3국 정상이 2016년 6월 정상회의에서 중몽러경제회랑 건설에 합의한 이래 3국 고위층 간 교류가 빈번해지고 정치적 상호 신뢰가 부단히 강화되어 3국의 건전한 발전을 추진하는 데 중요한 역할을 발휘하고 있다. 중몽러경제회랑 출범 후 3국 정상은 두 차례 정상회의를 개최했다. 제4차 정상회의는 2018년 6월 9일, 중국 칭다오에서 개최하였으며 회의에서는 그간 협력의 성과를 전면적으로 평가하고 향후 교통회랑, 천연가스관 건설 방면 등에 대하여 협력방안을 논의했다.[109]

제5차 정상회의는 2019년 6월 14일 키르기스스탄 비슈케크에서 개최하였다. 회의에서는 초국경 국제 철도망 건설, 통관원활화, 지역전력망 구축방안 등을 논의했다.

중몽러 정상회의와 함께 3국 간 양자 관계는 더욱 긴밀해지고 교류협력도 날로 확대되고 있다. 몽골과 중국은 2014년 '전면적 전략적 동반자 관계'를 맺은 이래 양국 경제무역, 투자, 인문교류 등 다양한 분야로 확대되고 있으며, 2017년 새로 출범한 몽골 정부는 "중국 측 각 부처와 조속한 협력 시스템을 구축하고 긴밀히 협조해 양국 관계가 이웃 나라 간 협력의 모범이 되고 더욱 발전되기를 희망한다고" 밝히는 등 몽골과 중국 간 협력관계 더욱 밀접해 지고 있다. 몽골과 러시아는 2019년 9월 '전략적 동반자 관계'를 '전면적 전략적 동반자 관계'로 격상시켰다.

중국과 러시아는 2011년 6월 '전면적 전략적 협력 동반자 관계'를 맺었으며, 2019년 6월 '신시대 전면적 전략적 협력 동반자 관계'로 격상하였다. 현재 중몽러 3국의 정치적 관계는 그 어느 시기보다 긴밀히 협력할 수 있는 분위기가 조성되었다.

② 중몽러 3국 간 협력기반 토대 마련

3국은 지리적 근접성과 경제구조의 상호보완성 때문에 경제무역 분야 협력은 3국의 전략적 동반자 관계에서 중요한 연결고리이다. 중국은 2010년부터 지금까지 12년 연속 러시아와 몽골의 제1위 교역국이다. 2021년 중국과 러시아 간 교역액은 1,468억 7,000만 달러, 중국과 몽골 간 교역액은 91억 2,000만 달러로 사상 최

---

109 https://m.thepaper.cn/baijiahao_8551368,中蒙俄经济走廊建设——求真务实方能行稳致远来(검색일: 2022. 6. 3.)

대치를 기록했으며, 각각 러시아와 몽골 대외교역 총액의 18.6%, 56.7%를 차지했다.

인프라 연계성의 경우, 3국은 주요 프로젝트를 적극적으로 추진하고 있다. 공동으로 통상구 건설을 강화하고 인프라 수준을 향상시켜 철도, 도로와 국경 통상구를 주체로 하는 초국경 인프라 네트워크를 형성하고 있다. 3국 프로젝트 중에서 중국이 추진하는 주요 프로젝트는 중몽 얼렌하오터(二连浩特)~자민우드(扎门乌德) 초국경경제합작구, 처커(策克)통상구 초국경 철도, 중몽 양산(몽고 초이발산, 네이멍구 아얼산) 철도, 모스크바~까잔 고속철도, 우리지 도로 통상구 프로젝트 등이다. 이 중에서 중몽 얼렌하오터~~자민우드 초국경경제합작구는 이미 완성되었고 나머지 프로젝트는 건설 중이다.

철도의 경우, 2017년 5월 일대일로 국제협력 정상포럼에서 중국 철도 총공사는 관련 국가 철도 회사와 '중국·벨라루시·독일·카자흐스탄·몽골·폴란드·러시아 철도 중국유럽열차 심화 협력에 관한 협정'을 체결했다. 중국유럽열차의 개통은 중몽러 3국의 초국경 철도 운송의 새 지평을 열었다. 이 협정을 체결함으로써 중국이 2016년부터 추진한 중국유럽열차 브랜드화 계획이 탄력을 받게 되었다.

2017년 10월 13일, 창춘~만저우리~함부르크 중국유럽열차(9,800㎞)개통(신화왕)

이 열차는 정식 운행이 시작된 2011년 운행 횟수는 17편에 화물량은 1천 400TEU(20ft 컨테이너 하나는 1TEU)에 불과했지만, 중몽러경제회랑 출범 연도인 2016년에는 1,702편 운행에 화물량은 105천 800 TEU로 증가했다. 최근들어 이 열차는 코로나19의 어려운 시기임에도 불구하고 폭발적인 증가세를 이어가고 있다. 2021년 운행 횟수는 15,183편으로 전년대비 22% 증가하였으며, 화물량은 146만 TEU, 금액은 749억 달러에 달한다. 이는 2016년 대비 운행 횟수는 9배이며, 연평균 55% 증가하였다.[110]

도로의 경우, 2016년 12월 중몽러 3국은 '아시아 자동차도로 국제자동차운송(UNESCAP)협정'을 체결하였으며 2018년 9월 정식으로 발효됐다. 2019년 7월, 중몽러 국제도로운송이 정식으로 가동되어 3국의 국제도로 운송회랑을 한층 더 원활하게 함으로써 중몽러경제회랑 건설을 내실있게 추진할 수 있는 동력을 만들었다.

인문교류는 중몽러 3국 외교차관회의 제안에따라 2015년 9월 중몽러싱크탱크 협력센터가 설립되었으며 2020년 7월까지 6차례 '중몽러싱크탱크 국제포럼'을 개최하는 등 경제회랑건설에 힘을 보탰다.

③ 중몽러 3국 지방 간 협력메커니즘 구축

최근 몇 년간 중앙정부의 주도하에 지방정부와 민간단체가 역량을 모아 경제회랑건설에 적극적으로 참여하고 있다.

중국 네이멍구, 헤이룽장, 지린성 등의 지방정부는 러시아, 몽골과의 협력 메커니즘을 지속적으로 구축·보완하고 있다. 예를 들면 중국 네이멍구는 몽고 경제발전부와 워킹그룹, 관련 성(省)과 러시아 7개 지역은 중러 국경지방경제무역협력체, 네이멍구통상구판공실과 러시아 국경건설청은 정례회의 및 합동검사 메커니즘, 러시아 바이칼 지방과 몽고는 국경관광협조회의, 헤이룽장성은 중러 우호·평화발전

110 KMI중국리포트제18-15호(2018년 8월 17일),https://www.ndrc.gov.cn/fggz/fgzy/shgqhy /202202/t20220221_1316068.html?co de=&state=123,2021年中欧班列开行再创佳绩成为畅通亚欧供应链的一条大通道(검색일: 2022. 3. 2.)

위원회 지방협력 이사회를 각각 설립하는 등 지방 간 협력 메커니즘을 구축했다.

중몽러 지방정부 간에는 무역과 투자를 촉진하기 위하여 각종 박람회와 상담회도 매년 개최하고 있다. 대표적인 무역·투자 박람회는 중국 지린성 동북아박람회, 네이멍구와 헤이룽장성 중러경제무역투자상담회, 네이몽구 얼렌하오터 중몽러경제무역상담회 등이 성황리에 개최되고 있다. 이밖에 일대일로 중러경제상담회, 중몽러경제회랑건설과 동북지역대외협력포럼 등을 지방정부 주도로 개최하는 등 지방정부가 중몽러경제회랑의 중요한 추진체 역할을 하고 있다.

다. 시사점

북방지역에 경제공동체를 목적으로 추진하고 있는 다자협력체는 유라시아경제연합과 중몽러경제회랑이 있다. 이 두 개의 협력체는 GTI 회원국인 러시아와 중국이 주도하고 있을 뿐만 아니라 GTI 지역의 일부를 포함하고 있으며, 협력목표, 사업분야도 연계성이 높은 것으로 나타나고 있다. 두 개의 협력체가 GTI에 주는 시사점을 도출하면 다음과 같다.

1) 유라시아경제연합 (EAEU)

EAEU가 오늘날과 같은 단일시장을 형성한 것은 우연이 아니다. 1991년 12월 옛 소련 15개국이 해체되고 1992년 독립국가연합(CIS) 출범 당시 회원국은 11개국이었으나 현재는 9개국이며 인구는 2억 4천 3백만 명이다. 우리가 EAEU에서 주목할 것은 CIS 일부 국가의 주도적인 노력으로 유라시아경제연합의 발판을 마련하였다는 것이다. EAEU가 GTI에 주는 시사점은 다음과 같다.

첫째, 지역통합의 목표, 초국가 기구 설립, 리더 국가의 노력

CIS는 유럽연합의 성공사례를 보면서 유라시아 지역경제통합의 꿈을 갖고 있었다. CIS는 지역경제통합을 실현하기 위하여 자유무역지대, 양자 FTA, 관세동맹 등을 체결하였으나 지역경제통합을 견인할 리더 국가의 부재로 통합과 조정에 어려움을 겪음에 따라 제대로 추진하지도 못했다.

2000년 10월 관세동맹과 단일경제공간 형성을 위하여 러시아, 벨라루스, 카자흐스탄, 키르기스스탄, 타지키스탄 5개국이 '유라시아경제공동체조약'을 체결하고 초국가 기구를 설립했으나 '관세동맹과 단일경제공간'을 주도적으로 설립하고 참여한 국가는 러시아, 벨라루스, 카자흐스탄 3개국이다. 관세동맹 체결 당시 3국의 인구는 1억 6,750만 명에 GDP 규모 1조 6,775억달러로 CIS 전체 GDP의 86%, 전 세계 GDP의 2.66%를 차지하고 있었다. 이 3개국은 2014년 5월 29일 EAEU 창설에 관한 조약에 서명함에 따라 2015년 1월부터 유라시아경제연합이 공식 출범하였으며, 같은 해 아르메니아(1월)와 키르기스스탄(8월)이 가입함으로써 5개국이 참여하는 EAEU가 탄생하였다.

CIS 9개국 중에서 유라시아경제연합을 꾸준하게 추진한 나라는 러시아, 벨라루스, 카자흐스탄 3개국이다. 이 3개국의 노력으로 1억 8천만 명의 단일시장을 형성하였을 뿐만 아니라 CIS에서 EAEU에 가입하지 않고 있는 우즈베키스탄, 몰도바, 아제르바이잔, 타지스키탄도 EAEU 가입을 추진하는 등 유라시아에 2억 4천 3백만 명의 거대 단일시장 탄생을 눈앞에 두고 있다.

이처럼 EAEU는 리더 국가 정상들이 지역경제통합이라는 공동목표를 갖고 꾸준하게 추진한 결과 지역경제통합체를 탄생시켰을 뿐만 아니라 관망하고 있던 유라시아 각국의 참여를 끌어냈다.

GTI 회원국 대표들은 GTI의 중요성을 인식하고 경제협력의 방향을 제시하는 등 노력을 기울이고 있으나 국가 차원의 협력사업으로 승화되지 못하고 있다. GTI 활성화를 위해서는 회원국 모두가 공감하는 장기비전과 목표설정, 협력 메커니즘 혁신, 국가 정상의 지속적인 관심이 필요하다.

둘째, 대외경제협력을 통한 북방경제공동체 건설

EAEU의 지역경제통합 수준은 유럽연합 다음으로 평가를 받고 있지만 아세안이나 기타 지역경제통합체에 비하여 널리 알려져 있지 않은 것이 사실이다. EAEU는 2억에 가까운 단일시장, 풍부한 자원, 유럽과 아시아를 연결하는 지리적 우수성을 바탕으로 본격적인 대외경제협력에 나서고 있다. 2015년 출범 당시에 이미 40여 국가와 다수의 국제기구에서 참여를 희망하고 있는 등 국제사회 관심을 받고 있다. 이를 바탕으로 EAEU는 중국, 아세안, 상하이협력기구, 브릭스 등 국제기구와 전략적 경제협력을 추진하고 있다.

특히 중국과 EAEU는 자유무역지대와 단일경제공간 형성을 위한 연구를 추진하는 등 북방경제공동체 건설을 가시화하고 있다. 만약에 중국과 EAEU 간 단일경제공간이 형성되면 북방지역은 약 17억 인구의 거대한 경제공동체가 탄생할 수 있다. 그뿐만 아니라 러시아의 GTI 지역인 연해주는 신동방정책의 핵심지역으로써 GTI 지역과 경제협력을 확대해 나갈 것이다. GTI는 중국과 EAEU가 추진하고 있는 북방경제공체와 연계한 목표와 전략을 마련할 필요가 있다.

2019년 6월 14일 중국 하얼빈에서 '중국 · EAEU국가세관협력대화회'를 개최했다. 이 회의는 중국과 EAEU간 상품의 자유로운 이동을 목적으로 한다.(哈尔滨海关)

2) 중몽러경제회랑

중국, 몽골, 러시아 3국은 지리적 근접성과 전통적인 우호관계를 바탕으로 2016년 6월 23일 중국 '실크로드 경제벨트', 몽골 '초원의 길', 러시아 '유라시아경제연합'과 연계한 '중몽러경제회랑'을 출범시켰다.

'중몽러경제회랑'은 유라시아 철도와 도로를 바탕으로 경제회랑 건설을 위하여 공동목표와 협력방향을 담은 '경제회랑건설요강'과 10개 분야 32개 프로젝트를 확정하였으며, 국가 차원에서 직접 추진하는 소지역협력 사업이라 할 수 있다. 이것은 30여년 간 유지해온 GTI가 지금까지도 회원국 간 구체적 협력 프로젝트 없이 논의만 이어오는 것과는 대조를 이룬다. GTI의 발전을 위해서는 구체적 목표와 실질적인 협력사업을 발굴하여 추진하지 않으면 존립에 영향을 가져올 수 있다.

'중몽러경제회랑'의 특징은 중앙정부에서 '협력의 기본방향', '협력 메커니즘 구축', '재원조달', '대형 프로젝트'를 담당하고 지방정부, 기업과 민간단체가 경제무역, 투자, 인문 등 실질적인 협력을 추진하고 있다. 이들은 국가가 만들어준 교류협력 플랫폼을 활용하여 3국 지역 간 경제무역, 투자, 인문 등 다양한 협력사업을 추진할 수 있는 협력 메커니즘을 구축했다. GTI는 국제협력을 추진하는 다자협력체임에도 불구하고 '차관회의체'로써 냉전의 유산이 서려 있는 GTI 지역 간 실질적 경제협력을 추진하기에는 한계가 있으며 국가와 지방 간 협력 시스템도 갖추지 못하고 있다.

'중몽러경제회랑'의 중점 협력지역은 유라시아 철도와 도로 선(線)상에 있는 중국 동북 3성과 네이멍구, 러시아 극동지역, 몽골 동부지역 등이다. 주요 협력분야는 교통·물류, 경제무역, 투자, 무역·통관 원활화, 초국경 협력, 인문교류 협력 등이다. 이처럼 이 지역은 GTI와 지역적 범위가 같을 뿐만 아니라 주요 협력분야도 비슷하다. 차이점은 국가 차원에서 중몽러 3국 '정상회의', '관련분야 장관회의', '워킹그룹'을 설립하고 소지역협력을 지원하는 것이라 할 수 있다. 그러나 GTI는 차관회의체로써 총회에서 결의한 사항이 자국 중앙부처 간 협력의 어려움으로 기대한 만큼 성과를 얻지 못하거나 심지어는 실행되지 않는 사례가 발생하고 있으며, 회원국 간 경제교류협력의 장애요소 해결을 위한 각종 협정 체결 실적은 전무한 실정이다. 따라서 GTI가 동북아경제통합의 플랫폼 역할 수행을 위해서는 GTI 지역의 특수성을 회원국의 대외정책에 반영하고, 동북아경제통합의 플랫폼으로 육성 발전시켜 나가는 전략이 필요하다. 이를 위해서는 국가와 지방 간 역할을 분담하고 회원국 대표를 차관에서 정상 또는 총리로 격상시킬 필요가 있다.

'중몽러경제회랑'에서 주목해야 할 것은 각국의 대외전략과 연계협력을 추진하는 것이다. 이미 중국의 실크로드 경제벨트와 러시아가 주도하고 있는 EAEU는 자유무역지대와 단일경제공간 형성을 위한 연구에 합의함으로써 중몽러경제회랑은 북방경제공동체 건설의 중요한 역할을 할 것이다. 이러한 북방지역의 다자협력 사례로 미루어 보면 GTI가 '중몽러경제회랑'·EAEU와 연계한 경제협력 전략을 구사하지 않는다면 GTI 지역은 북한, 중국, 러시아를 중심으로 하는 새로운 경제협력이 추진되는 것도 배제할 수 없다. GTI의 지속적인 발전은 한국에 달려 있다고 해도 과언이 아니다. 한국의 피동적인 GTI 참여는 한국을 제외한 새로운 다자협력체 설립을 불러올 것이며, 이러한 상황이 발생하면 한국은 북방지역과 경제협력의 공간이 줄어들 수밖에 없다.

전체적으로 '중몽러경제회랑'이 GTI에 주는 시사점은 △ 북방지역 경제협력 흐름에 부합한 목표와 실행계획 수립 △ 국가와 지방 간 역할 분담 △ 차관회의체를 정상 또는 총리회의체 격상 △ GTI와 중몽러경제회랑 간 전략적 연계협력이 필요하다.

3. 아세안공동체 조력(助力)

가. 란창강-메콩강협력(LMC)

1) LMC 출범

중국 티베트 고원에서 발원해 인도차이나반도 5개국을 경유하여 남해로 흐르는 메콩강(湄公河)의 중국 지역을 란창강(瀾滄江)이라 부른다. 메콩강은 6개국의 정치, 경제, 환경 등 다방면에 걸쳐 밀접하게 관련되어 있다. 이러한 지역적 특성으로 인하여 국제적으로 관심을 많이 받는 지역이다.

란창강-메콩강지역(바이두)

1950년대부터 유엔산하기구를 비롯한 국제기구들이 메콩강 지역의 수자원 관리와 환경, 빈곤퇴치에 관심을 두면서 메콩강 지역개발과 발전을 위해 MRC,

GMS 등 다자협력체를 설립하고 다양한 협력사업을 추진해 오고 있다. 이들 다자
협력체는 상호 간에 연계협력을 추진하고 있지만 일부 협력사업이 중복되는 등의
문제도 있다.(표37)

표 37 메콩강 지역 주요 다자협력체

다자협력체	설립연도	추진주체	중점분야
광역메콩강지역 경제협력(GMS)	1992	ADB, GMS 6개국	인프라 구축과 무역·투자원활화, 에너지, 인적 자원개발, 관광, 환경, 농업
메콩강위원회(MRC)	1995	캄보디아, 라오스, 태국, 베트남	수자원의 개발과 이용, 환경, 생태계 보호 등 포괄적 유역관리
아세안-메콩강 지역 개발협력 (AMBDC)	1996	중국·아세안 10개국	인프라 구축, 교역 및 투자, 농업, 천연자원, 중소기업 지원, 관광, 인적자원개발, 과학기술 협력
애크맥스 (ACMECS)	2003	태국, 캄보디아, 라오스, 미얀마, 베트남	교역 및 투자 촉진, 농산업 협력, 수송망 연결, 관광 협력, 인적자원개발, 공중보건
캄·라·미·베 협력 (CLMV)	2004	캄보디아, 라오스 미얀마, 베트남	무역·투자, 농업, 산업, 에너지, 교통, 정보기술, 관광, 인적자원개발
란메이협력 (LMC)	2015	GMS 6개국	지역통합, 생산능력, 초국경 경제, 수자원, 농업, 빈곤퇴치 등 국제협력

* 외교부 메콩강 개황(2019. 11.) 참고, 저자정리

　　중국과 인도차이나반도 5개국은 1992년부터 ADB와 함께 광역메콩강지역경
제협력(GMS)[111]을 추진하여 성과를 거두고 있을 뿐만 아니라, 양자 간에도 전면적
전략적 협력동반자 관계를 수립하고 있는 등 정치, 경제적으로 밀접한 관계가 형성
되어 있다. 이와 같은 시기에 2012년 태국이 란창강-메콩강 지역발전에 대한 지
속가능한 발전 이니셔티브를 제시하였으며, 2014년 11월 리커창(李克强) 총리가
제17차 중국·아세안 정상회의에서 란창강-메콩강 지역에 있는 중국, 캄보디아,

111　1992년 아시아개발은행(ADB)의 주도로 중국(윈난성과 광시좡족자치구:2005년가입)과 아세안 5개국(캄보
디아, 라오스, 미얀마, 태국, 베트남)이 참여한다. 재정관련 장관회의체에서 2002년 총리회의체로 승격되었
다. 총리회의는 2021년까지 일곱 차례 개최되었다. 우선협력분야는 1993년 교통, 에너지, 환경 및 자원관
리, 인력자원개발, 무역·투자, 관광에서 최근에는 농업, 에너지, 환경, 보건 및 인적자원개발, 정보통신기술,
관광, 교통, 운송 및 무역원활화, 도시개발 분야에서 관련지역 프로젝트를 지원하고 있다. 2022년 4월 말
ADB 공시자료에 따르면 GMS는 1992년부터 농업, 에너지, 환경, 보건 및 인력자원개발, 정보통신기술, 관
광, 교통, 무역, 도시개발에 210억 달러 이상 투자했다. 사무국은 ADB에 있다. https://greatermekong.
org/(검색일: 2022. 4. 30.)

라오스, 미얀마, 태국, 베트남 6개국 간 전면적인 우호협력을 통해 메콩강 지역 전체의 발전 수준 향상, 아세안공동체 건설 조력과 지역통합 촉진을 위해 란창강−메콩강 협력체 창설을 제안했다.

이후 두 차례에 걸친 란창강−메콩강 6개국 고위급회의에서 협력의 목표, 우선 협력분야, 협력체 설립 등에 합의하고, 2015년 11월 12일 윈난(雲南)성 징훙(景洪)에서 열린 란창강−메콩강(이하 '란메이') 협력을 위한 첫 외교장관회의에서 란메이 협력체 설립을 공식 발표했다.

란메이협력체는 GMS 6개국이 참가하며, 이 지역의 인구는 2022년 기준 16억9천735만 명으로 전 세계 인구의 21.3%를 차지한다. 또한 아세안 회원국인 인도차이나반도 5개국의 인구는 2억4천888만 명으로 아세안 인구의 41%를 차지하는 등 아세안공동체 건설에 중요한 역할을 한다. 이 협력체가 GMS와 차별화되는 것은 하나는 지역적 범위를 메콩강 지역에 한정하지 않고 국가 전역을 대상으로 하는 것이며, 다른 하나는 경제와 인문교류를 포함한 전면적인 교류협력을 통해 아세안공동체를 조력(助力)하고 지역통합을 촉진하는 것이라 할 수 있다.

2) 설립취지

국가 간 선린우호 및 실질적 협력을 심화 발전시켜 △연안 각국의 경제사회 발전 촉진 △란메이 지역 경제발전벨트 조성 △란메이 국가 운명공동체 건설 △아세안공동체 건설 조력과 지역통합 촉진 △남남협력과 유엔의 2030년 지속가능한 발전 어젠다 실현에 기여 △지역의 지속적인 평화와 안정적인 발전을 도모하는 것이다.[112]

---

112 http://www.lmcchina.org/2021-02/26/content_41448184.htm,关于澜沧江−湄公河合作

아세안 로고(안정, 평화, 화합)

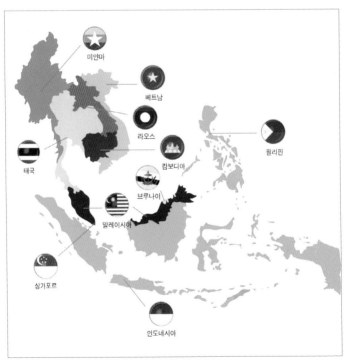

란메이협력은 인구 6억 6천 만 명의 아세안공동체 건설 조력과 지역통합 촉진
(아세안 로고 및 지도: 2020, 한국 외교부 아세안 개황)

3) 협력의 기본방향

(1) 3+5 협력프레임워크

2016년 3월, 란메이협력 첫 '총리회의'에서 협력개념 문건을 채택하는 등 '란메이협력체'의 기틀을 만들고 △정치안보 △경제와 지속가능한 발전 △사회인문을 3대 기본 축으로 △호련호통(互联互通)[113] △생산능력 △초국경 경제 △수자원 △농업과 빈곤퇴치 등 5개 우선협력분야를 확정했다. 3대 기본 축과 5개의 우선협력분야를 3+5 협력프레임워크라 한다.

2018년 1월 10일, 제2차 총리회의에서 3+5 협력프레임워크에 △세관 △위생 △ 청년 분야 등으로 확대하는 3+5+X 협력프레임워크를 확정하고 협력사업을 추진하고 있다.

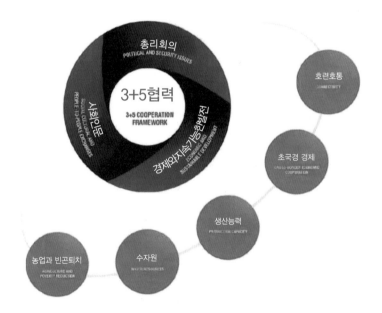

---

113 호련호통(互联互通)은 원래 통신서비스 상호접속의 의미로 사용되는 용어로, 상호연결 하여 통한다는 뜻으로 '연계성'과 같은 의미로 쓰인다. 시진핑 주석은 2019년 4월 26일 '제2회 일대일로 국제협력 정상포럼' 개막식 연설에서 호련호통(互联互通)에 대하여 명확하게 정의를 내렸다. "호련(互联)은 연선각국의 인프라 연동에 중점을 두는 것이며, 호통(互通)은 상품, 자금, 기술인원 등의 고속 유통에 중점을 두는 것이다. 호련(互联)은 호통(互通)의 기초이며, 협력의 전제이다."

(2) 란메이협력 실행계획(2018-2022)

란메이협력 5년 실행계획(2018-2022)《澜沧江—湄公河合作五年行动计划(2018-2022)》은 3+5+X 협력프레임워크 추진계획이라 할 수 있다. 실행계획은 △정치안보 △경제와 지속가능한 발전 △사회인문을 3대 기본 축으로 분야별 추진계획을 제시했다.

정치안보는 총리 등 고위인사 교류, 대화와 협력, 정당교류, 비전통적 안보협력을 중점적으로 추진한다.(표38)

표 38 정치안보 협력

협력분야	주요내용
고위인사교류	·총리회의(격년1회)·임시 정상회의, 외교장관회의(연1회) ·양자 방문 혹은 국제협력 플랫폼을 통한 상시 접촉 유지
대화와 협력	·외교 고위급회의와 외교·각 분야별 워킹그룹회의 수시개최 ·정책대화와 공무원 교류 지원
정당교류	·란메이협력 정신에 따라 정당대화와 교류 촉진
비전통적 안보	·법 집행과 대화와 협력을 통한 비전통적 안보 대응 ·마약매매, 테러리즘, 밀입국, 인신매매, 총기탄약밀반입, 사이버 범죄 및 기타 다국적 범죄 협력 강화 ·국경지역 지방정부와 출입국 관리부문 교류협력, 경찰과 사법부 관련 대학 협력 강화 ·인도적 지원협력, 방재·식량·수도·에너지 안전 확보, 이재민 지원

2018년 7월 2일 미얀마 내정부 장관 일행 '란메이 종합집행안전협력센터' 방문

경제와 지속가능한 발전은 호련호통, 생산능력, 경제무역, 금융, 수자원, 농업, 빈곤퇴치, 임업, 환경보호, 세관, 품질검사 등이다. (표39)

표 39 경제와 지속가능한 발전

협력분야	주요내용
호련호통	· 국가 간 호련호통계획 수립, 아세안 호련호통 총체계획(2025)과 연계협력, 국가 간 전면적 호련호통 촉진, 란메이협력 회랑 모색 · 철도, 도로, 수운, 항만, 전력망, 정보망, 항공 등의 인프라 건설과 업그레이드 · 베이더우 등 세계위성항법 시스템을 건설, 교통, 물류, 관광, 농업 등의 분야에 활용 · 비자 · 통관 · 운송원활화, 통관 단일화 · 지역 전력망 업그레이드, 전력 연계성 강화, 전력교역 추진을 통한 지역통합 전력시장 조성 · 광대역 발전계획수립, 초국경 육상케이블 건설과 용량 확대, 국가 간 네트워크 연계성 제고 · 디지털TV · 스마트폰 · 스마트하드웨어와 다른 관련 제품과의 혁신적인 협력 강화 · 표준과 안전 · 품질 등 상호인정, 발전경험 공유 및 능력건설 협력 강화
생산능력	· 란메이 국가 생산능력 실행계획 제정, 란메이 생산능력협력포럼 개최, 란메이 국가생산 및 투자협력연맹 설립 · 국영기업과 금융기관 간 산업생산능력 협력, 생산능력협력 발전기금 설립 검토
경제무역	· 초국경경제합작구 시범건설 및 협력 플랫폼으로 활용 · 무역 · 투자원활화 수준 향상, 관세장벽 낮춤 · 란메이 비즈니스 이사회 설립 및 중소기업서비스연맹 설립 검토 · 국제무역 전시판매회, 박람회, 투자유치 설명회 등 개최를 통한 무역활동 촉진
금 융	· 일대일로 융자지도원칙을 포함한 각종 지역협력 융자원칙에 따른 장기적이고 안정적이며 다원적인 융자체계 수립 · 국가 금융주관 부문 간 협력과 교류 강화(금융리스크 방지) · 안정적 금융시장 건설, 통화스와프 · 자국통화결제 · 금융기관 협력 촉진을 위한 연구와 경험교류 · ADB, AIIB, 아시아금융협력협회, 세계은행 등과 협력 강화 · 금융기관의 상업경영 편의 제공 및 무역 · 투자 지원 등 장려
수자원	· 국가차원의 수자원관리 설계, 수자원 정책 대화 강화 · 수자원협력포럼 정례화, 수자원협력센터 설립 · 수리기술교류협력 촉진, 수자원 및 기후변화 영향 공동연구 · 우선협력사업 발주, 수자원 관리능력 강화, 교육훈련과 현장답사 · 각국의 수질 모니터링 시스템 개방(데이터 정보 공유) · 홍수와 가뭄에 대한 응급관리, 홍수방지 합동평가 실시, 긴급 홍수대비 시스템 구축, 가뭄재해 정보공유 · 수자원협력 5년 실행계획 제정 등
농 업	· 정책조율 강화, 식량 · 식품안전 확보 · 투자기회 창출, 농업 과학기술 분야의 교류협력 확대 · 과학연구기구의 정보공유 교류 및 인원 상호방문 지원 · 공동실험실과 기술시험 시범기지와 기술센터 건립 · 농업정보망 구축, 촌장포럼 개최, 농산품 품질 및 안전협력 추진 · 농산품 무역 발전 추진, 란메이 국가 통일 농산물 시장 조성으로 지역 농산품 시장 경쟁력 제고

협력분야	주요내용
농 업	· 동식물 역병 발생 상황모니터링, 공동방역 관리협력 추진 · 수의위생 분야 협력 강화, 란메이 유역 생태계 보호협력 체제 구축, 야생 어류 증식 구호센터 공동 건립, 어류자원 정보공유 · 수산양식 능력 등 어업협력 강화 · 민간 주도의 농산업협력단지 공동조성과 운영
빈곤퇴치	· 지속가능 빈곤퇴치 5년계획 제정, 빈곤퇴치 경험교류 · 촌관(村官)교류 및 교육 훈련 강화[114] · 인원교류, 정책자문, 공동연구, 커뮤니케이션 교육, 정보교환, 기술지원 등 다층적 전방위적 빈곤퇴치 능력 건설 · 빈곤퇴치 협력 시범사업 실시

2018년 4월 11일 중국 농촌농업부, 란메이협력 촌장포럼 주최(https://www.lan-bridge.com/news/0987.html)

---

114 촌(村)은 한국 행정구역의 里단위에 해당하는 주민자치조직이다.

표 39 경제와 지속가능한 발전(계속)

협력분야	주요내용
임 업	· 산림자원 보호와 이용 강화, 산림생태시스템 종합관리 · 합법적 원재료를 이용한 임산품 교역 장려, 소형임(林)기업 발전 추진 · 불법 벌채 및 교역 제재, 임업 과학기술 교류협력, 산림회복 및 식수 조림 강화, 산불 통제 협력, 야생 동식물 보호 협력 · 임업관리와 연구능력 건설 강화, 임업전문교육과 인력자원 협력교류, 교육훈련·장학금 및 방문학자 프로젝트 추진
환경보호	· 란메이 환경보호협력센터 건설 및 환경협력전략 수립 · 녹색계획 제정, 대기·수질 오염 방지 및 생태계 관리 협력, 관련지역과 메커니즘 강화, 환경보호 능력 건설과 홍보교육 협력, 환경보호의식 제고
세관·품질검사	· 구체적 협력방안 제정, 세관·품질검사 부문회의 개최 · 농산품 통관속도 제고, 제품 규격표준화 강화, 인증인가 분야의 교육훈련, 상호인증, 계량능력 건설 향상

사회인문은 문화, 관광, 교육, 위생, 미디어, 민간교류와 지방협력 분야를 중점적으로 추진한다. (표 40)

표 40 사회인문 협력

협력분야	주요내용
문 화	· 문화정책 공유, 문화교류 촉진, 란창–메콩문화협력 닝보선언 추진 · 문화예술·문물보호·무형문화재 보호 전승, 문화산업·문화인력개발 등 분야의 교류협력 강화 · 문화기구·문화예술단체·문화기업과 교류협력 · 국가 간 문화교류 행사 개최
관 광	· 관광도시협력 연맹 설립, 관광인재 교육훈련 강화 · ASEAN 관광포럼, 메콩강 관광포럼, 중국국제관광교역회 등 참가 · 중장기 관광발전 비전 제정 추진 · 소프트웨어 및 하드웨어 관광 인프라건설 촉진 · 아세안 관광표준 인가 추진
교 육	· 중국–아세안 교육 교류주간 행사 개최, 란메이 국가협력 강화 · 직업교육훈련 강화, 중국에 란창–메콩 직업교육기지 설립, 메콩강 국가에 직업교육훈련센터 건립 지원 · 대학협력 추진, 대학 간 공동육성·연구와 학술교류·학점 호환 제도 구축
위 생	· 뎅기열과 말라리아 등 신생(新生)과 재발 전염병 예방 치료협력 · 초국경 신생(新生)과 재발·예방·방지시스템 완비 · 병원과 의료 연구기관 간 협력 강화, 기술교류와 인원 교육훈련 촉진, 국가 간 시골 병원과 진료소 건설 분야 협력 추진 · 백내장·언챙이·부녀육아 건강 등 무료 의료활동 전개 · 중국, 메콩강 국가에 필요한 의료진 파견

협력분야	주요내용
미디어	· 주류 매체 간 교류와 협력 강화 · 영화 텔레비전 축제 혹은 상영활동 지원 · 6개국 외교부, 란메이협력 공식 홈페이지 개설 혹은 외교부 홈페이지에 란메이협력 소식란 개설 또는 소셜미디어를 정보 · 공공 업무 플랫폼으로 활용 · 란메이협력 잡지 혹은 뉴스매뉴얼 제작, 란메이협력 데이터 베이스 구축
민간교류 및 지방협력	· 각종 민간행사 개최를 통해 란메이협력 브랜드 건설 → 란메이 정신 제고 · 란메이 청년교류 추진으로 청년교류 브랜드 형성 · 교육훈련반 개최와 상호방문 등 다양한 활동을 통한 양성평등 촉진 및 부녀 교류협력 향상 · 지방정부의 구체적 프로젝트 참여 장려, NGO의 적절한 참여 장려 · 직십자회 교류, 회원국들의 적절한 판단아래 종교협력 촉진

자료: http://www.lmcchina.org/ 참고, 저자정리

2021년 3월 23일 중국 윈난성 주관으로 란메이협력 5주년 행사가 온오프라인으로 개최되었다.
개막식이 끝난 후 세미나, 성과 전시회 등 50여 개의 다채로운 기념행사가 이어졌다.
(http://news.sina.com.cn/o/2021-03-25/doc-ikkntiam8131995.shtml, 윈난성 외사판공실)

4) 추진기구

란메이협력은 총리회의 · 외교장관회의 · 고위급회의(국장급 이상) · 워킹그룹을 포함한 다층적이고 폭넓은 분야의 협력구조를 구축했다.

총리회의는 2년마다 1회 개최하며, 란메이협력의 미래발전을 기획하고, 최종

의사결정을 한다. 필요시 임시 총리회의를 개최하며, 양자 방문 혹은 기타 국제협력의 플랫폼을 통해 상시적인 접촉을 유지한다.

외교장관회의는 매년 개최하며, 정책기획과 조정 등의 협력, 총리회의 합의사항 실행, 추진상황 평가, 협력사항 등을 제안한다.

고위급회의는 국장급으로 구성되었으며, 총리회의, 외교장관회의를 보좌하고 '실행계획 이행보고서' 및 '다음 연도 공동프로젝트 리스트' 외교장관회의 제출, 협력사업 발굴, 주요 협력사업 협의·조정 등 실질적 협력사업을 추진한다.

외교공동워킹그룹은 6개국 외교부 과장급으로 구성되었으며, 실무차원에서 정상회의, 장관회의, 고위급회의 일정, 협력분야 등을 협의 조정하여 고위급회의에 보고한다. GTI 조정관회의와 같은 역할을 하며 직급도 비슷하다.

우선협력분야 공동워킹그룹은 초기에 각국의 관련 중앙부처 과장급(중국 처장급)으로 구성되었으나 향후 직급을 고위 또는 장관급으로 격상하고, 우선협력분야의 협력강화 및 기타분야로 협력을 확대해 나갈 계획이다.

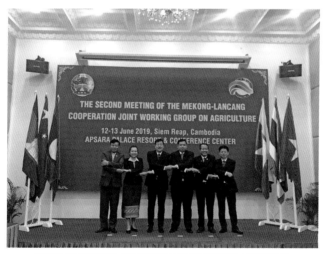

2019년 란메이협력 농업공동워킹그룹회의 (란메이농업협력센터)

사무국은 각국에 설치되어 있으며, 현재는 2017년 3월 10일, 중국 외교부에 설치된 '란메이협력 중국 사무국'이 6개국 사무국의 중심적인 역할을 하고 있다. 중국 사무국은 기획·조정·실행·홍보 등 네 가지 기능으로 계획체제 구축과 실무협력, 중국 관계부처·지방정부·메콩강 국가와의 연계협력 추진, 협력기금 승인·협력사업 추진, 언론 홍보를 통해 영향력을 확대하고 있다.

2017년 6월 12일, '란메이협력 중국 사무국' 윈난성 연락 판공실이 윈난성 외사판공실에 설치되었다. 이 연락 판공실은 란메이협력체가 설립한 첫 지방정부 협력기구이다. 회원국들은 란메이 6개국 사무국 혹은 기구 간 소통과 조율을 강화하기 위하여, 란메이협력 국제 사무국 창설 방안을 논의 중에 있다.

5) 지원체계

(1) 재원

재원은 란메이협력기금, 중국의 우혜차관 및 전용차관과 각국에서 자체 조성한 재원으로 한다. 특히 란메이협력기금은 중국이 3억 달러를 조성하여 설립하였으며, 이 기금은 정상회의와 외교장관회의에서 결정한 프로젝트 사업비로 활용한다.

이외에 AIIB, 실크로드펀드, 아시아개발은행 등 국제금융 기관의 협조와 지원을 끌어내는 등 입체적이고 전방위적인 금융지원 시스템 구축을 추진하고 있다.

(2) 싱크탱크

관·산·학 협력 모델을 모색하고, 글로벌 메콩강 연구센터를 설립해, 공공·민간연구기관과 싱크탱크 네트워크를 구축한다.

(3) 감독메커니즘

란메이협력은 각국 사무국이나 협력기구의 역할을 충실히 하고, 다분야 협력을 강화해 자원을 통합하고 힘을 합친다. 자국 관계부처의 협력과 참여를 권장하고 지도하며, 중요 행사에 대한 정기적인 평가와 감독을 실시한다. 그리고 민간 전문기관의 자원을 활용해 제3자 감시 역할 시스템을 구축한다.

6) 주요회의 개최현황

2015년 11월 12일, 중국 윈난(云南)성 징훙(景洪)에서 열린 첫 외교장관회의에서, 란메이협력체를 공식 발족하고, 란메이협력 목표·원칙·우선협력분야, 메커니즘의 틀 등을 확정하고, 조기수확 프로젝트 조속 실시, 첫 총리회의 일정 등에 대하여 합의했다.

2016년 3월 23일, 하이난(海南)성 싼야(三亞)에서 열린 첫 총리회의에서는 운명공동체를 건설하기로 하고, 정치 안보·경제와 지속가능한 발전·사회인문을 3대 기본 축으로, 호련호통, 생산능력, 초국경 경제, 수자원, 농업과 빈곤퇴치 분야에서 우선 협력한다는 3+5협력프레임워크에 합의했다. 이외에 '총리회의 싼야(三亞)선언'과 '란메이 국가 간 생산능력 공동성명'을 발표하고, 호련호통·수자원·위생·빈곤퇴치 등 45건의 조기수확 프로젝트를 확정했다.

2016년 12월 23일, 캄보디아 시엠립에서 열린 제2차 외교장관회의에서, '제1차 정상회의 성과 진전', '우선협력분야 공동워킹그룹 계획수립 원칙'을 의결했다. 그리고 란메이협력체 건설, 실질협력과 장기계획을 강화하기로 합의하고 각국 외교부 내에 란메이협력 사무국 또는 협조기구를 설치할 것을 제안했다. 또한 '란메이협력 실행계획(2018-2022)' 및 조기수확 프로젝트 등을 확정했다.

2017년 12월 15일, 윈난(雲南)성 다리(大理)에서 열린 제3차 외교장관회의는 제2차 총리회의에 제출할 '실행계획(2018-2022)'을 의결하였으며, '란메이협력 핫라인 정보 플랫폼' 구축, '2017년도 란메이협력 특별기금 지원 프로젝트 리스트'를 발표하고, 제1차 총리회의 주요 성과와 제2차 외교장관회의 성과를 배포했다.

2018년 1월 10일, 캄보디아 프놈펜에서 열린 제2차 총리회의에서는 '3+5 협력프레임워크를 3+5+X 협력프레임워크'로 확대하고, 세관·위생·청년 등을 우선협력분야에 포함하기로 하였다. 이 외에 '제2차 총리회의 프놈펜 선언'과 '란메이협력 실행계획(2018-2022)'을 발표하고 '제2차 총리회의 협력 프로젝트 리스트'와 '6개 우선협력분야 공동워킹그룹 보고서'를 배포했다. 그리고 2016년 3월 23일 첫 총리회의를 기념하기 위해, 매년 3월 23일이 속하는 주(周)를 란메이 주(周)의 날로 정했다.

2018년 3월 19일부터 3월 25일까지 각국에서 열린 첫 란메이 주(周)의 날 행사는 청년교류, 협력 성과전, 문화공연, 싱크탱크포럼, 최고경영자회의, TV특집 프로그램 등 다채로운 행사가 열렸다.

현재 란메이 주(周)의 날 행사는 중국 각 부처 · 지방과 란메이 국가와 함께 콘퍼런스, 포럼, 영상전시회, 농촌진흥, 청년창업대회 등 60개 가까운 다양한 축하행사가 매년 열리고 있다.

2018년 12월 17일, 라오스 랑프라방에서 열린 제4차 외교장관회의에서는 '란메이협력 실행계획 2018년도 진전 보고서', '2018년도 란메이협력 특별기금 지원 프로젝트 리스트'와 6개국 싱크탱크가 공동으로 작성한 '란메이 경제발전벨트 연구보고서'를 채택하였으며, 란메이협력체 노래 '란메이 우의강(瀾湄友谊河)'을 제정 발표했다.

란메이협력체의 노래 '란메이 우의강 노래 배경화면'(中国国际广播电台 캡처)

2020년 2월 20일, 라오스 비엔티안에서 열린 제5차 외교장관회의에서는 '란메이협력 실행계획 2019년도 진전보고', '2020년도 란메이협력 특별기금 지원 프로젝트 리스트', '2018년 란메이 협력 특별기금 지원프로젝트 이행표'와 '란메이 지역 경제발전 벨트에 관한 건의'를 배포했다.

2020년 8월 24일, 화상으로 열린 제3차 총리회의에서는 '제3차 총리회의 비엔티안선언'과 '란메이협력과 국제무역 육해상통로 연계협력을 위한 공동 의장성명'을 발표했다.

2021년 6월 8일, 중국 충칭에서 열린 제6차 외교장관회의에서는 '제3차 총리회의 비엔티안선언'과 '란메이협력 실행계획(2018-2022)'의 조속한 이행에 합의하고 지방정부 간 교류협력을 조속히 실행하기 위하여 '란메이 국가 지방협력 이니셔티브'(표 41)를 확정하고 '전통의약협력공동성명'과 '지속가능한 협력발전 공동성명'을 채택했다.

표 41 란메이 국가 지방협력 이니셔티브(요약)

1. 란메이 지방정부가 6개국 발전에 중요한 역할을 하고 있음

2. 지방협력은 란메이협력의 내실을 기함으로써 인문교류 촉진, 상호이해 증진을 통하여 국민들에게 보다 많은 혜택을 가져다 줄 수 있음

3. 각국 지방정부들이 서로의 장점을 활용, 란메이협력에 적극 참여할 것을 권장

4. 6개국 지방정부의 코로나19 방역협력 추진을 높이 평가, 중국정부는 코로나19의 조기 극복과 포스트 코로나 경제사회 회복에 함께 노력할 것임

5. 란메이 지방정부 협력포럼 개최를 지지하며, 중국이 발표한 '중국 관련 지방정부와 메콩강 국가 지방협력 의향목록'은 6개국 협력의 새로운 전기가 될 것임

6. 지방정부의 국경관리부서와 교류를 촉진하고 초국경 범죄 단속 등 공동 관심사에 대하여 공동 대응

7. 지방정부 간 연계발전 전략과 RCEP 활용 장려, 경제무역과 상호투자 강화, 농업·관광·국경무역·전자상거래·산업단지·미디어교류·과학기술혁신·중소벤처기업 지원·디지털경제 등 협력 심화, 경제발전벨트 공동 건립, 지역산업 사슬망 보완에 적극 동참

8. 연계성 강화는 각국의 지방경제·관광·사회발전을 촉진하는데 의의가 크다고 판단하여 각국의 지방 간 철도·도로·수운·항만·관광항·전력망·정보네트워크·항공 등 필요한 인프라 구축 및 고도화를 강화하고 통관과 운송원활화를 추진하여 안전하고 효율적이며 융합적인 지속가능한 환경 친화적인 인프라 및 관광시설을 조성

9. 지방정부 간 소통과 긴밀한 연계 강화, 기존 우호도시 관계를 강화하고 평등과 상호 존중의 원칙에 입각하여 더 많은 우호도시를 구축할 수 있도록 후원. 지방정부가 협력을 강화하고 구체적인 협력계획을 수립하여 실제적인 행동을 취함으로써 각 지역 주민들에게 실질적 혜택이 돌아갈 수 있도록 함. 협회와 기업, 민간자원의 적극적인 역할을 긍정하고 각 분야의 협력과 교류를 강화하도록 장려

10. 지방정부 간 빈곤퇴치 경험과 모범 사례, 관련 지식 공유를 강화하고 각국의 농촌진흥을 위한 란메이 빈곤퇴치 협력 5개년 계획(2018~2022) 시행 지원

자료: http://www.lmcchina.org/node_1009505.html참고, 저자정리

2022년 7월 4일, 미얀마 바간에서 열린 제7차 외교장관회의에서는 '란메이협력 5년 실행계획(2018-2022)'이 괄목한 성과를 거두었다고 평가하고 향후 란메이협력 5년 실행계획(2023-2027)'을 제4차 총리회의에 상정하기로 했다. 그리고 2022년 란메이협력 특별기금 지원 프로젝트 리스트를 발표하고, 란메이협력에 지방정부 참여장려, 포스트 코로나 시대 전면적 경제협력을 통한 란메이경제발전벨트 건설, 공공외교 확대 등에 합의했다.

란메이협력은 2015년 11월 출범이래 총리회의 3회, 외교장관회의 7회, 고위급회의 9회, 외교공동워킹그룹회의 12회를 각각 개최하였으며, 6개국 외교부는 란메이협력 사무국 또는 협조기구, 우선협력분야 공동워킹그룹을 설립했다. 또한 수자원 · 환경 · 농업 · 글로벌메콩강연구 센터를 설립 운영하고 있으며, 6개국 대학 공동으로 란메이청년교류협력센터를 설립하는 등 다양한 분야에서 전면적인 교류협력 시스템을 구축해 나가고 있다.[115] 2021년 10대 뉴스를 통해 란메이협력의 주요 성과를 알 수 있다.

7) 2021년 10대 뉴스

란메이협력 중국 사무국은 중국둥맹보도(中国东盟报道)와 윈난일보그룹 메콩강(云南日报集团 湄公河)과 협력하여 2021년 란메이 및 광역메콩강지역경제협력 10대 뉴스를 선정했다. 두 개 지역협력체는 참여국가도 같으나 단지 차이점은 란메이협

115http://switzerlandemb.fmprc.gov.cn/wjb_673085/zzjg_673183/yzs_673193/dqzz_673197/lcjmghhz_692228/gk_692230/,澜沧江—湄公河合作(검색일: 2022. 6. 10.)

력은 회원국 중심의 전면적 교류협력을 추진하는 지역협력체이고, 광역메콩강지역 경제협력은 아시아개발은행이 주도하는 지역협력체로써 지역개발과 공적원조 중심이라 할 수 있다. 10대 뉴스를 통해 란메이협력의 추진방향과 성과를 살펴보면 다음과 같다.[116]

① 정상외교 활발, 주변국가와 운명공동체의 새로운 장

시진핑 주석은 코로나19로 인하여 화상(라오스1), 통화(라오스1, 베트남3), 축하서한(캄보디아1) 방식으로 메콩강 국가 정상들과 협력을 강화했다.

② 6개국 고위층의 밀접한 교류로 상호신뢰 강화

2021년 6월 8일 란메이협력 제6차 외교장관회의, 9월 8일 GMS 제7차 총리회의를 개최하였으며, 왕이 외교부장은 미얀마, 베트남, 캄보디아, 메콩강 고위층 인사 및 외교부장관과 20여 차례 양자회담을 개최했다.

③ 란메이 6개국 방역 및 위생협력 성과

중국은 메콩강 5개국에 검사시약, 마스크, 방호복, 백신 등 방역물자를 무상으로 제공하였으며, 방역경험교류회 개최, 의료전문가팀 파견, PCR검사실 및 방역조립식병원 건립을 지원했다. 중국은 2021년까지 원조와 상업개발 등 방식으로 메콩강 5개 나라에 약 1억 9,000만 도스의 백신을 제공하였다. 6월 제6차 외교장관회의에서 '전통의약협력공동성명'을 채택했다. 그리고 12월 17일 중국 난징중의대학에서 포스트 코로나 시대 '란메이국가전통의학협력포럼'을 개최했다.

④ 중국·라오스 철도 개통

12월 3일 중국 일대일로 상징사업인 중국·라오스 철도가 개통되었다. 이 철도는 북쪽 중국 윈난(雲南)성 쿤밍(明明)에서 남쪽 라오스 수도 비엔티안까지 1,035km

---

116 http://news.china.com.cn/2022-01/27/content_78015472.htm, 中国参与澜湄及湄公河次区域合作 2021年度十大新闻(검색일: 2022. 4. 20.)

이며, 중국 철도망과 직통으로 연결되는 최초의 역외철도다. 철도가 개통됨에 따라 6개국은 기술교류 연계심화와 개발프로젝트 협력 플랫폼을 추진하기 위하여 '철도 업종교류세미나'와 '전력연계성협력포럼'을 개최하였다.

이밖에 중국기업은 라오스와 송전협력, 캄보디아 11번 국가도로 개량사업 준공, 베트남 도시경전철 사업 등 메콩강 국가 인프라 협력사업에 참여하여 성과를 거두었다.

⑤ 경제무역 지속성장, 산업생산능력 협력으로 품질향상

란메이 국가는 코로나19에도 불구하고 경제무역 협력은 지속적으로 증가하고 있다. 2021년 중국의 메콩강 국가와 교역액은 3,980억 달러로 전년 대비 23% 증가했다.

중국과 캄보디아는 2021년 10월 5일 FTA를 체결하였으며, 이 협정은 2022년 1월부터 효력이 발생했다. 또한 중국과 라오스는 '경제회랑 협력공동위원회 설립에 관한 양해각서'와 '생산능력 및 투자협력 제3차 중점사업 공동추진에 관한 협의서'를 체결하였다. 이는 중국·라오스 철도를 기반으로 중국·라오스경제회랑 건설을 추진하겠다는 것이다.

미얀마 중앙은행은 중국~미얀마 국경지역에서 인민폐와 미얀마 달러를 사용하여 직접 국경무역 결제를 할 수 있도록 허용한다고 발표하였다.

⑥ 지방협력 출범, 란메이협력 발전 동력 증가

2021년 6월 8일, 중국 충칭에서 열린 제6차 외교장관회의에서 '란메이 국가 지방협력 이니셔티브'를 심의·의결함으로써 6개국 지방정부 간 우호교류와 상호협력을 위한 방향을 제시하고, 민관협력의 틀을 마련하였다.

2021년 12월 17일 광시(广西) 좡족자치구 베이하이시(北海市)에서 6개국 관련 지방성·시(省市), 우호단체, 언론사 대표, 메콩강 5개국 주중 외교사절이 참가한 가운데 첫 '란메이 지방정부 협력포럼'이 온라인과 오프라인 방식으로 개최되었다.

2021년 12월 17일 첫 '란메이 지방정부 협력포럼' 개최

　　중국인민대외우호협회와 광시좡족자치구인민정부가 공동으로 주최한 이번 포럼은 제3차 란메이협력 정상회의와 제6차 외교장관회의 합의사항을 실행하기 위해 마련한 첫 란메이 6개국 지방정부 교류협력 플랫폼이다. 이날 중국 국무위원 겸 외교부장은 우장하오(吳江浩) 외교부부장(차관)이 대독한 축사를 통해 "중국은 메콩강 국가들과 긴밀히 협력해 란메이 지역의 경제발전벨트를 만들고, 란메이 국가 운명 공동체 건설을 지속하며, 란메이 국가 평화와 번영의 새 시대를 열어나가는데 협력할 것"이라고 밝혔다. 공동의장국인 미얀마의 중국주재 묘탄페이 대사는 란메이협력이 6개국 및 지역의 평화와 지속가능한 발전을 추진하는데 발휘한 중요한 역할을 높이 평가했다. 묘탄페이는 "지방정부의 협력은 란메이협력의 기초라면서 지방정부가 더욱 많은 우호도시 관계를 건립하고 발전시켜 빈곤감소 협력을 전개하고 공동으로 지역의 번영발전을 수호하기를 희망한다"고 말했다. 포럼은 '의장성명'을 통해 "포럼의 메커니즘화를 촉진하고, 6개국 지방정부의 더 많은 참여를 끌어내 란메이 지방정부 협력의 새로운 장을 마련하겠다고" 밝혔다.

　　란메이 지방정부 간 교류협력도 활발히 추진되고 있다. 윈난(雲南)·광시(廣

西)·저장(浙江)·장쑤(江苏)·상하이(上海)·구이저우(贵州)·충칭(重慶) 등 중국 지방정부는 메콩강 국가 지방정부와 다양한 교류협력 프로그램을 내놓았다. 대표적인 프로그램은 sepak takraw 오픈대회', '란메이 저장성 과일산업협력주(周)행사', '장쑤(江苏) 란메이 데이', '청년교류교지(校地)협력[117]포럼' 등이다. 충칭시는 '란메이협력 농촌진흥연구센터' 건설에 박차를 가하고 있다. 지방정부 간 협력은 전 권역 커버리지, 다주체 참여, 다차원적 상호작용을 위한 입체적 협업 플랫폼이 점차 형성되고 있다.

2021년 5월 중순 자싱(嘉兴)시에서 '란메이 저장성과일산업협력주(周)행사가 성공적으로 개최되었다. 행사기간 중 거래액은 3억 1,300만 위안(약 1조 7000억 원)에 달했다.

117교지(校地)협력은 대학, 과학연구기관, 싱크탱크, 사회조직 등과 연계한 산학융합협력과 발전을 추진하는 것이다.

⑦ 농업협력 성과 풍성, 농산품 무역 최고치 경신

2021년 메콩강 국가와의 농산물 교역 총액은 약 282억 달러로 전년 대비 18.6% 증가했다. 제1회 란메이과일축제는 베이징에서 개최돼 역내 과일 투자와 무역을 촉진하고 농업산업 협력을 심화시키는 데 주력했다. 중국 농업부는 '풍년 란메이' 농업협력 13개 프로젝트를 주도해 벼·천연고무·바나나·동식물 역병통제 등 다양한 분야의 농업기술 교류협력을 벌이고, 메콩강 국가의 농업 관료·기술자·학생 농민 1,000명 이상을 양성하기 위한 '란메이 벼·어(稻漁)장학금'을 설립했다. 중국의 각급 연구기관은 메콩강 국가와 고무나무, 콩, 바나나, 어류 증식 등에 관한 연구협력을 추진했다.

⑧ 수자원 협력과 환경보호 효과 현저

제6차 외교장관회의는 '란메이 국가 지속가능한 발전 협력 강화에 관한 공동성명'을 채택하고, 6개국이 수자원·생태환경 분야 협력을 강화해 환경친화적이고 혁신적으로 구동되는 경제성장 모델을 만들어 가기로 했다.

2021년 12월 7일 '제2차 란메이 수자원협력포럼'이 6개국 수자원부 장관과 리우쩐민(刘振民) 유엔 사무차장, 전문가, 유관 국제기구 대표들이 참가한 가운데 베이징에서 개최되었다. 포럼에서는 수자원 보호와 녹색 발전, 수자원 통합관리와 기후변화 대응, 농촌지역 수리와 민생 개선방안을 논의하고 '제2차 란메이수자원협력포럼 베이징 이니셔티브'를 발표했다.

또한 6개국은 청정 에너지·재생에너지 협력과 경험공유를 강화하는 '란메이 환경협력 전략'과 '녹색 란메이 프로젝트'에 박차를 가해 녹색과 저탄소 전환을 촉진하고 생태계 보전 강화에 협력하기로 했다.

⑨ 민생협력은 국민의 행복을 확고히 수호

중국은 캄보디아 국가체육관 건립 및 농촌지역 물 공급, 라오스 수도 비엔티안시 중심구역 경관등(燈) 설치, 미얀마 국가체육관 보수·개조 사업과 만달레이 산업

훈련원 업그레이드 사업 등을 지원했다. 또한 중국과 베트남은 '빈곤경험 온라인 간담회'를 열어 양국 국경지대의 지속가능한 발전을 위해 노력하고 있다. 그리고 '란메이 국가 다재난·재해사슬 강화 조기경보기술 심포지엄'을 개최하고 라오스·캄보디아 등과 방재구호·응급구호 협력관계를 구축하는 등 재해관리 분야 협력에 새로운 진전을 거듭해 각국의 경제발전과 민생 개선을 보장하고 있다. 이밖에 '란메이 도서향기' 캠페인 일환으로 캄보디아와 태국에 란메이 서점을 설립하여 학생들의 국제적 시야를 넓히기 위해 책을 기증하고 있다.

중국이 지원하여 라오스 비엔티안시에 설치한 경관등은 현지 주민들의 야간명소가 됐다. (신화사)

⑩ 인문교류 활성화로 민심상통 토대 견실

2021년, 코로나19의 어려운 시기임에도 불구하고 6개국은 사회인문 교류협력을 지속적으로 추진하였다. 2021년은 란메이협력 출범 5주년이 되는 해이다. 란메이 국가들은 란메이협력의 뚜렷한 성과와 지역 경제사회발전에 대한 기여를 높이 평가했다. 회원국들은 5주년을 기념하기 위하여 6개국 중앙정부와 지방정부는 공동으로 콘포런스와 포럼, 언론기고, 영상전시회, 농촌진흥, 청년혁신창업 대회 등 60개에 가까운 풍부하고 다채로운 경축행사를 개최했다.

주요행사를 살펴보면 '란메이 관광도시협력 연맹대회 및 란메이 시장(市长)문화 관광포럼'이 충칭에서 개최되어 란메이 지역 문화와 관광산업의 회복 및 진흥방안을 함께 논의했으며, '란메이 역사문화 도시 대화회의'는 6개국 역사문화 도시의 유구한 전통과 발전 현황에 초점을 맞춰 협력 공감대를 모으고 발전 전망을 함께 모색했다. 이밖에 란창강 상류의 생태보호와 빈곤탈출, 문화교류를 촉진하는 '란메이만리행 내외신 대규모 취재행사', '란메이국제포스터공모전', '란메이TV주간' 행사가 각 지역에서 성황리에 개최되었다.

2021년 12월 1일 중국 국가광보텔레비젼총국, 라오스 신문화관광부, 윈난성은 공동으로 2021년 '란메이TV주간' 행사를 윈난성에서 개최하였다.

나. 시사점

메콩강 지역에는 광역메콩강지역경제협력(GMS), 메콩강위원회. 아세안~메콩강지역개발 협력 등 주요 다자협력체만 10여 개에 달한다.

란창강-메콩강협력(LMC)은 GMS 회원국을 기반으로 하고 있으며, 지역적 범위를 메콩강 지역에서 국가 간의 협력체로 확대한 것이 특징이라 할 수 있다. LMC 설립목적 중의 하나는 아세안공동체 건설 조력과 지역통합을 촉진하는 데 있다. 아세안 10개 회원국 중 LMC 회원국 5개국이 포함되었으며, 인구는 아세안 전체 인구의 41%를 차지하고 있으나 경제적으로 낙후되어 있어 아세안공동체 건설을 위해서는 이들 국가의 경제력 향상이 필요하다.

GMS와 LMC의 차이점은 GMS가 ADB 주도의 협력체라면 LMC는 메콩강지역의 달라진 경제력을 바탕으로 회원국 주도의 지역통합을 위한 다자협력체라 할 수 있다. LMC의 추진체제가 GMS와 다른 점은 총리회의 격년 1회, 전담부서 외교부, 우선협력분야 공동워킹그룹 대표 직급을 점진적으로 장관 승격 추진, 민간교류 확대, 란메이협력 촉진을 위한 감독시스템 구축, 글로벌 메콩강 연구센터 설립, 란메이협력기금 조성, 란메이 주(周)의 날 행사 등이다. 특히 란메이 (周)주의 날 행사는 청년교류, 협력 성과전, 문화공연, 영화제, 싱크탱크포럼, 최고경영자회의, TV특집프로그램 등 다채로운 행사를 개최함은 물론 란메이협력의 노래 제정을 통하여 공동체 의식을 함양하고 있다. 또한 GMS와 LMC는 역할 분담을 통해 아세안공동체 지원과 지역통합을 추진한다. GMS는 ADB와 국제기구의 지원을 받아 인프라를 중심으로 한 경제회랑 건설에 집중하고, 중국이 주도하고 있는 LMC는 지역통합 촉진을 위한 교통·물류, 경제무역, 지역개발, 지방협력, 인문교류 등 전면적인 교류협력을 통해 아세안공동체를 조력한다.

LMC협력의 기본방향은 △정치안보 △경제와 지속가능한 발전 △사회인문을 3대 기본 축으로 △호련호통(互聯互通) △생산능력 △초국경 경제 △수자원 △농업과 빈곤퇴치 등 5개 우선협력분야를 추진하고 있다. LMC 협력분야를 분석하면 정치안보 협력 4개, 경제와 지속가능한 발전 협력 10개, 사회인문 협력 6개 등 회원국 간 국제교류 협력의 전 분야가 망라되어 있다고 볼 수 있다. 그러나 GTI는 전략실행계획(SAP2021년-2024년)에서 교통, 무역·투자, 관광 에너지, 농업, 환경 등 6개 협력분야를 제시하지만 LMC와 비교하면 기본방향을 제시한 것에 가까우며 구체적 실행방안을 담지 못했다. LMC와 GTI 실행계획 분석을 통해 GTI가 회원국들의 관심을 받지 못하는 이유를 알 수 있다. GTI 재도약을 위해서는 구체적이고 실질적인 협력사업을 발굴·추진해야 한다.

LMC 회원국들은 지방정부 중심의 교류협력을 추진하고 있다. 2021년 6월 LMC 국가 간 실질적 교류협력을 촉진하기 위하여 '란메이 국가 지방협력 이니셔티브'를 확정하고, 회원국 지방정부 간 구체적인 협력방향을 제시함으로써 지방정부가 국가의 지원아래 각종협력 사업을 추진할 수 있는 기반을 마련했다. 그러나 GTI 는 중앙정부 지원에 의하여 '동북아지방협력위원회'가 창설된 것이 아니라 동북아 지방정부가 GTI 지역 간 협력사업을 추진하면서, 중앙정부와 지방정부의 연계협력의 필요성을 절감함에따라, 강원도와 지린성에서 GTI 사무국에 '지방협력체' 창설을 제안하여, 2012년 9월 제12차 GTI 총회에서 '동북아지방협력위원회'가 창설되었으나, 제안취지와는 달리 중앙정부와 지방정부 간 연계협력 시스템은 구축되지 못했고 GTI 주체가 아닌 협력 파트너로 존속하는 등 협력사업에 직접 참여하거나 주도하지 못하고 있다.

LMC가 GTI에 주는 시사점은 협력 메커니즘 혁신, 시대 흐름에 부합한 공동목표와 실질적인 협력사업 발굴·추진, 중앙정부와 지방정부 간 연계협력 시스템 구축, 지방정부와 기업을 GTI 경제협력 추진체로 육성, 사회인문 협력 확대 등 전면적 교류협력 시스템 구축을 통한 협력방안 마련이 필요하다.

4. 글로벌 시대 신성장 동력 지방

가. 지방, 글로벌 시대 주역으로 등장

1) 국제교류 추진배경

1980년대 말부터 세계적으로 불기 시작한 국제화, 세계화, 정보화, 지방화의 바람은 국가 간 국제교류 형태의 일대 변혁을 가져왔다.

전통적 의미의 국제교류는 외교라고 할 수 있는데, 국가 간의 조약이나 안보협력, 경제통상 등과 같은 협력사업은 국가의 전유물이었다고 해도 과언이 아니었다. 당시 동북아 각국의 지방정부는 국가의 한 행정구역으로 국가 위임사무를 처리하거나 지시사항을 수행하는 행정기관에 불과했을 뿐 자체적으로 지역발전 전략을 수립하지도 못했다. 지방정부의 국제교류 역시 제한된 범위 내에서 국가의 승인을 받아 자매결연을 체결하고 공무원 방문 교류를 통한 행정경험 공유에 불과하였다.

그러나 국제화, 세계화, 정보화, 지방화가 진전되면서 지방이 지역발전의 주체로서 역할이 강화되기 시작했다. 국가의 지방정부에 대한 인식도 크게 변하여, 지방의 경쟁력이 곧 국가의 경쟁력이라는 인식이 자리 잡는 등 지방의 국제교류가 단순한 우호교류를 넘어 경제, 통상, 관광, 국제행사 유치 등을 통해 지역발전을 촉진하고 있다. 이처럼 국가와 지방 간 역할 변화와 지방을 글로벌 무대로 끌어낸 배경이 된 국제화, 세계화, 정보화, 지방화를 살펴보는 것은 매우 중요하다.[118]

국제화(Internationalization)란 경제, 제도, 문화 의식에 있어서 개별국가 내부의 고착성을 뛰어넘는 국가 간의 교류를 의미한다. 이는 곧 무한(無限)경쟁시대, 국경 없는 경제 시대로 돌입한 세계질서 속에서 이에 적응하지 못하는 국가와 민족은 도

---

118 전국시도지사협의회, 2015, 지방자치단체국제교류매뉴얼. p.12~26.

태될 뿐 아니라 생존마저 위협받게 됨을 뜻한다. 그래서 국제화를 국가 사이의 거래를 뒷받침하기 위해 국내의 정책 제도 및 사고방식을 바꾸어 나가는 과정으로 이해하기도 한다. 급변하는 시대·사회에 적응, 당당한 세계의 일원으로 살아남기 위해 국수주의적 사고, 배타적 관행, 낙후된 의식을 국제수준에 맞게 고쳐가는 일이 국제화라는 것이다.

국가경쟁력을 높이기 위해 국제기준에 맞지 않는 각종 제도와 법규 관습을 고쳐가는 것은 물론, 개혁 차원에서의 개방, 규제의 철폐, 기술의 혁신, 교육의 강화 등이 국제화의 요체로 지적된다. 이것은 다시 지방의 내부적 국제화 의식 함양을 중심으로 하는 내향적 국제화, 이를 바탕으로 세계 각국과 경제통상, 문화예술 등 다양한 국제교류를 추진하는 외향적 국제화로 구분할 수 있다.

세계화(Globalization)는 국제화와 유사한 개념으로 쓰이나, 근본적으로 개별국가의 개념이 약해지고 세계가 단일의 공동체로 확산되는 것을 의미하는 국제화의 상위개념이다. 세계화는 곧 세계를 한 울타리로 인류 공동의 보편타당한 가치를 중시하는 특징을 갖는다. 그러므로 강조되는 것은 각 나라나 민족의 특징·차별성 등이 아니라 상호의존을 바탕에 둔 세계공통의 보편적 기준이며 가치이다. 배타적 민족주의나 그릇된 우월주의 등은 용납되지 않는 것이다. 각 개인의 행동 양식에서도 활동 무대를 국내에 국한하지 않고 세계적 차원에서 계획하고 행동할 것을 요구하는 것이 세계화다. 세계를 '하나의 지구촌'으로 인식하고 더불어 살아가는 능력과 자세를 갖춰가야 한다는 것이다. 이를 위해서 합리적인 사고방식, 국제적 감각을 키우는 교육 등이 강조된다.

정보화는 정보를 중심으로 사회가 경제가 운영되고 발전하는 것을 말한다. 정보화(정보유통, 정보공유, 정보공개, 전자거래, 전자지식관리, 전자정부, 전자거버넌스 등)의 영향으로 주민들은 인터넷과 같은 가상공간(virtual space)에서 세계 여러 나라의 기관과 단체들의 웹사이트를 하루에도 수없이 실시간으로 방문한다. 정보통신기술(Information & Communication Technology: ICT)의 발전은 경제사회에 거대한 변화를 선도하면서, 새로운 가치를 창출하고, 우리 사회의 급격한 변화를 주도하고 있다. 특히 ICT 기술의 발전으로 다양한 음성인식, 인공지능, 스마트 컴퓨팅, 빅데이터 및 클라우드 컴퓨팅 기술들이 융합하여, 이를 기반으로 한 지능화, 사물 정보화, 개인화 등을 특징으로 하는 스마트 컴퓨팅 시대가 가시화되고 있다. 이러한 새로운 ICT 패러다임은 경제사회 영역만이 아니라 기존의 전자정부 및 정부 서비스의 새로운 변화를 통하여 중앙과 지방의 공공조직 운영방식에서도 커다란 변화를 요구하고 있다.

지방화는 중앙이 행사해 온 각종 권한을 지방 또는 지역으로 이양하는 것뿐만 아니라 한 걸음 더 나아가 지방자치를 구현하거나 확대하고, 또한 한 국가의 정치사회체계를 중앙 집권적 구조에서 지방 분권적 구조로 점차 전환해 나가는 것을 말한다. 이러한 지방화로 인하여 중앙정부가 국가의 모든 것을 통제하고 관장하던 관행은 점차 줄어들고, 지방에 관한 것은 지방에 맡기는 양상으로 정치 · 행정 체제가 변화되어 가고 있다. 즉 중앙중심의 일극체제(一極體制)나 중앙과 지방이라는 양극화 개념은 줄어들고, 각각의 개체를 공히 중요시하는 다극화(多極化) 사회로 변화되어 가고 있다. 이러한 국제화 · 세계화 및 다극화 현상, 각종 정보에 대한 접근성의 확대, 시 · 공간의 거리단축 등은 중앙중심의 정치 · 행정행위를 전환하게 하는 계기를 마련하였다.

이와 같은 국내외 행정환경 변화에 따라 지방정부는 지역발전의 주체로서 안으로는 지역개발을 위한 각종 전략을 마련하여 추진하고 대외적으로는 글로벌 시장개척을 위하여 세계 각국의 지방정부, 국제기구, 경제단체 등과 국제교류를 적극적으로 추진하기 시작했다.

2) 국제교류 의의와 필요성

국제화, 세계화, 정보화, 지방화의 진전은 지방정부가 세계 각국의 지방정부, 국제기구와 국제교류를 통하여 지역발전을 추진하는 시대가 되었다.

국제교류는 경계·인종·민족·종교·언어·체제·이념 등의 차이를 초월하여 개인, 집단, 기관, 국가, 국제기구 등 다양한 주체들이 각각의 우호, 협력, 이해증진 및 공동이익 도모 등을 목적으로 관련 주체 상호 간에 공식·비공식적으로 추진하는 상생적 협력관계를 말한다고 정의한다.

전통적인 의미의 국제교류는 외교라고 할 수 있는데, 외교가 국가와 국가 간의 법적 계약이나 교섭 활동이라면, 현대적 의미의 국제교류는 다양한 주체 간의 다양한 형태의 협력행위라고 할 수 있다. 따라서 현대적 의미의 국제교류는 외교적 차원의 한정된 교류보다는 훨씬 폭넓고 다양한 개념으로 발전하고 있다. 예를 들면 과거 국가 간의 조약(법적계약)이나 안보협력(국방), 경제통상 등과 같은 차원뿐만 아니라, 현대적 의미의 국제교류는 다양한 주체들이 각각의 인적·물적 자원은 물론 문화·제도·정책과 각종 형태의 지식정보 등을 다양하게 교환하며 상호이해를 도모하는 일체의 과정을 광의의 국제교류라고 할 수 있다.

이렇게 달라진 국제환경에서 지방정부가 국제교류를 추진해야 할 필요성과 목적을 정리하면 다음과 같다.

첫째, 국제교류를 통하여 지구촌의 공동관심사와 국제기준(global standard)에 대한 인식을 확대시킬 수 있고, 국제수준에 맞는 각종 법률과 제도 및 행정서비스, 산업 활동에 대한 이해를 제고할 수 있으므로 국제교류는 세계시민으로서의 의식을 국제화하는데 필수적이다. '우물 안의 개구리'(A big fish in a little pond)는 우물 밖의 큰 세계를 결코 통찰할 수 없으므로, 지방이라는 울타리에 안주하지 말고, 세계 속의 지방으로 거듭나야 한다.

둘째, 인력과 문물의 교류를 통하여 상호협력과 이해를 증진하고, 경제활동은 물론 지역개발과 각종 협력사업을 도모하기 위해서는 자치단체의 국제화 기반이라고 할 수 있는 국제교류를 심화시켜야만 세계 속에서 활동할 수 있는 기반구축이 가능하다.

셋째, 선진화된 기술과 지식정보를 입수하여 지역산업 등에 경제활력을 가져오기 위해서는 국제교류 협력기반을 마련하는 것이 필수적이며, 지방정부의 행정 선진화와 경제 활성화를 위해서는 세계를 무대로 다양한 아이디어와 정보 및 각종 우수사례를 수집하여 지방정부의 역량을 제고할 필요가 있다.

넷째, 국제적인 교류행사(문화·예술·스포츠·학술·인력교류 등) 등을 통하여 시민들의 생활문화와 교육의 질 향상에 기여하기 위해서 국제적인 친선과 신뢰관계 증진을 도모할 필요가 있다.

다섯째, 각 지방정부는 여건과 환경에 걸맞은 특성화되고 차별화된 전략을 구상하여 국제협력을 도모해야 한다. 해양도시는 해양도시끼리, 산간지방은 산간지방끼리, 공통점이 있거나, 상생발전할 수 있는 연결고리를 찾아서 상호 간에 실질적으로 도움이 되는 방안을 찾아야 지속가능한 교류와 협력이 가능하다. 요약하면 국제교류는 한 지방정부가 지금까지 한 나라의 작은 지방 도시라는 소극적인 수준을 넘어서, 세계무대 혹은 지구촌 속의 지방 도시로 발전하고 성장하는데 필요한 필수적인 발전전략 중의 하나라고 할 수 있다.[119](표 42)

표 42 지방정부 국제교류 목적

구분	목적
국제협력 인식제고	· 국제화 마인드 함양 및 국제교류협력 공감대 형성 · 국제흐름과 국제기준에 대한 이해와 세계시민으로서의 의식 개혁 · 해외연수 · 견학 · 시찰 등을 통한 견문 확장 및 개방적 세계관 도모 등
행정선진화와 역량 제고 및 후진국 발전에 기여	· 발전된 선진행정과 선진제도(법과 제도 등), 우수사례 벤치마킹 및 후진국 발전에 기여 · 외국의 지방자치단체와 쌍방향 상호협력 체제 구축 · 지방과 도시의 국제화 기반조성 및 내부 수용능력과 국제적 역량 향상 등
지역경제 활성화 및 인재개발	· 지방경제와 지역산업 발전을 통한 지역경제 활성화 도모 · 외국인, 외국기업, 외국기관, 국제기구의 국내 활동 지원 · 우수기술, 해외자본, 우수인재 유치, 이주노동력 확보 등
국제사회와 공동협력	· 국제적 공동관심사(환경, 보건, 재난 및 위기관리 등) 협의 및 상호지원 협력 · 자치관련 국제기구 가입 및 국제적 연대 활동 증대 · 국가 외교의 보완 및 지방차원 지역외교 증진 등
문화이해 및 사회발전	· 외국문화 이해와 자국문화 자긍심 고취 · 지방인재와 지방교육연구기관 등의 육성지원 · 국제정보를 통한 지역정치행정과 사회문화 발전 도모 등

자료: 전국시도지사협의회, 2015년 2월, 지방자치단체 국제교류 매뉴얼. p.31.

---

119 전국시도지사협의회, 2015, 국제교류매뉴얼(개정 증보판). p.26~32.

3) 국제교류 추진현황

(1) 국제교류 추진체계 구축

동북아 지역은 1990년대 들어 중국, 러시아의 대외개방 확대와 한국의 몽골, 러시아, 중국과 수교로 국제교류의 기틀이 마련되었다. 특히 중국, 러시아에서 지역의 외자유치와 경제무역 촉진을 위해 지방정부의 국제교류를 확대함에 따라 동북아 지방정부 간 국제교류의 물꼬가 트이기 시작했다.

이에 따라 각국에서는 지방정부의 국제교류를 지원하기 위하여 국제협력 전담부서 및 기구 설치, 외국기업 투자우대 정책을 담은 외상투자법(外商投資法, 중국)·외국인투자촉진법(한국)을 제정하여 지방정부의 외자유치를 지원하고 있으며, 지방정부는 기업 수출지원·외국인 관광객 유치 조례를 제정하는 등 국제교류 시스템을 지속적으로 보완 발전시켜 나가고 있다. 동북아 국가 중에서 국제교류가 가장 활발한 중국, 한국, 일본의 국제교류 지원시스템 구축 현황을 살펴보면 다음과 같다.

① 중국

동북아 국가 중에서 가장 먼저 지방정부의 국제교류 지원시스템을 구축한 나라는 중국이라 할 수 있다. 중국은 국토면적이 넓고 광역지방자치단체에 해당하는 성(省)의 면적이 한국의 몇십 배에 달하는 지방이 많을 뿐만 아니라 1억 명의 인구를 가진 지방도 있다. 국제교류 지원기구는 1954년 5월 3일 민간 대외교류 지원을 목적으로 '중국인민대외문화협회'를 설립한 것이 시초이다. 이 협회는 1966년 '중국인민대외문화우호협회', 1969년 '중국인민대외우호협회(中国人民对外友好协会)'로 명칭을 변경하였으며 1978년 개혁개방 정책실시 이후부터는 지방정부 자매결연 및 우호교류, 민간교류, 지방정부 위탁사무 처리 등을 지원한다. (표 43)

표 43 중국인민대외우호협회(현황)

구분	주요내용
연혁	· 1954년 5월 3일, 중국인민대외문화협회 설립 · 설립취지: 민간외교를 전담하는 전국적인 기구 · 명칭변경: 1966년 중국인민대외문화우호협회, 1969년 중국인민대외우호협회
주요업무	· 국내외 민간교류, 각국 국민들 간 상호 이해증진, 신뢰구축, 우호증진 · 국제협력, 교류협력 플랫폼 구축, 경제 · 과학기술 · 인재 등 분야의 실무협력 촉진 · 민간 문화교류를 통한 이해와 우의 증진 · 지방정부 수탁사업 　- 자매결연 및 우호 도시 협정 및 발전 업무 조정 관리, 지방 간 교류협력 추진 · 중국 지방정부를 대표하여 각종 국제기구와 협력 촉진 · 비정부기구 (NGO)로서 유엔경제사회이사회, 유엔의 각종 활동에 참여 · 각국 우호협회 단체와 교류협력 추진
조직	· 국내: (본부) 전국 이사회, 회장(林松添, 린송텐), 부회장, 비서장, 사무국 등 　　　　(지방) 각 성 · 직할시, 구 · 시 · 현 인민대외우호협회 · 국외: 46개 국외 지역 및 국별 우호협회를 설립, 세계 157개 국가의 413개 민간단체 및 조직 　　　기구와 우호협력 체결

자료: https://www.cpaffc.org.cn/index/xiehui/xiehui_list/cate/2/lang/1.html(검색일: 2022. 6. 3.)

　　현재 중국의 광역자치단체인 성(省)정부와 기초자치단체인 시(市) · 현(縣) 정부에 '중국인민대외우호협회'가 설치되어 있으며, 해당 지방정부의 외사판공실주임(국장)이 회장을 겸임하고 있다.

　　각급 지방정부에는 국제교류, 여권발급, 민간교류 협력을 지원하는 외사판공실이 있다. 그밖에 수출입, 투자유치, 관광홍보를 위해 관련 부서를 설치하고 세계 각국과 경제교류 협력을 추진하고 있다. 중국이 동북아의 다른 국가에 비하여 국제교류 시스템을 일찍 구축한 것은 개혁개방 정책의 안정적 수행을 통한 지역경제 발전을 촉진하기 위해서였다.

2022년 2월 14일 중국인민대외우호협회와 주중 멕시코대사관이 발기하여 양국 교류 50주년 경축점등식 개최 등 다양한 행사를 개최했다. 현재 양국 35개 지방도시 간 교류협정을 체결하였다.(중국인민대외우호협회)

② 한국

한국은 한중일 3국 중 국제교류 지원시스템이 가장 늦게 구축되었으나 현재는 가장 앞선 것으로 평가받고 있다. 한국의 국제교류 지원기관은 1994년 7월 전국의 지방자치단체들이 21세기 국제화·지방화 시대를 위하여 각 자치단체의 해외활동 및 국제교류 업무를 효율적으로 지원하기 위하여 설립한 '한국지방자치단체국제화재단'이 시초라 할 수 있다. 그러나 지방자치단체의 국제교류를 본격적으로 지원하기 시작한 것은 1999년 1월 설립한 '대한민국 시도지사협의회'가 2010년 1

월 '한국지방자치단체국제화재단'의 국제협력 사업 지원기능을 이관받으면서부터이다. 주요업무는 국제정보화 DB, 한중일 지방정부교류회의·한일지사회의·한중지사성장회의 등 국제기구회의 지원, 국내외네트워크 구축, 지방공무원 글로벌정책리서치, 외국지방공무원 초청연수, 해외우수 행정사례발굴, 통·번역 지원, 국제교류활성화포럼, 해외사무소운영 등 지방자치단체의 국제교류 협력사업 및 이와 관련한 위탁사업을 하고 있다(표 44)

표 44 대한민국 시도지사협의회 현황

구분	주요내용
한국	· 연 혁 － 1999년 1월 23일, 전국시도지사 간담회(제주)시 설립 － 2005년 4월 7일, 전국시도지사협의회 사무처 개소 · 설립목적 － 시·도 상호 간의 교류와 협력 증진 － 지방자체단체의 공동문제 협의 및 국제화 관련 업무 － 지역사회의 균형발전과 지방자치의 건전한 육성에 기여 · 주요업무 － 협의회 운영 및 각 시·도 간 연락 업무 － 지방자치발전 관련 자료수집·배포 및 정보지원 － 지방자치제도 연구 및 정책분석 사업 － 지방분권 역량 강화를 위한 대외협력 관련 사업 등 － 지방자치단체의 국제교류 협력사업 및 이와 관련한 위탁사업 · 조직 － 협의회장단(회장, 부회장2), 사무처(3국: 분권, 기획, 국제화) － 해외사무소 6개(일본, 중국, 호주, 미국, 프랑스, 영국)

자료: https://www.gaok.or.kr/gaok/main/contents.do?menuNo=200104(검색일: 2022. 6. 3.)

전국 광역자치단체 시장·지사 협의체인 '대한민국 시도지사협의회'의 국제교류협력 업무 방면에서 최대의 성과는 그동안 중앙정부에서 지방자치단체가 추진하는 국제교류를 행정의 비효율화라는 이름으로 지방자치단체의 해외사무소 개설 등 국제교류협력 업무를 중앙정부의 감사권을 활용하여 제약하는 사례가 빈발함에 따라, 지방자치단체의 글로벌 시장개척을 지원하기 위하여 국제교류협력 업무를 지방자치단체 사무로 법제화 한 것이다. 이에 따라 지방자치단체가 지역 맞춤형 통

상, 투자, 관광, 국제행사 등의 업무를 자율적으로 추진할 수 있게 되었다.(표 45)

표 45 국제교류협력 조항 신설 내용

2020년 12월 9일 제21대 국회 본회의에서 「지방자치법」 전부개정안이 통과됨에 따라 지방자치단체 국제교류협력 조항이 신설되었다.[시행 2022. 1. 13.]

제13조(지방자치단체의 사무범위)
7호 국제교류 및 협력
가. 국제기구 · 행사 · 대회의 유치 · 지원
나. 외국 지방자치단체와의 교류 · 협력

제193조(지방자치단체의 역할)
지방자치단체는 국가의 외교 · 통상정책과 배치되지 아니하는 범위에서 국제교류 · 협력통상 · 투자유치를 위하여 외국의 지방자치단체, 민간기관, 국제기구(국제연합과 그 산하기구 · 전문기구를 포함한 정부 간 기구, 지방자치단체 간 기구를 포함한 준정부 간 기구, 국제 비정부기구 등을 포함한다. 이하 같다)와 협력을 추진할 수 있다.

제194조(지방자치단체의 국제기구 지원) 지방자치단체는 국제기구 설립 · 유치 또는 활동 지원을 위해 국제기구에 공무원을 파견하거나 운영비용 등 필요한 비용을 보조할 수 있다.

제195조(해외사무소 설치 · 운영)
① 지방자치단체는 국제교류 · 협력 등의 업무를 원활히 수행하기 위하여 필요한 곳에 단독 또는 지방자치단체 간 협력을 통해 공동으로 해외사무소를 설치할 수 있다.
② 지방자치단체는 해외사무소가 효율적으로 운영될 수 있도록 노력해야 한다.

지방자치단체에는 기본적으로 국제교류 전담부서 또는 분야별 지원부서가 설치되어 있다. 광역지방자치단체는 국(局) 또는 과(課) 단위로 국제교류, 경제통상, 투자유치, 관광객 유치, 국제행사 유치 조직을 갖추고 있으며, 일부 지방자치단체에는 국제교류재단을 설치하여 운영하고 있다. 기초지방자치단체 역시 국제교류 지원시스템을 갖추고 있다.

③ 일본

일본은 한중일 3국 중 지방자치가 비교적 발달하였으며, 1988년 7월 지방자치단체의 국제화 지원을 위하여 지방자치단체의 공동조직인 (재)지자체국제화협회를 설립했다.(표 46) 일본 역시 국제교류, 경제통상, 민간교류 지원을 위해 전담부서를 설치하였으나, 지방정부의 국제교류 업무를 법제화하지는 않았다.

표 46 (재)자치체국제화협회

구분	주요내용

일본	· 설립일: 1988년 7월
	· 목 적: 지방자치단체의 국제화 지원 및 지방행정 홍보 및 교류
	    ※ 관리감독기관: 총무성(總務省)
	· 주요업무
	    − JET프로그램(외국청년 유치사업), 협력교류연수원 초청
	    − 해외 지방행정관련 제도 및 정보수집
	    − 지방자치단체 간 국제교류 지원
	· 조직: 사무국 · 본부: 1국 4부 8과, 이사장: 오카모토 다모쓰(岡本 保)
	    − 해외사무소: 해외 7개도시(107명)국외사무소: 7개 도시

자료:https://www.gaok.or.kr/gaok/main/contents.do?menuNo=200171(검색일: 2022. 6. 3.)

(2) 국제교류 추진실태

지방정부 간 국제교류의 주된 형태로는 자매결연과 우호교류가 있다. 일반적으로 국제교류 초기에는 우호교류를 하게 되고, 그 후 신뢰관계가 형성되면 보다 깊은 상호협력 형태로 자매결연을 맺게 된다.

중국 등 일부 국가는 자매결연은 한 개 국가 한 개 도시와 자매결연 원칙을 고수하고 있으며, 중앙정부의 비준을 받아야 한다. 우호교류는 중앙정부의 비준이 필요하지 않으며, 한 개 국가의 다수의 지방정부와 우호교류 협정을 체결할 수 있다. 한국은 지방자치 실시 이전까지는 자매결연은 중앙정부의 승인 사항이었으나 지방자치 실시로 외국 지방정부와 자매결연은 지방의회의 승인을 받아야하며, 우호교류는 지방정부의 권한으로 체결할 수 있다.

동북아 각국 지방정부 간 국제교류는 앞에서도 설명했듯이 중국과 러시아의 대외개방 확대와 한국에서 중국, 러시아 등 북방국가와 수교를 맺음에 따라 추진되기 시작했다. 특히 1991년 소지역협력사업인 두만강지역개발계획이 출범하면서 동북아 지방정부는 지역발전을 위한 외자유치, 경제무역 확대, 관광객 유치, 청소년, 문화예술 등 다양한 방면의 교류협력을 추진하기 위해 국외 지방정부와 자매결연, 우호교류를 적극적으로 추진하게 되었다. 국제교류는 양자 간 교류이므로 국제교류가 활발한 한국 지방자치단체의 국제교류 추진현황을 통해 동북아 지방정부 간 국제교류 추진실태를 가늠할 수 있다. 2021년 12월 기준 대한민국 시도지사협의회 자료를 중심으로 시기별, 권역별, 국별, 유형별로 살펴보면 다음과 같다.

한국 지방자치단체의 외국도시와 국제교류는 1961년 진주시가 미국 오리건주 유진시(Eugene City, Oregon State)와 최초로 자매결연을 체결한 이래 1960년대 10건, 1970년대 18건, 1980년대 61건, 1990년대 352건, 2000년대 629건, 2010년대 669건, 2020년대 41건의 교류협정을 체결하였다. 이 자료를 분석하면 1990년대는 동북아 각국의 대외개방 확대로 지방정부 간 국제교류가 본격화되기 시작했으며, 2000년~2010년대에 교류협정이 집중된 후 소강상태를 보이고 있다. 이것은 국제교류가 침체된 것이 아니라 대부분의 지방자치단체가 이미 많은 국외지방정부와 교류협정을 체결함으로써 수요가 감소한 것이라 할 수 있다.

권역별로는 아시아가 16개국에 1,181건(66.3%)으로 가장 많고 그 다음은 유럽 32개국 262건(14%), 북미 2개국 209건(11.7%) 순이다. 국별로는 한국의 17개 광역자치단체 및 225개 기초자치단체가 84개국 1,311개 도시와 1,780건의 자매결연 또는 우호교류 관계를 맺고 있다. 지역별로는 중국 686건(38.5%), 일본 210건(11.8%), 미국 187건(10.5%), 베트남 81건(4.6%), 러시아 60건(3.4%), 필리핀 55건(3.1%) 순이다.

유형별로는 행정·인적, 문화·예술, 체육, 경제협력, 무역, 투자 및 관광객 유치, 해운항로 개설 등을 통해 지역의 국제화 의식을 함양함은 물론 실질적 경제교류 협력을 통한 지역발전을 추구하고자 하는 의지가 내포돼 있음을 알 수 있다.(표 47)

표 47 국제교류 유형

교류분야	세부내용
행정·인적	· 공무원 국외훈련 및 파견, 단체장 및 대표단 상호방문, 정보·경험교류 · 민간 교류 협력 지원
문화·예술	· 예술단 공연, 미술전시회, 사진전, 상호축제 참가, 패션쇼 등
청소년	· 해외연수 및 문화체험, 대학생 캠프, 수학여행, 어학연수, 국제인턴

교류분야	세부내용
스포츠	· 친선축구 · 야구대회, 국제스포츠대회 유치, 교환경기(레슬링, 역도 등)
경제 · 통상	· 외자 유치 활동, 박람회 개최, 경제사절단 및 시장개척단 파견 · 상품전시관 및 해외사무소 개설, 전용공단 조성, 전자상거래 등 · 경제단체 간 교류, 비교우위 산업 간 투자협력, 기술이전 협의 · 해운항로 개설 및 활성화 지원 (물동량 확보, 운항 장려금 등)
관광	· 관광객 유치, 의료관광 유치, 국제관광축제, 공항활성화, 전세기 운항 등
기술 · 학술 · 정보	· 지자체 간 대학 교류, 학술포럼 · 세미나 개최, 국제심포지엄 개최 · 저개발국 기술원조 · 훈련, 농업타운 조성 등 기술이전 등
상징사업	· 공원조성, 거리명명식, 자매도시 전시관 개관, 명예시민증 수여 등

자료: 전국시도지사협의회, 2015, 지방자치단체 국제교류 매뉴얼 참고, 저자정리

국제교류 추진현황 분석을 통해 지방자치단체 국제교류 특징을 살펴보면 다음과 같다.

첫째, 지리적으로 인접한 지방정부 간 국제교류가 주를 이루고 있다. 동북아 지역에서 지방정부 간 국제교류를 활발히 추진하고 있는 한국의 사례를 보면 지방정부 간 국제교류 실태를 가늠할 수 있다. 앞에서 살펴본 바와 같이 권역별, 국별 현황을 분석하면 아시아권이 66.3%로 압도적으로 많고 국별로는 중국 38.5%, 일본 11.8%, 미국 10.5% 순으로 대부분 지방자치단체는 지리적으로 근접한 지역과 자매결연 또는 우호관계를 맺고 교류를 활발하게 추진하고 있으며 거리가 멀리 떨어진 미국 등과는 실질적인 교류는 많지 않은 것으로 나타나고 있다. 이처럼 지방자치단체가 지리적으로 가까운 지역과 교류협력을 중점으로 추진하고 있으나, 국제교류 예산부족, 공동 협력사업 발굴의 어려움, 지방정부의 권한 미약 등으로 기대한 만큼 성과를 얻지 못하고 있는 실정이다.

둘째, 국제교류가 초기 인적교류에서 경제, 통상, 투자 및 관광객 유치, 국제행사 유치 등 국제교류협력 분야가 날로 확대되고 있다. 특히 한국 지방자치단체는 지역경제 발전을 촉진하기 위하여 각종 국제행사(스포츠, 관광, 국제심포지엄 등) 유치를 추진하고 있으며, 일정한 성과를 거두고 있다. 한국 지방자치단체의 대표적 국제행사 유치사례는 아시안게임, 국제육상대회, 2018평창동계올림픽 등을 꼽을 수

있다. 특히 2018평창동계올림픽은 강원도가 세 번의 도전 끝에 동계올림픽을 유치하여 성공적으로 개최함으로써 지역발전과 국가 브랜드 제고에 크게 기여했다는 평가를 받고 있다.

2018년 2월 9일~25일까지 강원도 평창, 강릉, 정선 일대에서 열린 평창동계올림픽에는 92개국 2,833명의 선수가 참가했다. 북한은 쇼트트랙 등 5개 종목에 22명의 선수단을 파견하였을 뿐만 아니라 정부 대표단, 예술단과 응원단이 참가하는 등 평화올림픽으로 기록되고 있다.[120]

강원도는 동계올림픽 유치를 위해 동계올림픽시설 확충, 국제기구 및 국제교류 지방정부와 협력체계 구축을 통해 동계올림픽을 유치할 수 있었다. 강원도의 동계올림픽 유치와 성공개최는 세계화 시대에 지방자치단체의 변화된 위상을 잘 나타내주고 있다.

셋째 지방자치단체의 교류형태가 자매결연이나 우호교류, 다자협력에 국한되지 않고 지방자치단체가 직접 세계의 경제발달 도시를 대상으로 경제통상, 투자 및 관광객 유치에 나서고 있을 뿐만 아니라 해운항로 개설 등 지방정부 간 공동 협력사업 추진을 위해 다자협력을 적극적으로 추진하는 등 지방자치단체가 글로벌 시대의주역으로 등장하였다.

---

120 https://www.news1.kr/articles/?4267159.北베이징동계올림픽엔참가할까(검색일: 2021. 6. 15.)

나. 동북아 지방정부 간 양·다자회의체 활성화

1990년대 들어 지방정부가 지역발전을 위해 독자적인 국제교류를 추진하는 것에 대하여 중앙정부는 회의적인 태도를 보였다. 당시만 해도 국제교류는 국가의 고유업무라는 인식이 자리 잡고 있었을 뿐만 아니라 중앙정부의 통제를 받고있는 지방정부의 독자적인 국제교류 추진에 대하여 중앙정부의 시각은 한마디로 '어불성설'인 것이었다. 한국의 경우 1995년 완전한 지방자치 실시 이전에는 외국도시와 자매결연 체결 등은 중앙정부가 직접 통제하였다.

그러나 국제화, 세계화, 정보화, 지방화의 진전으로 지방정부의 역할이 변함에 따라 지방의 국제화를 위하여 국가 차원에서 양국 혹은 다국의 다수 지방정부가 참여하는 다자회의체 창설을 추진하기 시작했다. 이러한 다자회의체는 시간이 지날수록 지방의 국제화 함양을 위한 정보교류 차원을 넘어 경제, 문화, 지역협력 등으로 다양하게 발전하고 있다.

이처럼 다자회의체 유형이 다양하게 발전하고 있는 것은 글로벌 경제 시대에 있어서 지방정부 간 국제협력이 국가발전에 중요한 역할을 하고 있다는 것이 입증되었기 때문이라 할 수 있다. 이러한 국가의 인식변화는 동북아 각국의 정상회담 공동성명에 '지방 간 경제교류 협력증진'이 필수적으로 포함되는 것에서 알 수 있다.

동북아 지역의 대표적인 지방정부 다자회의체는 결성 주체에 따라 국가, 국제교류지원기관, 지방정부로 나눌 수 있다. 동북아 지방정부 간 양자 또는 다자교류는 지역발전은 물론 국가 간 교류협력을 촉진하는 순기능적인 역할을 하고 있다. 지방정부 다자회의체 흐름 분석을 통해 21세기에 걸맞은 지방의 국제교류 협력모델 발굴이 가능할 것이다. [121]

---

121 자료에 출처를 명기하지 않은 것은 대한민국 시도지사협의회(https://www.gaok.or.kr)자료를 참고하였다.(검색일: 2022. 5. 7.)

1) 국가

1990년대 들어 동북아 각국이 대외개방을 확대함에 따라 동북아 각국 간 정상회담 의제로 지방정부 간 교류협력이 채택되기 시작했다. 1990년 5월 한일 정상회담에서 지방정부 간 교류협력 활성화에 합의 함에 따라 1992년 한일해협연안 시도현교류 지사회의가 창설된 것을 시초로 2000년 한일(호쿠리쿠)경제교류회의, 2001년 환황해 경제·기술교류회의, 2018년 한러지방협력포럼이 창설되었다. 장관회의 합의에 따라 창설한 것은 2014년 한중일 문화관광장관 합의에 의해 창설한 동아시아문화도시가 있다.

(1) 한일해협연안 시도현교류 지사회의

1990년 5월 노태우 대통령 방일 시, 양국 정상 간 '미래지향적 신 한일관계 구축'에 합의함에 따라 한일해협연안에 접한 양국 지방정부의 공동현안 대응 및 교류협력 활성화를 위해 1992년 출범하였다. 참여 지방정부는 한국은 부산광역시, 전라남도, 경상남도, 제주특별자치도, 일본은 나가사키현, 야마구치현, 후쿠오카현, 사가현 등 8개 시도이다. 회의는 매년 양국 각 도시가 서로 돌아가며 개최하며, 지금까지 총 29회 개최되었다.(표 48)

2021년 12월 23일 '제29회 한일해협연안 시도현교류 지사회의'

표 48 한일해협연안 시도현교류 지사회의 개최현황

회수	기 간	개최지	주요내용
1	1992. 8. 24. ~ 8. 26.	제 주 도	청소년교류, 수산양식, 환경기술교류
2	1993. 5. 31. ~ 6. 2..	사 가 현	광역관광루트, 경제교류촉진, 연구기관연합체
3	1994. 9. 5. ~ 9. 7.	부산광역시	스포츠 문화이벤트를 통한 민간교류
4	1995. 8.30. ~ 9. 1.	나가사키현	지역사회단체 지원사업
5	1996. 9. 4 ~ 9. 6.	경상남도	전통공예교류
6	1997. 9. 3. ~ 9. 5.	후쿠오카현	일순기념사업, 한일정보네트워크 공동구축
7	1998. 9. 2. ~ 9. 4.	전라남도	일순기념백서 발간
8	1999. 9. 6. ~ 9. 8.	사 가 현	한일교류사 이해증진
9	2000. 9. 7. ~ 9. 9.	제 주 도	주민친선이벤트, 광역관광코스 개발
10	2001. 9. 4 .~ 9. 6.	야마구치현	바다환경미화캠페인, 환경기술교류
11	2002.11.11. ~ 11.13.	부산광역시	한일해협 청소년 축구대회
12	2003. 9. 2. ~ 9. 4.	나가사키현	일본 노비자회 및 자매결연을 통한 학교간교류
13	2004.11. 8. ~ 11.10.	경상남도	한일우정의 해 2005추진, 방재분야교류
14	2005.10.31. ~ 11. 2.	후쿠오카현	과학기술교류, 친환경농업교류
15	2006. 9. 7. ~ 9. 9.	전라남도	UCLG참가 요청, 젊은이의 문화교류 사업
16	2007. 10. 22. ~ 10. 24.	사가현	심볼마크 결정, 영화관련 협의회 설립 등
17	2008. 10. 22. ~ 10. 24.	제 주 도	한일 영화제, 시도현 친선바둑대회 등
18	2009. 10. 28. ~ 10. 30.	야마구치현	지구환경문제에 대한 시책실시 등
19	2010. 11. 6. ~ 11. 7.	부산광역시	관광분야(크루즈상품개발), 청소년 교류 등
20	2011. 12. 10. ~ 12. 11.	나가사키현	청소년교류에 관한 사항 공동주재로 논의
21	2012. 10. 22.. ~ 10. 23.	경상남도	고령사회 및 저출산 대책
22	2013. 11. 18. ~ 11. 19.	후쿠오카현	글로벌 인재육성
23	2014. 11. 21. ~ 11. 22.	전라남도	아름다운 경관만들기
24	2015. 10. 12. ~ 10 . 13.	사가현	스포츠 진흥시책 및 교류
25	2016. 11. 25. ~ 11. 26.	제 주 도	신재생에너지 보급 육성
26	2017. 11. 21. ~ 11. 22.	야마구치현	외국인 관광객 유치를 위한 시책
27	2018. 11. 13. ~ 11. 14.	부산광역시	초고령사회의 대응시책
28	2019.12. 20. ~ 12. 21.	나가사키현	일자리창출과 청년고용대책
29	2021. 12. 23.	부산시	지방회생을 위한 포괄적 대안 마련

자료: 경상남도(2018.11.14.) 및 부산시 보도자료(2021. 12. 23.)

가장 최근에 열린 '제29회 한일해협연안 시도현교류 지사회의'는 2021년 12월 23일 한국과 일본의 8개 시도현 지사와 시장 등 40여 명이 참석한 가운데 전 세계적인 코로나19의 유행으로 온라인으로 진행됐다. 이 회의에서 한일해협 연안 8개 시도현 지사와 시장은 한일 양국의 공통 현안인 '지방회생을 위한 포괄적 대안 마련' 이라는 공통된 주제발표를 통해 각 시도현의 도시재생사업 및 매력적인 마을의 사례 등을 공유했다. '한일해협연안 시도현교류 지사회의'는 1992년 출범이후 단 한 차례도 중단되지 않고 계속 열려 한일 양국 '우호교류의 상징'으로 자리매김하고 있다.[122]

(2) 한일(호쿠리쿠)경제교류회의

1998년 10월 양국 정상이 21세기 새로운 한일 파트너십 구축을 위해 다방면의 협력을 진행하고, 국가 차원의 교류와 병행하여 지역 대 지역 차원의 협력을 적극 추진하기로 합의함에 따라, 1999년 12월 양국 산업장관회의에서 지방 간 경제교류 확대방안으로 호쿠리쿠(北陸) 지역과 「경제교류회의」를 개최하기로 하였다.

한일(호쿠리쿠)경제교류회의는 동해안을 마주하고 있는 한국과 일본의 지자체와 경제인 단체들의 상호교류를 확대하기 위해 2000년 일본 도야마시에서 '제1회 한일(호쿠리쿠)경제교류회의'를 개최한 이래 양국이 번갈아 가며 개최해 오고 있었으나 2019년 8월 강원도에서 개최될 예정이었던 '제20회 한일(호쿠리쿠)경제교류회의'가 한국 대법원 강제징용 판결로 인한 한일 간의 갈등으로 출범이후 처음으로 중단되었다.(표 49)

표 49 한일(호쿠리쿠)경제교류회의 개요

구 분	주요내용
대상지역	· 동해에 연접한 호쿠리쿠지역: 도야마(富山)현, 이시카와(石川)현, 후쿠이(福井)현 · 강원도, 경상북도, 울산광역시, 대구광역시
목 적	· 호쿠리쿠 지역과 경제교류를 통해 한일 간 무역 · 투자 · 산업기술 협력 확대 · 한국 동해안 지역과 호쿠리쿠 지역의 동일 업종 및 지역 간 교류협력 활성화 　－ 자본 · 기술 · 인재 분야 등 상호 보완으로 하나의 경제권 형성 촉진
주 최	· 정부: 한국 산업통상자원부, 일본 경제산업성 중부경제산업국 · 민간: (사)한일경제협회, 호쿠리쿠경제연합회 · 호쿠리쿠AJEC
참 석	· 양국 정부대표(韓 산업부, 日 중부경제산업국) 및 기업 등 약 150명

122 2021년 12월 23일, 부산시 보도자료

구 분	주요내용
주 제	· 한일 새로운 스테이지에서의 지역 간 연계(2018년)
주요행사	· 제19회 한일(호쿠리쿠)경제교류회의(2018년) 　- 산업정책: 지역경제 · 산업현황, 지역 활성화 정책 　- 행복도 랭킹: 행복도 랭킹으로 본 호쿠리쿠의 특징, 정책적 활용 방안 논의 　- 지역 간 연계: 혁신 글로벌을 키워드로 각 지역 특색 · 개발시책 공유 · 투자유치: 대구 투자기업인 니카화학에서 대구공장 증설에 200억 투자 발표 · 상담회: 호쿠리쿠현의 셰어 기업과의 비즈니스 개별매칭, 안경산업 간 교류 등 · 산업시찰

자료: 전국시도지사협의회, 2018년 제19회 한 · 일(호쿠리쿠)경제교류회의 및 2022년 일본 지방정부와의
　　교류매뉴얼 참고, 저자정리

2017년 8월 28일, 제18회 한일(호쿠리쿠)경제교류회의, 안동시 개최(한일경제협회)

(3) 환황해 경제·기술교류회의

　　환황해 경제 · 기술교류회의는 한중일 3국의 '황해'를 둘러싼 지역의 경제권(환황
해경제권)을 발전 · 심화하기 위한 교류 플랫폼이다. 1999년 필리핀, 2000년 싱가
포르에서 개최된 ASEAN+3 정상회의에서 한중일 3국 간 경제협력의 필요성을 인
식, 환황해권의 정기적 협력채널 구축에 합의하면서 2001년 3월 정식 출범하였다.

　　회의 설립목적은 한중일 환황해권 경제교류 확대를 통해 3국 간 무역 · 투자 ·
산업협력 증진을 도모하고, 동북아 자유무역권 구상의 기반을 구축하는 데 있다.

참여지역은 한국 15개 시도, 중국 3시 4성, 일본 7개 현 등 한중일 29개 광역 지방정부이다.[123]

한·중 · 일 지역간 경제교류회의 교류지역

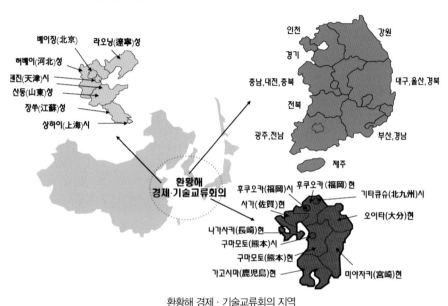

환황해 경제 · 기술교류회의 지역

한국(15시도): 부산, 인천, 광주, 대전, 경기, 충북, 충남, 전북, 전남, 경남, 제주, 대구, 울산, 강원, 경북
중국(3시 4성): 베이징시, 텐진시, 상하이시, 랴오닝성, 허베이성, 산둥성, 장쑤성
일본(큐슈지역 7현3시): 후쿠오카현, 사가현, 나가사키현, 구마모토현, 오이타현, 미야자키현, 가고시마현,
              후쿠오카시, 기타큐슈시, 구마모토시

  이 회의는 한국 산업통상자원부, 중국 상무부, 일본 경제산업성 규슈경제산업
국과 같은 정부기관을 비롯해 관련 지방정부, 경제단체, 기업, 연구기관 등이 한
자리에 모여 무역 · 투자, 기술, 인재개발 등 다양한 분야에서 상호 협력에 대해 논
의하고, 구체적인 비즈니스 기회를 모색하기 위한 교류의 장으로 발전해 왔으며
2021년까지 19회 개최되었다.

  가장 최근에 개최된 제19회 환황해 경제 · 기술교류회의는 2021년 11월 16일

---

123 산업통상자원부 보도자료(2021. 11. 16.)

코로나19 상황을 고려하여 최초로 한중일 3국 간 온라인 연결 방식으로 진행됐으며, 정부 · 지자체 · 유관기관 관계자, 기업인 등 300여 명이 참석하였다.(표 50)

표 50 제19회 환황해 경제 · 기술교류회의 세부일정

시 간	내 용	비 고
(주제)	사회과제의 해결을 위한 새로운 환황해 지역 경제교류 모델 구축 및 지역 간 교류촉진	
(참여)	(韓) 부산광역시, 대구광역시, 광주광역시, 울산광역시, 충청북도, 충청남도 (中) 장쑤성, 광둥성, 산둥성, 허베이성 등 (日) 구마모토현, 나가사키현, 오이타현, 후쿠오카시, 구마모토시	
15:00~15:02	개회 선언	큐슈경제산업국
15:02~15:30	3국 대표인사 · 개최지 인사	(韓) 산업부 통상협력국장 (영상 축사) (日) 큐슈경제산업국장, 구마모토시장 (中) 중국 상무부 아주사 부사장(부국장) (내빈) 한중일 3국 협력 사무국 사무차장
15:30~16:50	(세션1) 감염증 대응형 비즈니스	(韓) 디지털이니셔티브그룹, 엑서마인 (日) 콩고주식회사, 에어로쉴드주식회사 (中) 장쑤성 상무청
16:50~17:45	(세션2) 환경 · 에너지	(韓) 민테크 (日) 유가물회수협업조합, 후쿠오카건설합재 (中) 광둥성 광저우개발구 투자촉진국
17:45~18:40	(세션3) 지역 간 교류	(韓) 대구광역시 세계가스총회지원단 (日) 구마모토시 경제관광국 (中) 산둥성 상무청, 허베이성 차오페이뎬모델구 관리위원회
18:40~18:47	차기 개최지 소개	부산광역시
18:47~19:00	전체 총괄 및 폐회인사	큐슈경제산업국

회의에서는 '사회과제의 해결을 위한 새로운 환황해 지역 경제교류 모델 구축 및 지역 간 교류 촉진'을 주제로 한중일 3국 간 다양한 경제 · 산업 교류 방안을 논의하였다. 회의 참석자들은 감염증 대응형 비즈니스, 환경 · 에너지, 지역 간 교류 등과 관련하여 3국 간 협력 및 기업 간 경제 · 기술 교류 사례 소개를 통해 새로운 경제협력 모델 구축 방안을 모색했다.

한중일 3국은 미래 경제협력 방향으로 RCEP 발효를 통한 협력 범위 확대, 친환경 에너지 분야 협력 추진, 지방정부 간 교류 · 협력 활성화 등을 제시하였다.

그동안 성과로는 한중일 3국이 각각 보유하고 있는 자본·인재 등 지역자원을 상호 보완하여 무역·투자·산업 교류 확대와 지역 간 교류를 촉진하였다. 한중일 3국 간 역내 교역량은 첫 회의 개최연도인 2001년 1,638억 달러에서 2020년 6,381억 달러로 약 3.9배 성장하는 등 한중일 간 역내 교역량이 날로 증가하고 있다.

제19회 환황해 경제·기술교류회의는 온라인 방식으로 개최되어 회의의 전체적인 내용을 이해하는 데는 한계가 있으므로 2019년 11월 20일부터 22일까지 중국 지닝시에 개최된 제18회 환황해 경제·기술교류회의 개최결과를 살펴보는 것이 중요하다.

【제18회 환황해 경제·기술교류회의】

한중일 3국, 환황해 지역 경제협력 위해 한 자리에 모인다.[124]
– 제18회 환황해 경제·기술교류회의 및 비즈니스 포럼 개최(11. 20.~22. 중국 지닝시) –

2019년 11월 20부터 22일까지 중국 산둥성 지닝시에서 한국 산업부(주관: 한일경제협회), 중국 상무부(산둥성 상무청, 지닝시), 일본 큐슈경제산업국(큐슈경제국제화추진기구)과 공동으로 '제18회 환황해 경제·기술교류회의'를 개최했다. 이번 회의는 한국 산업통상자원부 김기준 자유무역협정교섭관, 중국 상무부 펑강 아주사장(부국장), 일본 경제산업성 시오타 코이치 큐슈경제산업국장이 각각 3국 정부대표로 참가하고, 한중일 환황해 지역의 정부, 지자체, 경제단체, 대학, 기업 등 총 380여 명이 참가했다.

이번 제18회 환황해 경제·기술교류회의는 '한중일 지역 간 교류 촉진, 이노베이션을 통한 신산업·신시장 창출'을 주제로 3국 간 다양한 경제·기술 협력방안을 논의했다.

회의는 11월 21일 환황해비즈니스포럼, 한중일 국제협력단지건설 및 산업협력

124산업통상자원부 보도자료(2019. 11. 20.)

포럼, 3국 정부 간 국장회의, 제18회 환황해 경제기술교류회의 본회의, 11월 22
일은 한중(지닝시) 비즈니스상담회를 진행했다.(표51)

표 51 제18회 환황해 경제기술교류회의 일정

일 자	시 간	내 용
11. 21.(목)	07:55~11:15	환황해 비즈니스 포럼
	07:55~10:50	한중일 국제협력단지건설 및 산업협력포럼
	08:30~11:20	3국 정부 간 국장회의
	14:30~17:50	제18회 환황해 경제 · 기술교류회의 본회의
11. 22.(금)	14:00~19:10	한중(지닝시) 비즈니스상담회

환황해 비즈니스 포럼에서는 첨단장비제조, 바이오의약, 친환경에너지, 신소재
산업 협력방안을 논의하였으며, 한중일 산업단지 협력을 테마로 하는 한중일 국제
협력단지건설 · 산업협력포럼이 개최됐다.

3국 국장급 회의에서는 한중일 환황해 지역의 경제 · 기술 교류와 산업협력 촉
진을 위해 3국 대표는 의료 · 헬스케어, 4차산업혁명, 전자상거래 등 지난 회의에
서 제시된 중점산업 분야의 연간 진척사항을 공유하고, 환황해 지역의 공동번영을
위한 새로운 의제를 상호 교환했다.

본회의에서는 환경 · 에너지 등 분야에서의 3국 지역 간 협력 및 기업 간 경제 ·
기술 교류 사례 소개를 통해 새로운 경제협력 모델을 발굴하고, 환황해 지역의 경
제발전과 교류협력에 크게 공헌한 개인과 단체를 대상으로 한일경제협회 명의의 표
창*을 수여했다.

* 개인부문: (한) ㈜제타머티리얼즈 이동탁 회장 / (중) 산둥성 상무청 쟈지칭
아시아처장 / (일) ㈜오쿠마 오쿠마 켄이치로 대표이사
* 단체부문: (한) 글로벌산업관광협동조합 / (중) 장쑤성 옌청시 상무국 청잉
부국장 / (일) 팀 큐슈

11월 22일은 '한중(지닝시) 비즈니스 상담회'가 개최되었다. 상담회에서 한국과

중국 지닝시의 농산물, 전자제품, 관광, 의약·화학, 화장품 분야 50여 개 기업이 교류·협력 확대를 위한 일대일 비즈니스 상담을 진행했다.

제18회 환황해 한중일 경제·기술교류회의(산동성)

(4) 한러지방협력포럼

2018년 6월 문재인 대통령과 푸틴 대통령 간의 '한러지방협력포럼 설립에 관한 양해각서'에 따라 창설됐다. 포럼은 경제·통상, 문화·예술, 교육·과학 등 다양한 분야에서 한국 광역지방자치단체와 러시아 극동연방관구 소속 지방정부 간 포괄적 교류협력 증진을 위한 회의체로 한국 17개 광역 지방자치단체와 러시아 극동지역 11개 주가 참여하며, 한국과 러시아 주요 도시에서 매년 번갈아 가며 개최한다. 포럼은 2018년 11월 경북 포항에서 제1차 포럼을 개최한 이래 2019년 9월 러시아 블라디보스토크시 제2차 포럼, 2021년 6월 울산광역시에서 제3차 포럼이 개최되었다. 제4차포럼(2022)은 러시아 사할린, 5차 포럼(2023)은 부산에서 각각 개최될 예정이다. 그간 세 차례 개최된 포럼을 통해 지방정부가 글로벌 시장에서 국가의 파트너로서 국가발전에 중요한 역할을 하고 있음을 알 수 있다.

▣ 제1차 한러지방협력포럼

제1차 한러지방협력포럼이 2018년 11월 7일부터 9일까지 3일간 포항에서 개최됐다. '함께하는 한러, 함께 여는 미래'를 주제로 열린 이번 행사에서 양국 지방정부들은 경제·통상, 문화·교육·관광 등 다양한 분야에서 포괄적인 교류확대와 경제단체 간 비즈니스 네트워크 구축, 지역 기업의 극동진출 방안 등을 모색했다.

개막식에는 문재인 대통령이 직접 참석하여 축사를 했다. 문재인 대통령은 축사에서 "푸틴 대통령과 저는 지난해 9월 블라디보스토크와 올해 6월 모스크바에서 만나 한국이 러시아 극동개발의 최적의 파트너임을 확인했다"며 "**한러지방협력포럼은 양국의 중앙정부와 지자체가 함께 전면적 교류협력의 길을 걸어가는 전기가 될 것**"이라고 말하고 아울러 "러시아와 한국 사이에 추진 중인 가스, 철도, 전력, 조선, 일자리, 농업, 수산, 항만과 북극항로 등 '9개의 다리 협력'도 중앙정부의 협력만으로는 실현될 수 없다"며 "양국 지자체가 지역의 산업별 특성에 맞는 방안을 마련하여 협력할 때 '9개의 다리' 하나하나는 더욱 견실해질 것이며, 지역발전의 새로운 성장동력이 될 것"이라고 강조했다. 푸틴 대통령은 축하영상 메시지를 보내왔다. 양국의 정상이 지방정부 행사에 직접 참석하거나 축하영상 메시지를 보낸 것은 동북아에서 처음있는 사례이다. 이것은 양국 간 경제협력에서 지방정부의 역할이 날로 증가하고 있음을 보여주는 것이다.

포럼 첫날인 7일 '한러 문화광장', '러시아홍보관', '한러음식교류 전시관'을 설치하여, 극동 9개 주의 현황과 러시아 문화와 주요 관광지, 음식 등을 홍보하는 한편, 영일만 일대에서는 루미나리에 점등, 러시아밴드 초청공연, 해상 불꽃쇼 등 다양한 이벤트가 펼쳐졌다.

둘째 날에는 비즈니스세션, 전문가세션, 청년세션 등 분야별 포럼과 양국 지방정부 대표들이 참석한 지방정부 서밋, 러시아 바이어 초청 수출상담회, 러시아 극동개발부 초청 국내기업 간담회 등 다채로운 행사들이 열렸다. 이 상담회에서 양국 기업체들은 총 400만 달러 이상의 계약을 체결했다.

주요 행사내용을 살펴보면 한러비즈니스세션은 김영주 한국무역협회장, 우윤근 주러시아 대한민국대사, 알렉산드르 코즐로프 러시아 극동개발부장관, 러시아 기업방문단과 국내기업인, 전문가 등 500여 명이 참석한 가운데 열렸다. 이강덕 포항시장은 '한러를 잇는 지방정부의 역할과 도전'이란 제목의 기조발제에서 "이번 포럼을 시작으로 한러 양국 간의 상시 연결 플랫폼 구축이 필요한 만큼 단기적으로는 각 지방정부 간의 지속적인 협력을 증진하고 비전과 전략을 공유하는 한러지방정부 간 상설 사무국을 창설하여 중장기적으로 지역 간 연계협력 네트워크를 구축하고 양국의 중앙정부와 지방정부를 잇는 경제공동체를 만들어갈 것"을 제안했다. 기조발제에 이어 진행된 1세션은 '9-브릿지 기반의 한러 지방정부 간 경제협력 확대방안', 2세션은 '극동러시아의 투자잠재력'을 주제로 발표와 토론을 진행했다.

지방정부 서밋에서는 국내 17개 광역지방자치단체와 러시아의 9개 주 대표단이 '한러지방협력포럼'의 기조가 될 역사적인 첫 공식문건인 '포항선언'과 공식 엠블럼을 채택했다.

제1차 한러지방협력포럼(포항시)

'포항선언'[붙임]에는 경제·통상, 교육·과학, 인적·문화 교류, 항만, 물류, 문화, 예술, 체육, 관광, 의료분야에서의 실질적인 협력구축과 첨단기술 및 에너지 분야 협력증진 등의 내용이 들어있다. 또한 '한러지방협력포럼' 관련 업무의 조율을 위한 상설 사무국을 설치하고, 앞으로 더 많은 지방정부가 참여할 수 있도록 독려하고 구성을 확대해 나가기로 했다. 포럼 마지막 날인 9일에는 러시아 9개 주 대표단이 참석, 포항지역 산업·문화시찰과 환송오찬을 끝으로 2박 3일간의 일정을 모두 마쳤다.

제1차 한러지방협력포럼은 지방정부가 직접 주관하는 행사로써 규모와 내용에 있어서 중앙정부가 직접 주관하는 행사에 비하여 손색이 없음을 알수 있다. '제1차 한러지방협력포럼 개요'는(표 52)와 같다.[125]

표 52 제1차 한러지방협력포럼 개요

구분	주요내용
기간	· 2018. 11. 7.(수) ~ 9.(금) 〈3일간〉
장 소	· 포항시 (포스텍 체육관, 국제관 일원)
주최/주관	· 경상북도/ 포항시, 공동의장: 경북도지사, 연해주지사
후 원	· 외교부, 북방위, 포스코, 포항상공회의소, 대구은행, 농협
협 력	· NEAR사무국, 한국무역협회, 한국경제통상학회, 포스텍, 한동대

참여인원	· 500명(한국 및 러시아 극동지역 광역단체 26개 도시)
	  – 지방정부: 한국 17개시도, 러시아 연해주 등 9개주
	  – 중앙정부 및 산하기관 관계자, 유관기관, 국내외 전문가 및 언론사, 한국무역협회, 상공회의소 등 경제단체, 대학교, 일반시민 등

주요행사	· 1일차: 산업시찰, 한러 문화광장 오픈식, 환영만찬(포항시장 주재) · 2일차: ① 지방정부 SUMMIT: 포항선언문 채택, 안건 논의 　　　　 ② 한러지방협력포럼 출범식: 기조연설, 포항선언문 발표 　　　　 ③ 한러협력포럼: 비즈니스, 전문가, 청년, 지방정부 세션 　　　　 ④ 공식만찬(도지사 주재) · 3일차: 기념식수, 환송오찬, 문화탐방, 축하 음악제 · 부대행사: 포럼 축하 음악제(11. 9.), 포럼 기념주간 문화행사

제1차 한러지방협력포럼에서 가장 주목해야 갈 것은 '한러 지방협력비지니스세션'이다. 한국무역협회가 11월 8일 포항시 포스텍 국제관에서 '제1차 한러지방협력포럼'을 계기로 방한한 러시아 사절단을 초청해 '비즈니스 세션'을 개최한 것은 양

---

125 http://president.globalwindow.org/kz.info.SupprtSysDetail.do?supprt_sys_seq=%20373,경제외교활용포털,(검색일: 2022. 4. 3.)

국의 중요한 국가 프로젝트를 중앙과 지방이 함께 논의했다는 데서 큰 의의가 있다. 주요내용은 (표 53)과 같다.

표 53 한러비즈니스세션 개요

구분	주요내용
일시	· 2018년 11월 8일(목), 10:00 ~ 12:00
장소	· 포스텍 국제관, 국제회의장 (1F)
주최	· 한국무역협회, 경상북도, 포항시, 극동개발부, 극동수출투자청
참여인원	· (러) 러시아 9개주 주지사 및 사절단 80명 · (한) 17개 시·도 단체장 및 관심기업 200명
개회식	· [개회사] 김영주 한국무역협회 회장 · [환영사] 우윤근 주러 대사, [축 사] 알렉산더 코즐로프 러시아 극동개발부 장관 [축 사] 북방경제협력위원장, [기조발제] 이강덕 포항시장
비즈니스 세션	· [세션1]: 9-Bridge기반 한러 지방정부 간 경제협력 확대방안 논의 　① 극동러시아 투자 잠재력 (레오니드 페투호프 극동수출투자청장) 　② 국제 의료 클러스터 조성사업 (이호석 부산대병원 부원장) 　③ 아무르주 투자전망 (바실리 오를로프 아무르주 주지사) 　④ 극동러시아 항만 인프라 개발 및 현대화 방안모색 (현대엔지니어링 문병철 부장) 　⑤ 비즈니스 협력 증진을 위한 한러 지방정부의 역할 (캄차트카 주 부총리) 　⑥ 사하 공화국 투자 전망 (블라디미르 솔로도프 사하공화국 총리) 　⑦ 연해주 지역 한러 협력분야 (콘스탄틴 복다넨코 연해주 부주지사) · [세션2]: 극동러시아 유망 진출 프로젝트 　① 러·아태지역 무역 활성화 위한 물류 기반 확충 (게르만 마슬로프 FESCO 이사) 　② 나진-하산 물류 프로젝트 추진사례 (이반 톤키흐 라손콘트란스 대표) 　③ 연해주 산업단지 조성 프로젝트 (이병만 LH공사 남북협력처장) 　④ '루스키섬 국제협력 센터' 프로젝트(극동바이칼개발기금 부대표) 　⑤ 연해주 리조트시설 건설 프로젝트 (연해주정부개발공사 사장) 　⑥ 현 항만 부지 활용 곡물 및 LPG 환적 터미널 건설 프로젝트 　(데니스 두보프 벙커포트 대표) 　⑦ 캄차트카주 관광 및 어류양식 분야 투자전망 (니콜라이 페킨 캄차트카 개발공사 대표)

자료: http://president.globalwindow.org/kz.info.SupprtSysDetail.do?supprt_sys_seq=%20373

[붙임]

【제1차 한러지방협력포럼 포항선언】
2018. 11. 8. 대한민국 경상북도 포항시

한국의 17개 지방정부와 러시아 극동연방관구 소속 9개 지방정부는 2018년 6월 22일 한러 정상회담 결과 채택된 '한러지방협력포럼 설립에 관한 양해각서'에 따라 2018년 11월 8일 '함께 하는 한러, 함께 여는 미래'를 주제로 대한민국 경상북도 포항시에서 개최된 「제1차 한러지방협력포럼」에 참석하였다. 포럼 참석자들은 양국 지방정부 간 지속가능한 호혜적 협력관계 발전을 위하여 공동 노력할 의향이 있음을 밝히고 다음과 같이 합의하였다.

1. 러시아 정부의 「2025 극동바이칼 사회경제개발 정책」과 한국 정부의 「신북방정책」에 따라 러시아연방 극동지역과 한국 간 상호 협력강화를 위하여 경제·통상, 교육·과학, 인적·문화교류에서 협력을 증진해 나간다.
2. 항만, 물류, 문화, 예술, 체육, 관광, 의료분야에서 실질적 협력을 구축하고, 첨단기술 및 에너지 분야에서 협력을 증진 시켜 나간다.
3. 한러지방협력포럼 관련 업무의 조율을 위해 상설 사무국을 설치한다.
4. 향후 러시아 극동관구 소속 이외 여타 지방정부의 한러지방협력 포럼 참여를 독려함으로써 한러지방협력포럼의 구성을 늘려 나간다.
5. 포럼은 매년 한국과 러시아에서 번갈아가며 개최한다.

2019년 「제2차 한러지방협력포럼」은 제1차 포럼의 공동의장인 연해주의 블라디보스토크시에서 개최한다. 2020년 제3차 포럼은 대한민국의 울산시에서 개최한다.

「제1차 한러지방협력포럼」의 양측 참석자 명단은 동 선언문의 일부로 간주한다.[126]

---

[126] http://naver.me/xdVr9oAS,포항시 보도자료(검색일: 2022. 5. 3.)

▣ 제2차 한러지방협력포럼

제2차 한러지방협력포럼이 9월 6일(금) 러시아 연해주 블라디보스토크에서 러시아 극동지역의 11개 지방정부와 송철호 울산광역시장, 송하진 전라북도지사, 이철우 경상북도지사를 비롯한 한국 6개 광역자치단체 대표단 76명이 참석한 가운데 개최됐다.

> ※ 러시아 극동지역은 러시아 전 영토의 약 41%를 차지하며, 한국은 러 극동지역의 최대 교역 대상국(2019년 상반기)

이번 제2차 한러지방협력포럼은 푸틴 대통령이 참석한 제5차 동방경제포럼(9. 4.~6.)과 연계하여 개최되었으며, 개회행사와 전체회의, 공식오찬 및 문화행사 등이 진행됐다.

개회행사에는 양국 중앙정부를 대표하여 이태호 외교차관과 유리 트루트네프(Yury TRUTNEV) 부총리 겸 극동연방관구 대통령 전권대표, 올레그 코제먀코(Oleg KOZHEMYAKO) 연해주지사가 참석했다.

문재인 대통령은 축하 메시지를 통해 "대륙과 해양을 잇는 통로로 한국과의 역사적, 지리적, 정서적 유대를 가진 러시아 극동지역과 한국 지방정부 간 협력이 양국과 유라시아대륙을 잇는 '든든한 다리', '새로운 길'이 되기를 기대한다"고 밝혔다.

푸틴 대통령은 축사에서 "러-한 교역의 40% 이상을 차지하고, 조선·어업·해상운송·농업·보건·관광 등의 분야에 걸쳐 공동 프로젝트 실현을 위한 각별한 잠재력을 가진 러시아 극동의 거의 모든 지역이 포럼에 참여한다"면서 "포럼에서 제기된 구상과 제안들이 러-한 협력의 추가적 강화에 기여하길 기대한다"고 말했다.

이어, 전체회의에서 러시아 측 11개 지방정부와 한국 6개 광역자치단체 대표들은 회의 결과문서로 '블라디보스토크선언'을 채택하고, 향후 한국과 러시아 극동지역 지방정부 간 유망 협력분야 및 협력 강화방안에 관한 의견을 나눴다.

특히, 블라디보스토크선언을 통해 양국 지자체들은 경제, 통상, 교육, 과학, 관광, 문화예술, 스포츠 등의 다양한 분야에서 협력을 강화하고 양국 간 교통 물류 인프라 개선을 위한 지방자치단체들의 역할을 모색해 나가기로 했다.

> ※ 극동북극개발부: 푸틴 대통령은 낙후된 극동 · 시베리아 개발을 위해 2012년 극동개 발부를 연방부처로 신설하였으며, 극동개발부는 2019년 2월 북극 개발을 업무범위에 추가하면서 극동북극개발부로 재편됨.

또한, 지자체 간 교류가 양국 관계 발전의 기반이 된다는데 이해를 함께 하고, 한러지방협력포럼이 양국 지자체 간 직접적이고 포괄적 협력의 장으로 발전해 나가 도록 지원하기로 했다.

양국 대표는 북극 문제에 관한 외교부와 극동북극개발부 간 긴밀한 협의와 적극적 소통을 이어가는 한편, 쇄빙선 건조, 북극 과학기술 연구 등 분야에서 한러 간 협력을 강화해 나가기로 했다.

이번 제2차 포럼이 성황리에 개최됨으로써 양국 정상 간 합의에 의해 창설된 한러지방협력포럼이 양국 지자체 간 직접적인 교류 · 협력의 장으로 확고히 정착한 것으로 평가된다.

2020년 제3차 한러 방협력포럼은 수교 30주년 기념 「한러 상호교류의 해」 행사의 일환으로 울산광역시에서 개최될 예정이다.[127]

◼ 제3차 한러지방협력포럼

한국 17개 시도 및 러시아 극동 · 북극지역 18개 지방정부 등 총 35개의 자치단체 관계자, 경제인 등 800여 명이 참석한 가운데 한러 수교 30주년 기념 「한러 상호교류의 해」 행사의 일환으로 제3차 한러지방협력포럼이 2021년 11월 3일부터 5일까지 울산 전시컨벤션센터에서 열렸다. 이는 2018년 제1차포럼 개최 이후 최대 규모이다. (표 54)

표 54 제3차 한러지방협력포럼 개요

구분	주요내용
일시	· 2021년 11월 3일(수) ~ 2021년 11월 5일(금)
장 소	· 울산전시컨벤션센터(UECO)

127외교부 보도자료(2019. 9. 6.) 및 https://www.hankyung.com/international/amp/201909065 537Y

구분	주요내용
주 최	· 울산광역시
참여인원	· (러) 러시아 극동연방관구 · 북극지역 18개 지자체(지자체장, 경제인 등) · (한) 17개 시 · 도 단체장 및 기업
주요행사	· 11월 3일: 홍보관 오픈식 및 투어, 환영 리셉션 · 11월 4일: 개회식, 한러 지방정부 양자회담, 한러지방정부 서밋 세션(7)회의, 　　　　　울산 · 러시아 화합의 밤 · 11월 5일: 산업시찰, 문화탐방 · 부대행사 　－ 한러지방협력포럼 참가 35개 지자체 홍보관 및 울산특별관 설치 　－ 러시아 현대미술전시회: 120점

　포럼의 핵심행사인 '한러지방정부 양자회담'에는 울산, 충남, 전북, 경북, 제주, 포항 등 국내 지방자치단체와 연해주, 사하공화국, 사할린주, 캄차카주 등 러시아 지방정부가 참석해 1대1 회담을 진행했다. 울산은 러시아 연해주, 사하공화국과 양자회담을 진행했다. 한러 교류협력의 거점지 연해주와의 양자회담은 연해주 측 요청에 의해 이뤄졌다. 한국과 지리적, 정서적인 친밀감을 바탕으로 교류협력 강화 방안을 논의했다. 사하공화국과의 양자회담에서는 동북아지역자치단체연합(NEAR) 제13대 의장단체인 사하공화국이 제14대 의장단체로 선정된 울산에 의장단체 기를 전달했으며, 의장단체로서 동북아시아 공동번영의 실현 방안 등을 논의했다.

　기업 간 비즈니스 상담을 진행하는 '무역상담회'에는 16개 러시아 대표기업이 참여했다. 러시아 정부 북극항로 공식 수행기관인 로스아톰(Rosatom)과 에너지, 수소생산 공급 국영기업인 로스아톰 오버시스(Rosatom Overseas), 극동지역 항공사인 오로라 항공(Aurora Airlines) 등이 참여해 울산의 관련기업들과 만남을 가졌다.

　'한러 지방정부 전체회의(서밋)'은 7개의 세션으로 구성되었으며(표 55), 세션에서 양국 정부의 신북방정책과 신동방정책 실천을 위한 협력 확대, 에너지 산업분야의 지속가능한 한러 협력체계 구축 내용 등을 담은 '울산선언문'을 발표했다.

표 55 한러 지방정부 전체회의(서밋) 세션

세션	주요내용
북극항로·물류	· 주관: 울산광역시 해양항만수산과 · 시간: 2021년 11월4일 10:00 ~ 12:00 · 주제: 북극항로 활성화에 따른 물류전망 및 울산 산업체의 진출방안 · 발표 및 토론 　- 북극항로 소개 및 개발 전망, 러시아 국제운송회랑 정책 소개, 북극항로 최신동향 　　및 자원개발 현황과 전망, 북극항로 한-러 지방 협력방안, 극동지역복합해상물류 　　거점 개발방안, 북극항로 부동항 및 조선인프라 구축 관련 협력방안, 한러 컨테이너 　　운송 활성화 방안, 친환경 선박추진시스템 개발 기업 소개
문화예술	· 주관: 한국국제문화교류진흥원 · 시간: 2021년 11월 4일 13:30 ~ 15:30 · 주제: 코로나 시대의 비대면 한러 문화예술교류 방안 · 주제발표 및 토론 　- 한러 문화예술 교류 30년(기조발제) 　- 한러 비대면 문화예술 창작·교류: 시베리아 예술원정대 사례 　- 한러 문화예술 비대면 공연예술축제 기획: 비대면 '한-러 문화의 달' 사례 　　(전주세계소리축제 〈러시아 포커스〉, 〈더 콜라주(The Collage)〉 공연사례 소개 및 현황)
의회	· 주관: 한국 국회 · 시간: 2021년 11월 4일 15:30(울산전시컨벤션센터 102호) · 내용: 송영길 국회의원, 러시아 알레산드르 라키틴 연방상원의원 등 참석
첨단융합기술 협력	· 주관: 울산테크노파크 · 시간: 2021년 11월 4일 14:00 ~ 16:00 · 주제: 울산과 기술협력 가능한 러시아 기술세미나 · 주제발표 및 토론 　- 한국기업과의 유망기술 협력분야, 로스아톰 추진 프로젝트, 한러 혁신 플랫폼을 활 　　용한 기술협력 가능성, Russky 혁신센터 소개, 극동지역 기술 프로젝트 자금 조달 　　현황, 러시아 극동 및 북극에서 하이테크 프로젝트 참가 시 우대조건, 기업 상담
경제협력 Part1 남북러 삼각협력	· 주관: 한국철도기술연구원 · 시간: 2021년 11월 4일 10:00~12:00 · 주제: 남북러 철도를 통한 경제협력 　- 주제발표 및 토론: 남북러 철도연결을 통한 인적·물적 협력 촉진
경제협력 Part2 비지니스	· 주관: 한국무역협회 · 시간: 2021년 11월 4일 14:00~16:00 · 주제: 울산과 러시아 극동/북극 지역 기업 간 경제협력 방안 · 주제발표 및 토론 　- 한러 경제협력 현황, 극동·북극에서 한러 공동사업 추진 시 우대조건 및 인센티브, 　　러시아 바이칼 여행산업 협력, 울산 관광산업 협력 제안, 러시아 극동 캄차카주 여 　　행산업 협력, 한러 항공·여행산업 협력 동향 및 전망, 항공산업을 통한 한러 경제 　　협력 강화 방안, 동북아오일가스허브사업 협력제안, 러시아 연해주(Primorsky)의 　　한국산업단지 소개, 조선해양기자재 기업의 러시아 극동 협력 사례

세션	주요내용

경제협력 Part3
비지니스
	· 주관: 울산에너지포럼 · 에너지경제연구원, 러시아 극동북극개발공사
	· 후원: 한국동서발전(주)
	· 시간: 2021년 11월 4일 16:00~18:00
	· 주제: 한 · 러 간 수소에너지 및 해상풍력 분야에서 협력 비전과 과제
	· 주제발표 및 토론
	 – 울산 지역의 수소산업, 러시아 수소산업 현황과 양국 간 협력 방안, 울산시의 수소
	  도시 개발 전략, 러시아 극동지역 중소형 LNG 사업, 러시아 사하공화국–한국 간
	  에너지 협력 전망, 한국 정부의 재생에너지 개발 전략, 한국의 해상풍력 개발사업의
	  최근 현황: 울산시 중심

자료: http://ulsanrcf.kr/2021/02_program/01_program.asp, 제3차 한러지방협력포럼

(5) 동아시아문화도시 개요

'동아시아문화도시' 사업은 2012년 5월 중국 상하이에서 개최된 제4차 한중일 문화장관회의 합의사항에 따라 한중일 3국 정부가 각국의 전통문화를 대표하는 문화도시 또는 문화예술 발전을 목표로 하는 도시를 매년 하나씩 선정해 다양한 문화예술 행사 및 3개 도시 간 교류 행사를 추진하고 있다.

2012년 5월 5일 중국 상하이시에서 한중일 문화장관회의 개최(신화사)

이 행사를 통해 동아시아 지역 내 상호 이해와 연대감 형성을 촉진하고 역내 문

화의 글로벌 경쟁력 강화를 목표로 하고 있다. 선행사례로 유럽연합(EU)과 아세안 (ASEAN)에서 각각 1985년과 2008년부터 실시한 '유럽문화수도'와 '아세안 문화도시' 사업이 있다.

동아시아문화도시로 선정된 도시들은 각 도시의 문화적 개성을 살리고 문화예술, 크리에이티브 산업 및 관광산업을 활성화함으로써 지속적인 발전을 추구한다. 이러한 관점에서 문화도시들은 해당 연도가 지난 이후에도 한중일 문화교류 및 청소년 교류를 계속해서 추진해왔다. 또한, 최근에는 각국 내에서 다른 연도의 동아시아문화도시 간 교류를 강화하고, 아세안 문화도시 및 유럽문화수도와의 연계를 촉진하기 위한 노력이 보이고 있다.

한중일 도시 간 트라이앵글 교류는 동아시아문화도시 사업이 순조롭게 지속될 경우, 매년 1개씩 새로운 교류 도시 그룹이 추가되기 때문에 한중일 국민들의 상호 이해 증진을 위한 귀중한 자산이 될 것으로 기대 된다. 특히 한중일 3국이 문화협력 및 교류방안을 논의하기 위해 매년 순회 개최하는 한중일 문화장관회의가 2014년 동아시아문화도시 사업 출범 이후부터는 개최국의 당해 연도 동아시아문화도시 행사와 연계 개최함으로써 행사의 시너지 효과를 높이고 있다.

그동안 동아시문화도시 행사는 2014년에 한국 광주, 중국 취안저우, 일본 요코하마에서 개최된 이래 매년 개최되었으나 2020년 동아시문화도시 행사는 코로나19로 순연되었으며, 2022년 동아시아문화도시 행사는 한국 경주, 중국 원저우시 · 지난시, 일본 오이타현에서 개최한다.[128](표 56)

표 56 역대 동아시아문화도시 선정현황

연도	한국	중국	일본
2014년	광주광역시	취안저우시	요코하마시*
2015년	청주시	칭다오시*	니가타시
2016년	제주특별자치도*	닝보시	나라시
2017년	대구광역시	창사시	교토시*

128 2021년부터 동아시아문화도시 선정은 한일 각 1개 도시, 중국 2개 도시이다.

연도	한국	중국	일본
2018년	부산광역시	하얼빈시*	가나자와시
2019년	인천광역시*	시안시	도쿄도 도시마구
2020년	코로나19로 순연		
2021년	순천시	사오싱시 · 둔황시	기타큐슈시*
2022년	경주시	원저우시 · 지난시*	오이타현

자료: 문화체육관광부 보도자료(2021. 10. 25.). *은 한중일 문화장관회의 개최지

2022년 3월 25일 동아시아문화도시 경주 개막식(경주시)

2022년 4월 26일 중국 지난(济南)시에서 '동아시아문화도시 지난(济南)의 해 개막식'과 함께 문화관광박람회가
개최됐다.(https://www.sohu.com/a/541093778_121332524)

2022년 경주시가 주최하는 동아시아 관광문화도시는 2022년 3월 25일 개막식을 시작으로 음악 콘서트, 주류문화 페스티벌, 청소년문화예술제, 한옥문화 박람회 등 다채로운 문화행사를 개최한다.(표 57)

표 57 경주 동아시아문화도시 행사일정

행사명	일시	장소	주요내용
개막식	2022.3.25.	경주월정교 일원	· 식전공연, 개막선언 및 퍼포먼스, 한중일 공연, 피날레 공연 등
조수미 콘서트	2022.5.18.	경주예술의 전당	· 조수미의 비엔나 왈츠 & 폴카 – 'LOVE FROM VIENNA' 콘서트

동아시아 주류문화 페스티벌	2022.6.9.~12.	경주화백컨벤션센터(HICO)	· 페스티벌
			  – 한중일 전통 식음료 부스운영 및 문화공연
			· 홍보관
			  – 한중일 전통 주류문화 홍보 및 장인 시연
			· 연계행사
			  – 2022 경주술페스티벌, 전통주&로컬 브랜드 페어

동아시아 청소년 문화예술제	2022.7.22.~23.	경주화랑마을	· 노래 · 댄스 공연, UCC콘테스트, 물총축제, 페이스페인팅 등
풍요로움을 전하는 동아시아의 등불	2022.9.2.~10.16.	경주엑스포대공원	· 한중일 등 축제, 등 만들기 및 유등 띄우기 체험, 등 포토존 및 야간 등불 길 조성 등
동아시아 문화심포지엄	2022.9.2.	경주화백컨벤션센터(HICO)	· 동아시아문화도시의 불교유적 등
난장! 동아시아를 즐겨라!	2022.10.7.~9.	봉황대 등	· 국악 및 민속공연, Jazz공연, EDM페스티벌, 놀이 · 체험 마당 등
한옥문화 박람회	2022.11.3.~6.	경주화백컨벤션센터(HICO)	· 포럼(동아시아 전통 건축양식), 한중일 전통 건축문화양식 홍보관 조성 및 장인 시연
폐막식	2022.11.18.	경주예술의 전당	· 식전공연, 폐막 선언 및 퍼포먼스, 한중일 공연, 피날레 공연 등

자료 :https://www.gyeongju.go.kr/cceagj/page.do?mnu_uid=3391&code_uid=1134&listType=list
(검색일: 2022. 5. 31.) 참고, 저자정리

2) 국제교류지원기관

한중일 국제교류지원기관 간 협력에 의해 설립한 회의체는 1999년 한일지사회의, 1999년 한중일 지방정부교류회, 2015년 한중지사 · 성장회의 등이 있다.

(1) 한일지사회의

1998년 2월 김대중 대통령 취임식에 참석한 일본 전국지사회장이 한일 시도지사 간 교류를 제안하였으며, 1999년 1월 한국에 시도지사협의회가 구성되면서 양국 지방정부 간 교류증진 및 공동협력방안을 모색하고자 '한일지사회의'를 창립하였다. 회의는 대한민국 시도지사협의회, 일본 전국지사회의가 공동으로 주관하며, 주요내용은 주제 관련 의제 발표(시장·지사) 및 자유토론, 공동발표문 합의·채택, 우수행정 사례지역 및 기관시찰로 구성된다. 회의는 격년제로 순회 개최하며 지금까지 총 6회 개최되었다.

가장 최근에 개최된 '한일지사회의'는 2017년 11월 2일부터 11월 4일까지 부산에서 개최되었으며 한국과 일본의 지사 12명이 참가하였다. 주제는 재해대책 및 복구시책, 지역경제 활성화를 위한 도시재생 추진 시책을 발표하고 공동발표문을 채택하였다. 역대 '한일지사회의'를 분석하면 한일 64개 시도지사(한국17, 일본47개 도부현) 중 일부만 참가하는 등 저조하며, 일본 역사 교과서 문제, 독도 영유권 문제 및 일본 총리 야스쿠니 참배 관련 등으로 회의 개최가 연기되는 등 우여곡절을 겪어왔다.

(2) 한중일 지방정부교류회의

한중일 지방정부교류회의는 한중일 지방정부 간 네트워크를 강화하고 실질적인 교류협력 방안을 모색하기 위해 3국의 지방정부 국제교류 지원기관인 한국지방자치단체국제화재단[129], 중국인민대외우호협회, 일본 (재)자치체국제화협회가 순회 개최에 합의함에 따라 1999년 첫 회의가 서울에서 개최되었다.(표 58)

회의는 매년 8월~9월 초에 개최하며, 한중일 지방정부 관계관 및 지방의 국제화 유관기관이 참여한다. 주요내용은 △한중일 지방정부 교류협력 우수사례 발표 △한중일 지방정부 교류협력방안 및 지방행정 관련 현안사항 토론 △한중일 지방정

---

[129] 2010년 구)한국지방자치단체국제화재단의 기능 이관과 함께 대한민국 시도지사협의회로 한국 측 대표기관 변경

부 교류협력 조인식 등 △한중일 지방정부 홍보부스 및 교류의 광장 운영 △개최도시 우수 지방행정 우수사례 현장시찰 등이다.

표 58 한중일 지방정부교류회의 개최현황

연도	개최지	주제
1999(1회)	한국 서울시	한중일 지방정부 간 교류협력 증진 방안
2000(2회)	중국 베이징시	새천년 한중일 지방정부 교류와 협력 전망
2001(3회)	일본 도쿄도	세계화시대에 있어서 지역의 새로운 존립방안
2002(4회)	한국 서울시	동북아 지역 경제협력을 통한 지방의 공동발전
2003(5회)	중국 우시시	지방정부 국제교류와 지역경제 활성화
2004(6회)	일본 니가타현	한중일 상호발전을 위한 바람직한 지역정책
2005(7회)	한국 강원도	동북아 지역 공동발전과 한중일 지방정부의 역할
2006(8회)	중국 하얼빈시	동북아시아의 화합을 추진하고 공동발전을 실현
2007(9회)	일본 나라현	동북아의 교류확대와 지방정부의 역할
2008(10회)	한국 전라남도	지역 활성화에 의한 발전방안
2009(11회)	중국 창춘시	한중일 지방정부 교류협력 강화를 통한 동북아 지역 공동발전 추진
2010(12회)	일본 나가사키현	지역 간 협력 추진을 통한 동북아 지역의 발전
2011(13회)	한국 전라북도	지역특색을 살린 동북아 지방정부 교류 활성화
2012(14회)	중국 윈난성	교류협력 강화를 통한 지방정부의 공동발전 방안 모색
2013(15회)	일본 도야먀시	지역의 특색을 살린 시책과 동북아시아의 상호 발전
2014(16회)	한국 구미시	인문교류 확대를 통한 한중일 교류 활성화
2015(17회)	중국 이우시	도시 간 지속적인 교류 및 도시 국제화 발전
2016(18회)	일본 오카야마시	지방정부 교류를 통한 동북아 지방의 활성화
2017(19회)	한국 울산시	새로운 패러다임 제시를 통한 동북아 지방정부의 발전방안 모색
2018(20회)	중국 카이펑시	협력상생의 동북아 지역운명공동체 건설
2019(21회)	일본 에히메현	동북아 지방정부의 지역자원을 활용한 매력 창조
2021(22회)	한국(온/오프라인)	포스트 코로나19 시대를 선도하는 한중일 지방정부의 노력

(3) 한중지사·성장회의

2015년 3월 대한민국 시도지사협의회(회장:유정복 인천광역시장)와 중국인민대외우호협회(회장:리샤오린)가 한중 FTA 서명 1주년을 기념하여 공동 개최에 합의했으며, 같은 해 10월 양 기관 간 「한중지사·성장회의」구성 운영을 위한 업무협약을 체결했다. 설립목적은 한중 양국 지방정부 간 경제, 문화교류 활성화를 도모하고 한중 양국 지방정부 간 공감대 형성 및 향후 발전방향을 모색하는 데 있다. 참여대상은 한국 17개 광역 시도지사, 중국 31개 시장·성장이다. 회의는 격년제로 순회 개최하며 첫 회의는 2016년 6월 7일부터 6월 9일까지 한중지사·성장 15명(한국 8, 중국7)이 참석한 가운데 인천광역시 송도에서 개최됐다. 회의주제는 '한중 FTA 체결 1주년에 따른 지방정부 교류 활성화 방안'으로 경제교류와 문화관광 교류로 나뉘어 진행됐으며, 회의종료 후 공동선언문[붙임]을 채택했다.(표 59)

표 59 제1회 한중지사·성장회의 개요 및 주제발표

구분	주요내용

회의개요	· 일 시: 2016. 6. 7.(화) ~ 6. 9.(목)
	· 장 소: 인천광역시 송도 / 경원재호텔
	· 주 제: 한중 FTA체결 1주년에 따른 지방정부 교류 활성화 방안
	  (1세션: 경제교류 분야 / 2세션: 문화·관광교류 분야)
	· 인 원: 15명
	  – 한국: 8명(인천, 대구, 광주, 강원, 충남, 전북, 전남, 제주)
	  – 중국: 7명(중국인민대외우호협회장, 주한중국대사, 시짱자치구(주석), 산시성(부), 톈진시(부), 허난성(부), 윈난성(부)

주요일정	· 6.7.: 중국 대표단 한국 입국, 행정시찰(송도국제도시), 환영만찬 · 6.8.: 본회의, 국무총리 예방 및 오찬, 환송만찬 · 6.9.: 중국 대표단 개별 시찰, 귀국
주제발표	· 중국과 함께 미래를 열어가는 충청남도(도지사 안희정) · 녹색성장을 함께 고민하고, 관광 인문협력교류를 추진하다.(산시성 부성장 량구이) · 새로운 문명을 여는 도시 새만금 (전북도지사 송하진) · 의료보건 분야 교류 활성화(허난성 부성장 왕옌링) · 친환경 농수산식품 교역확대를 위한 한중 지방정부 간 협력방안 (전남도지사 이낙연) · Jeju, Green Big Bang for the World(제주도지사 원희룡) · 관광협력을 통해 인문교류를 추진하여 반도와 고원 간에 우정의 다리를 구축하다.(시짱자치구 주석 뤄쌍장춘) · 대구광역시 의료관광 소개(대구광역시장 권영진) · 톈진–한국 간의 교류협력 제안 (톈진시 부시장 자오하이산) · 중국의 친구(親舊), 더불어 사는 광주(광주광역시장 윤장현) · 관광협력의 새로운 장을 열고, 인문교류의 새로운 지평을 함께 열자.(윈난성 부성장 허좐치) · 2022 베이징올림픽과 함께하는 2018 평창올림픽(강원도지사 최문순)

제2회 회의는 2018년 11월 26일부터 11월 28일까지 한중지사·성장 18명 (한국 7, 중국 11)이 참석한 가운데 중국 베이징시에서 개최됐다. 회의주제는 '한중 지

방정부가 손을 잡고 새로운 시대로 나아가다.'로 한중 문화관광, 기후분야에 대하여 주제를 발표하고 공동선언문[붙임]을 채택했다.(표 60)

표 60 제2회 한중지사 · 성장회의 개요 및 주제발표

구분	주요내용
회의개요	· 기 간: 2018. 11. 26.(월) ~ 11. 28.(수) · 장 소: 중국 베이징시 / 베이징누오 호텔 · 주 제: 한중 지방정부가 손을 잡고 새로운 시대로 나아가다. · 참석인원: 18명 　－ 한국: 7명(7개 시도 / 서울, 대구, 세종, 충남, 전남, 경북, 제주) 　－ 중국: 11명(1개 기관, 10개 성 / 중국인민대외우호협회, 베이징시, 네이멍구 자치구, 랴오닝성, 장시성,허베이성(부), 지린성(부), 헤이룽장성(부),장쑤성(부), 구이저우성(부), 산시성(陝西/부)
주요일정	· 11.26.: 한국 대표단 중국 입국, 베이징시–서울시 교류, 기념 문화공연, 베이징시 정부 주최 환영만찬 · 11.27.: 본회의, 리커창 총리 예방
주제발표	· 한중 지방정부 문화관광산업의 교류협력 추진(동일 주제) 　(랴오닝성장 탕이쥔,전남지사 김영록,장시성장 이렌훙, 허베이성부성장 샤옌쥔, 장쑤성부성장 궈위안창,구이저우성부성장 루융정, 산시성 (陝西)부성장 자오강) · 한중 문화관광교류의 새바람(경북도지사 이철우) · 선린우호 협력상생 문화관광산업의 교류와 협력의 새 시대를 위해 손을 잡고 나아갑시다.(헤이룽장성 부성장 청즈밍) · 지방정부 차원에서의 기후환경 보호와 대책(네이멍구자치구 주석 부샤오린) · 숨 · 물 · 숲의 도시 대구(대구광역시장 권영진) · 대기오염 공동관리와 기후변화 대응, 국제일류의 조화롭고 살기좋은 도시건설(베이징시 부시장 양빈) · 세종시 기후변화 대응정책(세종특별자치시장 이춘희) · 지방정부 차원에서의 기후환경 보호와 대책(지린성 부성장 주톈수) · 충청남도 기후환경변화 대응방안(충남도지사 양승조) · 탄소제로섬 제주(제주도지사 원희룡)

【제1회 한중지사·성장회의 공동선언문】

대한민국과 중화인민공화국이 1992년 수교한 이래 양국 지방정부는 정치, 경제, 문화·관광 등 다양한 분야에서 활발하게 교류하여 상호발전에 크게 기여하고 있으며 특히 2015년 6월 1일 서명하고 같은 해 12월 20일 발효된 한중 FTA는 다양한 분야에서 양국 간의 교류를 획기적으로 증진하는 전기가 되었다.

이에 대한민국 시도지사협의회와 중화인민공화국 인민대외우호협회는 한중 FTA체결 이후 구체적인 성과 창출을 위한 양 협의회 간 긴밀한 협의의 필요성과 공동협력에 공감하고 그 실현을 위해 2016년 6월 7일부터 6월 9일까지 대한민국 인천광역시에서 한중 양국 13명의 지방정부 지도자가 사상 처음으로 함께 참석한 가운데 「한중 FTA 체결 1주년에 따른 지방정부 교류활성화 방안」을 주제로 제1회 한중지사·성장회의를 개최하였다.

한중지사·성장회의는 경제협력과 문화 및 관광교류, 지속가능한 공동발전을 위하여 상호 토론하고 양국 지방정부 간 교류협력의 중요성에 대한 공감대를 형성하는 등 성공적으로 개최되었으며 이번 회의에서 다루어진 내용들이 실질적인 성과로 연결되기를 희망하면서 다음과 같이 합의하였음을 선언한다.

1. 한중 지방정부는 상호 존중과 신뢰를 바탕으로 투자, 무역, 환경 등 다양한 경제분야의 교류를 확대 발전시키고 민간 부문의 활동도 적극 지원한다.
2. 한중 지방정부는 지속가능한 교류 활성화를 목표로 관광 설명회, 박람회, 포럼, 축제 행사의 각종 국제교류 행사에 적극 참여하고 상호 협력한다.
3. 한중 지방정부는 한중 관계의 안정적 발전을 위해 상호 긴밀히 협력하며 제2회 한중지사·성장회의는 2018년 중화인민공화국에서 개최하기로 합의한다.

4. 본 선언문은 한국어, 중국어 각 1부를 작성하여 양 협의회 대표가 서명하고 각 1부씩 보관한다.

2016년 6월 8일
대한민국 시도지사협의회장 인천광역시장 유정복(劉正福)
중화인민공화국 인민대외우호협회 회장 리샤오린 (李小林)

제1회 한중지사 · 성장회의(바이두)

【제2회 한중지사·성장회의공동선언문】

2016년 제1회 한중지사 · 성장회의가 개최된 이래 한중 양국 지방정부는 상호 존중과 신뢰를 바탕으로 경제, 문화, 관광 등 여러 분야에서 활발한 교류와 협력을 진행하였으며 양국 도시 발전을 위해 큰 공헌을 하였다.

이를 위해 중국인민대외우호협회, 베이징시인민정부와 대한민국 시도지사협의회는 2018년 11월 27일 중국 베이징에서 '한중지방 정부가 손을 잡고 새로운 시대로 나아가다.'를 주제로 제2회 한중 지사 · 성장회의를 개최하였다. 양 대표는 이후 양국 지방정부가 기후환경, 문화관광 등 영역에서 보다 심도있는 교류와 협력을 해 나가고 동아시아 지역사회 경제와 평화발전을 촉진하는 역할을 할 것으로 보았다. 회의 성과의 효과적인 이행을 위하여 양국 대표는 아래 내용에 의견을 함께했다.

1. 양국 지방정부는 환경보호 협력을 강화한다. 지속가능한 발전을 실현하고 대기질 개선과 기후변화대응에서 협력을 강화한다.

2. 양국 지방정부 간 관광협력을 추진한다. 우호 도시교류, 전통축제. 스포츠 대회 등 활동과 연계하여 관광홍보를 실시하고 한중 관광 협력의 새로운 시대를 맞이한다.

3. 양국 지방정부 인문교류의 기초를 다진다. 심포지엄, 홍보행사, 교육연수 등 각종 국제교류 활동에 적극적으로 참여하고 공동으로 개최한다.

4. 한중 양국 지방정부는 2020년 한국에서 제3회 한중지사ㆍ성장 회의를 개최하는데 동의한다.

본 선언은 한국어와 중국어로 각 2부씩 작성하고 두 언어 모두 동일한 효력을 갖는다.

2018년 11월 27일
대한민국 시도지사협의회장 서울특별시장 박원순(朴元淳)
중화인민공화국 인민대외우호협회 회장 리샤오린 (李小林)

3) 지방정부

중국, 러시아의 대외개방 확대와 한국의 북방외교, 일본의 환일본해(동해)전략, 두만강지역개발계획 등으로 동북아 지방정부 간 교류협력이 시작됐다. 앞에서도 설명했듯이 두만강지역개발계획의 출범은 지방정부 간 다자협력을 촉진하는 동력이 되었다. 지방정부는 경제무역 확대, 관광객 유치 등을 위하여 지리적으로 근접하고 경제교류협력이 추진 가능한 도시가 중심이되어 공동으로 지역발전을 도모하기 위하여 다자회의체를 창설하기 시작했다.

지방정부 간 다자협력의 물꼬를 튼 것은 중국 두만강지역개발계획의 중심지 훈춘시와 환동해권 항구 도시들이다. 이 지역의 도시들은 경제통상, 관광, 교통·물류 협력을 통한 지역발전을 촉진하기 위하여 1994년 10월 '환동해권거점도시회의'를 창설하였다. 1994년 11월에는 GTI 핵심지역에 위치한 중국 지린성, 러시아 연해주, 한국 강원도가 중심이 되어 '동북아 지방정부 지사·성장회의'를 창설하였으며 1996년 9월에는 한국 경상북도에서 동북아 4개국 29개 광역지방정부가 참가한 가운데 '동북아지역자치단체연합' 창립식을 개최하였다. 지방정부의 다자회의체 결성은 환동해 지역뿐만 아니라 아시아권 전체에서 보편적으로 이루어지고 있다. 다자회의체 결성은 초기에 지리적 근접성과 지역적 특성이 유사한 도시 중심에서 문화·관광, 경제·기술 등 분야별 다자회의체로 분화 발전하고 있다. 지방정부가 양자교류와 병행하여 다자교류를 추진하고 있는 것은 양자교류만으로는 지방정부의 다양한 행정수요를 반영하지 못하기 때문이며 다자교류를 통해 비교우위 분야의 협력이 가능할 뿐만 아니라 보다 폭 넓은 교류협력을 추진할 수 있다. 특히 다자회의체 회원 지방정부 간 양자교류는 그렇지 않은 도시보다 더욱 긴밀한 협력관계를 구축할 수 있는 장점이 있다. 본고에서는 동북아 지역의 대표적인 다자회의체인 '동북아 지방정부 지사·성장회의'와 '동북아지역자치단체연합'을 통해 지방정부의 국제교류 추진실태를 살펴보고자 한다.

(1) 동북아 지방정부 지사·성장회의

① 개요

두만강지역개발계획이 동북아 지방정부 간 다자협력을 촉진하는 동인이 되었다는 것은 앞에서도 언급하였다. 1990년대 초부터 두만강지역개발계획이 본격화됨에 따라 동 계획의 중심 지역에 위치한 중국 지린성, 러시아 연해주, 한국 강원도는 지역개발에 대한 큰 기대를 갖고 국제교류를 통한 지역발전 전략을 추진하기 시작했다. 1994년 11월, 강원도 속초시에서 강원도, 지린성, 연해주, 일본 돗토리현 4개 지방정부는 첫 '지사·성장회의'를 개최하고 경제무역 협력을 촉진하기 위한 '환동해(일본해) 4개국 지사·성장회의'를 출범시켰다.

2000년 몽골 튜브도가 가입하였으며, 2002년 '동북아 지방정부 지사·성장회의'로 명칭을 바꾸고 지금까지 GTI 지역 유일의 광역 지방정부 다자회의체로 존속하고 있다.

정기회의는 매년 지역별로 순회 개최하고 있으며, 회의는 일반적으로 양자 간 교류협력 촉진을 위한 양자회담, 본회의, 분과위원회(경제, 물류, 환경, 언론 등), 동북아미술전시회로 구성되며, 회의 개최지역의 특성에 따라 특산품 판매전, 박람회, 음식축제, 관광홍보전 등을 병행 개최하고 있다. 회의경비는 개최지 지방정부가 회의장소, 공식 대표단 등의 경비를 부담하며, 지방정부별로 전담부서를 설치 운영하고 있다.

② 추진현황

동북아 지방정부 지사·성장회의 발전단계는 2단계로 구분할 수 있다. 제1단계는 1994년 창설 이래 2014년까지로, 이 시기는 실질적인 경제, 무역·투자, 관광, 해운항로 개설 등을 활발히 추진했다.

초기 교류협력 사업은 다른 회원 지방정부에 비해 경제가 발달한 강원도와 돗토리현이 주도하였다. 강원도는 1995년 지린성 창춘에 강원도상품전시관을 개설하고 지린성과 강원도를 비롯한 한국 지방자치단체의 경제교류협력을 지원했다.

회원 지방정부는 첫 다자협력 사업으로 중국 지린성 창바이산, 강원도 설악산과 동해안, 일본 돗토리현 사구(砂丘)와 온천, 러시아 연해주 유럽풍의 관광자원을 활용한 관광교류 협력을 추진하기 위하여 1995년 '환동해권관광촉진협의회'를 설립하였다. 이 협의회는 2000년 '동아시아지방정부관광포럼(EATOF)'으로 발전하였다. 1997년에는 경제, 무역·투자를 촉진하기 위한 '경제인협의회'를 설립하였으며, 이 협의회는 회원 지방정부 간 경제교류 협력에 큰 기여를 하였으며, 지금까지 운영되고 있다.

회원 지방정부는 '관광촉진협의회'와 '경제인협의회'를 바탕으로 박람회 및 국제행사 상호참가, 관광교류, 특산품전시회, 무역·투자 상담회, 해운항로 및 전세기 운항, 문화, 체육 교류를 활발히 추진하기 시작했다. 1997년 일본 돗토리현에서 열린 '산인 꿈의 항구 박람회'와 1999년 강원도에서 열린 '국제관광박람회'에 회원 지방정부가 상품전시관 운영 및 대표단을 파견함으로써 회원 지방정부의 결속력을 높이는 계기를 만들었다. 이 두 개 국제박람회의 성공적인 개최를 계기로 회원 지방정부 간 각종 국제행사 상호참가 및 유치를 지원하는 시스템을 갖추게 되었다.

2000년부터 해운항로 개설, 전세기운항, 국제박람회 창설을 통한 무역, 투자, 관광협력 등을 본격적으로 추진하기 시작했다. 2000년 4월, GTI 핵심지역에 위치한 강원도, 지린성, 연해주 3개 지방정부는 해운회사와 협력하여 세계 최초로 강원도 속초~러시아 자루비노·블라디보스토크~중국 훈춘 간 해륙교통로를 개통하였다. 이 항로는 초기에 북방항로, 백두산 항로 등으로 불리면서 무역과 관광협력을 선도하는 역할을 하기도 했다. 회원 지방정부 간 협력에 의한 해운항로 개설은 세계적으로도 국제협력의 모범사례로 손꼽히고 있다. 이 항로 개설을 통해 지방정부 간 국제협력을 통하여 지역을 발전시킬 수 있다는 자신감을 갖게 되었다.

2005년 9월, 중국 지린성이 동북아 지역 간 경제협력을 강화하기 위해 창설한 제1회 동북아투자무역박람회에 회원 지방정부가 대규모 전시부스를 설치하고 투자·무역 상담회를 개최하는 등 경제교류 협력이 날로 확대 발전되어 갔다.

2006년 강원도는 몽골 튜브도에 농업타운을 설치하는 등 회원 지방정부 간 양자협력도 활성화되기 시작했다. 2007년 한국 양양공항과 중국 창춘공항 간 전세기 운항을 시작으로, 러시아 블라디보스토크공항, 중국 옌지공항까지 전세기 운항이 확대되었다.

2008년 10월 한국 강원도에서 개최한 동북아산업기술포럼은 강원도, 지린성, 돗토리현의 지방정부 및 기업 대표가 참가함으로써 기술교류 협력을 위한 토대를 마련하였다.

2009년 6월에는 한국 강원도, 일본 돗토리현, 러시아 연해주 간의 협력으로 일본 사카이미나토~한국 동해~러시아 블라디보스토크 간 해운항로를 개통하였다. 이 항로는 운영과정에서 통관 및 비자절차의 복잡, 물동량 부족으로 활성화되지 못함에 따라 강원도와 지린성이 중심이되어 외교부, 러시아 총영사관을 방문하여 해결 방안을 모색하였으나 지방정부의 노력만으로는 한계에 부딪힘에 따라 이 지역개발을 위한 국가 간 다자협력체인 GTI와 연계협력을 추진하기 위하여 GTI 사무국에 GTI 산하에 지방협력기구 창설을 건의하였다. 회원 지방정부와 GTI 사무국의 노력으로 2012년 강원도 평창에서 열린 제12차 GTI총회에서 동북아지방협력위원회 창립대회를 개최하였다.

강원도에서는 동북아지방협력위원회 창립을 계기로 GTI지역 간 실질적 경제협력을 촉진시키기 위하여 2012년 GTI 사무국에 'GTI국제무역투자박람회' 창설을 제안하여 승인을 받았으며, 이 박람회는 '상품전시 및 판매', 'GTI국제경제협력포럼'과 '투자·무역상담회', 공연 및 다양한 이벤트를 통해 동북아경제한류의 축제로 자리잡았다.

제2단계는 2015년부터 현재까지로, 주로 해운항로 활성화와 동북아 지역 간 실질적 경제교류 협력 확대에 중점을 두고 있다. 회원 지방정부 간 대표적 협력사업인 속초~자루비노·블라디보스토크~훈춘 항로는 2000년 4월 개통한 이래 통관복잡,

중국인 중러 통과비자, 만성적인 물동량 부족 등으로 활성화되지 못하고 있다. 이를 해결하기 위하여 관련 지방정부 간 '해운물류협의체'를 창설하고 해운물류 활성화를 위한 노력을 기울였으나 지방정부의 권한 미약으로 통과비자 등의 문제가 해결되지 않아 동 항로는 개통, 중단, 재개통을 반복하는 등 활성화되지 않고 있다.

강원도, 지린성, 연해주 지사 · 성장 간 해운항로 활성화 협약(강원도)

그간 관련 지방정부에서는 해운항로 활성화를 위하여 한국과 러시아 외교부에 협조를 요청하였으나 통과비자는 여전히 해결되지 않고 있으며, 이 문제를 해결하기 위하여 GTI 산하에 동북아지방협력위원회를 창설하였으나 GTI에서도 해운항로 활성화와 관련 논의만 있지 해결방안을 제시하지 못하고 있는 실정이다.

이처럼 동북아 지방정부 지사 · 성장회의의 대표적 사업인 해운항로가 장기간 활성화되지 못함에 따라 전반적인 국제교류 사업이 침체를 겪기 시작했다. 그동안 동북아 지방정부 지사 · 성장회의는 경제, 무역 · 투자, 관광, 문화, 체육, 환경, 농업 등으로 교류협력은 날로 확대되어왔으나, 기대한 만큼 경제적인 성과를 거두지 못함에 따라 회원 지방정부 확대 등 다양한 활성화 방안을 모색하고 있다.

동북아 지방정부 지사 · 성장회의가 기대한 만큼 성과를 거두지 못하고 있는 것은 회원 지방정부 간 경제력 격차와 열악한 산업기반, 지방정부의 권한 미약 등이 주요한 원인이라 할 수 있다.

현재 해운항로 개설 및 전세기 운항, 무역·투자, 관광 등은 지방정부에서 중점을 두고 추진하고 있는 협력사업이지만 중앙정부의 지원없이 지방정부의 독자적인 노력만으로 성과를 거두기 어려운 것이 현실이다.

동북아 지방정부 지사·성장회의의 새로운 도약을 위해서는 양·다자간 공동협력사업의 지속적 발굴, 회원 지방정부 우대정책 마련, 민간기업의 적극 참여, 중앙정부와 연계협력 시스템 구축이 무엇보다 필요하다.

(2) 동북아지역자치단체연합(NEAR)

① 개요

동북아지역자치단체연합 탄생은 일본 서해안 지방정부들의 동북아 지역 진출전략과 밀접한 관련이 있다.

1993년 10월, 일본 시마네현과 일본해(환동해)연안지대진흥연맹 주관으로 니가타현·도야마현·돗토리현·효고현, 한국 경상북도, 중국 후베이성·닝샤후이족자치구, 러시아 연해주·하바롭스크주 등 4개국 11개 단체가 참가한 가운데 동북아 지역 지방자치단체 회의가 개최되었다. 이 회의에서 동북아 지역 지방자치단체회의 지속개최, 지역 간 교류사업 공동실시를 내용으로 하는 시마네현선언을 채택했다.

1994년 9월, 일본 효고현·일본해(환동해)연안지대진흥연맹·일본해(환동해)교류서일본협의회.주관으로 4개국 10개 자치단체가 참가한 가운데 제2회 회의가 개최되었다. 이 회의에서 동북아 지역자치단체장이 참가하는 지속적인 국제회의 개최를 내용으로 하는 효고현선언을 채택했다.

1995년 9월, 러시아 하바롭스크주 주관으로 4개국 17개 지방자치단체가 참가한 가운데 제3회 회의가 개최되었다. 이 회의에서 1996년도 동북아지역자치단체

회의 개최지로 경상북도 결정, 동북아 지역 자치단체 간 공식 협의체인 지방자치단체연합 설립 및 사무국 설치에 합의하였다.

참가 지방자치단체는 하바롭스크선언에서 "동북아 지역에 위치한 국가의 인접 지방자치단체들 간 대화 전개는 국제적 긴장의 완화, 세계 경제권의 결속강화, 아시아·태평양 연안 국가 간 상호관계의 확대, 국제관계의 발전 과정상 지역적 자유재량권의 확대, 의사소통 및 정보전달 수단의 발달, 인접 지역과의 유대관계 확립에 대한 지역민의 이해 증대 등의 결과로 가능하게 되었다."고 명기하는 등 지방자치단체 간 교류협력의 순기능을 강조하였다. 이 세 차례 회의를 통해서 일본 서해안 지방정부들의 동북아 지역 간 교류협력을 통한 지역발전 추진 의지를 읽을 수 있다.

1996년 9월, 한국 경상북도에서 4개국 29개 지방자치단체가 참가한 가운데 동북아지역자치단체연합(NEAR: The Association of North East Asia Regional Governments) 창립총회를 개최했다.

이 회의에서는 '21C를 향한 동북아지역자치단체의 실천적 교류협력 방안'을 주제로 △러시아, 중국의 자원에 대한 투자개발 △인적 물적 교류의 확대 △환경문제에 대한 공동 대응 △지진, 홍수, 가뭄 등 자연재해에 대한 공동 대응 △동북아 연구센터 설립추진 △북한, 몽골의 연합 참여 △각종 박람회, 문화예술제, 전시회 공동개최 등 7개 교류협력 프로젝트를 확정하고 발전전략을 토의했다.

동북아지역자치단체연합은 동북아 지역의 공동발전 및 교류협력을 위해 6개국의 광역지방자치단체, 즉 주(州), 성(省), 도(道), 현(縣), 아이막(Imag), 광역시(metropolitan city)로 구성된 동북아의 독립적인 지방협력기구이다. 1996년 9월에 창설된 이래, 중국, 일본, 한국, 몽골, 북한, 러시아 등 6개국 79개 광역지방자치단체 회원과 7억 명의 인구를 포용하고 있다. 또한 베트남의 호찌민시가 준회원으로 가입하고 있으며 5개 옵서버 지방정부, 3개의 국제지역협력기구(AER, R20, ICLEI)와 지역의 전문연구소 등을 파트너로 하여 교류협력을 추진하고 있다.

② 설립목적

동북아 지역의 지방자치단체들이 호혜·평등의 정신을 바탕으로 모든 지방자치단체 간 교류협력 네트워크를 형성함으로써 상호이해에 입각한 신뢰관계를 구축하여 동북아 지역 전체의 공동발전을 지향함과 동시에 세계평화에 기여하는 데 있다.

③ 주요임무

동북아 지역 간 교류 활성화 및 결속강화, 동북아 공동발전을 위한 실질적인 방안모색, 국제협력 네트워크를 통한 국제 경쟁력 강화에 기여하는데 있다.(표 61)

표 61 주요임무

구분	주요내용
동북아 지역 간 교류 활성화 및 결속강화	· 동북아 전 지역에 대한 성장파트너 · 동북아 지역 간 지식과 경험 교류 촉진 및 지원 · 미래를 위한 청년 참여활동 촉진 및 지원
동북아 공동발전을 위한 실질적인 방안모색	· 동북아 지역에서 균형 잡힌 성장전략 촉진 · 회원단체에 자문, 전문지식, 정보, 활동프로그램 제공 · 회원단체가 직면한 사회, 문화, 경제, 환경문제에 대응할 수 있도록 지원
국제협력네트워크를 통한 국제경쟁력강화	· NEAR 가치와 부합하는 다른 유관기관, 공공기관, 민간기업 파트너십 활용 · NEAR 이미지를 대외적으로 고취시키기 위한 관련 네트워크 단체와 지방의 사회경제활동가들 및 정치인 참여

자료: http://www.neargov.org/kr/page.jsp?mnu_uid=2592&(검색일: 2022. 6. 3.)참고, 저자정리

④ 추진체계

총회, 실무위원회, 분과위원회, 사무국으로 구성되었다.

(총회, General Assembly)는 각 회원단체의 장으로 구성되는 최고 의결기관으로서 회의는 격년 주기로 개최한다.

(실무위원회, Working Committee)는 각 회원 지방자치단체의 장이 지명하는 국장급으로 구성하며, 실무위원회 주임(위원장)은 의장 지방자치단체의 부단체장이 맡으며, 회원 지방자치단체 간 의견조정, 총회 준비, 총회결의 사항 등을 집행한다.

(분과위원회, Sub-Committees)는 경제인문교류, 국제전자상거래, 관광 등 17개가 있으며, 회원단체는 관심있는 분야의 분과위원회에 가입할 수 있다. 분과위원회는 지방자치단체의 과장급 직원으로 구성하며, 분과위원회별로 분과업무를 총괄 조정하는 코디네이트 지방자치단체가 있다.(표62) 코디네이트 지방자치단체 임기는 2년이며, 연장이 가능하다. 임기 내에 1회 이상 분과위원회 회의개최 또는 NEAR 관련 활동을 하여야 하며, 회의개최 경비를 부담한다.

표 62 분과위원회 현황

분과위원회(코디네이트)	분과위원회(코디네이트)	분과위원회(코디네이터)
경제인문(경상북도)	교육문화(시마네현)	방재(효고현)
환경(도야마현)	관광(허난성, 닝샤자치구)	해양어업(산둥성)
광물자원개발(마가단주)	에너지 · 기후변화(山西省)	농업(전라남도)
생명 · 의료산업(충청북도)	체육 (사하공화국)	물류(헤이룽장성)
국제인재교류(지린성)	국제전자상거래(허난성)	혁신플러스(후난성)
청년정책(크라스노야르스크 변경주)	전통의약분과위원회(싼시성:陝西省)	

자료:http://www.neargov.org/kr/page.jsp?mnu_uid=2818&(검색일: 2022. 6. 3.)참고, 저자정리

(사무국)은 2004년 중국 헤이룽장성 제5차 총회에서 4년 임기제의 상설 사무국 운영방식을 채택하게 되었다. 이에 한국 경상북도가 사무국 예산을 전액 부담하는 조건으로 상설 사무국 유치를 제안하여 총회에서 상설 사무국 운영이 의결되었다.

이후 2012년 중국 닝샤후이족자치구에서 개최된 제9차 총회에서는 임기제 상설 사무국을 장기적으로 한국 경상북도에 두는 것으로 의결함으로써 사무국 운영의 지속성과 일관성을 가지게 되었다.

사무국은 사무총장 및 2부 체제(기획홍보부, 국제협력부)로 운영되고 있으며, 중국, 일본, 한국, 몽골, 러시아 회원정부에서 파견된 공무원과 전문위원 등 17명이 합동 근무하고 있다.[130]

운영비는 연간 한화 15억원 내외에 달하며 한국 경상북도가 70%, 사무국이 소

---

130 2020NEARREPORT

재한 포항시가 30%를 부담하고 있다.

주요업무는 △회원자치단체 간의 업무연락 조정 △총회·실무위원회, 분과위원회 등 운영지원 및 의결사항의 수행지원 △NEAR국제포럼, 실무자워크숍, 청년리더스포럼 등 사무국 자체 사업 수행, △연합발전을 위한 교류 프로그램 개발 및 투자 △국제기구 및 지역연구기관 간 네트워크 구축 △대외홍보 및 명예홍보대사 운영, △사업계획서·연차보고서 및 회계보고서 작성 등을 맡고 있다.

⑤ 주요 활동사항

NEAR는 '헌장' 및 '분과위원회' 규정, 사무국 운영에 관한 조례를 제정하는 등 동북아 지방자치단체 국제기구로서 안정적인 운영기반을 구축하였다.

특히 상설 사무국을 설치하고, 사무총장의 직급을 한국의 고위공무원(한국의 차관보급, 중국의 부장 조리) 또는 전문가를 임명함으로써 동북아 지방정부를 대표하는 국제기구로 자리잡았다.

NEAR의 가장 큰 성과는 외연 확대와 동북아 지방자치단체 간 교류협력의 토대를 마련한 것이라 할 수 있다.

1996년 한국, 중국, 일본, 러시아 4개국 29개 광역자치단체로 출범한 NEAR는 2022년 6월 현재 회원 지방자치단체가 6개국 79개로 늘어났다. 국가별로는 몽골 22개 아이막, 북한 함경북도와 나선특별시, 중국 12개 성·구, 한국 16개 광역자치단체, 일본 환동해(일본해) 11개 현, 러시아 극동시베리아 16개 공화국·주가 참여하는 등 동북아 최대의 광역지방자치단체 협력체로 성장하였다.

NEAR가 동북아 지역의 최대 광역지방자치단체 협력체로 성장할 수 있었던 요인의 하나는 동북아 지역 광역지방자치단체의 대외전략과 NEAR의 설립취지가 부합하기 때문이다.

다른 하나는 회원자치단체의 지역특성을 고려한 17개 분과위원회 운영이라 할 수 있다. 회원자치단체는 분과위원회를 통해 지역의 공동 관심사항을 논의하고 협력할 수 있게 됨에 따라 적극적인 참여를 하게 되었다고 볼 수 있다.

주요사업으로 NEAR 국제포럼, NEAR 발전방안포럼, 청년리더스포럼, 청소년 공모전, 실무자 워크숍을 통해 동북아 지역 간 협력을 활성화하고 있다. 특히 '비즈니스파트너 찾기' 사업은 실질적 경제협력을 추진하는 데 많은 도움이 되고 있다.

또한 NEAR는 국제기구, 연구기관 등과 협력 시스템을 갖춤으로써 동북아 지역 간 교류협력 확대와 협력사업 연구기반을 마련하였다. 그리고 사무국에서 NEAR뉴스, 연차보고서, 홍보책자 등 발간·배부를 통해 NEAR 활동사항을 지속적으로 홍보함으로써 회원자치단체 간의 결속력을 높임은 물론 NEAR의 위상을 제고하고 있다. NEAR는 외연이 확대되는 등 국제기구로서 확고하게 자리를 잡았다고 볼 수 있으나, 몽골, 러시아 등 회원 지방자치단체의 실질적 경제교류협력 의지를 수용할 수 있는 협력사업 발굴과 사업확대를 위한 재원확보 방안도 시급히 해결해야 할 과제 중의 하나이다.

다. 글로벌 시대의 동반자, 지방정부

　1990년대 들어 국제화, 세계화, 정보화의 영향으로 지방정부의 국제교류 필요성이 증가하기 시작했으나, 지방정부의 국제교류는 중앙정부의 통제하에 부분적으로 이루어졌다. 당시 동북아 각국의 지방정부 국제교류 추진방향은 국별로 차이가 있었다. 중국·러시아·몽골은 외국자본 유치, 한국과 일본은 국제화, 세계화에 부응한 지방정부의 국제화 의식함양에 있었다. 그러나 한국의 지방정부는 국제화 의식함양보다는 지역경제를 발전시키기 위한 수단으로 국제교류를 활용하고자 하였다. 이에 따라 동북아 각국의 지방정부는 국제교류를 통해 지역경제를 발전시키기 위해 지리적으로 가까운 동북아 지방정부와 자매결연 또는 우호교류 협정을 체결하거나 다자회의체를 결성하고 경제교류협력을 추진하기 시작했다.

　21세기 들어 세계화와 함께 인접 국가 간 다자협력을 바탕으로 하는 지역주의 영향을 받아 동북아 각국에서는 지방정부의 국제교류를 지원하기 위하여 국가차원의 국제교류지원기관 및 전담부서 설치, 법률제정 등 국제교류협력 시스템을 완비하였다.

　지방정부 국제교류의 특징은 지리적으로 인접한 지방정부 간 국제교류가 주를 이루고 있다. 한국의 경우 지방정부의 국제교류 지역은 아시아권이 66.3%로 압도적으로 많고 국별로는 중국 38.5%, 일본 11.8% 등으로 중국과 일본에 편중되어 있으며, 한국의 주요 교역국 역시 아시아권에 몰려 있다. 이것은 인접 국가 간 국제교류의 중요성을 나타내고 있다.

　지방정부의 국제교류는 시간이 흐름에 따라 중앙정부의 하급기관의 지위에서 중앙정부와 함께 글로벌 시장을 개척하는 동반자 관계로 바뀌어 가고 있다. 앞에서 살펴본 국가, 국제교류지원기관, 지방 주도의 양·다자회의체는 이를 잘 입증하고 있다.

　국가 주도의 '양·다자회의체'는 대부분 동북아 국가 정상회담 또는 고위급회의 합의로 결성됨에 따라 국가 차원에서 행정·재정적 지원을 받는 등 장기적이고 안정적으로 추진되고 있으며 일정한 경제협력의 성과도 거두고 있다. 특히 2018년 한러정상 간 합의에 따라 창설한 '한러지방협력포럼'은 지방정부를 양국 국정의 핵심 프로젝트를 추진하는 동반자로 명시하고 있다. 이 포럼은 양국 정상의 전폭적인 지원 아래 지방정부가 중심이 되어 경제, 통상, 투자, 문화·예술 등이 어우러진 한러 경제협력의 축제로 개최함으로써 지방 간 전면적인 경제교류협력을 통하여 국가발전으로 승화시킬 수 있다는 사례를 보여주고 있다.

국제교류지원기관 간 협력에 의한 한일지사회의, 한중일 지방정부교류회의, 한중지사·성장회의 등은 참여 지방정부가 광범위하여 참여도가 낮으며 정보교류 수준에 머물고 있다.

지방정부 주도의 '다자회의체'는 지역발전의 주체인 동북아 지방정부가 지리적 근접성, 경제적 보완성 등을 바탕으로 자발적으로 결성한 '다자회의체'로써 해운항로 개통, 전세기 운항, 무역·투자협력, 관광, 박람회 및 국제행사 상호참가 등을 통해 지역발전을 도모하고자 하나 지방정부의 권한 미약으로 통관, 비자 등 국제협력 장애요소를 해결하지 못함에 따라 기대한 만큼 성과를 내지 못하고 있다.

지방정부의 국제교류는 국가 주도의 '양·다자회의체'가 실질적인 성과를 얻고 있는 것으로 나타나고 있다. 이는 동북아 지방정부 간 경제교류협력에서 국가 역할의 중요성을 보여주는 것이다.

총괄적으로 분석하면 지방정부는 국제교류에 필요한 조직, 예산, 국제협력 지원에 관한 법적, 제도적 시스템을 완비하고 직접 글로벌 시장에서 통상, 투자협력, 관광, 국제회의 등의 주체로서 역할을 하고 있을 뿐만 아니라 때로는 국가 간 경제교류를 보완하고 때로는 국가와 함께 글로벌 시장 개척의 동반자로서 중요한 역할을 하고 있다.

GTI의 발전을 위해서는 회원국 정상회담 의제로 'GTI틀 안에서 동북아 경제협력 형성'이 채택될 수 있도록 노력을 기울여야 한다.

제3장

동북아 공존공영(共存共榮)의 신(新)GTI 구상

1. 동북아 경제협력과 GTI

가. 동북아 경제협력의 흐름

동북아시아 또는 동아시아는 아시아의 동부지역을 지칭하는 지리적 문화적 명칭이다. 이 지역의 국가는 중국, 한국, 북한, 일본, 몽골, 타이완, 러시아 일부 지역이다.[131]

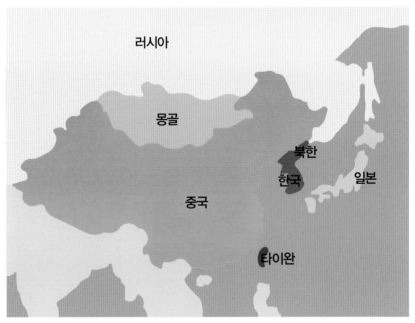

동북아 지역

동북아 지역은 다른 어느 지역보다 정치체제, 과거사, 영토문제, 한반도 핵 등으로 인하여 갈등을 겪으면서도 양자 또는 다자협력을 통하여 세계가 놀랄만한 경제적 성장을 이루었다.

---

131 동북아시대위원회, 2007, 동북아시대위원회백서. p.35.

이 지역은 G2의 중국, 세계 3위와 10위의 경제규모를 자랑하는 일본과 한국이 있다. 동북아 지역을 대표하는 한중일은 2021년 기준 세계 GDP의 25.5%, 인구의 20.3%, 무역규모의 21.9%를 차지하는 등 북미, 유럽과 함께 세계경제의 3대 축을 이루고 있다.[132]

1) 동북아 국가 간 상호의존성 심화

그간 동북아 중심국가인 한중일 3국은 양자협력 또는 다자협력을 통하여 경제, 문화, 관광, 체육, 과학기술, 인문협력 등을 통하여 상생경제 협력의 기틀을 구축하였다. 이러한 한중일 3국의 경제협력의 지표를 알려주는 것은 교역이라 할 수 있다. 중국은 2021년 현재 세계 교역 1위 국가이며 5대 교역파트너는 아세안, 유럽연합, 미국, 일본, 한국이다. 아세안과 유럽연합이 지역통합체임을 고려할 때 국별로 한국은 중국의 3대 교역파트너라 할 수 있다. 한국의 3대 교역파트너는 중국, 미국, 일본이며 일본의 3대 교역파트너(2020)는 중국, 미국, 한국이다. 특히 한국과 중국은 코로나19로 인한 글로벌 경기침체에도 불구하고 2021년 교역액은 전년 대비 26.9% 증가한 3,623억 5천만 달러로 한·미, 한·일, 한·유럽 교역을 합친 것보다 많다, 이중 한국의 대중 수출은 2,134억 9천만 달러, 수입은 1,488억 6천만 달러로 646억 3천만 달러의 흑자를 냈다. 한중 상호투자는 누적액이 1천억 달러를 넘어섰고, 양국 중앙은행은 4천억 위안의 통화 스와프를 체결하는 등 한중 경제가 고도로 융합되어 있다.[133]

132 https://m.korea.kr/news/policyNewsView.do?newsId=148894061#policyNews,한중일협력사무국(검색일: 2022. 9. 15.)

133 https://www.mfa.gov.cn/web/wjdt_674879/fyrbt_674889/202207/t20220701_ 10713938.shtml,2022年7月1日外交部发言人赵立坚主持例行记者会(중국 외교부 발표)

2019년 12월 22일 중국 베이징에서 한중일 제12차 경제무역 장관회의 개최(중국상무부)

2) 초국경 이슈 증가에 따른 다자협력 확대

동북아 각국은 양자협력을 통하여 세계가 놀랄만한 경제발전을 이루었지만 세계화, 정보화의 진전에 따른 수많은 초국경 이슈는 양자협력만으로 해결할 수 없음에 따라 국제기구에 참여하거나 다자협력체를 설립하기 시작했다. 동북아 각국은 초기 유엔산하 국제기구를 시작으로 아세안, 아시아태평양경제협력(APEC), 아시아유럽정상회의(ASEM), G20 등에 참여하면서 정상 간 만날 기회가 많아짐에 따라 역내 평화와 공동발전을 위한 다자협력체 설립에 관심을 두기 시작했다. 1967년 창설한 '아세안'은 아세안지역안보포럼(ARF), 동아시아정상회의 (EAS), 아세안+한중일 정상회의 등을 통하여 동북아 지역의 다자협력체 결성에 큰 영향을 미쳤다.(표63)

표 63 동북아 각국이 참여하는 주요 국제기구

국제기구	설립	추진주체	주요내용
아시아태평양경제협력 (APEC)	1989	·한국, 미국, 일본, 호주, 뉴질랜드, 중국, 러시아, 칠레, 아세안 6 등 21개국	·비전: 공동체 달성 ·목표: 경제성장과 번영 *주권국가가 아닌 경제체로 참여 – 국가나 국기명칭 사용금지

국제기구	설립	추진주체	주요내용
아시아유럽정상회의 (ASEM)	1996	· ASEM 51개 회원국+EU 집행 위원회, ASEAN 사무국, 동북 아 및 남아시아, 유럽	· 아시아와 유럽 두 지역 간 관계 강화 　－ 정치(국제현안, 지역정세) 　－ 경제(무역, 투자, 금융, 재무 등) 　－ 사회문화
ASEAN 완전한대화상대국 (11개국) 부분 대화상대국 (4개국)	1967	· 아세안 10개국 · 한국, 미국, 일본, 중국, 러시 아, 호주, 인도, EU, 뉴질랜 드, 캐나다, 영국 · 파키스탄, 스위스, 터키, 노르 웨이	· 4대 목표 　－ 아세안 회원국 간 협력 　－ 경제통합과 역동적인 발전을 위한 파트너십 구축 　－ 지역정체성 및 공동역사 · 문화에 기초한 공동체 구현 및 대외지향 적 아세안 실현
아세안지역안보포럼 (ARF)	1994	· 아세안 10개국 · 한국, 미국, 일본, 중국, 러시 아, 북한 등 27개국	· 아세안과 역외 국가들 간 정치 · 안보 대화 증진
아세안 +한중일	1997	· 아세안, 한중일	· 역내평화 안정 및 번영 　－ 매년 1회(2020년까지 23회 개최)
동아시아정상회의 (EAS)	2005	· 아세안 10개국, 한중일, 호주, 뉴질랜드, 인도, 미국, 러시아	· 각국 정상 간 정책대화의 장 · 환경/에너지, 교육, 금융, 보건, 재 난관리, 아세안 연계성, 경제협력/ 무 역, 식량안보, 해양협력

자료: https://www.mofa.go.kr/www/wpge/m_3873/contents.do(검색일: 2022. 3. 4.)

이처럼 동북아 지역에 불어 닥친 다자협력의 바람은 2020년 11월 15일 세계 최대의 다자무역협정(FTA)이라 불리는 역내포괄적경제동반자협정(RCEP) 체결이라는 성과를 거두었다. RCEP은 ASEAN 10개국과 한중일, 호주, 뉴질랜드 등 총 15개국 간에 관세장벽 철폐 등을 목표로 한다. 이 지역의 국가별 GDP 합계는 2020년 기준 약 26조 달러(전 세계 3분의1), 인구는 약 22.7억 명(전 세계 29.7%), 전 세계 무역 비중의 28%를 차지하는 세계 최대 규모의 경제블록이라고 할 수 있다.[134]

3) 중러, 북방경제공동체 주도

앞에서 살펴본 것처럼 동북아 지역의 역내 다자협력은 아세안 등에 비하여 늦게

---

134 https://m.blog.naver.com/PostList.naver?blogId=hellopolicy, 정책공감(검색일: 2022. 6. 3.)

형성됐으나, 세계적인 지역주의 흐름에 대응하기 위하여 인접 국가와 다자협력을 적극적으로 추진하기 시작했다. GTI 지역에서 다자협력은 중국과 러시아가 주도하고 있다. 중러 양국은 유라시아경제연합과 중몽러경제회랑을 상하이협력기구(SCO) 및 브릭스(BRICs)와 연계협력을 통해 북방경제공동체 건설을 앞당길 계획이다.

2018년 6월, 중국 칭다오, 상하이협력기구 원수이사회 개최(바이두)

상하이협력기구(SCO)는 1996년 4월 중국 장쩌민 주석의 제안으로 중국, 러시아, 카자흐스탄, 키르기스스탄, 타지키스탄 5개국이 참여하는 '상하이 5국' 회의가 발전하여 2001년 6월 다자협력체인 상하이협력기구(SCO)로 공식 출범했다.

'브릭스(BRICs)'는 2009년 6월 세계적으로 경제성장 속도가 빠르고 경제성장 가능성이 큰 브라질, 러시아, 인도, 중국 등 4개국이 창설하였으며, 2011년 11월 남아프카공화국이 가입함으로써 이 지역은 전 세계 육지 면적의 26.4%, 인구의 41.8%, GDP의 25.2%, 무역의 17.9%(2021)를 차지함으로써 회원국 결속 여하에 따라서 글로벌 경제의 흐름을 바꿀 수 있을 정도의 파급력을 갖고 있다. 국제전문기관에서는 브릭스가 미래에는 세계 최대의 경제대국이 될 것이라 예상했다.[135]

135https://www.mfa.gov.cn/web/gjhdq_676201/gjhdqzz_681964/,중국외교부(검색일: 2022. 4. 5.)

이처럼 중국과 러시아가 거대 국제기구를 창설하고 북방경제공동체 구축을 위하여 다자협력체 및 각국의 대외전략과 연계협력을 강화해 나가고 있지만 동북아 지역에는 2008년 12월 한중일 3국이 기존의 아세안+한중일 정상회의와 별도로 한중일 정상회의를 개최함으로써 3국 협력을 제도화하고 사무국을 설립하였으나 한일 간 과거사 문제 등으로 정상회의가 중단과 재개를 되풀이 되고 있는 실정이다.(표 64)

표 64 GTI 회원국 주도의 국제기구(다자협력체)

국제기구	주요내용
상하이협력기구 (SCO)	· 1996년 상하이 5국 창설, 중러, 카자흐스탄, 키르기스스탄, 타지키스탄 　－ 국경지역의 안정과 신뢰구축 및 군비축소 · 2001년 상하이협력기구 공식 출범, 상하이 5국 + 우즈베키스탄 　－ 신뢰와 우호증진, 정치 · 경제 · 무역 · 과학기술 · 문화 · 교육 · 에너지 · 교통 · 　　환경보호 등의 분야에서 협력관계 구축 　－ 유엔헌장의 목적과 원칙 준수 　－ 집단적 의사결정구조 · 회원국(8): 5국, 우즈베키스탄, 파키스탄 · 인도(2015) · 옵서버(4): 아프가니스탄, 벨라루스, 이란, 몽골 · 대화파트너(6): 아제르바이잔, 아르메니아, 캄보디아, 네팔, 터키, 스리랑카 · 기구(회의): 원수이사회, 총리(연1회), 외교부장관, 조정관, 분야별장관 · 다자간 경제무역협력, 자유무역지역 설립 목표 · 상설기구: 사무국(베이징), 지역반테러기구 · 협력관계: 유엔사무국, 아세안, CIS, 아시아교류신뢰구축회의 등
브릭스(BRICs)	· 2006년 첫 외무부장관회의, 2009년 6월 첫 정상회의 개최 　－ 브라질(Brazil) · 러시아(Russia) · 인도(India) · 중국(China) · 남아프리카 공화 　　국(republic of South Africa)의 앞글자 　－ 경제무역, 재정금융, 과학기술, 농업, 문화, 교육, 위생, 싱크탱크, 우호도시
한중일 정상회의	· 동북아 지역의 평화와 안정, 공동 번영 증진 · 1997년 아세안 + 한중일 정상회의(지속개최) · 2008년 독립적인 3국 정상회의 출범 　－ 외교 · 재무 · 통상 · 환경 · 문화 · 농업 등 21개 장관급 회의를 포함, 71개 분야별 협 　　력체 운영 · 2011년 9월 사무국 설립(서울)
광역두만강협력(GTI)	· 1991년 UNDP 주도로 출범, 2006년 회원국 주도의 GTI로 전환
유라시아경제연합	· 2015년 1월 출범, 유라시아경제통합체
중몽러경제회랑	· 2016년 6월 출범, 유라시아철도를 축으로 경제발전벨트 조성
란창강-메콩강협력	· 2015년 11월 출범, 아세안공동체 조력 및 지역통합 촉진

자료: https://www.mfa.gov.cn/web/gjhdq_676201/gjhdqzz_681964/ 중국 외교부,
http://chn.sectsco.org/ 상하이협력기구(검색일 : 2022. 3. 4.) 참고, 저자정리

4) 중앙과 지방이 함께하는 다자협력

21세기 들어와서도 지방정부는 여전히 중앙정부의 지시 감독에 의하여 움직이는 중앙정부 산하의 행정기관에 불과했으나 글로벌화에 따른 상호의존성 증대와 함께 동북아 각국 간 경제협력이 심화됨에 따라 중앙정부와 지방정부가 함께 전면적 교류협력을 추진하는 시대로 바뀌었다. GTI 회원국이 주도하는 중몽러경제회랑, 란창강-메콩강협력, 한국 신북방정책은 중앙정부가 협력에 필요한 플랫폼을 만들어주고 지방정부 간 경제교류협력을 통해 국가발전으로 승화시키는 대표적인 전략이라 할 수 있다. 지방정부들은 소지역협력 플랫폼을 통해 경제·통상, 문화·교육·관광 등 전면적 교류협력을 추진함으로써 국가발전에 중요한 역할을 하고 있다.

나. GTI 필요성

1) 지역주의 흐름에 대응

세계는 글로벌화와 정보통신의 발달로 상호의존성을 넘어 초연계성 사회로 발전하고 있다. 뿐만 아니라 인접 국가와 다자협력을 통한 지역주의는 글로벌 경제 시대의 생존전략으로 자리잡았다. 동북아 지역은 유럽이나 동남아에 비하여 늦게 지역주의 바람이 불었지만 아세안, 일대일로, 유라시아경제연합 등과 연계한 지역주의가 속도를 내기 시작하고 있다.

동북아 각국은 지역주의를 조력하기 위해 한중일 정상회의, 중몽러경제회랑, 란창강-메콩강협력, 중국·중앙아시아 정상회의, 중국·중앙아시아 외교장관회의, 중국·EAEU 경제무역협력협정 공동위원회를 설립하는 등 지역주의를 촉진하기 위한 중층적 다자협력 시스템을 구축하고 있으나, 동북아 지역은 여전히 정치체제, 과거사, 영토, 북핵 등의 문제로 지역주의라는 시대적 흐름을 따라가지 못하고 있다.

GTI 지역이 이러한 지역주의라는 시대적 흐름에 따라가지 못할 경우, 유라시아 대륙은 아세안공동체와 북방경제공동체로 고착화됨에 따라 평화와 번영의 동북아 시대를 구현하기 어려울 뿐만 아니라, 이 지역에서 한국과 일본의 고립이 심화될 수도 있다.

2) 지정학적 우월성

GTI 지역은 동북아의 중심지역에 있으며, 동해의 해상운송, 육상운송, 항공운송의 거점지역이라고 할 수 있다. 두만강 하구에서 동해의 주요 항까지 최단거리는 북한 나진항 40km, 청진항 80km이며, 러시아 자루비노항 60km, 블라디보스토크항 160km이고, 일본 니가타항 800km, 한국 속초항 585km, 부산항 750km이다. 이외에 두만강 입구에서 동해와 일본 쓰가루해협을 경유하여 태평양 항로를 이용할 수 있으며 항로는 8,400㎞이다. 이뿐만 아니라 두만강 지역은 새로운 유라시아 랜드브리지 동쪽의 새로운 시발점이 될 수 있다.

또한 교통·물류의 중심으로 북한의 나진·선봉·청진, 러시아 하산구의 자루비노항이 동해에 인접하고 있다. 특히 TKR(한반도종단철도)과 TSR(시베리아횡단철도), TMR(만주횡단철도), TMGR(몽골횡단철도), TCR(중국횡단철도) 연결 시 육해복합운송을 통한 유럽과 아시아·태평양을 연결하는 최적지로서 주목을 받고 있다.

이러한 지정학적 우월성으로 인하여 일본이 이 지역을 중국 동북 3성과 러시아 극동 진출의 발판으로 삼기 위하여 철도를 개설하고 수많은 물자를 약탈해 간 뼈아픈 역사의 현장이기도 하다.

21세기 들어 중국과 러시아는 북한 나진항을 이용해 동해 출구전략을 강력하게 추진하고 있다. 중국은 훈춘시와 나선시 간 도로 확포장을 비롯한 나선경제특구 개발사업에 주도적으로 참여하고 있으며, 러시아 역시 하산-나선 간 철도 개보수 및 나진항 현대화 사업을 성공적으로 마무리하였다. 한국은 TKR과 TSR 연결을 위해 2022년 1월 TKR 남측구간인 동해북부선 철도 건설사업을 착공했다.

이처럼 GTI 각국은 이 지역의 지정학적 우월성을 이용하기 위해 교통인프라 확충, 경제특구 간 협력 등을 추진하고 있으나 큰 진전을 보지 못하고 있는 이유는 이 지역은 어느 한 국가 한 지역의 노력만으로는 경제발전을 기대하기 어렵기 때문이다. GTI 지역의 상생과 협력 없이는 중국과 러시아는 아시아·태평양으로의 진출이 어렵고, 한국과 일본은 유라시아대륙 진출이 어렵다.

GTI 지역의 지정학적 우월성은 세계열강의 경쟁으로 인하여 오히려 지역발전의 저해요소로 작용하고 있으며, 지금도 세계의 화약고로 불리고 있을 만큼 GTI 지역의 평화와 번영은 동북아를 떠나 세계평화를 위해서도 매우 중요하다.

우리는 1936년 냉전 시기에 한국의 손기정 선수가 한반도철도를 타고 중국과 시베리아를 경유하여 평화의 제전인 베를린 올림픽에 참가하여 금메달을 목에 걸었던 것을 기억하고 있다. 현재 동북아 국가 간 상호의존성이 심화되고 있는 상황에서도 손기정 선수가 베를린 올림픽 참가를 위해 타고 갔던 '평화의 철도'는 80년 가까이 운행되지 못하고 있는 것이 GTI 지역의 현실이다. 지금은 그 어느 시기보다 GTI 지역 간 다자협력이 중요한 시기이다. 공존공영의 동북아 시대를 구현하기 위해서는 동북아 각국이 달라진 국가 경제력과 GTI의 공동협력 정신을 바탕으로 GTI 지역을 평화와 번영의 지대로 가꾸어 나가는 전략이 무엇보다 중요하다.

3) 각국의 대외전략과 연계한 북방경제공동체 건설

지역주의는 인접 국가의 대외전략과 연계협력을 기본으로 한다. 이러한 지역주의는 지리적으로 근접한 비참여국에게 직·간접적인 영향을 미칠 수밖에 없다. GTI 회원국들의 대외전략을 살펴보면 다음과 같다. 중국은 일대일로를 기본국책으로 하여 유라시아대륙경제통합을 목표로 한다. 이를 위해 동남아경제통합과 동북아경제통합을 적극적으로 추진하고 있다. 러시아는 2014년 우크라이나 사태 이후부터 '대유라시아 동반자관계'를 바탕으로 신동방정책을 강력하게 추진하면서 중국, 한국, 일본뿐만 아니라 아세안과도 협력을 강화하고자 한다. 중국과 러시아는 중국·유라시아 지역 간 경제공동체 건설에 대한 분야별, 지역별 협력체를 구성하고, 매년 중러총리회담을 통해 협력사업을 점검하고 있다. 몽골은 초원의 길 전략을 통해 내륙지역의 한계를 벗어나기 위해 중국, 러시아와 긴밀한 협력체계를 구축하고 있다. 2016년 6월 중몽러 3국은 유라시아 철도와 도로 연선(沿線)지역을 중심으로 교통회랑 및 경제발전벨트 구축을 위해 중몽러경제회랑을 출범시켰다.

한국 역대 정부 역시 북방정책을 소홀히 하지 않았다. 노태우 정부의 북방외교를 시작으로 김대중 정부 '철의 실크로드', 노무현 정부 '평화와 번영의 동북아시대 구상', 이명박 정부 '신(新) 실크로드', 박근혜 정부 '유라시아 이니셔티브', 문재인 정부 '신북방정책' 등 거의 모든 정부가 북방에서 한국의 미래를 찾았다고 해도 과언이 아니다. 특히 박근혜·문재인 정부는 중국의 일대일로와 러시아 신동방정책과 연계협력을 모색하기도 했다.

이에 비해 북한은 2009년 11월 GTI 탈퇴 이후 전통적 우방국가인 중국과 러시아와 긴밀한 협력을 통해 나선경제특구을 비롯한 지역별 경제특구개발 전략을 추진하여 일정한 성과를 거두고 있다. 최근 북한은 한국기업이 건설한 금강산 호텔 등의 시설물 철거를 하는 등 남북협력보다는 중국을 비롯한 체제가 같은 국가들과 경제협력을 선호하고 있다. 물론 유엔 안보리 제재가 완화되면 남북철도 연결 등은 추진할 계획이지만 개성공단 같은 한국이 특정 지역을 개발함으로써 북한 주민에게 영향을 미치는 프로젝트는 더 이상 추진하지 않을 것으로 전망된다. 이처럼 남북 간 직접협력이 어려움을 겪는 가운데 중국과 러시아가 북방경제공동체 건설을 추진하는 과정에서 GTI틀 안에서 경제협력 추진에 합의한 것과 2019년 12월 16일 유엔 안보리에 남북철도 연결 등에 대하여 대북제재 완화 결의안을 제출한 것은 상당한 의미가 있다. 이것은 중국과 러시아가 달라진 경제력을 바탕으로 북한의 나선경제특구를 비롯한 주요 경제특구를 직접 개발할 수 있는 경제력을 갖추고 있지만, 중북러 경제협력의 고착화가 전체적인 동북아의 평화와 번영에 도움이 되지 않기 때문에 한국이나 기타 국의 참여공간을 넓히려는 의도로 해석될 수 있으나, 다른 한편으로는 국제질서의 변화에 따라 중북러 3국이 언제든지 경제협력을 위한 공조 체제를 갖출 수 있음을 의미하는 것이기도 하다. 지금까지 GTI 회원국 들은 북방경제공동체라는 공동의 꿈을 갖고 있다. 이러한 꿈을 실현하기 위해서는 GTI 회원국 간 북방경제공동체 건설의 비전공유, 정책적 연계협력, 구체적 실행계획에 대하여 협의 조정할 수 있는 다자협력체가 필요하다.

4) 동북아 공존공영(共存共榮)의 플랫폼

GTI 지역은 여전히 정치체제가 다른 양 진영의 갈등과 협력이 되풀이되고 있는 지역이다. 북한은 중국 · 러시아와 더욱 긴밀한 협력체제를 구축하였으며, 한국은 미군이 상주하고 있는 등 독자적인 안보 체계를 구축하지 못함으로써 경제주권마저도 제약을 받고 있다.

이러한 냉전이 말끔히 가시지 않은 어려운 여건하에서도 1980년 말부터 동북아에 불어 닥친 국제화, 개방화의 바람은 GTI 지역 간 상생협력의 불씨를 집혔다. 1990년 한국 노태우 정부는 국내외의 우려에도 불구하고 몽골(3월), 러시아(9월), 1992년 8월 중국과 수교를 맺음으로써 동북아 국가 간 경제협력의 기반을 마련하였다.

이처럼 동북아 지역에 상생협력의 분위기가 무르익어감에 따라 UNDP는 냉전의 유산이 서려 있는 이곳을 평화와 번영의 지대로 가꾸기 위해 중국, 남북한, 몽골, 러시아 5개국이 참여하는 동북아 최초의 다자협력체인 두만강지역개발계획을 출범시켰다.

동북아 각국은 지난 30여 년간 양자 또는 다자협력을 통하여 눈부신 경제발전을 이룩했다. 특히 동북아에서 중심적인 역할을 하는 한중일은 상호 3대 교역파트너로 성장하였다. 그뿐만 아니라, 문화, 관광, 청소년, 과학기술 등 전방위적인 교류협력을 추진하고 있는 등 상호의존성이 심화되고 있다.

이러한 한중일 밀월관계는 미국이 중국을 전략적 경쟁자로 규정하면서 위기를 맞고 있다. 미국은 2017년 인도·태평양 전략의 당사자인 미국·인도·일본·호주 등 4개국이 참여하고 있는 쿼드(Quad)를 부활하였다. 또한 2022년 2월 러시아의 우크라이나 침공으로 미국 중심의 공급망 재편을 추진하고 있다. 같은 해 5월 인도·태평양경제프레임워크(IPEF) 가동을 공식선언[136]했으며 6월 G7정상회의에서 일대일로에 대응한 글로벌 인프라 및 투자를 위한 파트너십을 발표한 데 이어 NATO 전략개념에 '중국의 위협'을 명시하는 등 중국 포위전략을 가속화하고 있다.[137]

이에 대해 중국은 미국이 미국·유럽·일본·한국과 아세안·인도의 산업사슬을 연결시켜 중국 제조업에 대한 대체 조건을 갖출 때까지 서방이 우위에 있는 주요

---

136 미국·한국·일본·인도·호주·뉴질랜드·인도네시아·태국·말레이시아·필리핀·싱가포르·베트남·브루나이 13개국이 초기 멤버
137 https://n.news.naver.com/article/023/0003700376?sid=104, 나토 중국위협 명시

첨단산업에 대한 대체전략을 마련하는 한편 14억 인구의 내수시장과 해외시장을 겨냥한 쌍순환 전략을 추진하고 있다. 중국의 인구는 북미와 유럽연합을 합친 인구의 두 배 가까움을 고려할 때 중국의 내수시장 확대전략은 세계경제에 큰 영향을 미칠 수 있을 뿐만 아니라 미국 중심의 글로벌 공급망 재편은 공급과 수요의 불균형을 초래함으로써 세계경제 질서의 혼란을 가중시킬 것이다.

문제는 현실적으로 실행이 어려운 미국 중심의 글로벌 공급망 재편이 체제가 다른 국가 간 편 가르기로 인한 신냉전 도래에 대한 우려이다. 그러나 이미 세계경제는 △상호의존성 심화 △지역주의 확산 △중층적 다자협력 △다극화의 진전으로 인하여 어느 한 편에 의존할 수 없게 되었다. 미국이 중국 포위전략을 추진하면서 자국의 물가를 잡기 위해 중국 제품에 대한 관세인하 조치를 취한 것과 서방국가의 러시아 제재효과가 미미한 것은 특정 국가 주도의 일방향적인 세계경제 재편의 험난함을 예고한 것이라 할 수 있다.

그동안 동북아 각국은 정치체제가 다르지만 상생협력을 통하여 세계가 놀랄만한 경제성장을 이루어 왔다. 특히, 중국과 러시아는 한국에 2만 8천여 명의 미군이 상주하고 있는 등 미국과 군사동맹을 맺고 있는 한국의 실정을 이해하고, 경제교류협력을 확대해 왔다는 것은 지리적 근접성이 교류협력에 큰 영향을 미친다는 것을 말해 주고 있다.

지금 세계는 중미 간 전략적 경쟁으로 촉발된 미국의 글로벌 공급망 재편, 세계 최대의 소비시장이며 제조업 강국인 중국의 굴기, 러시아의 우크라이나 침공, 아세안과 인도 등 신흥경제권의 중립화, 자원의 무기화, 체제가 다른 국가 간 편 가르기 등으로 혼돈에 빠져있다.

이러한 시기에 세계의 화약고라 불리우는 GTI 지역의 평화는 그 어느 것보다도 바꿀 수 없다. 만약에 GTI 지역이 체제가 다른 양 진영의 대결장으로 변하면 북한은 전통적 우호국가인 중국 및 러시아와 긴밀한 협력을 통하여 경제적 발전을 가져올 수 있지만, 한국은 최대 교역파트너이며 외국 관광객 1위 중국, 자원 부국인 유라시아 지역과 경제협력 기반을 상실할 수도 있다. 양 진영 대결이 격화되어 한반도 전쟁으로 비화 된다면 최대의 피해자는 남북한 당사국이 될 것이다. 만약에 한반도 전쟁상황이 발생하면 초기에는 한국에 미군이 주둔하고 있다 할지라도 우크라이나 전쟁처럼 양 진영은 제3차 세계대전으로의 확전을 막기 위해 무기 지원에 그칠 개연성이 상당히 높다고 볼 수 있다. 한반도 전쟁격화로 북한과 국경을 맞대고 있는 중국과 러시아가 직접적인 피해를 입게 된다면 제3차 세계대전으로 비화 되는 것은 시간문제이다. 물론 양 진영이 공존을 위해 갈등과 대립 해소에 나서겠지만, 양 진영의 갈등 자체가 한반도는 물론 세계의 평화와 번영에 도움이 되지 않는다.

양 진영의 갈등을 해소하고 경제적 번영을 위해서는 이웃 국가와 협력이 무엇보다 중요하다. 동서고금을 막론하고 이웃의 소중함을 일깨우는 글귀가 있다. '이웃이 사촌보다 낫다'는 한국 속담은 '좋은 이웃은 멀리 있는 형제보다 낫다'는 영국 격언과 똑 같다. 금언과 명귀를 모아놓은 명심보감(明心寶鑑)에서는 '먼 곳에 있는 물은 가까운 불을 끄지 못하고, 먼 곳에 있는 친척은 이웃만 못하다'라고 이웃의 소중함을 일깨운다.

그간 동북아 각국은 이웃의 소중함을 알고 상생협력하여 동북아 지역을 세계 3대 경제권으로 발전시켰다. 2019년 중국 우한에 코로나19가 처음 발생했을 때 한일 양국의 기업, 지방정부, 구호단체 등에서 경쟁적으로 구호기금과 물자를 보내는 등 이웃 국가로서의 우정을 과시했다. 이웃 국가 간에 때로는 갈등하고 경쟁하지만 이웃 국가 간의 관계를 단절하기는 더더욱 어렵다.

동북아 지역은 양 진영이 첨예하게 대립하는 지역이다. 그렇지만 지난 30여 년 동안 동북아 각국은 양 진영의 갈등과 대립의 역사를 극복하고 동북아 지역을 세계 3대 경제권으로 발전시켰다. 이 지역의 갈등과 대립을 극복하고 지속가능한 성장을 위해서는 유엔헌장과 공동협력 정신을 바탕으로 하는 GTI를 동북아 지역뿐만 아니라 세계가 공존공영(共存共榮)하는 플랫폼으로 만들어나가는 노력이 필요하다.

5) 협력의 잠재력 활용

GTI의 지역적 범위는 중국 동북 3성 네이멍구, 러시아 연해주, 한국 동해안, 북한 나선특구, 몽골 동부 3아이막이다. 이 지역의 인구는 136,858천 명이며, 유라시아대륙과 아시아·태평양을 연결하는 우수한 지정학적 여건, 풍부한 자원, 경제적 보완성, 저렴한 노동력, 첨단산업과 전통산업이 혼재해 있는 등 잠재력이 높은 지역으로 평가받고 있다.

그러나 이 지역은 한국의 일부 경제발달 도시를 제외하고는 자국에서 경제적으로 낙후되어 있다. 최근 동북아 각국은 국가균형발전 차원에서 직접투자를 하거나 인접 국가와 협력을 통하여 지역개발을 추진하고 있는 등 상생협력의 분위기가 일고 있다. 최근 GTI 지역 간 협력실태를 살펴보면 다음과 같다.

첫째, 중러 간 긴밀한 협력체계를 구축했다.

북방지역은 중국과 유라시아 리더 국가인 러시아 간의 협력여부에 따라 경제지도가 바뀐다고 할 수 있다. 1949년 신중국 건국 이래 중러관계는 순탄치 않았다. 그러나 1996년 4월 중러양국 정상회담에서 중러관계의 발전을 위해 총리 등 고위급회의, 분야별 대화회 상설에 합의함에 따라 새로운 협력기반이 마련되었다. 이 합의에 따라 양국 협력사업을 지도 감독하기 위한 총리 정기회의, 부총리를 대표로 하는 총리정기회의위원회·투자협력위원회·인문협력위원회, 에너지협력위원회·중국 동북지역과 러시아 극동 및 바이칼지역 정부 간 협력위원회 등 5대 기구, 기구 산하 분과위원회와 워킹그룹이 설치되어 있으며 양국은 별도 사무국을 운영하고 있다. 이 회의에서는 양자협력 뿐만 아니라 다자협력 플랫폼 등 북방경제공동체건설에 관한 포괄적인 사항을 논의하고 협력사업을 결정한다. 여기에서 가장 주목할 것은 중국과 러시아가 GTI틀 안에서 동북아 경제협력에 합의하고, 유엔 안보리에 대북제재 완화 결의안을 제출했다는 것이다. 이것은 양국이 한국과 일본을 비롯한 동북아 국가와 협력의사를 분명히 밝힌 것이라 할수 있다. 총리 정기회의는 2021년까지 26회 개최하였는데 회의 횟수가 거듭될수록 양국 간 교류협력이 심화 발전하고 있다.

2019년 6월 양국은 총리 정기회의를 바탕으로 실질적이고 전면적인 교류협력 추진을 위해 양국관계를 '신시대 전면적 전략적 협력 동반자 관계'로 격상했다. 이러한 긴밀한 중러관계는 북한을 포함한 인구 17억 명의 거대한 북방경제공동체를 건설할 수 있는 동력이 될 수도 있지만 체제가 다른 국가 간 대립이 격화될 경우 세계는 중북러, 상하이협력기구, 브릭스, 아세안 일부 국가와 미국을 중심으로 하는 한국, 일본, 서방국가로 양분되는 최악의 사태가 올 수도 있다. 중러 양국의 긴밀한 협력관계는 GTI발전의 기회와 위기 요인을 함께 갖고 있다.

둘째, 중국, 몽골, 러시아를 중심으로 소지역협력이 활성화되고 있다.

2016년 6월 중몽러 3국 정상은 각국의 대외전략과 연계하여 유라시아 철도와 도로 연선(沿線)지역을 중심으로 교통회랑 및 경제발전벨트 구축을 위하여 중몽러경제회랑을 출범시켰다. 주요 협력분야는 △교통인프라 발전 및 연계성 촉진 △통상구 건설과 세관 검사검역 관리감독 △생산능력 및 투자 협력 △경제무역 협력 △인문교류 협력 △생태환경보호 협력 △지방 및 국경지역 협력 등 7대 분야이다. 또한 사업의 안정적 추진을 위하여, 국가 정상회의, 분야별 장관회의를 설치했다. 이 지역은 GTI 핵심지역으로써 GTI 발전을 위해서 연계협력이 필요하다.

셋째, 협력의 공간이 넓다.

한국은 연해주를 유라시아대륙 진출과 북극해 관문으로 활용할 수 있을 뿐만 아니라 러시아 신동방정책과 전략적 협력을 통한 교통·물류, 에너지, 수산 등 다양한 경제협력사업을 추진할 수 있다. 또한 향후 GTI의 중심역할을 할 중국 동북 3성 및 네이멍구와 무역·투자 협력을 통하여 인구 1억 2천만 명의 신흥시장 개척이 가능하다. 중국 동북 3성 및 네이멍구는 한국과 교역 비중을 높일 수 있을 뿐만 아니라 투자, 관광시장의 확대가 가능하다. 러시아와 몽골 역시 한국 시장개척, 투자, 관광 협력 활성화로 경제발전을 촉진시킬 수 있다. 향후 GTI의 협력대상 지역이 국가 전체로 확대될 경우 GTI 지역 간 경제, 통상, 관광, 사회인문 협력 등 교류협력 사업이 더욱 확대 될 것이다.

마지막으로 지역발전의 공간을 마련해야 한다.

동북아 각국 지방정부는 지리적으로 가까운 지역을 중심으로 통상, 투자, 관광 등의 협력 통해 지역발전을 추진하고 있다. 국제협력을 가장 활발히 추진하고 있는 한국은 2021년 12월 현재 아시아 지역과의 교류가 66.3%로 가장 많고, 나라별로는 중국(38.5%,), 일본(11.8%)로 전체 국제교류의 50% 이상을 차지하고 있다. 이것은 한중일 3국의 경제협력 관계와 긴밀하게 연계되어 있다.

최근 동북아 각국은 정상회담에서 국가와 지방정부의 공동협력을 중시하고 있다. 국가 정상 간 합의에 의하여 창설한 '회의체'는 한러지방협력포럼, 한일해협연안 시도교류현 지사회의, 한일(호쿠리쿠)경제교류회의, 한중일 환황해경제·기술교류회의 등이 있다. 이 회의체는 양국 혹은 3국 간 다수의 지방정부가 참여하는 회의체 결성을 통해 지방 간 협력을 통하여 국가발전을 촉진하고 있다. 특히 가장 최근에 창설된 한러지방협력포럼은 경제·통상, 교육·과학, 인적·문화·예술·체육, 항만, 물류, 관광, 의료분야에서 실질적 협력을 추진해 나가기로 합의하는 등 지방정부가 국가 간 교류협력의 주체로서 확실하게 자리 잡았음을 보여주고 있다.

그러나 GTI 지역은 지방정부 간 경제협력 의지는 강하나 국가 차원의 관심도는 떨어지고 있다. 최근 아세안공동체 조력을 목적으로 하는 란창강-메콩강협력은 교류협력 촉진을 위하여 '란메이 국가 지방협력 이니셔티브'를 확정하고 지방정부 중심의 협력을 강조했다. 이것은 국가 간 정상회담에서 국가발전을 위해 지방정부 간 협력을 중요시한 것과 맥락을 같이한다고 볼 수 있다.

지방정부가 지역발전을 위해 글로벌 무대에서 제 역할을 하기 위해서는 지방정부의 힘만으로 많은 어려움이 있다. 국가의 직·간접적인 지원은 지방정부의 글로벌 시장개척에 활력을 불어넣음으로써 국가발전으로 승화할 수 있다. 이제는 국가 차원에서 국가 간 혹은 소지역협력체의 주체로 부상하고 있는 동북아 지방정부 간 경제교류협력을 촉진하기 위한 플랫폼을 만들어야 한다.

6) 한국의 장기적이고 안정적인 대외전략 지원

　대부분 GTI 회원국들은 장기적이고 안정적인 대외전략을 추진하고 있다. 중국은 1978년 12월 개혁개방을 기본국책으로 채택하고 40여 년간 초지일관 개혁개방을 추진하여 온 결과 G2의 국가로 성장하였다. 중국은 새로운 글로벌 시대에 대응하기 위하여 2013년 일대일로를 제창하고 2017년 중국 공산당 당장(정관)에 채택함으로써 향후 40여 년간 일대일로가 개혁개방을 이어받아 대외전략을 추진할 수 있는 기반을 마련하였다.

　러시아의 극동정책은 1980년말 고르바쵸프 대통령부터 시작하여, 옐친 대통령, 푸틴 대통령 등 역대 정부가 극동정책을 보완발전 시켜왔다.

　이처럼 중국과 러시아는 정권교체와 관계없이 장기적이고 안정적으로 대외전략을 추진하여 성과를 거두고 있다.

　한국은 인접 국가에 비하여 대외전략에 대한 분명한 로드맵과 연속성이 부족하다는 평가를 받고 있다. 이것은 대통령 단임제 특성으로 인하여 일관된 정책추진 한계로 인한 구조적인 문제라 할 수 있다. 그러나 어느 정부도 한반도철도와 시베리아철도를 연결하여 북방대륙으로 가는 꿈을 포기하지 않았다. 이러한 꿈을 실현하기 위해서는 정권교체와 관계없이 안정적으로 추진할 수 있는 다자협력 시스템을 구축하는 것이 중요하다.

　대통령의 대외전략은 정권교체에 따라 바뀔 수 있지만 인접 국가 정상과 합의에 의하여 설립한 양·다자회의체는 정권교체와 관계없이 지속적이고 안정적으로 추진함으로써 국가발전에 기여하고 있는 것을 각종 '다자회의체' 사례를 통해서 알 수 있다.(표 65) 따라서 한국의 장기적이고 안정적인 북방 진출전략 추진을 위해서는 GTI를 북방경제공동체 건설의 플랫폼으로 유지 발전시키기 위한 전략이 필요하다.

표 65 국가 정상 간 합의에 의한 다자회의체

설립년도	회의체명	개최횟수	대통령
1992	한일해협연안 시도현교류 지사회의	29회(2021년)	노태우
1998	한일(호쿠리쿠)경제교류회의	19회(2018년)	김대중
2000	한중일 환황해 경제 · 기술교류회의	19회(2021년)	김대중
2018	한러지방협력포럼	3회(2021년)	문재인

* 국제교류지원기관 및 지방정부 주도의 다자회의체도 장기적으로 추진되고 있지만 국가 주도의 다자회의체에
  비하여 성과를 얻지 못하고 있다.

다. GTI 위기와 기회

1) 위기

GTI의 위기는 내부적 요인과 외부적 요인으로 나눌 수 있다. 먼저 내부적 요인을 살펴보면 다음과 같다.

첫째 30년 관행과 전략에서 탈피하지 못하고 있다.

GTI는 회원국 간 협력을 통하여 역내 성장 거점 구축을 목표로 한다. 우선협력분야는 30년 동안 농업만 추가되었을 뿐 새로운 협력분야를 발굴하거나 실행에 옮긴 사례가 거의 없다. 이는 두만강지역개발계획과 비슷한 시기에 ADB 주도로 출범한 GMS가 초기에 우선협력분야를 에너지, 환경 및 자원관리, 인력자원개발, 무역·투자, 관광 등 6개를 선정하였으나 최근에는 농업, 에너지, 환경, 보건 및 인적자원개발, 정보통신기술, 관광, 교통, 운송 및 무역원활화, 도시개발 분야로 확대하고, 2002년 장관회의체를 총리회의체로 승격시킨 것과는 대조적이다. 또한 GMS 회원국이 참여하는 란창강-메콩강협력은 아시아공동체 조력이라는 분명한 목표를 제시하고 있으며, 협력의 기본방향도 △정치안보 △경제와 지속가능한 발전 △사회인문을 3대 기본축으로 하여 정치안보 4개, 경제와 지속가능한 발전 10개, 사회인문 6개 분야 등 총 20개 협력분야를 선정하여 추진하는 등 전면적인 교류협력 시스템을 갖추었다. 이처럼 두 개의 소지역협력체는 시대적 흐름에 부합한 우선협력분야를 선정하여 추진하고 있는 것에 비하여 GTI는 30년 동안 전략실행계획에 큰 변화를 주지 못함으로써 회원국들로부터 관심을 받지 못하고 있다. 향후 GTI가 회원국들의 관심을 끌어낼 비전과 전략을 발굴하지 못할 경우 회원국 대표 직급 격상은 쉽지 않을뿐더러 존립에도 어려움이 예상된다.

둘째, GTI틀 안에서 협력이 형성되지 않고 있다.

소지역협력체는 기본적으로 역내 주요 협력사업과 연계협력 시스템을 구축해야

만이 존립에 가치가 있는 것이다. GTI는 전략실행계획에 GTI틀 안에서 협력 강화를 명기했음에도 불구하고 실질적으로 역내 주요 경제협력 사업과 연계협력 시스템을 갖추지 못함으로써 다자협력체를 관리 운영하는 수준에 머물고 있어, GTI 존립에 대한 심각한 의문을 제기하는 정부 관료, 전문가들이 늘어나기 시작했다.

셋째, 차관회의체로써 국가 간 협력사업을 추진하기에는 한계가 있다.

GTI 지역은 냉전의 유산이 서려 있는 지역으로서 세계의 화약고라 불리고 있을 뿐만 아니라 중미 간 전략적 경쟁의 이해관계가 집중되어있는 곳으로써 장관을 보좌하는 차관회의체로서는 이 지역의 현안문제를 해결하고 평화와 번영의 GTI 지역을 만들어 가기 어려운 것이 현실이다.

넷째, 추진동력이 약하다.

GTI 사무국 인원은 8명 좌우로 전문성이 떨어지고, 사무국장 직급은 중앙부처 과장급(중국 처장급)으로 회원국 간 업무협의에 한계가 있다. GTI 1년 운영예산은 회원국 분담금 675천 달러와 신탁기금 600천 달러이다. 이 예산은 사무국 운영, 회의운영, 특수 목적사업 등에 사용됨으로써 회원국이 공동 협력사업을 추진하기에는 턱없이 부족한 실정이다. 이에 비해 지방정부 다자협력체인 동북아지역자치단체연합은 직원 17명, 사무국장 직급 차관보급(중국 부장조리), 기본예산 한화 15억 원(별도 추가예산 확보 가능)으로 GTI 사무국 보다 기능, 예산, 협력사업 추진에 있어서 우위를 보이고 있다.

마지막으로, 국가 정상 또는 총리 간 GTI 관련 합의사항을 동력으로 활용하지 못하고 있다.

한러, 한중 정상회담 시 GTI 국제기구 발전 등에 대한 합의, 중러 총리회담에서 GTI틀 안에서 경제협력 추진에 합의 했지만, 후속조치를 하지 않음으로써 GTI 발전의 기회를 놓쳤다.

외부적 요인은 첫째, 북한 핵문제로 인한 유엔 안보리의 대북제재이다.

2019년 12월 중국과 러시아가 남북철도와 도로 등에 대하여 유엔 안보리에 대북제재 완화 결의안을 제출했으나, 회원국들은 이에 대해 공동의 노력을 기울이지 않았다. 또한 북한의 GTI 복귀만 논의했지, 북한의 복귀를 위한 구체적인 노력을 기울이지 않았다. 북한의 GTI 탈퇴 이유가 유엔 안보리 제재도 있지만 다른 이유는 GTI가 실질적 협력체로서 역할을 하지 못했기 때문이라는 시각이 지배적이다. 이것은 북한이 2009년 11월 GTI 탈퇴 이후 외국자본유치와 무역확대를 위한 박람회 참가, 투자환경을 개선함으로써 나선경제특구에 중국과 러시아 기업을 유치하는 등 경제적 성과를 거두고 있는 것에서 알 수 있다. 북한의 참여를 끌어내기 위해서는 실현 가능한 경제협력 프로젝트부터 점진적으로 추진하는 전략이 필요하다.

둘째, 중미 간 전략적 갈등, 러시아 우크라이나 침공 등으로 동북아 지역 간 경제협력 침체가 우려된다.

동북아 지역은 중미 간 전략적 갈등 속에서도 양·다자협력을 통해 지속적인 경제협력을 추진해왔다. 그러나 코로나19 팬더믹, 2021년 2월 러시아의 우크라이나 침공 사태 등으로 신냉전이 가속화 되고 있어 GTI 지역 간 경제협력에 위기가 깃들고 있다. 이러한 중국·러시아와 미국 등 서방으로 대표되는 진영 논리는 세계 각국의 중층적 다자협력체 참여, 중국의 거대 소비시장, 러시아를 비롯한 유라시아의 풍부한 자원, 경제적 상호의존성 증대로 신냉전으로 비화 되기보다는 공생공영의 길로 갈 것이다. 특히 GTI는 양 진영의 평화와 번영의 플랫폼 역할을 통해 세계 평화에 이바지할 수 있는 길을 모색해야 할 것이다.

마지막으로, GTI에 대한 과도한 기대이다.

GTI는 GMS나 중앙아시아지역협력체(CAREC)처럼 아시아개발은행 같은 국제금융기구가 사업을 주도하는 것이 아닌 두만강 지역을 중심으로 한 동북아 국가 간 지역협력 촉진을 위한 소지역협력체라 할 수 있다. 그러나 일부 전문가들이 GTI에 대한 실체적 이해없이 과대 포장함으로써 오히려 GTI 발전의 장애요소로 작용하고 있다.

2) 기회

GTI의 위기요인은 활용여부에 따라 기회요인으로 될 수 있다. 기회요인을 살펴보면 다음과 같다.

첫째, 다자협력체의 시스템을 갖추었다.

GTI는 성과 여부를 떠나서 차관회의체, 사무국, 6개 위원회와 4개 협력 파트너를 설치함으로써 다자협력체를 안정적으로 운영할 수 있는 시스템을 갖추었다. 최근 중미 간 전략경쟁 심화, 북한 핵문제 등으로 인하여 이 지역에 새로운 다자협력체를 창설하는 것은 어려운 것이 사실이다. 이러한 현실을 감안하면 GTI 메커니즘을 활용하여 미래지향적인 다자협력체로 발전시켜 나갈 수 있는 기반이 구축되어 있다는 것은 동북아 지역협력을 추진하는 데 큰 자산이 될 것이다.

둘째, 국가적 관심 증가, 기존의 다자협력체와 연계협력이 가능하다.

동북아 각국 정상, 총리, 회원국 대표들은 GTI에 대한 발전 방안을 지속적으로 제시하는 등 지지를 보내고 있으며, 한중일 정상회의 및 중몽러경제회랑의 분야별 장관회의, 지역별 대화채널 등과 연계협력을 통한 시너지 효과를 창출할 수 있다.

셋째, 지방의 국제화 진전이다.

세계화, 정보화로 지방의 국제화가 빠르게 진전되고 있으며, 지방정부는 지역발전을 위해 지리적으로 가까운 지역 간 양·다자협력을 통하여 통상확대, 투자협력, 관광객 유치, 전세기 및 해운항로 개설을 직접 추진하는 등 글로벌 무대의 전면에 등장하였다. 이러한 지방정부의 지역발전의 의지는 GTI 지역 간 협력을 촉진하는 동력으로 작용하고 있다.

2. 신(新)GTI 구상

가. GTI에 특화된 전략목표

1) 동북아경제권으로 확대

GTI 지역은 중국 동북 3성과 네이멍구 일부, 한국 동해안 항구도시, 러시아 연해주, 몽골 동부 3아이막, 북한 나선경제무역지대이지만, 회원국 간 합의 또는 회원국 필요에 의하여 지역적 범위 설정이 가능하다.

동북아경제권(2011, 신동북아 시대 강원도 대외전략)

최근 소지역협력체의 지역적 범위는 소지역을 중심으로 협력사업을 추진하되 국가 전역으로 확대하는 추세이다. 란창강–메콩강협력은 지역적 범위를 국가 전역으로 확대한 대표적인 사례이다.

GTI 국가 간 지역협력 실태를 분석하면, 중국은 동북 3성 및 네이멍구, 러시아는 극동·시베리아를 중심으로 한국·몽골의 전 지역을 대상으로 경제협력을 추진하고 있다. 이처럼 GTI 역내 국가들은 이미 동북아경제권을 중심으로 경제협력을 활발히 추진해 오고 있다.

따라서 GTI 지역을 동북아경제권으로 확대하고 동북아경제통합을 위한 제도적인 기반을 마련할 수 있도록 해야 한다. 또한 국가 간 교류협력의 긴밀도를 높이기 위해서는 교류협력 대상지역을 중점과 일반지역으로 구분할 필요가 있다.

이러한 사례를 종합하면 GTI의 중점 협력범위는 한반도·유라시아 철도와 도로 연선(沿線) 지역 및 통상구(항구) 도시로 설정하되, 란창강-메콩강협력 사례처럼 국가 전체가 참가하는 개방형 협력체로 운영함으로써 GTI를 동북아경제통합 및 북방경제공체 플랫폼으로 육성할 필요가 있다.

2) 지정학적 여건에 부합한 발전목표

GTI의 설립취지는 유엔헌장과 공동협력 정신을 바탕으로 회원국 간 상호이익 증진, 경제기술 협력강화, 지속가능한 성장이다. GTI 전략실행계획(SPA2021-2024)의 비전은 인접 국가와 번영을 위한 포괄적 협력관계를 구축하는 것이며, 추진목표는 지역경제통합 촉진 및 상호 이익증대, 무역 및 경제성장 가속화, 지속가능한 발전에 적합한 환경제공에 있다.

현재 대부분 소지역협력체는 설립취지를 구체적으로 제시하고 있다. 동남아 지역의 메콩강을 중심으로 하는 란창강-메콩강협력은 경제발전벨트조성, 아세안공동체 조력과 지역통합 촉진, 유엔헌장의 원칙 준수 등으로 추진목표를 명확하게 제시함으로써 안정적인 협력기반을 구축하고 있다. 중국과 러시아가 주도하고 있는 중몽러경제회랑은 중몽러 3국의 대외전략과 연계를 기본원칙으로 유라시아 철도·도로 연선지역을 중심으로 한 지역협력을 통해 북방경제공동체 건설에 목표를 두고 있다. 그러나 GTI는 회원국들과 함께할 구체적인 목표를 제시하지 못함으로써 협력사업 추진에 동력이 떨어지고 있다.

GTI 지역은 육상과 해상운송을 통해 유럽과 아시아·태평양을 연결하는 지리적 우월성, 정치체제가 다른 국가 간 협력이라는 특수한 지정학적 특징을 갖고 있다. 신(新) GTI는 한반도와 유라시아 철도·도로 연선지역을 중심으로 하는 교통·경제회랑 건설과 동북아 국가 간 전면적 교류협력, 동북아경제통합과 북방경제공동체 조력, 지역의 평화와 안정, 몽골·북한 등 저개발국과 상생협력 등 GTI에 특화된 비전과 목표를 담을 필요가 있다.

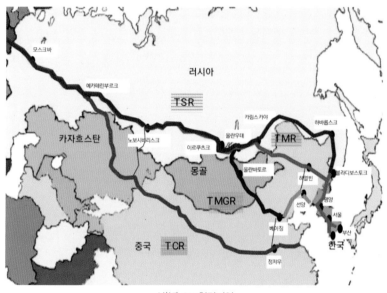

신(新) GTI 협력지역

3) 협력의 기본방향

GTI는 유엔헌장과 공동협력 정신을 바탕으로 교통회랑, 경제회랑, 사회인문 협력을 3대 축으로 하고, 국가와 지방 간 역할 분담, 각국의 대외전략과 연계, GTI틀 안에서 협력 시스템 구축 등을 통하여 실질적으로 동북아경제통합과 북방경제공동체 건설, 지역통합을 지원하는 플랫폼으로 발전시켜 나간다.

첫째, 교통회랑은 육상, 해상 복합운송로 건설을 통해 유럽과 아시아·태평양의 교통 · 물류 중심으로 육성한다. 이를 위해 한반도 · 중국횡단 · 시베리아철도, 아시안하이웨이, 육해상복합운송로, 북극항로 등과 교통 · 물류 연계성을 강화한다.

둘째, 경제회랑은 교통회랑을 기초로 산업과 무역 인프라를 일체화하고 사람과 상품의 자유로운 이동을 촉진하는 데 있다. 무역원활화, 통관 간소화, 투자 자유화, 산업생산능력, 초국경 경제, 에너지 협력 등 GTI 경제발전벨트를 조성한다.

셋째, 사회인문은 역내 국민 간 정서적 유대감을 더욱 긴밀히 함으로써 동북아 공동체 건설에 기여할 수 있으므로 공공외교, 민관협력, 민간단체 등과 전면적 교류협력을 추진한다.

넷째, 국가와 지방 간 역할을 분담한다. GTI 지역은 중미 간의 전략적 경쟁으로 새로운 위기를 맞고 있다. 이 지역의 평화와 번영을 위해서는 국가는 한반도철도 연결 등 교통회랑 구축, 국제협력의 장애 요소 해결에 중점을 두고, 지방정부와 기업은 국가 간 협력에 의해 구축된 국제협력 플랫폼을 이용해 경제, 통상, 투자, 관광, 사회인문 협력을 추진하는 주체가 된다.

다섯째, 각국의 대외전략과 연계협력을 통한 지역통합의 토대를 마련한다. 중국 일대일로와 동북진흥계획, 러시아 유라시아경제연합과 신동방정책, 몽골 초원의 길, 한국 북방정책, 북한 대외전략, 중몽러경제회랑 등과 연계한 지역통합을 촉진한다.

여섯째, GTI틀 안에서 각종 교류협력을 추진한다. 역내 지역개발사업, 동북아 철도 · 전력 · 가스망 구축, 북극항로, 양자 혹은 다자협력 프로젝트, 사회인문 등 각종 교류협력 사업을 GTI틀 안에서 논의하고 추진할 수 있는 강력한 협력 시스템을 구축한다.

4) 우선협력분야

다자협력체의 성공을 위해서는 회원국 공통의 관심사를 우선협력분야로 선정하는 것이 중요하다. GTI의 우선협력분야는 농업을 제외하고는 TRADP 출범 때부터 줄곧 포함돼왔다. 물론 이러한 협력분야는 여전히 필요하지만 동북아 각국의 대외전략과 시대적 흐름에 부합한 우선협력분야를 확장하지 못함으로써 GTI의 침체를 초래했다고 볼 수 있다.

현재 동북아 각국 정상회담에서 합의한 교류협력분야는 교통, 에너지, 관광, 농업, 환경 등 전통적인 분야 뿐만 아니라 정치·경제·과학기술·문화·체육, 정부·의회·재계·학계, 산업생산능력, 항만·물류, 수산, 국제기구와 공조, 초국경 경제, 정보통신, 금융, 소다자협력, 첨단산업, 각국의 대외전략과 연계, 지방정부 간 경제·통상·교육·과학, 문화·관광, 보건복지, 공공외교, 민간교류 등 전면적인 교류협력을 추진하고 있다.

GTI 지역의 우선협력분야는 교통회랑, 경제회랑, 사회인문을 3대 축으로 하되, GTI 회원국 주도의 란창강–메콩강협력(LMC), 중몽러경제회랑, 유라시아경제연합(EAEU), 한중일 정상회의 등 다자간 교류협력 실태분석을 통하여 실질적이고 실현 가능한 분야를 선정하여 추진할 필요가 있다.

5) 동북아경제통합을 선도할 협력체계 구축

동북아 지역은 정치체제, 과거사, 북한 핵문제, 영토갈등, 중미 간 전략적 경쟁 등으로 혼돈의 시기를 맞고 있다. 특히, 미국의 노골적인 편 가르기는 북중러와 대륙으로 연결된 한국과 일본의 입지를 매우 어렵게 만들고 있다.

GTI 지역의 평화와 안정없이는 동북아는 물론 세계평화도 담보하기 어려운 현실을 감안하여 GTI가 공존공영의 연결고리 역할을 할 수 있도록 갈등과 대립을 해소하고 실질적 경제교류협력을 추진할 수 있는 협력체계를 구축하는 것이 중요하다. 이를 위해서는 현재 차관회의를 총리 또는 정상회의로 승격, 회원국 간 GTI 전담부서 통일, 장관회의 신설, 분야별 워킹그룹, 국가와 지방 간 협력 시스템 구축, 사무국 기능 보강 등 GTI의 전면적인 메커니즘 혁신을 통하여 동북아경제통합을 선도할 수 있는 협력체계를 구축해야 한다.

(1) 회원국 대표를 총리 또는 정상으로 승격

다자협력체에서 회원국의 대표는 사업의 성패를 좌우한다고 할 수 있다. 광역메
콩강지역경제협력(GMS)은 출범 시 장관회의에서 2002년 총리회의로 승격함에 따라
분야별 장관회의가 신설되는 등 전면적인 경제협력의 틀을 갖추었다. 이외에 GTI
회원국이 주도하는 란창강−메콩강협력(총리), 중몽러경제회랑(정상) 등도 좋은 사례
이다. GTI 지역의 갈등과 대립을 해소하고 평화와 번영의 지대로 가꾸기 위해서는
회원국 대표의 직급을 현재 차관에서 총리 또는 정상으로 승격할 필요가 있다. 정
기회의는 격년 또는 3년에 1회 개최하며, 회의에서는 추진상황을 점검하고, 미래
발전계획을 제시함으로써 실질적인 다자협력 추진이 가능할 수 있도록 해야한다.

(2) GTI 주관부서 통일

아시아권에서 총리 또는 정상을 대표로 하는 다자협력체의 주관부서는 대부분
외교부가 맡고 있다. 현재 회원국의 GTI 주관부서는 중국 상무부, 한국 기획재정
부, 러시아 경제발전부, 몽골 재무부, 북한 외교부이다. 이들 부서는 서로 업무의
성격이 달라 공동협력을 추진하는 데 한계가 있다. GTI 활성화를 위해서는 주관부
서의 통일이 시급하다.

(3) 장관회의 신설 및 조정관 직급 승격

총리 또는 정상회의를 보좌하고 협력사업을 협의 조정할 장관회의를 신설한다.
장관회의는 매년 1회 개최하며, 정책기획과 조정 등의 협력, 총리 · 정상회의(이하
'총회') 합의사항 실행, 추진상황 평가, 총회준비와 국가 간 프로젝트 협의 조정 등
협력사업을 총괄하는 역할을 한다. 조정관은 총회 · 장관회의 준비, 회원국 간 업무
협의 및 조정, 실질적 협력사업 발굴 등 중요한 임무를 수행하므로 조정관의 직급
을 과장급에서 국장급으로 승격한다.

(4) 분야별 워킹그룹 활성화

워킹그룹의 주체는 중앙정부이므로 회원국 간에 정례적인 회의나 국제교류를 통해 파트너십을 강화함으로써 국가 간 실질적 국제교류협력 추진에 중요한 역할을 한다. 특히 분야별 업무 주관부서 중심으로 설립함으로써 협력사업을 안정적으로 추진할 수 있는 장점이 있다.

GTI는 6개 분야별 위원회가 있으나, 국가 간 직급 불일치 등으로 제 기능을 하지 못하고 있으므로 워킹그룹으로 전환 등 대대적인 정비를 해야 한다.

또한 워킹그룹은 분야별로 특화할 필요가 있다. 예를 들면 GTI의 가장 핵심분야인 철도, 도로, 가스관, 전력, 평화번영, 초국경 협력 등의 워킹그룹은 정부·재무·전문가·국제기구가 함께 할 수 있는 시스템을 구축할 필요가 있다. 특히 북한, 몽골 등 저개발국 지원을 위한 별도의 빈곤퇴치, 공적원조 워킹그룹 등을 설립함으로써 회원국 간 균형발전을 위한 배려를 해야 한다. 워킹그룹의 직급은 높을수록 실질적 협력을 추진하기에 용이함으로 가급적 국장급 이상으로 조직할 필요가 있다.

(5) 협력 파트너 기능 확대

동북아지방협력위원회, 동북아수출입은행협의체, 동북아비지니스협회, 연구기관네트워크 역시 참가국 간 직급 불일치 등으로 효율적으로 운영되지 못하고 있으므로 다음과 같이 기능을 조정하거나 확대할 필요가 있다.

동북아지방협력위원회는 지방정부 지사·성장회의로 승격하고 매년 정기회의 개최를 통하여 지방정부 간 협력사업 발굴, 무역·투자 확대, 관광교류 등 전면적인 교류협력을 실행에 옮기는 주체적인 역할을 담당할 수 있도록 해야 한다. 그리고 지방정부 간 교류협력을 원활히 추진할 수 있도록 GTI 사무국 내에 가칭 '지방협력사무국'을 설치할 필요가 있다.

지방정부는 다자협력체를 통한 경제협력 경험이 축적되어 있을 뿐만 아니라 제도적으로도 국제협력 시스템 구축, 우수한 인재보유, 기업 및 민간단체와 협업 등 국제협력에 필요한 기반이 구축되어 있으므로 국가적인 지원이 보태어진다면 GTI 지역 간 협력사업의 주체로서의 역할이 가능하다. 지방정부 지사·성장회의는 GTI 총회와 연석회의 정례화를 통해 국가와 지방이 함께 동북아경제통합을 추진할 수 있도록 해야 한다.

동북아수출입은행협의체는 GTI의 만성적인 재원조달 문제를 해결하기 위하여 창설하였다. 신(新)GTI 체제로 전환 시 재원문제가 사업의 걸림돌로 크게 작용하지 않을 것이므로 수출입은행협의체는 국제금융기구와 연계한 역내 프로젝트 타당성 조사연구, 프로젝트 발굴을 통한 자금유치, 우수 프로젝트 자금지원 등으로 기능을 전환할 필요가 있다.

동북아비지니스협회는 2006년 회원국 주도의 GTI로 전환하면서 실질적인 무역·투자 증진을 위해 기업인자문위원회(BAC)를 설립하였다. 기업인들은 두만강 지역개발에 대한 큰 기대를 걸고 참여하였으나 준비된 프로젝트도 없었을 뿐만 아니라 회의운영도 실질적인 협력사업을 기대하고 참여한 기업들의 수요를 충족시키지 못함에 따라 초기에 몇 회 개최하고 운영이 중단되었다. 2019년 회원국들의 노력으로 동북아비지니스협회를 출범시켰지만 여전히 활성화되지 못하고 있다.

기업인은 GTI 지역 간 투자와 무역을 촉진시키는 중추적인 역할을 함으로 기업인 참여 활성화를 위한 특별한 대안을 마련해야 한다. 이를 위해서는 각 회원국 중앙기업체연합회, 지방중소기업연합체, 전문기업연합체 간 협력협의체 결성을 권장하고, GTI에서는 기업연합체 지원을 위해 역내 수출입 품목리스트, 시장동향, 박람회, 바이어 발굴, 시장정보 등을 제공함은 물론 투자기업의 애로사항을 해결할 수 있는 시스템을 만들어야 한다. GTI가 실질적으로 기업인에게 도움이 되는 역할을 한다면 기업지원에 필요한 운영비 등은 큰 문제가 되지 않을 것이다. 회원국들은 기업인의 GTI 참여 촉진을 위해 중앙정부에 기업인 지원 전담부서를 지정하고 회원국 간 경제협력에 필요한 정보공유, 기업인 맞춤형 회의·포럼·무역·투자협력 지원 등을 통하여 실질적 경제협력사업을 발굴할 수 있는 경제협력의 장으로 만들어 나간다면 기업인들의 GTI 참여 촉진을 통해 쌍방향 투자·무역 등 지역 간 경제협력이 활성화될 수 있을 것이다.

연구기관네트워크는 장기적인 목표와 전략, 공동연구 수행 등 정책자문 외에 전문인력을 활용하여 분야별 국제포럼을 지원하고, 필요시 GTI 정책연구기관을 설립하는 것도 검토해 볼 만하다.

(6) 사회인문 협력 시스템 구축

사회인문 협력은 지역공동체 형성의 근간이 된다. 중국 고대 이름난 사상가인 한비자(韓非子)는 "국가 간의 교류는 국민 간의 우정이 바탕이며, 우정은 국민 간에 서로 통하는데 있다(国之交在于民相亲, 民相亲在于心相通)"고 했다.

제1차 한중인문교류공동위원회(2015 한중인문교류공동위백서)

GTI는 국가 간 협력사업이므로 국가의 주인인 국민의 마음을 얻지 못하면 사업을 추진하는 데 많은 어려움이 있다. 그간 동북아 각국은 문화·관광교류, 학술왕래, 인재교류협력, 미디어제휴, 청년과 부녀자 교류, 자원봉사 등의 방면에서 국제교류를 광범위하게 전개하여, 동북아 지역발전에 기여하였다.

사회인문 협력은 문화, 관광, 교육, 스포츠, 미디어, 청소년, 부녀, 자원봉사, 재난구조, 공공외교는 물론 예술제·영화제·음악제·문물전·도서전 상호 개최 등을 통해 GTI 공동체 의식을 함양해 나가야 한다. 이를 위해 세미나, 포럼, 연수회, 교류회, GTI 축제, 민간단체 설립을 제도적으로 지원할 수 있는 시스템 구축이 필요하다.

(7) GTI 국제평화포럼 창설

2019년 6월 경제회랑포럼의 날 부대행사로 개최된 성장(省長)포럼(消費日报)

대부분 다자협력체는 대표포럼 운영을 통하여 다자협력체의 위상을 높임은 물론 투자, 무역, 관광분야 등에서 교류협력을 증진시키고 있다. 두만강지역개발계획은 2006년부터 회원국 주도의 GTI로 전환하면서 '동북아투자포럼'을 대표포럼으로 육성하고자 하였으나 실패하였다.

GMS는 2008년부터 교통·물류 인프라와 무역·투자 원활화를 위해 '경제회랑포럼'을 상설하고, 매년 회원국별로 순회 개최하고 있으며 2009년부터 '경제회랑포럼의 날'로 명명하고 다양한 부대행사를 개최함으로써 축제 분위기 속에서 열리고 있다.

GTI의 새로운 도약을 위해서는 가칭 GTI 국제평화포럼 창설이 필요하다. 포럼의 명칭은 회원국 간 협의하여 결정할 사안이지만 공동협력과 평화·번영의 정신이 함축된 가칭 '동북아평화포럼' 또는 '두만강국제평화포럼' 등으로 정하고 동북아 각국 정상, 글로벌 기업, 투자자 등이 참여하는 동북아의 '보아오 포럼'으로 육성할 필요가 있다.

(8) 지방정부 국제협력 지원센터 설립

동북아 각국 지방정부는 지역발전을 촉진하기 위해 국외 지방정부와 양·다자 협력을 체결하고 경제, 무역, 투자, 관광, 국제행사 유치 등 전방위적인 국제교류협력을 추진하고 있으나, 외교권을 갖고 있지 않음으로써 국제교류협력 추진과정에서 비자, 통관 등 지방정부의 권한으로 해결할 수 없는 문제에 직면하여 기대한 만큼 성과를 얻지 못하고 있다.

앞에서 여러 차례 언급했지만 GTI 핵심지역에 있는 강원도, 지린성, 연해주는 2000년도에 북방항로를 개설하였으나 물동량 부족, 통과비자, 통관절차 복잡 등의 문제로 개통과 중단, 재개통, 중단을 되풀이하고 있다. 관련 지방정부는 이와 같은 문제를 해결하기 위하여 외교부와 총영사관을 방문하여 협조를 요청하였으나 지금까지 해결되지 않고 있다.

이와 같은 현안문제를 다자협력체 의제로 채택하고 국가 간 협력을 통하여 해결하는 시스템을 갖춘다면 GTI 지역 간 실질적 경제협력 추진에 많은 도움이 될 것이다.

지방정부는 국가발전의 근간이라 할 수 있다. GTI 지역 간 무역과 투자, 관광 등 국제교류협력 장애요소를 해결하고 협력사업의 원활한 사업추진을 지원하는 가칭 '지방정부 국제협력 지원센터'를 GTI 사무국과 회원국에 설립한다면 GTI 지역 간 경제, 통상, 관광, 투자, 사회인문 교류에 크게 기여할 것이다.

현실적으로 동북아 각국 지방정부에서 박람회를 개최하거나 투자 및 관광객 유치에 나서고 있으나 국제적인 네트워크가 약한 지방정부 혼자 힘으로는 추진하기 어려울 뿐만 아니라 추진한다 해도 성과를 거두기가 쉽지 않다. 이러한 사항은 관련 국가나 지방정부에서 조금만 도와주면 큰 성과를 거둘 수 있다. 일부 국가의 대사관 또는 영사관에서 자국 지방정부와 기업을 대상으로 비즈니스 서비스를 하고 있으나, 회원국에 특화된 지방정부 국제협력 지원센터를 설립한다면 동북아 국가 간 경제협력 증진에 큰 도움이 될 것이다.

(9) 사무국 기능 강화

사무국은 회원국을 대표하는 중요한 역할을 한다. 그간 두만강지역개발계획은 UNDP의 동북아 지역협력 프로그램으로 출범함에 따라 법인격은 UNDP가 갖고 있었으며 UNDP가 법률적 권한을 행사함으로써 회원국의 역할은 제한적이었다고 할 수 있다.

UNDP가 2010년 사무국에서 완전 철수할 때까지 UNDP의 지휘감독 받았으며, 2011년부터 회원국 주도의 사무국을 운영하고 있으나, 여전히 UNDP의 틀을 탈피하지 못하고 있는 상태이다.

사무국은 회원국 간 업무협의 및 조정 역할을 하는 중요한 기구임에도 불구하고 사무국장의 직급은 회원국 중앙부처의 과장급 또는 팀장급이 맡음에 따라 회원국 간 업무협의 및 조정이 어렵고, 심지어 지방정부 간 업무협조에도 한계를 노출하고 있다.

사무국 직원은 8명 좌우이나 전문성이 떨어질 뿐만 아니라 총회, 분야별 위원회, 협의체 운영을 제대로 관리하기에도 인력이 부족한 실정이다. 예산규모는 연 127만5천 달러(회원국 67.5, 신탁기금 600)로 사무국 운영과 일부 프로젝트 사업비로 사용된다. 이는 다자협력체 운영 필요한 최소한 경상사업비에 불과하여 실질적인 협력사업을 추진하는 데는 한계가 있다. 사무국 청사는 중국 정부에서 제공하고 있으나 회원국 경제규모, 회의체 성격 등에 비교하면 초라하기 그지없다.

이에 비해 아시아의 대표적인 동북아 지방정부 간 다자협력체인 동북아지역자치단체연합의 경우 역대 사무국장은 한국의 관리관급(중국 부장조리)이 맡음에 따라 회원국 지방정부를 대표하여 각종 현안사항을 협의·조정 역할을 훌륭히 수행함으로써 다자협력체 외연 확대에 크게 기여하고 있다. 직원은 전문인력 17명이며 예산은 한화 15억 원이나 사업에 따라 별도의 예산 확보가 가능하다.

GTI 사무국은 동북아지역자치단체연합의 사무국에 비하여 조직과 예산 등 모든 분야에서 열악한 상태이다. 사무국 활성화를 위해서는 사무국장의 직급을 차관 또는 장관으로 승격하고 회원국에서 고도로 훈련된 전문인력 파견, 안정적인 재원 확보 등 기능보강 방안을 조속히 마련해야 한다.

(10) 사업평가 및 감독기구 설립

GTI 회원국이 주도하는 중러협력, 란창강-메콩강협력, 중몽러경제회랑 등은 회원국 간 교류협력을 촉진하기 위하여, '감독기구'를 설립하여 운영한다. 이 기구는 자국 관련 중앙부처의 협력과 참여를 권장하고 지도하며, 중요 프로젝트에 대한 정기적인 평가와 감독을 실시하고 민간 전문기관의 자원을 활용해 제3자 감시 역할 시스템을 구축하고 있다.

GTI는 구속력 없는 느슨한 다자협력체로 인하여 사업추진의 동력을 잃은지 오래다. GTI가 지난 실패사례를 되풀이 하지 않으려면 회원국의 협력사업 참여 권장 및 추진상황 점검을 위한 감독기구 설립을 통해 안정적인 협력기반을 마련할 필요가 있다.

(11) GTI 명칭변경 등의 문제

GTI의 가장 큰 이슈는 국제기구 전환과 명칭변경, 북한의 GTI 복귀 등이다. 국제기구 전환은 국가 정상 간 합의에 의하여 신(新) GTI로 전환하면 논란의 여지가 없으나, GTI 명칭 변경에 대하여는 중국과 러시아 간에 이견이 있다. 중국은 GTI 명칭에 '두만'을 고수하고 있으며, 러시아는 지역적 범위가 확대된 만큼 '두만' 대신 '동북아'로 변경할 것을 주장함에 따라 '동북아두만협력' 등의 명칭이 제시되는 등 명칭변경 문제가 해결되지 않고 있다.

GTI 명칭변경은 두만강지역개발계획 PMC 회의과정에서 논의되었던 지역적 범위로 정하면 된다. PMC 회의에서 지역적 범위를 소삼각, 대삼각, 동북아경제권으로 구분하였다. 현재 GTI의 지역적 범위는 동북아경제권에 속한다. 신(新)GTI의 목표를 동북아경제통합과 북방경제공동체 플랫폼 역할에 중점을 둔다면 '두만'을 삭제하고 '동북아경제권' 등으로 명칭을 변경할 필요가 있다.

나. 10대 중점과제

1) 지방과 기업의 주체적 역할

GTI 지역은 여전히 냉전의 유산을 안고 있으며, 이러한 시기에 중미 간 전략적 경쟁심화, 미국의 가치를 중심으로 한 국가 간 편 가르기, 러시아와 우크라이나 전쟁 등으로 인하여 동북아 국가 간 경제협력 추진에 어려움이 가중되고 있다.

지난 30여 년간 동북아 각국은 정치체제의 차이, 과거사, 남북분단, 영토문제 등으로 인한 갈등과 대립을 해소하고 한중일 3국은 상호 3대 교역파트너로 성장하였다.

그간 중국과 한국은 세계가 놀랄만한 경제성장을 이루어냈다. 중국은 제조업 강국으로 우뚝 섰으며 전 세계에서 유일하게 UN 산업분류에 열거된 모든 공업분야를 보유한 국가가 되었다. 그뿐만 아니라 14억의 거대시장, 세계의 큰손으로 등장한 관광객과 기업, 가성비 높은 공산품 등으로 인하여 한국과 일본을 비롯한 아시아 국가들의 중국 의존도를 더욱 심화시키고 있다.

한국은 세계 경제규모 10위권에 올라있으나 교역, 관광, 지방정부 국제교류의 50% 이상이 동북아 국가에 편중되어 있는 등 인접 국가와의 경제협력이 강세를 보이고 있다.

또한 러시아를 비롯한 유라시아 국가들은 풍부한 자원, 아시아와 유럽을 잇는 지정학적 우월성을 바탕으로 아시아 진출전략을 가시화함으로써 북방경제공동체 건설을 적극 추진하고 있다.

이처럼 동북아와 유라시아 국가 간 상호의존성이 심화되고 있는 가운데 미국이 가치를 중심으로 한 국가 간 편 가르기로 인하여 GTI 회원국 간 경제협력 추진에 어려움이 예상된다.

최근 세계 경제의 흐름은 인접 국가와 협력을 중심으로 하는 지역주의가 더욱 가속화되고 있다. GTI 회원국이 주도하는 유라시아경제연합, 중몽러경제회랑, 아세안공동체를 조력하는 란창강−메콩강협력, 북방경제공동체 건설을 위한 중국·유라시아경제연합 연계협력 등은 대표적인 사례라 할 수 있다.

이러한 북방지역의 지역주의 흐름의 가속화가 미국의 편 가르기와 충돌할 경우 중북러 결속으로 인한 최대의 피해자는 한국이 될 수밖에 없다. 중국과 러시아는 중북러 결속보다는 동북아가 함께하는 경제통합을 구상하고 있다.

그간 동북아 각국은 정치체제의 차이, 과거사, 북핵문제 등으로 갈등과 대립을 하면서도 동북아를 세계 3대 경제권으로 발전시켰다. 지금 세계경제는 상호의존성을 넘어 초연계성 사회로 진입하고 있다. 양 진영의 편 가르기는 동북아 각국의 분열을 부추길 뿐 세계의 건전한 발전에 전혀 도움이 되지 않는다.[138]

신냉전과 동북아 지역의 갈등 요소를 해결하고 지난 30여 년간의 상생번영을 계속 이어 나가기 위해서는 유엔헌장과 공동협력 정신을 바탕으로 하는 GTI틀 안에서 함께협의, 함께건설, 함께나눔을 실행하는 협력 시스템을 구축해야 한다.

이를 위해 회원국들은 GTI틀 안에서 교통회랑, 경제회랑, 사회인문 협력추진을 위한 협력 메커니즘 구축, 기본전략, 프로젝트 통제 및 조정, 인프라 구축, 국제협력의 장애요소(통관, 무역·투자 등) 해결, 지방정부 간 경제교류협력 지원에 중점을 두고, GTI 지역 지방정부와 기업은 회원국들이 구축해 놓은 경제교류협력의 틀 안에서 각종 협력사업의 실행 주체로 역할을 수행할 수 있도록 해야 한다.

GTI 지역의 지방정부는 이미 지역발전의 주체로서 국제협력을 위한 제도적 기반이 구축되어 있으며, 동계올림픽 등 국제행사 개최 경험, 국제박람회, 통상, 투자, 관광 협력 등을 통해 국가 간 국제협력 사업을 지원하는 능력을 갖추었다.

지방정부가 국제협력의 주체로 등장한 대표적 사례는 한러지방협력포럼과 란창강−메콩강협력 이라 할 수 있다. 한러지방협력 포럼은 양국 정상 간 합의에 따라 창설하였다. 이 포럼은 지방정부가 국가의 중요한 국제협력 프로젝트를 수행하는

---

138 이러한 국제 관계적 요인을 극소화하면서 경제적 이익 실현을 위해서는 소지역주의 주체적인 역할을 지방과 기업이 맡음으로써 지역발전을 도모하는 전략이 필요하다.

동반자이자 주체로서의 역할을 보여주고 있다.

문재인 대통령이 2018년 11월 8일 포항에서 열린 제1차 한러지방협력포럼에서 한러 관계자들과 함께 동북아 발전을 위해 파이팅하고 있다.(포항시)

또한 란창강-메콩강협력은 지방정부 간 연계발전 전략과 RCEP 활용 장려, 경제무역과 상호투자 강화, 농업·관광·국경무역·전자상거래·산업단지·미디어 교류·과학기술혁신·중소벤처기업지원·디지털경제 등 협력 심화, 경제발전벨트 공동건설, 지역산업사슬 보완 등 회원국 간 국제협력 사업에 지방정부의 주체적인 역할을 강조한다.

이처럼 지방정부는 글로벌 시대 국가 간 협력의 동반자로서 역할을 충분히 수행하고 있다. 미국의 편 가르기와 GTI 지역의 특수성을 감안하면 지방정부와 기업의 주체적인 역할을 통해 신냉전의 파고를 넘을 수 있는 전략을 마련해야 한다.

2) GTI와 중몽러경제회랑 연계

중국 실크로드 경제벨트, 몽골 초원의 길(발전의 길), 유아시아경제연합과 연계하여 유라시아 철도와 도로를 축으로 교통회랑과 경제발전벨트를 조성하는 중몽러경제회랑은 중몽러 3국 정상이 직접 참여하는 다자협력체로써 북방경제공동체 건설에 중요한 역할을 한다. 중몽러경제회랑의 핵심지역은 중국 동북 3성과 네이멍구, 헤이룽장성, 몽골 동부 3아이막, 러시아 극동·시베리아이다. 이 지역은 한국과 북한을 제외한 GTI 지역을 포함하고 있다.

주요 협력사업은 △교통 인프라 발전 및 연계성 촉진 △통상구 건설과 세관 검사검역 관리감독 △생산능력 및 투자 협력 △경제무역 협력 △인문교류 협력 △생태환경보호 협력 △지방 및 국경지역 협력 등 7대 분야를 중점으로 추진한다.

이 사업의 특징은 인프라확충, 무역원활화 등 국제협력 장애요소 해결을 위한 제도적 보장, 재원조달 등은 중앙정부가 맡고 실질적 협력사업은 지방정부와 기업, 민간단체가 중심이되어 협력사업을 추진하고 있다.

중몽러경제회랑의 완성은 한반도 철도와 도로를 연결하는 것이다. 이것은 중국과 러시아가 2019년 9월 17일 'GTI틀 안에서 동북아 교통 및 경제회랑 건설, 국제교통 체계와 연계' 추진에 합의하고 12월 16일 유엔 안보리에 한반도철도 건설 등에 대하여 대북제재 완화 결의안을 제출한 것에서 알 수 있다.

중몽러경제회랑은 GTI 지역을 포함하고 있을 뿐만 아니라 주요 협력분야도 같으며, GTI 역내 지역 간 교류협력도 활발히 전개하고 있다. 이처럼 GTI 지역이 가장 넓은 중국과 러시아가 GTI틀 안에서 동북아 경제협력 추진 의지를 여러 차례 밝히는 등 GTI 지역 간 경제협력의 분위기가 무르익고 있다.

실질적으로 중몽러경제회랑에 남북한 대외전략만 포함되면 GTI가 추구하는 동북아경제통합과 북방경제공동체 건설의 목표를 실현할 수 있는 협력 시스템을 구축할 수 있다. 따라서 GTI 회원국들은 GTI와 중몽러경제회랑 연계에 지혜를 모아야 할 것이다.

3) 손기정 선수 '평화의 길' 복원

GTI의 핵심가치는 평화와 번영이다. 이 지역의 평화와 번영의 연결 고리는 한반도종단철도와 중국 및 시베리아횡단철도라 할 수 있다. 이 철도가 연결되면 유라시아대륙 전역을 하나로 연결함으로써 평화의 대동맥을 형성할 수 있다.

1936년 베를린 올림픽의 영웅 손기정 선수는 일본의 한반도 식민지 지배, 중국 대륙 침략 등으로 제2차 세계대전의 전운이 감도는 가운데 세계평화의 제전 베를린 올림픽에 참가하기 위해 일본의 도쿄에서 시모노세키행 열차를 타고, 여기서 다시 관부연락선으로 부산에 도착한 후 한반도철도를 거쳐 중국횡단철도와 시베리아철 도를 타고 베를린에 도착했다. 지금 동북아 각국은 손기정 선수 '평화의 길' 복원을 위해 노력하고 있다.

손기정 선수 '평화의 길' 중에서 중국유럽열차는 중국을 중심으로 유라시아, 유럽, 동남아 등 13개 정기노선이 개설 · 운행되고 있으며, 2021년 운행횟수는 15,183편으로 전년대비 22% 증가하였으며, 화물량은 146만 TEU, 금액은 749 억 달러에 달할 정도로 고속 성장을 하고 있으나 한반도종단철도는 운행되지 않고 있다.[139]

그동안 남북한은 손기정 선수 '평화의 길' 복원을 위해 많은 노력을 기울이고 있 지만 대내외적 요인으로 협력-중단-재개가 반복되고 있는 가운데 북한 핵문제로 인한 유엔 안보리의 대북제재로 큰 진전을 이루지 못하고 있다.

2019년 12월 16일 중국과 러시아가 공동으로 유엔 안보리에 한반도철도 연결 등에 대하여 대북제재 완화 결의안을 제출한 것과 2022년 1월 5일 한국에서 한반 도철도 연결을 위해 남측구간인 동해북부선 강릉~제진 철도 건설사업 착공식을 개 최한 것은 큰 진전이라 할 수 있다.

그러나 2022년 2월 러시아의 우크라이나 침공, 중미 간 전략적경쟁심화로 손 기정 선수 '평화의 길' 복원은 더욱 어려운 국면으로 빠져들고 있다.

이처럼 남북철도는 남북한 당사국만이 해결할 수 없는 외부적 요인이 산적해 있 으므로 가칭 '평화의 길' 복원 프로젝트를 안정적으로 추진하기 위해서는 GTI를 안

---

139 https://www.yidaiyilu.gov.cn/numlistpc.htm,中欧班列开行情况统计,(검색일: 2022. 6. 10.)

에서 연구·조사, 추진계획, 유엔 안보리 대북제재 완화 공동대응, 재원조달 방안을 추진하기 위한 워킹그룹을 설립할 필요가 있다. 이 워킹그룹의 진전 여부에 따라 그동안 동북아 각국에서 산발적으로 논의되었던 에너지, 철도, 전력, 북극항로 등으로 확대해 나갈 필요가 있다.

4) 통상구 지역 간 경제협력 시스템 구축

GTI 지역의 지리적 특징은 철도, 도로, 항만을 중심으로 형성되어 있다. 회원 국들은 이러한 지리적 여건을 활용하여 중국 동북진흥계획, 러시아 신동방정책, 몽골 초원의 길, 한국 북방정책, 북한 경제특구 및 개발구 정책을 추진하고 있다.

GTI의 지속가능한 발전을 위해서는 역내 지역개발 전략과 연계협력을 통해 지역발전의 성과를 도출하는 것이 무엇보다 중요하다. 그간 GTI는 GTI틀 안에서 경제협력 추진을 목표로 하였지만, 차관회의체로서의 한계 등 협력 시스템 미비로 실행된 사례는 거의 없다.

이렇게 GTI가 제 역할을 하지 못하고 있는 시기에 동북아 각국은 양자 혹은 다자협력 참여를 통한 지역발전 전략을 추진하여 일정한 성과를 거두고 있다. 대표적인 사례는 중몽러경제회랑, 중국 동북지역과 러시아 극동 및 바이칼지역 정부 간 협력위원회, 한러지방협력포럼, 동북아 지방정부 지사·성장회의, 동북아지역자치단체연합, 동북아지방원탁회의, 지린성 동북아박람회, 중한창춘국제합작시범구, 해운 및 항공 협력 등이 있다. GTI 발전을 위해서는 이처럼 GTI 역외에서 논의하고 추진하는 각종 프로젝트를 GTI틀 안에서 실질적 협력사업을 추진할 수 있는 시스템을 구축하고 공동발전을 도모하는 것이 중요하다.

지금이 GTI 지역 간 경제협력을 추진하기 가장 좋은 시기라 할 수 있다. 국가적으로는 지역개발 전략에 따라 관련 지역에 경제특구, 자유무역지역 등 경제협력 기반을 구축하고 동북아 지방정부 간 각종 경제협력사업을 지원하고 있다. 또한 각국의 지방정부는 국제협력에 필요한 제도적 시스템을 갖추고 지역발전을 위해 글로벌 시장개척에 나서고 있다. 이처럼 국가 및 지방이 함께 GTI 지역 간 경제협력 추진에 나서고 있는 것은 GTI 발전에 큰 동력이 된다고 할 수 있다.

이러한 GTI 회원국의 지역개발 전략을 바탕으로 신(新)GTI 시대 새로운 협력지역으로 떠오르고 있는 통상구 지역 간 경제협력 추진방향을 제시하고자 한다.

(1) 주요 협력지역

GTI 회원국 주도의 다자협력체인 중몽러경제회랑은 중국 실크로드 경제벨트, 몽골 초원의 길, 러시아 유라시아경제연합과 연계하여 추진하고 있지만 주요 협력지역은 유라시아 철도와 도로를 축으로 하는 중국 동북 3성 및 네이멍구, 러시아 극동, 몽골 동부 등이다. 이 지역 지방정부 간에는 이미 지방정부 회의체를 비롯한 협력 시스템을 구축하고 실질적 협력사업을 추진하고 있다. 아세안공동체 조력을 목적으로하는 란창강-메콩강협력은 국가 전역으로 확대하였지만 주요 협력지역은 중국 윈난성, 광시성과 메콩강지역 지방정부이다. 이것은 실질적 협력사업이 가능한 지역을 중심으로 다자협력이 활발히 추진되고 있음을 의미한다.

GTI가 남북철도와 유라시아철도를 중심으로 하는 교통회랑, 경제회랑, 사회인문을 3대 축으로 각종 협력사업을 추진한다고 가정하면 GTI 지역의 핵심 협력지역은 중국 동북 3성 및 네이멍구, 러시아 극동, 몽골 동부, 남북한 즉 환동해권(동북아경제권)이라 할 수 있다. 이 지역은 경제특구 등 경제협력 기반구축, 자원과 소비시장 병존, 지방정부 참여 의지 등 그 어느 지역보다도 협력의 잠재력이 높은 지역이다.

(2) 지역현황

GTI 주요 협력대상 지역인 중국, 몽골, 러시아, 북한은 유라시아 철도·도로를 중심으로 연결되어 있다. 중국과 러시아의 동쪽 경계는 4,300km이다. 그중에서 중국 네이멍구와 러시아 극동관구 바이칼 지역 국경선은 1,200여 km에 달하고 나머지 3,000여 km의 국경선은 러시아 극동, 중국 헤이룽장성 및 지린성 국경선이다. 헤이룽장성과 러시아 극동의 국경선은 3,040㎞ 달하고 지린성과 러시아 극동의 국경선은 160㎞ 정도에 불과하다. 북한은 중국(지린성, 랴오닝성)과 1,420㎞, 러시아와 17㎞ 국경선을 갖고 있다. 이 지역 인구는 중국 동북 1억2천129만 명(2021), 러시아 국동관구 812만 명(2019), 몽골 335만명(2020), 북한 2,567만 명(2019) 등이며 한국 인구 5,180만 명(2020)을 포함 시 인구 2억여 명이 넘는 거대한 동북아경제권 형성이 가능하다.

이 지역은 철도 · 도로, 수로로 인접 국가와 연결하는 주요 도시에 출입국 및 통관 기능을 갖춘 통상구(口岸)가 설치되어 있다. 통상구는 각국의 대외교류의 관문으로써 양국 간 합의에 의하여 설치하며, 무역, 관광, 인력과 물자의 이동 등 초국경 협력의 중심지이다.[140]

GTI 역내 중국 통상구는 53개이다.[141] 중러 통상구는 27개이며 헤이룽장성 23개(철도3, 도로7, 수상13), 지린성 훈춘 2개(철도1, 도로1), 네이멍구 만저우리 2개(철도1, 도로1)이다. 양국의 주요 지역은 중국 헤이룽장성(쑤이펀허, 헤이허 등) · 지린성 · 네이멍구와 러시아 극동관구이다. 중북 통상구는 14개(철도3, 도로11) 이며 주요 지역은 지린성(훈춘, 지안 등 12개) · 랴오닝성 단둥(철도1, 도로1)과 북한의 나선 · 신의주 · 청진 등이다. 중몽 통상구는 12개(철도1, 도로11)이며 주요 지역은 네이멍구(얼렌하오터 등)와 몽골 자민우드이다.[142] 이처럼 중국 동북지역 통상구는 철도, 도로, 수상으로 러시아와 몽골을 경유하여 유럽으로 갈수 있다.

중국은 1990년대 초부터 내륙지역으로 개방을 확대하면서 통상구가 소재한 지역을 국제 개방도시로 지정하고 변경경제합작구를 지정하는 등 대외협력의 관문으로 발전시켜 왔다.

2013년 일대일로를 제창하면서 이 지역에 대한 집중개발이 시작되었다. 2015년

---

140 2020년말 기준 중국 통상구는 313개이다. 그중 수상129개(강53, 해상76), 육상104개(철도22, 도로82) 공항 80개이다.

141 공항 통상구 제외

142 http://www.caop.org.cn/kaifangkouan/shengfen/,中国口岸办协会(2022. 3. 14.)

에는 국경지역을 인접 국가와 교류협력의 중요한 플랫폼, 변경지역 사회발전의 중요한 주축, 국가안보의 병풍, 일대일로의 첨병, 전국개혁발전의 중요한 지역으로 육성 발전시키기 위하여 변경중점지구개발개방정책을 발표하고 중국 국경지역 인프라 확충, 무역원활화, 투자 자유화, 전자상거래, 창업지원을 비롯한 지역발전 정책과 함께 원격 의료·교육 시스템 구축 등 지역주민에게 종합 공공서비스를 제공한다.(표66)

표 66 GTI 역내 국경중점지구 개발정책

중점지구	도시명
중점개발개방시험구	네이멍구 Erenhot(몽골), Manzhouli(러시아)
철도 통상구	네이멍구 Erenhot, Manzhouli, 헤이룽장 Suifenhe(러시아) 지린 Hunchun(러시아), Tumen·Ji'an·랴오닝 dandong(북한)
도로 통상구	네이멍구 Ceke, Ganqi Maodu, mandura, Erenhot, zhungadabuqi, Arshan, ebuduge, arihasad, Manzhouli, Heishantou, shiwei, 헤이룽장 Hulin, Mishan, Suifenhe, Dongning, 지린 Hunchun, Quanhe, shatuozi, Kaishantun, Sanhe, Nanping, guchengli, Changbai, Linjiang, Ji'an, 랴오닝 Dandong
국경도시	네이멍구 Erenhot, Aishan, Manzhouli, ErgunaI, 헤이룽장 Heihe, Tongjiang, Hulin, Mishan, Muling, Suifenhe, 지린 Hunchun, Tumen, Longjing, Helong, Linjiang, Ji'an, 랴오닝 Dandong
변경경제합작구	네이멍구 Erenhot, Manzhouli , 헤이룽장 Heihe, Suifenhe 지린 Hunchun, Helong, 랴오닝 dandong

자료: 国务院关于支持沿边重点地区开发开放若干政策措施的意见国发(2015)72. ※중점지구는 지속 추가할 계획이나, 2015년 지정된 지역은 국경 지역개발의 핵심이다. ( )는 철도·도로 경유국가이다.

(3) 경제협력 기반

중국은 동북진흥계획을 중심으로 국경지역 경제진흥을 위해 통상구 경제권 형성을 추진하고 있다. 이를 위해 기존의 변경제합작구를 토대로 종합보세구, 변경자유무역시장, 전자상거래시범구, 자유무역시험구, 변경중점개발개방시험구, 변경관광시험구 등 다양한 우대정책을 부여하고 있다.(표67)

표 67 중국동북지역 주요 경제협력 기반

협력기반	설립지역
변경경제합작구(7)	지린성 훈춘(珲春)·허룽(和龙), 네이멍구 만저우리(满洲里)·얼렌하오터(二连浩特), 랴오닝성 단둥(丹东), 헤이룽장성 헤이허(黑河)·쑤이펀허(绥芬河)
종합보세구 및 전자 상거래사업단지(3)	훈춘(珲春), 쑤이펀허(绥芬河), 만저우리(满洲里)
변경자유무역시장(9)	중러 훈춘(珲春)·만저우리(满洲里)·쑤이펀허(绥芬河)·헤이허(黑河)·허강(鹤岗), 중몽 아얼산(阿尔山)·얼렌하오터(二连浩特), 중북 단둥(丹东)·투먼(图们)
자유무역시험구(2)	랴오닝성 다롄(大连)·선양(沈阳)·잉커우(营口), 헤이룽장성, 하얼빈(哈尔滨)·쑤이펀허(绥芬河)·헤이허(黑河)
중점개발개방시험구(4)	만저우리(满洲里)·얼렌하오터(二连浩特), 쑤이펀허(绥芬河)-둥닝(东宁)
변경관광시험구(1)	만저우리(满洲里)

자료: www.baidu.com.(검색일: 2022. 5. 10.) 참고, 저자정리

만저우리 변경관광시험구에 조성된 러시아 공원(만저우리)

한국은 외국자본 유치를 위해 자유무역지역(마산, 동해, 울산 등 8개), 경제자유구역(인천, 부산, 경북, 울산, 동해안권 등 9개), 종합보세구역, 외국인투자지역 등을 운영하고 있다.

북한은 나선경제무역지대법(2011), 경제개발구법(2013)을 정비하고 외국인 투자 유치에 나서고 있다. 북한 경제특구는 27개로 지역별로는 북중접경권 11개, 동해

안권 7개, 서해안권 9개이다. 국가급 특구(경제개발구)는 황금평·위화도경제지대, 신의주 국제경제지대, 나선경제무역지대, 원산금강산국제관광지대, 금강산국제관광특구, 은정첨단기술개발구, 진도수출가공구이며 나머지는 지방급 개발구이다. 이중 황금평·위화도경제지대, 나선경제무역지대는 북한과 중국이 공동관리, 공동개발 방식의 초국경경제협력지대이다.[143]

러시아 극동지역은 에너지·자원의 보고일뿐만 아니라 아시아와 유럽을 잇는 전략적 위치, 북극항로 등 우수한 지리적 여건을 활용하여 신동방정책을 추진하고 있다. 또한 극동지역 내 투자 환경 개선과 제반 경제·사회적 상황 타개 차원에서 선도개발구역연방법, 블라디보스톡자유항연방법, 극동헥타르법 등 다양한 법적·제도적 장치를 완비하였다. 그리고 외국자본 유치를 위해 23개 선도개발구역, 22개 블라디보스토크 자유항(연해주·하바롭스크주·사할린주·캄차트카주·추코트카자치구 등)을 지정·운영하고 있다. 2015년 5월에는 극동지역 개발에 대한 국내외 관심 유도, 아태 지역 국가들과의 경협 강화, 투자 유치 등을 위해 대통령령으로 동방경제포럼을 설립, 매년 9월 블라디보스토크에서 포럼을 개최하고 있다.[144]

몽골은 대외 관문을 중심으로 3개의 경제자유지대(Economic free zone)를 지정·운영하고 있다. 자민우드 경제자유지대는 중국 네이멍구 얼렌하오터와 접하고 있으며 중몽러경제회랑의 핵심 프로젝트이다. 알탄볼락 경제자유지대는 유럽으로 나가는 중요한 위치에 있고, 차강노르 경제자유지대는 몽골 서부지역의 목축업 생산품을 러시아, 중국, 카자흐스탄, 걸프 국가 등으로 수출할 수 있는 주요 출구이다.

이처럼 GTI 지역은 국가적으로 외국자본 유치를 위한 법률제정, 변경경제합작구, 종합보세구, 자유무역지역, 경제자유구역 지정 등을 통해 지방정부의 지역개발을 지원하고 있다. 지방정부에서는 우대정책과 경제특구 등을 지역발전의 기회로 삼기 위해 대내외적으로 기업유치, 해운항로 개설 등 다양한 노력을 기울이고

---

143 국토연구원, 2021, KRIHS POLICY BRIEF No.818, 북한특구 개발의 비즈니스 모델과 협력과제
144 외교부, 2021, 러시아 극동연방관구 개황. p.10~17.

있지만 자국의 경제발달 지역에 비하여 뒤떨어진 산업인프라, 지방정부의 권한 미약에 따른 국제협력의 한계 등으로 기대한 만큼 성과를 거두지 못하고 있는 실정이다. 신(新)GTI의 성공여부는 GTI틀 안에서 '어떻게 이 지역을 발전시킬 수 있는가'에 달려 있다고 해도 과언이 아니다.

(4) 실행전략

최근 이 지역은 중국유럽열차운행, 북극항로, 한러지방협력포럼, 중러총리 정기회의 운영 등으로 새로운 전기를 맞고 있으나 GTI 역내 국가 간 공동협력 없이 어느 한 국가 어느 한 지역만으로의 노력으로는 지역발전에 한계가 있다. GTI 지역의 발전은 동북아경제통합에 중요한 역할을 한다. 이 지역의 발전을 위한 몇 가지 제언을 하면 다음과 같다.

첫째, GTI 지역의 육상, 수상 통상구 및 항만 소재지 도시를 대상으로 중점협력 지역 간 통상구경제권협의회를 창설한다. 이 지역은 중국·몽골·러시아·북한 통상구, 한국 항구도시를 포함하며, 옵서버로 일본의 서해안 항구도시를 참여시키고 가칭 '동북아통상구경제권협의회'[145]를 발족시킨다. 주요 협력사업은 경제특구(변경경제합작구, 자유무역지역 등) 및 도시 간 경제, 무역·투자, 관광, 사회인문 협력을 추진한다. 이를 통해 경제적 보완성, 비교우위 산업 간 경제교류협력을 촉진함으로써 지역발전을 앞당길 수 있다.

둘째 GTI 핵심개발 선도구를 지정·운영한다.

GTI 지역에는 통상구 및 항구도시가 100여 개가 있으므로 전 지역 간 협력 추진은 '동북아통상구경제권협의회'에서 추진하되, 국별로 투자 여건과 무역 잠재력, 경제적 보완성을 고려하여 주요 지역을 단계별로 GTI 핵심개발 선도구로 1~2곳을 지정하여 회원국 간 공동 협력사업으로 추진함으로써 사업의 집중도를 높일 필요가 있다.

---

145 통상구경제권은 철도, 도로, 수로 주변 지역을 중심으로 형성되는 일종의 역세권개발과 비슷한 개념이다.

이 지역은 국별로 타지역과 차별화된 최고의 우대정책 부여, 무사증, 세금감면, 관세인하 또는 무관세, 통관원활화, 국가별 고용상황을 고려한 투자기업의 자국민 고용, 투자정보 공유를 통하여 매력적인 투자 협력지로 조성을 통해 세계에서 기업하기 가장 좋은 환경을 조성하여 쌍방향 무역·투자가 가능한 자유무역지역으로 개발하고 이를 통해 GTI 지역 간 경제무역과 관광 네트워크를 구축해 나간다면 획기적인 지역발전을 도모할 수 있을 것이다.

마지막으로 선형자유무역지대(Linear free trade zone: LFTZ)를 구축한다. LFTZ는 지리적으로 국지적 통합의 성격을 띠며 기능적으로는 전면적 통합에 대칭되는 개념으로서 부분적 통합의 성격을 가진 국가 간 경제통합의 한 형태이다. 즉 각국의 경제적 국경 내에서 대외개방과 대외협력을 자유로이 행할 수 있는 특정지역을 선정하여 이들 특정지역 상호 간에 제한된 산업 혹은 제한된 품목에 한 하여 자유무역을 실현하는 형태의 자유무역권을 의미한다.

GTI 지역에서 LFTZ를 결성하기 위해서는 역내 각국은 자국내 개방도시(혹은 개방특구)를 지정하여 이 도시를 중심으로 대외무역 및 대외협력 창구가 개설 되도록 해야한다. 이러한 창구의 기능을 부여하기 위해서는 개방도시내에 보세가공구 혹은 자유무역구를 설치하거나 연안도시인 경우 자유무역항의 기능을 부여하는 방법 등을 고려 할 수 있다.

이들 개방도시에서 제조, 가공된 제품 및 중간재는 역내 다른 국가의 개방도시로 무관세 혹은 특혜관세로 수출될 수 있도록 함으로써 각국의 비교우위 구조를 유기적으로 연결하는 형태의 자유무역지대가 형성될 수 있다.

LFTZ에서는 역내 국가 간 발전격차로 인한 생산조직 및 시장의 종속화를 방지하기 위해 자유무역의 대상품목을 제한할 필요가 있는데, 즉 자유무역의 대상품목은 역내 선진국과 개도국 간의 경제적 보완관계를 확대하고 공업발전, 자원개발 및 인프라 개발에 기여할 수 있는 품목으로 제한되어야 한다. 이를 위해 역내 자유무역의 대상품목은 개발사업에 관련된 투입재, 공업개발에 필요한 중간재 및 자본재

그리고 개방도시 내 자체생산물 등으로 한정할 필요가 있다.[146]

GTI 지역은 중국 변경경제합작구, 러시아 선도개발구역 및 블라디보스토크 자유항, 몽골 경제자유지대, 북한 나선경제무역지대, 한국 동해자유무역지역 및 동해안권경제자유구역 등이 설치되어 있으므로 선형자유무역지대 구축에 필요한 요건을 갖추고 있다. 회원국 간 협력을 통하여 동북아경제통합의 전 단계로 선형자유무역지대 구축을 추진할 필요가 있다.

5) 동북아경제통합 시범구: 두만강 초국경 자유무역지대 건설

두만강 초국경 경제협력 사업은 유엔이 이 지역을 평화와 안정지대 구축을 위한 핵심사업이었다. 이것은 유엔개발계획이 지금까지도 이 사업에 직간접적으로 관여하는 데서 알 수 있다.

21세기 들어 동북아 각국은 향상된 경제력을 바탕으로 유엔개발계획의 '두만강지역개발구상'을 실행에 옮기고 있다.

중국은 자체 두만강지역개발계획을 바탕으로 두만강 초국경 경제협력을 주도하고 있다. 대표적인 두만강 초국경 경제협력 프로젝트는 중국과 북한 간 도로(철도)·항만·구역(路港区) 일체화, 중국과 러시아 도로(철도)·항만·통상구(路港关) 일체화, 두만강삼각주국제관광합작구(图们·豆满江三角洲国际旅游合作区) 등이 있다.

러시아는 하산~나진 철도·항만 일체화, 한국은 러시아와 협력하여 남북러 3각 협력사업을 추진하고 있다. 이 밖에 학계와 전문가 그룹에서 연구를 마친 프로젝트는 중국 투먼~북한 남양 초국경경제합작구 건설, 두만강 다국적 국제도시 건설 프로젝트가 있다.[147] 이처럼 중북러 3국은 두만강 지역의 우월한 지리적 여건을 바탕

---

146 강원도, 2001, 황금의 육각계획. p.193~194.

147 투먼·남양 초국경경제합작구는 연변대조선한국중심에서 연구용역을 완료하였다. 두만강 다국 간 국제도시 건설 프로젝트는 2015년 1월 한국 대통령 직속 국가건축정책위원회 김석철 위원장이 북한의 두만강동, 중국의 팡촨(防川), 러시아의 하산이 접하는 두만강 하구에 세 나라가 각각 100만 평씩의 토지를 제공해 국제도시를 건설하자고 제안했다. 이 도시는 관광산업과 에너지산업을 중심으로 한다. 한국과 일본이 자본을 투자하고, 에너지·농식품·첨단산업단지를 조성하며, 남·북·중·일·러 등 5개국이 자유롭게 무역 거래를 할 수 있는 국제경제특구를 만드는 안이다. 이 제안은 한국에서 두만강 지역 초국경 협력사업에 대한 큰 관심

으로 초국경 경제협력 기반구축을 통해 동북아 교통·물류의 중심지로 발전시키기 위해 노력을 하고 있다.

두만강 초국경 경제협력 프로젝트는 중북러 3국은 물론 지역경제통합을 이루지 못하고 있는 동북아 지역의 상생협력 발전을 위한 플랫폼 역할을 할 수 있다. 두만강 초국경 경제협력 기반 분석을 통해 동북아경제통합시범구 '두만강 초국경 자유무역지대' 건설방안을 제시하고자 한다.

(1) 경제협력 기반

중국은 2005년 6월 30일 동북노공업기지 대외개방 확대에 관한 실시 정책을 발표하고 동북지역의 항만, 통상구 국경도시를 중심으로 교통인프라를 확충함은 물론 러시아 및 북한과 교통·물류·초국경 경제협력 사업을 국가의 핵심과제로 추진하겠다는 의지를 밝혔다.[148]

이에 따라 지린성은 2009년 8월 30일 창지투개발계획, 2012년 4월 13일 훈춘국제합작시범구 등 지역개발계획을 국무원으로부터 비준을 받고, 두만강 초국경 경제협력 사업을 본격적으로 추진하게 되었다.

① 도로·항만·구역(路港区) 일체화

도로·항만·구역(路港区) 일체화 프로젝트는 중국 훈춘시와 북한 나선시가 속한 양국 국경지역 내 도로·항만과 수출가공·보세물류단지가 연계된 지역개발사업으로써 이 구역 내에서 양국의 인원·선박·차량·화물 등에 대하여 편리하고 신속한 세관 감독을 실시하고, 제3국 화물의 역내 중계 유통을 허용한다.

을 불러일으켰으나 실행하지는 못했다.

148 2005년 6월 30일, 国办发〔2005〕36号,《国务院办公厅关于促进东北老工业基地进一步扩大对外开放的实施意见》

중북러 두만강 초국경 협력대상 지역(바이두)

도로·항만·구역(路港区) 일체화 프로젝트에서 '도로(路)'는 북한 원정리~나진 도로 50.3km 확·포장, 취안허~원정리 국경대교 신축 등이다. '항만(港)'은 나진항 3호 부두의 개·증축과 4호 부두 신축을 포함한다. '구역(区)'은 나진항을 중심으로 수출가공, 보세창고, 상업무역 비지니스서비스 등이 통합된 물류단지를 말한다.

이 프로젝트 중 원정리~나진 도로 확·포장, 취안허~원정리 국경대교는 2012년과 2016년에 각각 개통되었으며 이 밖에 나진항 개보수, 나선경제무역지대 북중 공동관리위원회 설립, 훈춘~나진~닝보(宁波)·상하이 항로 개통, 나진항~부산항 개통, 초국경 관광코스 개발, 국제여객 버스 운행 등은 주요한 성과 중의 하나라 할 수 있다.

이 프로젝트가 완료되면 중국 동북부가 육상으로 동해에 진입할 수 있는 길이 열리게 되며, 중국이 해상으로 러시아, 남북한, 일본은 물론 북미, 북유럽에 이르는 가장 가까운 지점이 된다. 이는 중국과 북한 두만강 지역의 조화로운 발전을 견인하고 동북아 각국 간 경제 왕래를 증진하는 데 큰 의의가 있다.[149]

---

149 http://www.nbd.com.cn/articles/2009-11-21/253643.html, 长吉图布局通海战略 30亿中朝项目已启动

② 도로(철도)·항만·통상구(路港关) 일체화

이 프로젝트는 중국 훈춘 ~ 러시아 지루비노항·포시에트항 도로(철도)·항만·통상구를 중심으로 중러 훈춘~하산 자유무역지대를 건설하는 것이다.

자유무역지대는 역내의 항만, 도로, 통상구 일체화를 실시하여 양국 상품 면세, 인원·선박 등 운송 수단의 자유로운 이동 실현을 목적으로 하며 소요 사업비는 50억 위안으로 추산한다.

주요사업은 자루비노·포시에트항 현대화, 크라스키노 통상구~자루비노항 고속도로, 카메소바야~자루비노항 복합(표준·광궤)철도, 카메소바야역 환적장·창고·역(驛)사 등 신증축, 자루비노항 현대화, 러시아 측 통상구(크라스키노·카메소바야) 검사동 개보수 등 주로 러시아 측의 인프라 시설확충과 통관원활화에 집중되어 있다.

현재 자루비노~부산, 자루비노~닝보 항로가 개통되었으며, 초국경 도로·철도 건설, 러시아 자루비노항·포시에트항과 중러 통상구 통로 원활화 건설 등은 양국의 주요 과제에 포함되었다.

자유무역지대가 건설되면 교통물류 환경 개선, 통관원활화, 무역장벽 제거로 양국 간 무역성장을 촉진함은 물론 동북아 경제협력의 중요한 플랫폼 역할을 할 것이다.[150]

(2) 두만강 초국경 자유무역지대 건설

앞에서 살펴본 바와 같이 북한 나선시를 중심으로 한 중북러 3국 초국경 경제협력 프로젝트는 상당한 진전을 이루었다. 중러 훈춘~하산 자유무역지대 역시 양국 총리 정기회의 과제로 선정되는 등 경제협력의 발판이 마련되었다고 할 수 있다.

특히 중국 일대일로와 동북진흥계획, 러시아 유라시아경제연합과 신동방정책, 북한의 경제회복 전략과 맞물려 유엔 안보리의 대북제재가 완화될 경우 두만강 초국경 경제협력 사업은 탄력을 받을 것으로 전망된다.

---

150 http://news.sohu.com/20070901/n251897843.shtml, 中国俄罗斯加快自由路港关跨国经济区建设进程,

두만강 초국경 경제협력 사업이 계획대로 추진되면 동북지역의 지린성, 헤이룽장성, 네이멍구는 자루비노와 나진항을 경유하여 한국·일본·태평양으로 진출 할 수 있을 뿐만 아니라 상하이, 닝보 등 경제발달 지역과 국내외 복합 교통물류망을 구축함으로써 동북지역의 경제를 획기적으로 발전시킬 것이다. 러시아는 중국 동북지역과 실질적 경제협력 기반을 구축함으로써 블라디보스토크의 아시아·태평양 경제성장점 육성 전략이 탄력을 받을 것이다. 북한은 나선경제무역지대를 중심으로 동해안에 소재한 경제개발구의 투자유치 활성화로 북한 경제발전을 촉진시킬 수 있다. 한국과 일본은 유라시아대륙 진출의 교두보 확보는 물론 중국 동북 3성 및 네이멍구의 거대한 소비시장, 러시아 풍부한 에너지·자원 협력이 탄력을 받게 될 것이다.

이처럼 두만강 초국경 경제협력 사업은 상호 보완적인 지역특성으로 인하여 동북아 국가 간 협력이 그 어느 지역보다 필요한 곳이다. 특히 동북아경제통합을 위해서는 두만강 지역의 평화와 발전 없이는 어렵다.

지금은 중미 간 전략적 경쟁, 북한 핵문제, 우크라이나 사태 등으로 경제협력이 어려움에 부딪혀 있지만 동북아 평화와 번영을 위해서는 두만강 초국경 자유무역지대 건설을 동북아경제통합의 시범구로 승화 발전시키는 전략을 준비해야 한다. 이를 실현하기 위한 단계별 과제는 다음과 같다.

첫째, 두만강 초국경 경제협력 대상지역을 확정하고 협력기반을 구축한다. 현재 중국과 북한은 훈춘, 나선을 초국경 경제협력 대상지역으로 명시하고 있지만 러시아는 구체적인 경제협력 대상지역을 지정하지 않고 있다. 이것은 중국이 초국경 경제협력 대상지역으로 추진하고 있는 하산구의 인구가 과소하고 배후지역인 블라디보스토크에서 멀리 떨어져 있기 때문이다. 또한 자루비노항, 슬로비안카항 중심으로 개설된 해운항로가 활성화 되지않고 있는 것도 중요한 원인 중의 하나이다. 러시아의 적극적인 참여를 끌어내기 위해서는 한국·일본과 연계협력을 통해 자루비노항을 중심으로 한 하산구에 국제물류단지, 수출가공구, 자유무역지역을 조성할 필요가 있다.

둘째, 두만강 접경 3국을 중심으로 도로(철도)·항만·통상구 일체화, 무역원활화, 투자 자유화 등 사람과 상품의 자유로운 이동 실현을 위한 협력 시스템을 구축한다. 현재 이 지역은 국가 차원에서 지방정부에 경제특구 지정 등 우대정책을 부여하고 있지만 실행주체인 지방정부의 권한 미약으로 초국경 경제협력 사업 추진에 한계가 있다. 이를 해결하기 위해서는 두만강 접경 3국이 참여하는 '두만강지역개발 조정위원회'를 부활하고 GTI틀 안에서 전면적인 경제협력을 추진해 나가야 한다. 조정위원회는 초국경 경제, 교통·물류, 무역·투자, 관광 워킹그룹 등을 구성하여 두만강 초국경 경제협력을 실질적으로 뒷받침 할 수 있도록 해야 한다.

셋째, 동북아경제통합을 위한 시범구로 두만강 초국경 자유무역지대 건설을 추진한다. 두만강 지역은 경제협력을 위한 교통인프라, 산업협력기반은 기본적으로 구축되었다.[151] 자유무역지대 건설은 단계적으로 추진할 필요가 있다. 1단계는 도로·철도, 항만, 통상구 일체화, 물동량 확보, 무역원활화, 투자 자유화 등을 통해 사람과 상품의 자유로운 이동을 실현하기 협력기반을 구축한다. 2단계는 관세인하 또는 면세 등 관세장벽을 철폐하는 자유무역지대로 조성함으로써 동북아경제통합을 위한 시범구로 발전시켜 나간다.

6) 유엔 두만강국제평화공원 조성

두만강을 중심으로 하는 초국경 협력은 자유무역지대와 관광지대로 구분할 수 있다. 자유무역지대가 유엔개발계획이 제시했던 소삼각(자루비노~훈춘~나선) 1,000㎢ 지역에 건설하는 것이라면 관광지대는 두만강을 연접하고 있는 특정 지역을 설정하여 두만강 및 회원국 특색의 관광, 전시관, 컨벤션센터, 평화공원으로 구성된 가칭 '유엔 두만강국제평화공원(이하 '평화공원')'으로 조성하는 것이다. 이 프로젝트는 중국 훈춘에서 추진하고 있는 두만강삼각주국제관광합작구를 기반으로 한다.

---

151 러시아는 두만강 지역을 중심으로 도로, 항만, 철도 등 교통인프라는 기본적으로 구축되어 있으나 하산구의 자루비노, 슬로비안카, 포시에트 등은 교통물류망 확충과 산업기반 구축이 필요하다.

(1) 두만강삼각주국제관광합작구 현황

① 추진개요

이 프로젝트는 2012년 4월 중국 국무원이 창지투개발계획 창구 지역인 훈춘을 동북지역의 중요 경제성장점 및 두만강지역협력개발의 교두보로 발전시키기 위해 훈춘국제합작시범구 설립을 비준하면서 본격적으로 추진하기 시작했다.

훈춘시는 훈춘국제합작시범구 비준에 따른 후속조치로 2013년 두만강삼각주국제관광합작구(이하 '두만강국제관광구') 구상을 발표하고 유관기관과 긴밀한 협의를 거쳐 2015년 하반기 연구용역을 발주했다.

그리고 2015년 12월 중국 두만강지역개발항목소조, 재정부, 관광국에서 프로젝트 실시에 지지를 표명함에 따라 지린성 '창지투전략실시 2016년 중점계획'에 포함되었다. 2016년 4월 연구용역보고서가 완료됨에 따라 같은 해 6월 지린성 관광국 주관으로 훈춘시에서 두만강삼각구(중러북)국제관광합작총체계획(2016-2025)《图们江三角洲(中俄朝)国际旅游合作区总体规划(2016-2025)》심의회를 개최했다. 이 회의에 참가한 3국의 전문가와 정부관계자는 이 계획에 대한 과학성·가능성·활용성에 대하여 충분한 논증을 거쳐 계획을 통과시켰다.

이 계획에 의하면 두만강국제관광구는 중국 훈춘시(春春市) 징신진(敬信鎭)을 중심지로, 북한 두만강동, 러시아 하산진은 각각 10㎢의 땅을 개발·건설구역으로 삼았으며, 3국은 관광레저·오락시설을 함께 건설해 '1구 3국' 관리모델을 모색하는 것이다. 관광객은 유효한 증명서로 국제관광구역을 자유롭게 드나들 수 있으며, 관광객 비자 면제, 상품 면세 지역으로 운영된다.[152]

이 계획은 3국이 합의하여 결정한 것이 아니고, 연구용역보고서에 대하여 3국 전문가와 정부 관계자가 심의를 한 것으로써 추진과정에서는 3국 협의가 필요하다.

---

152 http://www.jl.gov.cn/zw/yw/zwlb/sx/sz/201606/t20160622_6637500.html,图们江三角洲旅游合作区规划通过中俄朝三国专家评审,http://www.hunchun.gov.cn/hcszfxxgkw/gzbm/cyqfzhggj/xxgkml/202001/t20200108_272325.htm,市长吉图办全力助推图们江三角洲国际旅游合作区项目

두만강국제관광구 개발과 관련하여 북한은 2014년 4월 2일 중앙정부로부터 '두만강삼각주국제관광합작구' 사업을 승인받고 나선시에 이 사업을 추진하도록 했다. 2015년 사업대상 지역을 두만강 승전대에서 두만강 하구까지 16.5㎢ 설정했다.[153] 이것은 훈춘시가 두만강국제관광구 건설계획을 발표하고 북한 나선시와 협력의 결과이다. 러시아는 2015년 3월, 지린성 대표단이 모스크바를 방문했을 때, 이 프로젝트를 러시아 국가관광위원회에 통보했으며, 러시아 국가관광위원회는 강력한 지지를 표명하는 등 두만강 접경 3국은 이 프로젝트에 대하여 기본적으로 동의를 하고 있다.

② 추진실태

2019년 훈춘시 관광국 자료에 따르면 총계획면적은 90㎢이며 중국 구역은 징신진(敬信鎭)·투즈파이(土字牌)·두만강·중러 국경선, 러시아 구역은 하산구의 두만강 인접지역, 북한 구역은 나선시 두만강동 서번포(西藩浦)·만포(晩浦)·원정리(元汀里)·조산만(造山灣) 일대이다.[154]

사업비는 200억 위안(약 2조원)을 투자해 '일대(一帶) 3구(三區)'의 공간 구도를 만든다는 계획이다.[155] 일대(一帶)는 두만강 초국경 관광지대이다. 3구(三區)는 중국, 러시아, 북한 지역이다. 이 지역은 3국 관광, 국제레저휴가, 야외 레포츠, 해양관광, 3국 민족민속문화체험, 국제쇼핑과 이색 먹거리 등을 포함하는 복합관광단지로 조성할 계획이며 사업기간은 5~10년이다.

추진방식은 '쉬운 것부터 어려운 것(先易后难)', 선(先)훈춘 개발·후(后) 북러협력, 제3자협력 등 세 단계로 나누어 추진한다. 이 계획은 먼저 훈춘 관광지 개발을

---

153 http://www.hunchun.gov.cn/hcszfxxgkw/gzbm/cyqsjj/xxgkml/202006/t20200629_275557.html,关于《关于推进图们江三角洲国际旅游合作区的建议》的答复
154 2019년 훈춘시문화방송관광국(琿春市文化广播电视旅游局) 투자유치 프로젝트 자료에 따르면, 중러북 3국이 각각 100㎢, 80㎢, 30㎢의 토지를 개발건설부지로 구획하였다.
155 ttp://www.hunchun.gov.cn/hcszfxxgkw/gzbm/cyqsjj/xxgkml/201912/t20191229_275286.html,对市十三届政协第三次会议第015号提案的答复

돌파구로 삼아 러시아와 북한의 참여를 끌어내는 것이다.

그간 훈춘시는 2015년 창춘~훈춘 고속철도 개통에 대비하여 꾸준하게 특색관광지를 조성해 왔다. 대표적인 관광지로 조성이 완료된 곳은 조선족민족촌, 모래공원(金沙滩欢乐谷), 제2차 세계대전 유적공원 및 잔도(棧道) 등이다. 2016년 6월 두만강 수상관광이 운영에 들어갔으며, 2019년 1월부터 초국경 두만강 관광을 시작했다. 2021년 대상지역 토지 측량을 완료하고 본격적으로 사업을 추진하고 있다.

최근 훈춘시 관계자는 "두만강국제관광구 프로젝트는 훈춘 단독개발에서 쌍방협력단계로 진입했다"고 발표했다. 향후 계획은 두만강국제관광구를 변경관광시험구와 초국경관광합작구로 비준을 받고, 3국 관광객의 원활한 이동을 위한 역내 관광통상구 건설 등을 추진한다. 아울러 동북아관광포럼, 3국 두만강 하류지역 관광국장 원탁회의 등을 조직하여 이 프로젝트 개발에 대한 심도있는 연구와 토론을 통해 발전방안을 마련할 계획이다.

진사탄모래공원(훈춘시)

이 프로젝트는 훈춘지역은 대규모 관광단지를 조성하였으나, 러시아 하산, 북한 두만강동은 진전이 없는 실정이다. 또한 국경문제, 군사시설, 삼림, 환경 등은 국가 간 협력이 필요하나 지방정부 간 협력에 머물고 있어 추진에 어려움을 겪고 있다.

(2) 평화공원 조성방안

① 입지여건

두만강 지역은 수려한 자연풍경, 삼림, 습지, 호수, 청정 바다 등 천연관광 자원이 풍부할 뿐만아니라 1938년 일본·러시아(옛 소련) 전쟁사적지를 비롯한 역사 유적지, 냉전의 유산이 서려있는 상징성, 유엔개발계획의 '두만강지역개발구상' 발원지 등 다양한 자원은 유엔헌장의 정신을 바탕으로 한 평화공원의 최적지라 할수 있다.

특히, 2015년 9월 창춘~훈춘 간 고속철도 개통으로 베이징~훈춘 간 고속철도가 연결됨으로써 국내외 관광객 유치를 위한 교통인프라도 완료되었을 뿐만 아니라 훈춘을 중심으로 하는 중북러 관광도 활성화되어 있다.

장구펑사건 전지전람관(훈춘시)

앞에서도 살펴보았듯이 훈춘은 이미 두만강국제관광구 조성계획에 의거 팡촨(防川)과 징신진(敬信镇)을 중심으로 조선족민속촌, 진사탄모래공원, 연꽃공원, 1국 3국 전망대, 1938년 러일전쟁의 사적지 장구펑(张鼓峰)[156]사건 전지전람관 건립

---

156 장구펑 사건은 러시아 하산호 사건이라고도 한다. 1938년 일본군이 장구펑에 반소(옛 소련) 무장공세를 벌

을 완료하는 등 다양한 관광시설을 확충해놓았으며, 북한은 대상 지역을 확정한 상태이며, 러시아 역시 지지 의사를 표명하고 있다.

이처럼 두만강 지역은 유엔 두만강국제평화공원을 조성할 수 있는 기본적인 여건을 갖추고 있다.

② 추진목적

두만강 지역은 여전히 세계의 화약고라 불릴 만큼 냉전의 유산이 서려 있는 지역이며 북한 핵, 중미 간 전략적 경쟁심화, 러시아 우크라이나 침공 등으로 인하여 이 지역의 긴장은 최고조에 달하고 있다. 이 지역의 평화와 번영없이는 동북아 더나가 세계평화를 보장받기 어렵다. 지금은 그 어느 시기보다도 두만강 지역의 평화가 중요하다.

두만강 지역의 항구적인 평화를 위해서는 이 지역에 긴장과 대립의 완충작용을 할 '평화공원' 조성이 필요하다. 이것은 북한의 개방을 끌어냄은 물론 동북아공동체를 촉진함으로써 세계의 평화와 번영에 기여할 수 있다.

③ 선행조건

이 프로젝트의 원활한 추진을 위해서는 유엔으로부터 '평화공원' 지정, 투자자 보호를 위한 법적장치를 마련해야 한다. 이를 위해서는 이 프로젝트를 GTI의 공동협력사업으로 선정하고, 유엔사무국과 협의하여 '평화공원'으로 지정을 받아야 한다. 이 지역의 특수성, GTI 회원국들의 유엔에서의 위상, 두만강지역개발계획의 유엔과 관련성 등을 고려하면 평화공원으로 지정받을 가능성이 높다고 할 수 있다. 유엔으로부터 평화공원으로 지정을 받고 투자자 보호를 위한 법적인 조치가 마련되면 재원조달의 어려움 해소로 사업을 안정적으로 추진할 수 있다.[157]

인 사건, 이 지역은 두만강 좌안에 위치하며, 북중 국경과 맞닿아 있으며, 러시아 경내의 하산 호수와 바로 인접해 있다. 바이두백과(검색일: 2022. 5. 4.)

157유엔으로부터 유엔 평화공원으로 지정받지 않아도 투자자 보호를 위한 법적장치가 마련되면 회원국 간 협력에 의한 가칭 '동북아국제평화공원' 조성도 성공가능성이 높다.

④ 대상지역

북중러 3국이 합의하여 결정할 사항이지만 두만강국제관광구를 중심으로 중북러 3국이 각각 20㎢의 토지를 개발건설 부지로 편입시켜 약 60㎢를 3국 공동관리 방식의 평화공원으로 조성한다. 토지의 소유권은 각국이 행사하며 이 토지를 직접 개발 또는 투자자에게 임대한다.

⑤ 주요시설

주요시설은 두만강 접경 3국 특색 관광구, 한국 · 일본 · 몽골 테마파크, 종합휴양단지, 평화상징거리, 전시컨벤션센터(동북아협력센터), 금융센터, 북합쇼핑몰 및 면세점, 조각공원 등을 조성하여 평화 · 관광 · 비지니스 중심으로 육성한다.

두만강 초국경 수상관광(훈춘시)

⑥ 개발

중북러 3국은 자국 관할구역 관광단지 조성을 원칙으로 하고 공동으로 투자 우대정책을 제정하고 투자유치 활동을 추진한다. 전시컨벤션센터, 복합쇼핑몰, 평화상징거리, 한일몽 테마파크, 금융센터 등은 GTI와 전문가 그룹으로 선정심의위원회를 구성하여 선정함으로써 3국 간 경쟁을 최소화 한다. 또한 평화조각공원은 세계평화를 염원하는 조각가들의 협찬을 받아 조성한다. 개방방식은 직접, 합작, 독자투자, 3자협력 등 다양한 방식을 통해 국제자본을 유치한다.

북한의 유엔 안보리 대북제재 조치와 관련하여서는 대북제재 진행중에는 선개발 후수익 배분 또는 투자 이익금을 민생경제용으로 배분하는 방안 등을 검토해 볼 수 있다.

7) GTI 평화협력센터 건립

신(新) GTI는 회원국의 총리 또는 정상을 대표로 하는 다자협력체로 동북아의 교통·물류, 에너지·자원, 경제, 무역·투자, 사회인문 등 전면적 교류협력을 추진하는 국제기구이다.

동북아 각국이 세계경제에서 차지하는 비중 등을 고려할 경우 회원국들의 국제적 위상에 걸맞은 가칭 'GTI 평화협력센터' 건립이 필요하다.

현재 GTI 사무국 청사는 중국에서 제공하고 있지만 회원국의 세계적 위상을 고려할 경우 초라하기 그지없다. 신(新) GTI 체제로 전환 시 사무국 청사와 운영예산은 중요한 요소가 아닐 수도 있지만, 'GTI 평화협력센터' 대상지 선정의 전제 요건이 될수도 있다. 예를 들면 'GTI 평화협력센터' 유치를 희망하는 국가나 지방이 건축비 및 사무국 운영비를 부담하는 방식이다.

'GTI 평화협력센터'는 GTI본부·사무국·분과위원회, 컨벤션, 회원국 테마파크 및 상징물, 면세점, 홍보관, 휴게시설을 설치함으로써 회의, 비즈니스, 홍보, 공연, 휴게공간이 어우러진 동북아 마이스산업[158]의 중심지로서의 역할을 한다.

'GTI 평화협력센터' 건립방식은 토지·건축·부대시설 신축 및 운영은 유치국에서 부담하고 각국에서 테마파크·홍보관·면세점을 의무적으로 설치운영 한다면 유치경쟁이 치열할 것으로 전망된다.

'GTI 평화협력센터'가 성공적으로 운영된다면 각 회원국에 이와 유사한 가칭

158마이스 산업은 기업회의(Meeting), 포상관광(Incentives), 컨벤션(Convention), 이벤트와 박람전시회(Events & Exhibition)를 융합한 새로운 산업을 말한다.

'동북아 비즈니스센터' 건립 확대를 통해 회원국 간 상생협력의 경제협력을 실현할 수 있다.

재원조달은 유치국 또는 회원국 분담형식이 될 수 있으나, 'GTI 평화협력센터'는 유치국에서 재원을 부담하고 회원국들이 분야별 시설 운영을 맡는 방안이다. 향후 '동북아비즈니스센터' 건립은 동북아 국가 간 비즈니스모델을 구축을 위해 정부, 기업이 참여하는 방식을 고려할 필요가 있다.

'GTI 평화협력센터' 건립은 회원국들이 중지를 모으면 어렵지 않게 추진할 수 있다. 이 센터는 회원국 간 상생협력의 공간을 마련함은 물론 동북아경제통합에 큰 역할을 할 수 있을 것이다.

8) GTI 국제행사 창설 및 지원

GTI 지역 간 경제교류협력 확대를 위해서는 회원국 지방정부, 기업, 민간이 함께할 수 있는 상생협력 프로그램을 발굴하여 공동협력 사업을 추진하는 것이 무엇보다 중요하다.

지방정부에서 세계 각국이 참여하는 국제행사 유치목적은 지역경제 발전에 도움이 되기 때문이다. 일반적으로 국제행사는 주관 국제기구에서 조직, 운영을 책임지고 유치도시는 행사에 필요한 인프라 확충, 운영예산 등을 국가로부터 지원받을 수 있을 뿐만 아니라 국내외에서 참가하는 행사인원, 참관객 등으로 인하여 지역경제 발전을 촉진할 수 있다. 이러한 경제적 효과로 인하여 각국의 지방정부는 국제행사 유치에 적극 나서고 있다.

동북아 지역에는 자체 설립한 국제기구가 많지 않을 뿐만 아니라 국제적으로 인정받을 만한 국제행사도 많지 않은 게 현실이다.

GTI가 국제기구로 전환되면 동북아를 대표할 관광, 문화, 예술, 전시회, 박람회 등을 GTI 국제행사로 지정하고 매년 공모를 통해 개최 지역을 선정한다. '공모'의 전제는 회원국들의 참여와 지원을 조건으로 각국의 예산부서에서 사업비를 우선

지원하는 방식이다.

동북아 각국에서는 지방정부가 국제행사를 유치하면 일정한 범위내에서 국비를 지원한다. 한국의 경우 국가예산을 담당하는 기획재정부가 인정하는 국제행사(올림픽, 아시안 게임 등)를 유치하였을 경우 국비지원 제도를 도입함으로써 지방정부에서 국제행사 유치를 통하여 지역발전에 기여하고 있다.

이뿐만 아니라 다국 간 공동협력 사업에 대해서도 국비를 지원하고 있다. 대표적인 사례는 '동아시아문화도시' 사업이다. 이 사업은 2012년 5월 중국 상하이에서 개최된 제4차 한중일 문화장관회의 합의사항에 따라 한중일 3국 정부가 각국의 전통문화를 대표하는 문화도시 또는 문화예술 발전을 목표로 하는 도시를 하나씩 선정해 다양한 문화예술 행사 및 3개 도시 간 교류 행사를 추진한다. 2022년 동아시아문화도시행사는 한국 경주, 중국 원저우·지난시, 일본 오이타현에서 개최한다.

동아시아 문화도시 2022오이타현의 앰배서더로 오이타현의 산리오 캐릭터 파크 하모니랜드의 인기 캐릭터 헬로키티가 선정되었다.https://culturecity-oita.com/(검색일: 2022. 7. 5.)

최근 동북아 각국은 국제행사 유치지원, 다국 간 상생협력 사업 발굴을 통해 국가 차원에서 지방정부를 지원하고 있으며, 지방정부는 이에 부응하여 국제행사 유치에 적극적으로 나서고 있는 등 GTI틀 안에서 국제행사를 창설하기 가장 좋은 시기를 맞고 있다.

9) 북한과 함께하는 동북아 경제협력

북한은 두만강지역개발계획 출범 초기에 중국과 함께 가장 적극적으로 이 사업에 참여하였다. 김일성 주석은 두만강지역개발계획 참여를 위해 나선경제특구를 지정한 것은 널리 알려진 사실이다.

북한은 유엔개발계획이 주도하는 두만강지역개발에 큰 기대를 걸었으나 국제금융기구를 통한 재원조달, 외국인자본 유치 등이 원활히 이루어지지 않음에 따라 피동적인 참여를 하기 시작했으며 2009년 11월 유엔 안보리 대북제재와 두만강지역개발의 성과 미흡 등을 이유로 GTI에 탈퇴하였다. 그 이후 북한은 나선경제특구법 개정 등을 통해 투자환경을 개선하고 중국, 러시아 등을 대상으로 투자유치에 나선 것으로 미루어 보면 GTI가 북한의 나선경제특구 개발에 도움이 되었다면 북한이 GTI에 탈퇴하지 않았을 것이라는 가설이 성립된다. 이것은 북한의 GTI 복귀 전제는 GTI가 실질적인 경제협력체로 역할이 가능할 때 참여할 수 있음을 시사하는 것이다.

북한의 GTI에 대한 인식이 경제협력에 중점을 두고 있음에도 불구하고 회원국들은 "북한의 미복귀로 GTI가 활성화되지 않고 있다"며, 북한의 GTI 복귀만 촉구할 뿐 북한이 참여할 수 있는 경제협력 환경을 마련하지 않았다. 이렇게 회원국들이 '닭 먼저, 달걀 먼저' 논의를 하는 시간에 북한은 중북러와 협력을 통하여 하산~나진 철도 개보수, 나진항 확충, 북중 초국경제합작구를 건설하는 등 일정한 성과를 얻고 있다. 이러한 중북러 3국 협력사업은 GTI 핵심사업임에도 불구하고 회원국들은 이것을 GTI 협력사업으로 발전시키지 못한 것은 아쉬운 일이 아닐수 없다.

동북아 지역 간 소지역협력은 북한의 참여없이도 가능하지만, 동북아경제통합의 핵심 요소인 남북철도·도로, 에너지, 가스관, 전력 등의 경제협력은 북한의 참여 없이는 불가능하다. 특히 남북경제협력은 당사국 간의 해결에는 한계가 있음을 여러 차례 남북협력사업 추진을 통해 경험했다. 동북아의 평화와 번영을 위해서는 북한과 함께하는 동북아 경제협력 환경을 조성하지 않으면 안된다.

이를 위해서는 북한이 GTI에 복귀할 수 있는 정치·경제 환경을 조성해야 한다. 북한의 GTI 복귀를 위해서는 GTI 회원국들이 북한의 유엔 안보리 대북제재 완화 추진과 함께 북한 경제를 발전시킬 수 있는 실현 가능한 대안을 제시해야 한다.

북한의 GTI 복귀를 위해서는 **첫째**, 두만강 접경 3국 중심의 '두만강지역개발조정위원회'를 부활해야 한다. 이 회의에서 관련 당사국 간 주권과 관련된 사회, 법률, 환경 및 지역개발에 대해 협의 조정함으로써 GTI 지역개발을 촉진할 수 있다. 현재 두만강 지역의 지방정부는 중북러 경제협력사업을 추진하면서 3국 국경지역의 군사, 환경문제 등으로 초국경 협력사업이 원활히 추진되지 못하고 있다. 따라서 조정위원회 산하에 교통·물류, 무역·투자, 조정, 유엔 안보리 대북제재 완화 등의 워킹그룹을 설치하여, 3국 협력사업을 지원할 수 있도록 해야 한다.

둘째, 두만강 초국경 자유무역지대 건설, 유엔 두만강국제평화공원 조성 사업을 조속히 추진한다. 이 두 개의 프로젝트는 GTI틀 안에서 추진하면 빠른 시일 내 성과를 얻을 수 있다.

마지막으로 GTI 국제포럼, 무역·투자 박람회 등을 나선경제특구에서 상설 개최하고, 동북아 각국의 공적개발원조(ODA) 기금을 활용해 북한의 경제개발과 복지 증진을 위한 사업을 추진해 나간다면 북한과 함께하는 동북아 경제협력이 탄력을 받을 것이다.

10) 평화와 번영의 동북아 주(周)의 날 운영

동북아경제통합을 촉진하기 위해서는 경제적 요인뿐만 아니라 정치, 사회, 문화, 역사적 유대관계를 유지 혹은 발전시키기 위한 노력이 중요하다. 동북아 지역은 정치체제의 차이 등으로 이질적 요소가 존재하지만 유교 문화권, 한자 생활권 등으로 서양과 다른 독특한 문화적 친밀감을 형성하고 있다.

동북아 지역이 평화와 경제적 번영을 이루고, 경제통합으로 승화 발전하기 위해서는 상호 간의 문화적 전통 및 가치관을 존중하는 대등한 관계를 바탕으로 다양한 주체들이 각각의 인적·물적 자원은 물론 문화·제도·정책과 각종 형태의 지식정보 등을 다양하게 교류할 수 있는 협력의 공간을 확대해 나가는 것이 중요하다.

그간 한중일 3국을 중심으로 하는 동북아는 정치체제의 차이, 과거사, 영토문제, 북핵 등으로 갈등과 대립이 있었지만 이를 슬기롭게 극복해 나가면서 세계 3대 경제권으로 성장하였으며, 교역, 관광 등 다양한 분야에서 상호의존성이 심화하고 있다.

지금은 중미 간 전략적 경쟁심화, 러시아의 우크라이나 침공, 코로나19 등으로 동북아 지역 간 경제협력이 혼돈에 빠져 있지만 포스트 코로나 시대에 일상으로의 회복이 정상화되면 동북아 지역 간 경제협력은 더욱 탄력을 받을 것이다.

특히, 지역발전의 주역으로 등장한 동북아 지방정부의 주요 교류 협력대상 지역이 동북아 국가에 집중되어 있을 뿐만 아니라 한중일 3국의 경제·관광 의존도 심화, 지리적 근접성, 거대한 시장성, 풍부한 자원은 동북아 국가 간 경제협력을 촉진시키는 동인으로 작용할 것이다.

신(新) GTI는 동북아 지역 간 경제교류협력 증진의 염원을 담아 '함께하는 동북아, 하나 되는 동북아'를 만들어 가기 위해서는 가칭 '동북아 주(周)의 날'을 운영할 필요가 있다.

'동북아 주(周)의 날' 운영방안을 제시하면 다음과 같다.

첫째, GTI 총회와 병행하여, 무역·투자박람회, 각종 포럼, 문화공연, 회원국 홍보의 날, 지역방문의 해를 개최한다. 이 행사 성공의 전제는 회원국 정부에서 조직, 홍보, 행사운영에 직·간접 지원을 해야 한다. 이렇게 되면 GTI 총회 유치경쟁 심화로 GTI 참여열기가 확산될 뿐만 아니라 지역경제 활성화에 크게 기여할 것이다.

둘째, 회원국별 '동북아 주(周)의 날' 운영을 지원한다. GTI총회와 별도로 회원국 지방정부에서 자발적으로 '동북아 주(周)의 날' 행사를 개최하고 회원국 지방정부 간 상호 참여를 원칙으로 한다. 대표적인 사례는 란메이 주(周)의 날 등이 있다.

2021년 12월 1일, 란메이 TV(周)·라오스의 날 행사 개막식(中国日报网)

현재 동북아 각국의 지방정부에서는 국제박람회 등 국제행사 개최 시 각종 포럼, 문화공연 등 부대행사를 통해 지역홍보는 물론 지역발전을 위해 노력하고 있다. 이러한 지방정부의 국제행사 개최 노하우에 GTI 회원국 차원의 지원과 협조가 이루어진다면 '동북아 주(周)의 날' 운영은 지역경제 발전은 물론 동북아경제통합의 든든한 기반이 될 것이다.

3. 맺는말

동북아는 1990년대 냉전이 종식된 후 중국의 거대시장 및 러시아·몽골의 풍부한 자원과 한국 및 일본, 미국 등 경제발달 국가 간 상생협력을 추진하여 세계의 평화와 발전에 기여했다.

동북아는 다른 어느 지역보다 정치체제, 과거사, 영토문제, 북한 핵 등으로 인하여 갈등을 겪으면서도 양자 또는 다자협력을 통하여 세계가 놀랄만한 경제적 성장을 이루었다. 이 지역은 G2의 중국, 세계 3위와 10위의 경제규모를 자랑하는 일본과 한국이 있다. 동북아를 대표하는 한중일은 2021년 기준 세계 GDP의 25.5%, 인구의 20.3%, 무역규모의 21.9%를 차지하는 등 북미, 유럽과 함께 세계경제의 3대 축을 이루고 있다.

그간 한중일 3국은 지리적 근접성, 경제적 보완성을 바탕으로 긴밀한 교류협력 체계를 구축하였다. 2008년부터 아세안에서 탈피하여 독자적인 '한중일 정상회의'를 창설하고, 사무국설립, FTA협상 개시, RCEP 협정 발효 등을 바탕으로 동북아경제통합을 추진하고 있는 가운데 코로나19, 한일 간 과거사, 중미 간 전략적 경쟁 심화, 러시아 우크라이나 침공 등으로 모처럼 찾아온 동북아경제통합의 기회가 위기를 맞고 있다.

최근 세계는 상호의존성을 넘어 초연계성 사회로 진입하고 있을 뿐만 아니라 인접 국가와 다자협력을 중심으로 하는 지역주의가 강화되고 있으므로, 가치를 중심으로 편 가르기 시도하면서도 국익 앞에서 이중적인 태도를 보이는 일부 강대국의 행태는 세계 경제질서의 혼란을 초래할 뿐 세계평화에 도움이 되지 않는다. 지금은 그 어느 때보다 유엔헌장을 바탕으로 하는 GTI의 공동협력 정신이 필요하다. GTI는 유엔개발계획의 동북아 지역협력 프로그램에 동북아 각국이 참여하는 형식의 한계로 인하여 30여 년간 실질적인 경제협력체로 전환을 하지 못하고 차관회의체에 머물러 있지만, 최근 북방경제공동체 건설이 가시화됨에 따라 회원국들이 GTI틀 안에서 경제협력 추진의지를 밝히는 등 GTI가 새로운 전환점에 서 있다.

이러한 시점에서 3개 GTI 회원국이 참여하는 중몽러경제회랑을 바탕으로 남북한이 참여하는 신(新)GTI로의 전환이 필요하다.

신(新)GTI는 동북아경제통합과 북방경제공동체 플랫폼으로써 지역적 범위를 동북아경제권으로 확대하고 지역주의와 지정학적 여건에 부합한 구체적인 발전목표와 실행전략을 마련해야 한다. 신(新)GTI 발전을 위한 구상을 제시하면 다음과 같다.

첫째, GTI틀 안에서 협력 시스템을 구축하고, 회원국 대표를 차관급에서 총리 또는 정상으로 승격해야 한다. 만약 초기에 회원국 대표의 승격이 어려우면 장관급 회의로 전환을 하되, GTI 회원국 주관부서를 외교부 등으로 통일하고 점진적으로 총리 또는 정상으로 승격하는 방안을 검토할 필요가 있다.

둘째, 지정학적 여건에 부합한 협력방향을 제시해야 한다. GTI지역은 아시아·태평양과 유라시아대륙을 연결하는 지리적 우월성을 바탕으로 남북철도와 유라시철도를 연결하는 교통회랑, 경제발전벨트 형성을 위한 경제회랑, 공공외교·지방·민간교류 등 사회인문을 3대 축으로, 실행 가능한 프로젝트부터 점진적으로 추진하는 전략이 필요하다. 필자가 오랫동안 GTI 지역 간 실제 경제협력을 바탕으로 제시한 10대 중점과제는 회원국들이 합의만 하면 바로 실행이 가능함은 물론 경제적 성과를 낼 수 있는 프로젝트라 할 수 있다.

셋째, 지방정부와 기업중심의 협력 시스템 구축이 필요하다.

신(新)GTI 시대는 중미 간 전략적 경쟁에 따른 신냉전, 중국과 러시아의 북방경제공동체 가속화, 한반도 긴장 고조에 따른 중북러 경제협력의 고착화 우려 등으로 국가 간 경제협력에 어려움이 예상됨으로 국가보다 경제협력이 자유로운 지방정부와 기업이 주체적인 역할을 할 수 있도록 시스템을 구축해야 한다.

넷째, 남북철도와 유라시아철도 연결, 에너지공동체 등 중장기 과제는 GTI틀 안에서 워킹그룹을 설립하고 조기 실행방안을 마련해야 한다.

다섯째, 각국의 대외전략과 연계한 협력 시스템을 구축한다.

중국의 일대일로, 러시아의 대유라시아 동반자관계를 바탕으로 하는 동진정책, 중몽러경제회랑, 한국의 북방정책을 GTI틀 안에서 연계 추진하는 방안을 모색해야 한다.

여섯째, 경제특구 등 산업단지 간 협력을 강화한다.

회원국들은 GTI 지역발전을 위하여 각종 지역개발 우대정책, 경제특구, 변경경제합작구, 자유무역지역, 경제자유구역 등을 운영하고 있으나, 지방정부의 권한 미약 등으로 활성화되지 못하고 있다. GTI의 발전을 위해서는 역내에 설립한 경제특구 등 산업단지 간 상생협력을 통한 공동발전 방안을 마련하는 것이 중요하다.

일곱째, 북한과 함께 평화와 번영의 동북아 시대를 구현해야 한다. 한반도의 평화는 세계평화에 매우 중요한 요소이다. 한반도의 긴장 고조는 세계평화에 이로울 것이 없다. 특히 북한의 '비핵화'에 매몰되기보다는 북한이 GTI 참여할 수 있는 경제협력 분위기를 조성하고, 회원국 간 협력에 의하여 북한과 실질적으로 경제협력의 성과를 낼 수 있는 프로젝트를 발굴·추진하면서 대화와 협력을 통하여 점진적인 비핵화를 추진하는 방안을 마련하는 데 지혜를 모아야 할 것이다.

마지막으로 동북아는 지역주의 바람이 불고 있는 가운데 새로운 도전에 직면해 있다. 이를 극복하고 지난 30여 년 동안 세계가 놀랄만한 경제적 발전을 이루어 낸 것을 바탕으로 '평화와 번영의 동북아', '하나 되는 동북아', '함께 하는 동북아'를 만들어 가기 위해서는 유엔헌장을 바탕으로 하는 GTI의 공동협력 정신을 발전시켜 나가야 한다.

참고문헌

[국문자료]

金圭倫, 1993, "豆滿江地域開發과 東北亞 經濟協力" 統一研究論叢.

沈義燮·李光勛, 2001, "두만강 개발 10년의 평가와 전망" KIEP.

강원도, 2001, "황금의 육각계획".

이기석 외, 2002, "나진-선봉경제무역 지대의 입지특성과 지역구조" 대한지리학회지, 제37권 제4호.동북아시대위원회, 2004·2005, "평화와 번영의 동북아시대 구상".

동북아시대위위원회, 2007, "동북아시대위위원회백서".

박용석, 2010, "나진-선봉 등 두만강 지역개발…관망만할것인가." CERIK Journal.

강원도, 2011, "신동북아시대 강원도 대외전략".

이재영 등, 2011, "CIS의 경제통합 추진현황과 정책시사점: 관세동맹을 중심으로", KIEP.

양창영·윤병섭 등, 2014, "동북아 지역 경제협력 증진과 GTI 역할 강화방안", 경남대학교 지역산업연구.

한종만, 2014, "러시아 극동·바이칼지역 사회경제 발전 프로그램과 한·러 경제협력의 시사점", 러시아연구 제24권 제22호.

최훈, 2014, "동북아 경제협력 현황과 한국의 참여방안-GTI를 중심으로", 남북물류포럼KIEP, 2015, "북한과 GTI경제협력강화 방안", 기재부연구과제.

윤성학, 2015, "러시아의 신동방정책과 한러협력 방안", 수은북한경제 가을호.

박지연, 2015, "광역두만강개발계획(GTI)의현황과 과제", 한국수출입은행.

전국시도지사협의회, 2015년 2월, "지방자치단체 국제교류 매뉴얼".

제성훈 외, 2016, "중몽러경제회랑의 발전 잠재력과 한국의 연계방안", KIEP.

KOTRA, 2017, "러시아 극동지역 개발현황과 한국의 협력 방안".

최장호 외, 2019, "한반도 접경국과의 초국경 관광·교통 협력", 경제·인문사회연구회협동연구총서 19-43-02(통일연구원).

강명구, 2019, "신북방정책과 신동방정책을 통한 한러 협력 연구", 산은조사월보 제765호.

박정호 외, 2019, "푸틴과 러시아 극동개발 20년: 한러 극동협력심화를 위한 신방향 모색", KIEP.

동북아북한연구센터, 2019, "동북아북한교통물류웹진" Vol.9, 한국교통연구원.

김홍진·몽크낫산, 2020, "몽골자유무역지대 현황과 과제", 투르크-알타이경제권이슈.

전홍진, 2020, "일대일로와 신(新)한중 협력", 도서출판 선인.

이창수 등, 2021, "유라시아경제연합(EAEU)통합과정 평가와 한국의 협력전략", KIEP.

전홍진, 2021, "신동북아 경제협력플랫폼 GTI(광역두만강협력), 도서출판 선인.

외교부, 2021, "극동연방관구개황".

국토연구원, 2021, "북한특구 개발의 비즈니스 모델과 협력과제",KRIHS POLICY BRIEF No.818.

통일부, 2021, "유엔 대북제재", 북한정보포털.

[중문자료]

丁士晟, 联合国开发计划署图们江地区开发项目述评, 东北亚论坛 1992年第1期.

农金纵横, 1994年第3期, "东北亚"的眼睛终于睁开了.

高宇轩·刘亚政, 环日本海经济圈与中国东北振兴, 2019年8月总第305期第8期.

全洪镇·谭轶操, 2021. 释放GTI机制活力推动东北亚经济一体化进程, 朝鲜半岛观察.

李铁主编, 2005, 图们江合作二十年, 社会科学文献出版社.

吉林省, 2009, 中国图们江区域合作开发规划纲要一以长吉图为开发开放先导区.

2005年6月30日, 国办发〔2005〕36号,《国务院办公厅关于促进东北老工业基地进一步扩大对外开放的实施意见》.

李勇慧, 2017, 大欧亚伙伴关系框架下俄罗斯与东盟关系:寻求区域一体化合作, 俄罗斯学刊第7卷总第38期.

王志, 欧亚经济联盟:进展与挑战, 2018年第6期总第214期, 俄罗斯研究.

杨文兰外, 2021, 对欧亚经济联盟内部贸易发展评估及启力.

全洪镇, 2021, 「韩国新北方政策与长春中韩国际合作示范区发展方向」, 中国国务院参事室国际战略研究中心.

巴殿君·刘天竹, 2020, 新时代视角下中国在图们江地区国际合作中的战略新转向, 东疆学刊.

毛胜根, 2012, 大湄公河次区域合作: 发展历程、经验及启示, 广西民族研究.

宋清润, 2019, 澜沧江—湄公河合作:次区域合作新典范, 中国报道.

赵嵘, 2020, 澜沧江-湄公河次区域经济合作的现状与前景, 大众标准化.

乌兰图雅, 2021.3, "中蒙俄经济走廊"机制建设问题解析, 东北亚学刊.

[온라인 자료]

http://www.korea.kr, 대한민국 정책브리핑

http://www.tumenprogram.org/, GTI사무국

https://greatermekong.org/, GMS

http://www.lmcchina.org/, LMC 중국사무국

https://www.yidaiyilu.gov.cn/, 중국 일대일로

http://www.jlcxwb.com.cn/, 중국 길림신문

http://www.hljxinwen.cn, 중국 흑룡강 신문

http://www.bukbang.go.kr/bukbang/, 북방경제협력위원회

www.baidu.com/, 바이두

https://news.joins.com/article/16847116, 두만강 허브는 극동의 이스탄불

http://www.aeo.or.kr/,한국AEO진흥협회

https://m.yna.co.kr/view/AKR19910719000100005?section=/index.두만강하구南北韓.
    中.蘇공동개발

https://www.korea.kr/news/policyBriefingView.do?newsId=148763302#policyBriefing
    한·중미래비전 공동성명 및 부속서

https://news.mt.co.kr/mtview.php?no=2013111318524866657&outlink=1&ref=https%3A
    %2F%2Fsearch.naver.com,대한민국과 러시아연방 간 공동성명

https://www.hankyung.com/international/article/1995121100641), 두만강개발 한국기업
    진출 본격화, UNDP협정서명

https://nkinfo.unikorea.go.kr/nkp/term/viewKnwldgDicary.do?pageIndex=10&dicaryId
    =101&searchCnd =0&searchWrd=, 북방정책

https://97imf.kr/items/show/6632, 세계화추진위원회 발족

https://weekly.donga.com/List/3/all/11/68671/1, DJ 철의 실크로드 구상은 착각

https://www.korea.kr/special/policyFocusView.do?newsId=148658726&pkgId=
    49500399#policyFocus,'철도·에너지·녹색' 3대 실크로드…FTA 체결도 가속

https://nkinfo.unikorea.go.kr/nkp/term/viewKnwldgDicary.do?pageIndex=1&dicaryId=206,유
    라시아 이니셔티브

https://m.kmib.co.kr/view.asp?arcid=0922807138, 유라시아 이니셔티브 본격구축

https://overseas.mofa.go.kr/cn-ko/wpge/m_1226/contents.do, 주중한국대사관

http://www.snkpress.kr/news/articleView.html?idxno=119, 이찬호 교수의 '나진선봉경제
    특구의 어제와 오늘'

https://n.news.naver.com/mnews/article/001/0004420951?sid=101, 한러 나홋카 공단개발
    6년간 유보

https://www.unikorea.go.kr/unikorea/business/cooperation/status/overview/,남북교류
    협력

https://namu.wiki/w/%EB%82%A8%EB%B6%81%EA%B3%B5%EB%8F%99%EC%

97%B0%EB%9D%BD%EC%82%AC%EB%AC%B4%EC%86%8C%20
%ED%8F%AD%ED%8C%8C%20%EC%82%AC%EA%B1%B4

https://www.yna.co.kr/view/AKR19910730000400006,UNDP 駐 평양대표부. 권고문 발표

https://www.lifein.news/news/articleView.html?idxno=11453,두만강넘어 대륙과해양을
향한 라선을 바라보다.

https://m.yna.co.kr/view/AKR19911126002100001?section=/index.북한 선봉지구개발 국제
협조요청

https://www.yna.co.kr/view/AKR19911204000700014,北韓, 羅津-先鋒경제무역지대案 상세
소개

https://dream.kotra.or.kr/kotranews/cms/news/actionKotraBoardDetail.do? SITE_
NO=3&MENU_ID=130&CONTENTS_NO=1&bbsGbn=246&bbsSn=246&pNttSn=178145

https://eiec.kdi.re.kr/material/clickView.do?click_yymm=201512&cidx=2417, 지역통합의
다섯 단계(KDI정보센터)

https://terms.naver.com/entry.naver?docId=3596804&cid=62067&categoryId=62067,상
하이협력기구

자료 :http://www.xinhuanet.com/world/2015-05/09/c_127780866.htm

http://kz.mofcom.gov.cn/article/jmxw/201910/20191002907786.shtml

https://www.yaliaojie.com/a/151045.html,中俄边境线有多少公里？

https://m.thepaper.cn/baijiahao_8551368,中蒙俄经济走廊建设——求真务实方能行稳致远来

http://www.lmcchina.org/2021-02/26/content_41448184.htm,关于澜沧江一湄公河合作

http://switzerlandemb.fmprc.gov.cn/wjb_673085/zzjg_673183/yzs_673193/dqzz_ 673197/
lcjmghhz_692228/gk_692230/,澜沧江一湄公河合作

http://news.china.com.cn/2022-01/27/content_78015472.htm,中国参与澜湄及湄公河次区
域合作2021年度十大新闻

https://www.cpaffc.org.cn/index/xiehui/xiehui_list/cate/2/lang/1.html

https://www.news1.kr/articles/?4267159, 北베이징동계올림픽엔 참가할까

http://ulsanrcf.kr/2021/02_program/01_program.asp, 제3차 한러지방협력포럼

https://www.gyeongju.go.kr/cceagj/page.do?mnu_uid=3391&code_uid=1134&
listType=list

https://www.mofa.go.kr/www/wpge/m_3873/contents.do

https://www.mfa.gov.cn/web/gjhdq_676201/gjhdqzz_681964/, 중국 외교부

https://www.yidaiyilu.gov.cn/numlistpc.htm,中欧班列开行情况统计

http://www.caop.org.cn/kaifangkouan/shengfen/,中国口岸办协会

http://www.hunchun.gov.cn/hcszfxxgkw/gzbm/cyqsjj/xxgkml/202006/
t20200629_275557.html,关于《关于推进图们江三角洲国际旅游合作区的建议》的答复

저자 전홍진(全洪鎭)
· · · · · · · · · · · · · · · · · · ·

2019년부터 연변대학교 조선한국연구중심 객좌교수로 재직 중이다.
중국 지린대학교(吉林大学)에서 경제학 석·박사 학위를 취득하였다. 주 지린성
강원도경제무역사무소 수석대표(8년 6개월), GTI국제박람회추진단장, 글로벌
투자통상국장을 역임하는 등 20여 년 이상 통상, 투자, 교류 업무에 종사하고 있
는 실무와 이론을 겸비한 중국과 동북아 지역(GTI) 전문가이다.

■ 주요 논문
「環東海地区的經濟合作與發展」(2006)
「東北亚跨國地方間經濟合作研究」(2009)
「대두만강계획과 강원도」(2009)
「동북아 지역 경제협력 증진과 GTI역할 강화방안」(2014, 공저)
「중국의 신(新)실크로드 전략 일대일로(一帶一路)와 강원도」(2017)
「일대일로와 연계한 동북아 해운항로 활성화」(2018)
「광역두만개발사업 협력과 지원을 위한 입법 제언」(2020, 공저)
「释放GTI机制活力, 推动东北亚经济一体化进程」(2021, 공저)
「韩国新北方政策与长春中韩国际合作示范区发展方向」(2021)
「신동북아 시대 경제협력 플랫폼 - GTI 역할 강화방안」(2021)
「GTI机制转换与发展方案」(2021)

■ 저서
일대일로와 신(新)한중 협력(2020)
신동북아 경제협력 플랫폼 광역두만강협력(GTI)(2021)

■ 편저
동북 3성개황(1999년, 2000년), 길림성투자무역가이드(1999년, 2004년, 2005년)
신동북아 시대 강원도 대외전략(2011년)

■ 창설주도
중국 창춘코리아타운(2005), GTI지방협력위원회(2011), GTI국제박람회(2013)

■ 수상
한중수교 20주년 고마운 한국인상(2012년 중국 길림신문)
2022年图们江学术奖(延边大学朝鲜韩国研究中心)